云南省社会科学院哲学研究所伦理学专业重点学科建设成果
云南省“中华传统道德与当代云南道德建设”创新团队建设成果

云南省道德研究院学术文丛

中国传统家风家训与当代道德建设

谢青松 主编

杨　晶
王海东 副主编

中国社会科学出版社

图书在版编目(CIP)数据

中国传统家风家训与当代道德建设／谢青松主编．—北京：中国社会科学出版社，2017．9

ISBN 978－7－5203－1443－5

Ⅰ．①中…　Ⅱ．①谢…　Ⅲ．①家庭道德—研究—中国②道德修养—研究—中国　Ⅳ．①B823．1②B825

中国版本图书馆 CIP 数据核字(2017)第 280176 号

出 版 人　赵剑英
责任编辑　韩国茹
责任校对　闫　萃
责任印制　张雪娇

出　　版　中国社会科学出版社
社　　址　北京鼓楼西大街甲 158 号
邮　　编　100720
网　　址　http：//www.csspw.cn
发 行 部　010－84083685
门 市 部　010－84029450
经　　销　新华书店及其他书店

印　　刷　北京君升印刷有限公司
装　　订　廊坊市广阳区广增装订厂
版　　次　2017 年 9 月第 1 版
印　　次　2017 年 9 月第 1 次印刷

开　　本　710×1000　1/16
印　　张　24．25
插　　页　2
字　　数　383 千字
定　　价　108．00 元

目　录

特　稿

家风文化研究

经典家训研究

传统伦理研究

民族伦理研究

比较伦理研究

当代道德建设

特　稿

古为今用　推陈出新

——论继承和弘扬中华传统美德

罗国杰　夏伟东

学习、贯彻、落实社会主义核心价值观，使社会主义核心价值观融入全民族的精神血液，内化于心、外化于行，这是与实现中华民族伟大复兴中国梦形神相随的一项重大战略任务。社会主义核心价值观要入耳入脑入心、敦化为民风民俗民德，一条重要的途径，是必须与中华文化的根本相融通，生长于斯、发展于斯、创新于斯。习近平总书记指出，培育和弘扬社会主义核心价值观必须立足中华优秀传统文化，牢固的核心价值观，都有其固有的根本，抛弃传统、丢掉根本，就等于割断了自己的精神命脉。习近平总书记还着重指出，中华传统美德是中华文化精髓，蕴含着丰富的思想道德资源，不忘本来才能开辟未来，善于继承才能更好创新，对历史文化特别是先人传承下来的价值理念和道德规范，要坚持古为今用、推陈出新，有鉴别地加以对待，有扬弃地予以继承。习近平总书记的这些重要论断，是我们今天正确把握培育社会主义核心价值观同弘扬中华传统美德相互关系的基本遵循。

一　对待中华传统道德须秉持正确立场

正确对待中华传统道德，关键在于秉持正确的立场。

中国自近代以来，包括新中国成立以来，在传统文化和传统道德问题上，全盘否定的文化虚无主义、全盘否定的西化论、全盘肯定的复古主义等思潮，从来就没有真正销声匿迹过，一有适宜的条件，这些思潮便会以不同的面目顽强地表现出来。对于中国共产党人来说，对传统文化和传统道德的态度，也经历着曲折的认识过程。只是从以毛泽东同志为代表的那一代卓越的中国共产党人开始，中国共产党人才真正解决了正确对待传统文化和传统道德的立场问题，在不断使马克思主义中国化的进程中，提出了马克思主义对待中国传统文化和传统道德的基本原则，如批判继承、古为今用、推陈出新，等等。毛泽东同志说："今天的中国是历史的中国的一个发展；我们是马克思主义的历史主义者，我们不应当割断历史。从孔夫子到孙中山，我们应当给以总结，承继这一份珍贵的遗产"；"清理古代文化的发展过程，剔除其封建性的糟粕，吸收其民主性的精华，是发展民族新文化提高民族自信心的必要条件；但是决不能无批判地兼收并蓄"；对于历史遗产和一切进步的文化，都不能生吞活剥地、毫无批判地吸收，应该"如同我们对于食物一样，必须经过自己的口腔咀嚼和胃肠运动，送进唾液胃液肠液，把它分解为精华和糟粕两部分，然后排泄其糟粕，吸收其精华，才能对我们的身体有益"。

毛泽东同志这些代表性的论述，从理论原则上解决了对待中国传统文化和传统道德的正确立场问题。但在实践中，对于中国这样一个具有五千年文明史的国度来说，处理好传统文化和传统道德的批判继承、古为今用、推陈出新问题，决不会一蹴而就和一劳永逸。五千年的文化积淀，使中国传统文化和传统道德具有鲜明的两重性与矛盾性，其中，既有民主性的精华，又有封建性的糟粕；既有积极、进步、革新的一面，又有消极、保守、落后的一面，在有些情况下，精华与糟粕紧密结合，良莠杂陈，瑕瑜互见。一方面是资源丰沛、取之不竭，一方面是见仁见智、各取所需；加上近代以来，中华文化始终面对处于强势地位的西方文化的挑战和冲击，这就使得中国在对待传统文化和传统道德的问题上遭遇的复杂困境，是世界上任何一个国家都无法比拟甚至难以想象的。传统文化和传统道德，究竟是中国前进的动力还是前进的阻力，这样的问题，近代以来给国人带来极大的困惑，造成极大的纷争。

尽管自近代以来，在如何对待传统文化和传统道德的问题上存在各种不同甚至势不两立的态度和观点，但从总体上可以说，凡是进步有识之士，对待传统文化和传统道德的态度，基本上都强调既返本又开新，强调在不断地返本中不断地开新，因此，像"综合创新"这样充满智慧的主张，才会日益成为思想界的主流，而那些极端的反古派和极端的复古派，却越来越成为非主流。今天，在对待传统文化和传统道德的问题上，我们应该顺应思想界的这一主流，不要再受困于极端的态度和观点，旗帜鲜明地拒斥历史虚无主义、文化虚无主义和文化复古主义、文化保守主义，认认真真地总结好、承继好从孔夫子到孙中山这一份珍贵的文化道德遗产。

最根本的，须如习近平总书记指出的那样：要加强对中华优秀传统文化的挖掘和阐发，努力实现中华传统美德的创造性转化、创新性发展，把跨越时空、超越国度、富有永恒魅力、具有当代价值的文化精神弘扬起来，把继承优秀传统文化又弘扬时代精神、立足本国又面向世界的当代中国文化创新成果传播出去。这就要求讲清楚中华优秀传统文化的历史渊源、发展脉络、基本走向，讲清楚中华文化的独特创造、价值理念、鲜明特色，增强文化自信和价值观自信，认真汲取中华优秀传统文化的思想精华和道德精髓，大力弘扬以爱国主义为核心的民族精神和以改革创新为核心的时代精神，深入挖掘和阐发中华优秀传统文化讲仁爱、重民本、守诚信、崇正义、尚和合、求大同的时代价值，使中华优秀传统文化成为涵养社会主义核心价值观的重要源泉。只要中华民族一代接着一代追求美好崇高的道德境界，我们的民族就永远充满希望。

二　对待中华传统道德要尊重文化传承客观规律

社会主义核心价值观，无论是国家层面的价值目标、社会层面的价值取向，还是公民个人层面的价值准则，其产生，都不能靠简单的“设计”，而要靠准确把握概括时代精神，科学提炼取舍传统文化和传统道德。

在时代快速发展的今天，比较容易被人们忽视的，是对传统文化和传统道德的批判继承。毫无疑问，旧时代的文化和道德，必定包含着特定时代陈腐的旧精神、旧风俗、旧习惯、旧道德，有严重的地域、时代和阶级的局限性，许多内容早已丧失复兴的价值，甚至还可能成为今天的历史包袱。但是，也必须看到，今天的时代和过去的文化道德的联系，是本根般、血脉般的联系，客观上无法割断也不能割断，强行割断，一味拒斥，必定是剪不断、理还乱。

对传统文化和传统道德采取古为今用、推陈出新的方针，不是对历史遗产的主观偏爱，更不是发思古之幽情，而是尊重文化传承的客观规律。在传统文化和传统道德中，蕴含着不可忽视的、超越时代的、可继承的优秀遗产。讲仁爱、重民本、守诚信、崇正义、尚和合、求大同的精神，就是中华优秀传统文化和传统美德的精髓。“己欲立而立人，己欲达而达人”，“己所不欲，勿施于人”的仁爱精神；“天行健，君子以自强不息”的进取精神；“地势坤，君子以厚德载物”的包容精神；“大道之行也，天下为公”的社会理想；“不义而富且贵，于我如浮云”的义利观；“富贵不能淫，贫贱不能移，威武不能屈”的大丈夫气概；“与人为善”“助人为乐”“扶贫济困”“知耻近于勇”的道德品格，等等，对这些中华民族的传统美德，要理直气壮地继承和弘扬，使之成为涵养社会主义核心价值观的重要源泉。

应该取既厚古也厚今的态度，厚古之资源，厚今之所用。对于中国文化和传统道德，既不能全盘否定，也不能全盘继承。全盘否定，势必导致文化虚无主义或全盘西化论；全盘肯定，势必导致文化保守主义或全盘复古论。对我们的祖先传承下来的文化道德，要以历史唯物主义为指导，在去粗取精、去伪存真的基础上，采取兼收并蓄的态度。返本的目的在于开新，开新的目的全在今用，而成功与否，关键在于是否能古为今用、推陈出新。

古为今用，要求批判继承传统道德的主要目的，是服务于中国特色社会主义文化建设的需要，创造出先进的道德，提炼出先进的社会主义核心价值观，解决现实生活中的思想道德问题，为改革发展创造良好的思想道德环境。根本依归，是在对历史的继承创新中塑造民族精神、民族魂，进而认识和把握中国社会发展规律，激励人民继续前进的信心和勇气。

推陈出新，要求对中国历史上诸子百家的文化和道德思想作通盘考察，取各家之精华，舍各家之糟粕，在比较、分析、整合的基础上兼收并蓄、综合创新，使之形成一种新的符合时代需要的思想，成为社会主义核心价值观的有机组成部分。

三　对待中华传统道德要具体情况具体分析

对中国传统道德的古为今用、推陈出新，是一个总原则，在实际认知和践行过程中，需要将这个原则具体化，做到具体情况具体分析。

在中国传统道德中，从我们今天的立场、观点和方法着眼，大体上可分出几种不同情况。

第一种情况，一些传统道德，基本属于精华部分。

第二种情况，一些传统道德，是奴隶制、封建制等级制度和等级观念的核心意识形态，基本属于糟粕部分。

第三种情况，一些传统道德，精华与糟粕交织融合在一起。

还应当看到，就是基本上属于精华的部分，也仍然瑕瑜互见，尽管“瑕不掩瑜”，但对于“瑕瑜错陈”的情况，古人从来都强调“持择须慎”。

首先，对那些基本上属于精华的传统道德，要理直气壮地批判继承，同时也应当按照古为今用、推陈出新的原则进行分析，赋予时代新意。例如，“先天下之忧而忧，后天下之乐而乐”这两句广为传颂的名言，是北宋范仲淹在《岳阳楼记》一文中所说的。其中所指的“天下”，在当时，既指整个中华民族所聚居的广袤土地，又兼指宋王朝统治的范围。这两句话中的“忧”“乐”，既有对广大人民群众的忧乐，又有对宋王朝兴衰的忧乐。今天，我们理解的“天下”与范仲淹所理解的“天下”，既有相通之处，也有原则区别；相应的，所应当有的“忧”“乐”，既有相通之处，也有原则区别。

在中国传统道德中，这样的例子还可以举出很多。如“仁者爱人”，“己所不欲，勿施于人”，等等，在继承时都要注意抛弃其在当时所包含的抹杀阶级矛盾和维护统治阶级私利的消极内容，弘扬其在今天调解人民内部矛盾、加强人民之间的团结友善关系的积极内容。再如，“居天下之广居，立天下之正位，行天下之大道。得志，与民由之，不得志，独行其道。富贵不能淫，贫贱不能移，威武不能屈，此之谓大丈夫”，对于其中的“广居”“天下”“道”“志”等，都应当运用古为今用、推陈出新的原则加以综合创新。

其次，对那些基本上属于糟粕的传统道德，要理直气壮地批判拒斥。比如，对“三纲五常”中的“三纲”，由于其是专制等级制度和等级观念的意识形态支柱，而且与今天的社会制度和社会生活完全背道而驰，不但没有正面价值，反而充满负面价值，因此，可以判定为糟粕，要坚决抵制。当今社会政治生活以及日常生活中屡屡表现出来的家长制作风和歧视妇女等现象，究其传统文化的根源，正在于“君为臣纲、父为子纲、夫为妻纲”这类腐朽思想的毒害。

再次，对那些精华与糟粕交织融合在一起的传统道德，更需要有鉴别地加以对待，有扬弃地予以继承。以义利关系这一中国传统道德的中心问题为例。《论语》中提出的“不义而富且贵，于我如浮云”“见利思义”“见得思义”“义然后取”等，这些思想，基本上属于精华部分，但其中也夹杂着一些维护古代统治阶级私利的内容。重点在于正确区分古人所说的义与利和今天所说的义与利的区别，这样我们才能比较好地弃糟取精。更复杂的是另外一些情况。例如“君子思义而虑利，小人贪利而不顾义”和“君子喻于义，小人喻于利”等思想，就是比较典型的精华与糟粕相互交织在一起的情况。问题主要集中在对“君子”与“小人”的分别上。在中国古代社会，“君子”的一层含义，是指统治阶级的成员，另一层含义，是指有道德的人；“小人”的一层含义，是指居下位的卑贱者，另一层含义，是指只顾私利而没有道德的人。因此，对“君子思义而虑利，小人贪利而不顾义”和“君子喻于义，小人喻于利”的理解，可以包含两个既有联系又有区别的释义：一个释义是，只有统治者才思考大义、明白大义，而劳动人民只贪图私利、懂得私利；另一个释义是，只有道德高尚的人才考虑大义、明白大义，而没有道德的人不顾大义、只知道私利。在中国长期封建社会中，第一种释义显然是主流，对这样的内容，应批判拒斥。对第二种释义，应批判继承，其经过改造后，可以有助于人们树立正确的义利观，处理好义利关系。

四　对待中华传统道德的正确方法论

正确对待中国传统道德，从方法论上来看，还有一个如何正确对待道德特殊和道德普遍的关系问题。在过去一段时期内，对中国传统道德问题之所以存在认识和实践偏差，方法论上的失当，也是一个深层次的原因。比如，否定传统道德可以继承的观点，其错误在于只看到传统道德形成于某一具体时代、具体人物和具体事物的特殊性，没有看到在其中也可能包含了超越时代的普遍性因素；而主张全盘继承、全盘复古观点的错误，则在于夸大了传统道德的普遍性，看不到不同时代的特殊性，因而否认了对传统道德进行变革的必要性。

怎样正确理解传统道德的这种特殊和普遍的关系呢？马克思和恩格斯在《德意志意识形态》中曾经指出，即使在阶级对立的社会中，各阶级之间，既有对立的利益，也有共同的利益，“而且这种共同利益不是仅仅作为一种‘普遍的东西’存在于观念之中，而首先是作为彼此有了分工的个人之间的相互依存关系存在于现实之中”[①]。例如，统治阶级的思想家们，为了维护统治阶级的长远利益，不但利用这种共同利益来制定维护社会稳定的道德规范，举着这种共同的、普遍利益的旗帜来抵抗外来的侵略，而且根据这种共同利益来开发自然和兴修水利，等等。

道德要求都具有特殊意义和普遍意义。在中国的奴隶社会和封建社会条件下，当一个道德要求被提出来的时候，从特殊利益的层面看，其必然要立足于维护统治阶级的根本利益和等级制度的社会尊卑秩序；从普遍利益的层面看，它也要着眼于维系当时社会的整体生产生活关系，着眼于维护社会秩序的安定和谐、家国社稷的长治久安。当然，由于受历史的、阶级的局限，当古人根据那时的特殊环境、特殊目的提出某些道德要求和道德准则时，又往往自认为是发现了人类道德生活永久不变的真理，认为这些道德要求和道德准则可以万古长存，企望“天不变，道亦不变”。

传统道德包含的这样两个层面，既使得那些在特定历史条件下产生的道德，其核心部分具有不言而喻的剥削阶级的阶级私利专属性，因此，对于这些反映剥削阶级根本利益，没有什么科学性、民主性和人民性因素的道德，就应该采取批判拒斥的态度；也使得那些确实反映了同一社会的人们所必须共同遵守的道德准则，那些如恩格斯所指出的某些共同

① 《马克思恩格斯文集》第1卷，人民出版社2009年版，第536页。

的历史背景就必然会使道德有某些“共同之处”，那些如列宁所说的人类在千百年来所形成的“公共生活规则”，具备了可以批判继承的合理内核。对传统道德，究竟是批判继承，还是批判拒斥，判断的根本标准，就是看传统道德中是否包含着科学性、民主性和人民性的因素。

那些具有科学性、民主性和人民性的因素的独特的、优秀的文化道德遗产，按照古为今用、推陈出新的原则加以甄别改造之后，就必将成为培育和践行社会主义核心价值观独特的文化依托和文化优势，也必将成为中国特色社会主义伟大事业独特的文化依托和文化优势。正是独特的文化传统、独特的历史命运和独特的基本国情启示我们，中国注定要走适合自己特点的发展道路。

五 中国传统美德的核心和主流

中国传统美德的核心和主流，可以简约地概括为“天下为公”的精神。

认真反思数千年的文化道德传统，在今天还能称为美德的，可以说，都或多或少地反映了《礼记》中提出的“大道之行也，天下为公”的精神，《礼记》中阐释的“小康”“大同”思想，本质上是和“天下为公”这样的“大道”紧密联系在一起的。《诗经》中的“夙夜在公”思想，《左传》中的“立德、立功、立言”“三不朽”思想，贾谊《治安策》中的“国而忘家，公而忘私”思想等，强调的都是“天下为公”精神。正是在“天下为公”精神的影响和激励下，范仲淹写下“先天下之忧而忧，后天下之乐而乐”；文天祥写下“人生自古谁无死，留取丹心照汗青”；顾炎武写下“天下兴亡，匹夫有责”；颜元写下“富天下，强天下，安天下”；林则徐写下“苟利国家生死以，岂因祸福避趋之”——这样的道德格言在传统典籍中汗牛充栋，这样的道德人格在历朝历代层出不穷，共同彰显着中华传统美德以国家、民族、整体利益为上的特殊宝贵的价值。

在个人对他人、对社会的关系上，中国传统美德强调个人对国家、对民族尽责，强调先人后己，助人为乐，直至强调“杀身成仁，舍生取义”，这种整体主义道德，是中国传统道德区别于西方以个人主义为核心的道德传统的一个重要特点和优点。中华民族在五千年的历史进程中，饱经内忧外患，历尽兴衰起落，但周虽旧邦，其命惟新，中华民族始终屹立于世界民族之林，成为世界上唯一使远古文明与当代文明、远古民族与当代民族一脉相承的文明民族。毫无疑问，中国传统文化和传统道德中“天下为公”的整体主义精神，成为维系中华文明和中华民族生生不息、愈挫愈强的强大精神纽带。国家的统一，民族的团结，反对分裂，反对内战，成为几千年来各族人民的共同愿望，从而决定了中国历史发展的主流和方向。尽管中华民族在历史上经历了无数次外敌入侵的外患、无数次国家分裂和地区政权间对立的内忧，诸如魏晋南北朝，五代十国，宋、辽、金、西夏并峙等时期，但最终都依靠自己民族的力量，一次次凤凰涅槃，获得新生。

应当看到，在长期的奴隶制和封建社会中，中国传统道德中“天下为公”的整体主义思想，也打上了深深的剥削阶级私利的烙印，成为维护统治阶级私利的一种思想武器。统治阶级总是把自己的阶级利益，把一姓王朝的私利，冒充为所谓“天下”的利益。我们今天批判继承中国传统道德中的整体主义精神，就是要拒斥这种用一己私利冒充天下利益的思想，继承那种“夙夜在公”“公而忘私”、忧乐天下的“天下为公”精神。在今天，奋力实现中华民族伟大复兴中国梦的精神，就是最根本的“天下为公”的精神。

（原载《红旗文稿》2014 年第 7 期）

家风文化研究

中国古代家训文化的继承与创造性转换

方克立

我国古代文化典籍浩如烟海，品类繁多。其中，各种形式的“家训”“家诫”“家规”“家礼”，在普及传统文化、规范人们的生活和行为方式、整齐家风以至维持整个社会的和谐稳定方面，发挥了十分重要的作用。这一部分文化遗产很值得重视。

“三代而下，教详于家。”清代学者钱大昕这句话，概括地说明了我国古代具有重视家教的传统。“家训”“家诫”一类著作，起源于东汉而盛行于魏晋南北朝时期，它是当时世族社会教育制度的产物。人们十分熟悉的诸葛亮的《诫子书》，即产生于汉魏之际；而最早系统编撰成书的家训著作，当推南北朝时期颜之推的《颜氏家训》。作者撰写该书的直接目的在于“整齐门内，提撕子孙”，而其更深远的意义则是“轨物范世”“遗泽后昆”。这类著作以家族和家庭中长辈对晚辈耳提面命的谆谆教导的形式，将传统伦理道德观念和儒家文化精神通俗地灌输、传授给子孙后代，使其“同言而信，信其所亲；同命而行，行其所服”，即利用血亲伦常关系和长辈对晚辈的绝对影响力、约束力，达到“助人君，明教化”的目的。各种家训中有关立志、勉学、修身养性、待人接物的训诫，无非是要求“养亲事君，忠孝为本”，“言则忠信，行则笃敬”，“慎言检迹，立身扬名”，以维持世族的社会地位。这种家教的传统之所以在我国古代社会一直延续下来，并且影响到近现代，是有其深刻的社会根源的。正如梁启超所说：“吾中国社会之组织，以家族为单位，不以个人为单位，所谓家齐而后国治是也。周代宗法之制，在今日形式虽废，其精神犹存也。”家族宗法制度的客观存在和历久不衰，就为家教传统的延续和

"家训"一类著作的繁衍提供了深厚的社会土壤。被视为"古今家训之祖"的《颜氏家训》一书问世后，曾辗转流布，反复梓刻，虽历千余年而不佚；在其影响示范之下，各种形式的家训、家教、家规、家约、治家格言之类著作层出不穷，无代无之。如若将这类著作加以汇集，恐怕有数百千家之多，显然这是一笔不容忽视的历史文化遗产。

从文化的视角来审察，我国两千多年的封建文化，其内容丰富而芜杂，但总的来说，占据主导地位的还是儒家文化。受这种文化氛围的熏陶，历代家训也深深地打上了儒家思想的印记，透过其或典雅精微或通俗易懂的言辞，其着力宣传之要旨大抵不外乎"正心、诚意、修身、齐家、治国、平天下"的"大学之道"，"立人""达人""爱人""谅人"的"忠恕之道"，以及"父慈子孝、兄友弟恭、朋友有信"的"絜矩之道"。也就是说，儒家所倡导的文化价值观念、理想人格模式和伦理道德规范，作为历代家训的主要精神支柱，是"儒者宣而明之"欲使其"家至而户说"的基本内容。当然，受释道思想文化的影响，古代家训中也夹杂着若干儒家文化以外的其他思想成分或因素，如道家之"无为"，佛家之心性修养等，这也完全是事实。家训作为在历史上产生和发展的文化现象，它也不可能不带有其所经历的各个时代的烙印，但从实质和总体上来看，它还是以儒家的忠孝仁义为本，吸纳、融汇某些佛道思想，不过是作为达到忠孝仁义的手段而已。

显然，就思想内容而言，历代家训并非如前人所夸誉的那样，是"篇篇药石，言言龟鉴"，但它也绝不是一堆粪土，不是一堆完全有害无益的封建糟粕。对于家训这种既包含着糟粕，又包含着许多人生智慧和真、善、美的启示的历史文化遗产，我们应该像对待古今中外的各种文化一样，采取马克思主义的具体分析和批判继承的态度。任何一种文化体系作为完整的结构，都可以分解为不同的层面，每一层面又可以分解为若干要素；换言之，文化要素构成文化层面，文化层面构成文化系统。对它们是可以加以分析、分解的，也可以根据新时代的需要进行重组或新的综合。我们对待历代家训也要采取分析的态度，区别良莠，批判、剔除其封建性的糟粕，改造、继承、吸收其富有生命力的或在今天仍有启迪、借鉴意义的文化内容，使其成为社会主义新文化的重要构成要素。

既然古代家训是封建时代的产物，大多出自历代帝王、名臣仕宦、封建士大夫之手，而为封建统治阶级所倡导，它就不可能不带有封建地主阶级意识形态的特征，不可能不大量宣扬封建道德观念和剥削阶级的处世哲学。例如，历代家训中反复强调必须遵从封建的纲常名教，倡导愚忠愚孝的封建伦理道德；反复鼓吹“学而优则仕”，“唯上智与下愚不移”和“万般皆下品，唯有读书高”的封建士大夫观念；反复提倡安常处顺、知足常乐、明哲保身的处世之道和保守思想，等等。毫无疑问，这些都属于封建思想的糟粕，是应该批判和舍弃的。这方面的思想流毒在今天仍不能忽视，还应继续做肃清流毒的工作。

另一方面，历代家训中还包含着相当多的思想精华和在今天仍有积极意义的内容，在教育后代如何处世做人的论训中，提供了前人丰富的人生经验和智慧，自觉或不自觉地宣传和弘扬了中华民族的传统美德，这些富有生命力的内容，都可供我们发现剔抉、含英咀华和借鉴吸收。从大的方面来说，至少可以举出以下几点：其一，鼓励立志。如诸葛亮《诫外甥书》说：“夫志当存高远，……若志不强毅，意不慷慨，徒碌碌滞于俗，默默束于情，永窜伏于凡庸，不免于下流矣！”《温氏母训》说：“岂有子孙专靠父祖过活之理！……若肯立志，大小自成结果。”其二，奖掖进学。如诸葛亮《诫子书》说：“才须学也，非学无以广才，非志无以成学。”《颜氏家训》说：“幼而学者，如日出之光；老而学者，如秉烛夜行。”其三，劝勉勤俭。《朱柏庐治家格言》说：“黎明即起，洒扫庭除。”“一粥一饭，当思来处不易；半丝半缕，恒念物力维艰。”明吴麟徵《家诫要言》说：“治家，舍节俭别无可经营。”“茹荼历辛，自是儒生本色。”其四，提倡清廉。《景氏家训》载胡康公诲诸子曰：“予居官四十余年，无他长，但‘清白’二字，平生守之不失。尔曹今日虽未有官守，务全名节，金帛易动人，远而勿亲。”高攀龙《家训》说：“世间惟财色二者，最迷惑人，最败坏人。”其五，导人行善。《朱柏庐治家格言》说：“勿贪意外之财，勿饮过量之酒。”“与肩挑贸易，毋占便宜；见贫苦亲邻，须加温恤。”《家诫要言》说：“待人要宽和，世事要练习。”“恶不在大，心术一坏，即入祸门。”《弟子规》说：“凡是人，皆须爱，天同覆，地同载。”“能亲仁，无限好，德日进，过日少。”此外，历代家训还在强调知行合一、学以致用、应世涉务、分阴惜时、遵守礼仪、尊敬师长、孝顺父母、慎择朋友、睦邻友好、克己让人等许多方面，都有一些精彩的议论和非凡的识见，有的至今仍能给人以真的启迪、善的讽劝和美的鉴赏，展示出永久的价值和魅力。这些积极的内容自然是我们今天建设社会主义精神文明所必须继承和发扬的。经过批判的分析和创造性的转化，完全可以用来作为对青少年进行思想品德教育的有益资粮和历史教材，倡导良好的家风亦有利于促进整个社会的安定团结和协调发展。

《中国历代家训丛书》的主编夏家善同志，是我在20年前刚调到南开大学工作时就已相识的老朋友。他长期研治中国文学，详熟古代文化典籍；近年来特别属意于历代家训的搜集、整理，用力甚勤，颇有心得。这套丛书就是他从我国历代家训中精选汇辑出来的，共计12册，虽分类汇编而又构成一完整系统，有明确的指导思想，并邀请专家学者对各书分别加以标点、注释和说明，以便于读者准确地把握其思想内容，从中汲取智慧和力量。这是一件很有意义的工作。夏家善同志向我征序，作为老朋友，我觉得难以拒绝，于匆忙中写了上述粗浅的认识，不当之处请编者和读者批评指正。

（注：本文原为天津古籍出版社1995年7月—1997年12月出版的《中国历代家训丛书》之“总序”，后收入《方克立序跋集》，当代中国出版社2016年10月版，标题为收入本书时新加。

作者系中国社会科学院学部委员、中国哲学史学会名誉会长、中国社会科学院研究生院教授)

中华家风的核心是塑造、培育与树立正确的价值观

王泽应

家风，亦称门风，是一个家庭或家族多年来形成的传统风气、风格和风尚，表征和反映着一个家庭或家族的生活方式、情感态度、文化氛围、精神品质、价值观念、人生信仰等，并成为家族成员共同的文化基因和价值共识，建构的是一个家族成员共有的精神家园。在泱泱数千年的华夏文明之中，那些历史上曾经显赫长久的家族，都会有自己独特的家风、家训和家教。《孔子家语》《颜氏家训》《朱柏庐治家格言》《曾国藩家书》等许多典籍和家教典范之中无不彰显出家风、家教和家训的精神，并成为后世学习的典范、伦理建设的标本。

一　中华优良传统家风是价值观培育与践行的重要载体

中华文明的发展路径是家国同构，以家庭为本位，以伦理为中心是这种文明的价值基元，它与西方文明家国二分的发展路径及其与此相关的以个人为本位和以宗教为旨归的价值基元有着本质的不同。中国传统文化注重内圣外王之道的价值追求，讲求修身、齐家、治国、平天下的价值连接。“家”正是个人与国家、天下之间最重要的连接点。孟子说：“天下之本在国，国之本在家。”中国传统伦常者五，家庭有其三（夫妇、父子、兄弟）。其他两伦，君臣以父子关系论，朋友以兄弟关系论，推之则四海同胞，天下一家。正是中华文化这种独特的关系架构，使得中华文化形成了以伦理道德为基础、为核心的发展模式或格局。王国维在

《殷周制度论》中指出，“周之制度、典礼，乃道德之器械”，“实皆为道德而设”，“且古之所谓国家者，非徒政治之枢机，亦道德之枢机也”。[①] 中华文化十分注重以道德为基元来建构价值体系，尊道贵德、志道据德成为基本的价值理念和价值追求，“道冠古今，德配天地”成为基本的价值共识和价值目标。中华传统价值观实质上是一种崇德向善的道德观，由个人道德、家庭道德、国家道德、社会道德等要素所组成。中华道德是一种以家国同构为基础，讲求家国情怀、家国一体的圆融性道德文化。在中华道德的价值体系中，家庭美德集聚着个人修身美德的要义并成为国家美德的发展根基，讲求齐家之道既来源于修身之道的要求，也通向治国之道和平天下之道。所以，家庭成为道德教育、道德修养的第一场所。只有每个家庭都按照道德的要求和谐相处，治国、平天下才有坚实的道德基础。

中华道德的生发与创造同家庭或家族的道德价值追求有着最为密切的关系。因此，中华传统文化形成了重家风、齐家规、严家训的家庭道德教育体系。中华优良传统家风始终着眼于家庭成员的道德教育。优良的家风通过成功开展家庭道德教育而形成，并在制定家训、强化家规中得以发展。从某种意义上讲，重家风必然重家教，重家教势必齐家规、严家训，而家规、家训反过来又具有敦风睦品的伦理效能。在社会道德教育不太发达的传统中国，人的成长往往依赖家庭道德教育。许多大的家族组织，往往承担着对本家族成员的道德教育功能，并通过祠堂、族产、义庄、义塾等形式来建构有效的道德教育机制。家族成员之间通过礼仪性的活动取得联系，同时也接受家族道德的集体约束。在这一层面，家风家训好比家族的“纲领”，指导和规训着每一位家族成员的生活和行为。孙奇逢在《孝友堂家训》中有言：“教诫子弟，是第一要紧事。子弟不成人，富贵适以益其恶；子弟能自立，贫贱益以固其节。”张履祥在《训子语》中写道：“家之兴替，全不系乎富贵贫贱，存乎人之贤不肖耳。贫贱而好修饬行，兴隆之道；富贵而纵恣背理，败亡之辙也。”又说：“《正蒙》云：‘子孙贤，族将大，未有子孙不贤，家族不至倾覆者。’”家庭的组织与维系、家业的扩大与发展，同家道的追求及其家风的熏陶规

---

① 《王国维儒学论集》，四川大学出版社 2010 年版，第 248—249 页。

划是密切相关的。没有优良的家风孕育不出优秀的家庭成员，更没有办法促进家业的兴旺发达。

在中国传统社会，许多优良家风往往以贯彻儒家核心价值观并在家庭内部内化儒家核心价值观为职志，虽然这种贯彻和内化会因为族群的生活环境及文化传统而有所不同，侧重点会有差异，但它却开辟了以家风来体认、内化和弘扬儒家核心价值观的通途。儒家核心价值观主要有忠孝节义、礼义廉耻和仁义礼智信等，许多优良家风也把贯彻和践行这些核心价值观作为家风的重要内容。中华优良传统家风将这些核心价值理念融入教子孙为人之道、齐家之道、为官之道和交友之道之中。

中华优良传统家风总是教人尊道贵德，宽而有制，和而不流，既做有追求、有主见、有理想的道德个体，同时又能善于处理各种关系，同他人共享人生的和谐与美满。立志乃修身之本。志不立，天下无可成之事。只有明确前进方向，才有前进的动力和目标，才能勇敢面对和克服各种困难，取得最终胜利。诸葛亮在《诫子书》中写道："夫君子之行，静以修身，俭以养德。非澹泊无以明志，非宁静无以致远。夫学须静也，才须学也，非学无以广才，非志无以成学。淫慢则不能励精，险躁则不能冶性。年与时驰，意与日去，遂成枯落，多不接世，悲守穷庐，将复何及！"在这里，诸葛亮教育儿子勤学立志，修身养性要在澹泊宁静中下功夫，最忌怠惰险躁，要"澹泊"自守、"宁静"自处，提出了为学之道的基本要求。

中华优良传统家风涉及大量齐家之道和各种家庭关系的正确处理，提倡孝敬父母、夫妻和睦、敬长尊贤等。《朱子家训》总论家庭关系准则："父要严，子要孝，兄要友，弟要恭，夫妻要和，朋友要信。见老者敬之，见少者爱之。有德者，年虽下于我，我必尊之；不肖者，年虽高于我，我必远之。"许多家训都宣称为人之道第一以孝为本。孝顺父母、尊敬长辈，乃百行之首、万善之源。论及夫妻和睦，一些家训都视夫妻恩爱为家庭幸福美满之源；夫妻互敬互爱，能移昆仑泰山。论及敬长尊贤，一些家训认为尊重长辈、尊敬师长为天地万物之理；渴慕贤良、见贤思齐是个人成长之必须。

中华优良传统家风注重对子孙交友之道的教育，主张交益友不交损友，以文会友，以友辅仁。人是天生的群体动物，天生就必须与人交往，与人交往则必然少不了交朋结友。人们普遍认识到交友有一定的风险，但禁止子孙交友，必有更大弊端。袁采对此解释说："世人有虑子弟血气未定，而酒色博弈之事得以昏乱其心，寻至于失德破家，则拘之于家，严其出入，绝其交游，致其无所见闻，朴野蠢鄙，不近人情。殊不知此非良策，禁防一弛，情窦顿开，如火燎原，不可扑灭。况拘之于家，无所用心，却密为不肖之事，与出外何异！不若时其出入，谨其交游，虽不肖之事，习闻既熟，自能识破，必知愧而不为。纵试为之，亦不至于朴野蠢鄙，全为小人之所摇荡也。"① 交友是必需的，但必须谨慎，所以应分清损友、益友，要见贤思齐，取人之长补己之短。何谓益友、损友，朱熹提出："大凡敦厚忠信，能文无过者，益友也；其谄谀轻薄，傲慢亵狎，导人为恶者，损友也"②；"与刚直人居，心所畏惧，故言必择行必谨，初若不相安，久而有益多矣。与柔善人居，意觉和易，然而言必于赞也，过莫于警也，日相亲好，积尤悔于身而不自知"③。司马光教导子女要与正人君子为伍，不要结交品行不当的小人，"夫习与正人居之，不能毋正，犹生长于齐，不能不齐言也。习与不正人居之，不能毋不正，犹生长于楚，不能不楚言也"④。司马光还特别重视以诚待人，"其诚乎，吾平生力行之，未尝须臾离也，故立朝行己，俯仰无愧耳！"⑤ 在他看来："君子所以感人者，其惟诚乎！欺人者不旋踵人必知之，感人者益久，而人益信之。"⑥

中华优良传统家风也注意教导子孙为官之道，强调在家做孝子，在朝廷做忠臣。事君当尽忠，忠孝不能两全时，应舍孝而取忠。宋元涌现出大量的仕宦家训，如名臣司马光、范仲淹、贾昌朝、包拯、苏轼、赵

---

① （宋）袁采：《袁氏世范》，见夏家善辑《中国历代家训丛书》，天津古籍出版社 1995 年版，第 98 页。

② （宋）朱熹：《与长子受之》，见翟博主编《中国家训经典》，海南出版社 2002 年版，第 345 页。

③ （宋）何坦：《西畴老人常言 · 讲学》，《丛书集成新编》（第 14 册），第 427 页。

④ （宋）司马光：《家范》（卷三），《四库全书》（第 696 册），第 69 页。

⑤ （宋）朱熹：《三朝名臣言行录》卷十二，商务印书馆编《四部丛刊》初续三编，上海商务印书馆 1919 年影印。

⑥ （宋）司马光：《司马文正公传家集 · 迂书》，见王云五主编《万有文库》，上海商务印书馆 1936 年版，第 916 页。

鼎、陆游、叶梦得等都有家训传世。这些名臣家训有一项共有的重点内容，即教子孙如何为官。主要内容包括：教子孙为官要廉洁。宋元仕宦家训中，对于子孙为官的教育，首推廉洁两字。吕本中在其所作的《家范》之《舍人官篇》中讲："当官之法唯有三事：曰清曰慎曰勤，知此三者，则知所以持身矣。"① 范仲淹说："惟勤学奉公，勿忧前路，慎勿作书求人荐拔，但自充实为妙。"② 以清正廉洁著称于世的包拯在其家训中说："后世子孙仕宦，有犯赃者，不得放归本家，死不得葬人茔中。不从吾志，非吾子孙也。"③ 宋元家训要求子孙为官要谨慎，其意有二：一是为官办案要谨慎，调查要仔细，取证要周全，推理要合理，一定要尽心尽力，不能草率结案，"狱者生民大命，苟非当坐刑名者，自不应系。为知县者，每每必须躬亲，庶免枉滥"。在处理公案时，一定要谨慎周全，细致务实，诚实无欺。二是说话要谨慎，不能任意妄言。范仲淹教导子孙为官切勿发表高论："京师交游，慎于高议，不同当言责之地。且温习文字，清心洁行，以自树立。平生之称，当见大节，不必窃论曲直，取小名招大悔矣。"④ 宋元家训强调教育子孙为官应公正，朱熹告诫子孙说："官无大小，凡事只是一个公，若公时，做得来也精彩，便若小官，人也望风畏服。若不公，便是宰相，做来做去也只得个没下稍。"⑤ 司马光更是告诫子侄："不得恃赖我声势，作不公不法，搅扰官司，侵陵小民，使为乡人此厌若。"⑥ 宋元家训对子孙后代为官的教育，周全而缜密，虽然不乏明哲保身的保守思想，但是其中为官要清正廉洁、办案要缜密周全的思想，对于现代社会的廉政建设具有很大的启发意义。

优良家风能领先于他人及早地认知生命生活的内在真谛，懂得人生的真正要义和价值旨归在于奉献与感恩，从而培育正确的人生观、价值观与道德观。优良的家风是一个家庭或家族最为重要的、无以替代的精

---

① （宋）吕本中：《童蒙训》，《戒子通录》（卷六），《四库全书》（第703册），第81页。

② （宋）范仲淹：《与朱氏书》，《戒子通录》（卷六），《四库全书》（第703册），第71页。

③ （元）脱脱：《宋史·包拯传》，中华书局1976年版，第10318页。

④ （宋）范仲淹：《告诸子及弟侄》，《丛书集成新编》（第30册），第669页。

⑤ （宋）朱熹：《朱文公政训》，《丛书集成新编》（第30册），第659页。

⑥ （宋）司马光：《与侄书》，载喻岳衡编著《历代名人家训》，岳麓书社2003年版，第135页。

神财富，它弥漫于整个家庭或家族之中，影响到每一个家庭成员，惠泽于家庭的每一个成员。优良的家风也是一个家庭或家族的魂魄之所在，支撑着家庭的进步与发展。

二　中华优良传统家风以践行、树立核心价值观为宗旨

家风，是一个家庭的风气、风格与风尚，在规矩和习惯的基础上，孕育友善的情感、良好的人格情操。家风不外乎家庭内部个体与群体之间、家庭内部与外部社会之间，要建立诚信、友善、勤劳、节俭、谦让等价值观，这些价值观既具有一定的普适性，更具有实践性。

“家风”是家族的共识性的道德观念。无锡《锦树堂钱氏宗谱》记载的钱氏《家训》，可以概括为“孝、悌、忠、信、礼、义、廉、耻”八字。在传统社会，家风往往是儒家核心价值观念的具体展现，因族群的生活环境及文化传统不同，侧重会略有不同，但不外乎是教人向善、积极进取、勤劳节俭。

家风的核心是塑造、培育与树立正确的价值观。家风常常借助于家训、家规的有形建构得以强化，又通过个体成员拳拳服膺、身体力行而烘托出一种特有的伦理氛围。良好的家风确立和培育的是一个家族的共识性的道德观念。在中国传统社会里，优良的家风往往起着践行和培育儒家核心价值观并为践行儒家核心价值观提供实践路径、行动方案的伦理妙用。每个家庭因族群的生活环境及文化传统不同，在家风的侧重点或践行方式上自会有所不同。但是在家族教育、家庭成员关系协调以及家庭建设的宗旨和目的性追求上，又具有共通性。

德善立家、耕读传家、勤俭旺家、和谐兴家以及家国同构、利国利家，构成中国传统家风的主旋律与主基调。正是这种主旋律与主基调使得历代政治家都把形成良好家风视为治国理政的根本，从国家层面来大力表彰优良家风，形成了一道以家风促政风和世风的伦理景象。德善立家，亦即教育家庭成员崇德向善并以德善来建立家庭的基业，使其获得一种道德精神的支撑。崇德向善历来被视为优良家风的基本价值追求，也维系着一个家庭或家族的团结。“善不积不足以成名，恶不积不足以灭身。”“君子居其

室，出其言善，则千里之外应之，况其迩者乎；居其室，出其言不善，则千里之外违之，况其迩者乎。”（《周易系辞上》）崇德向善才能树立起一个家庭或家族的伦理精神，使大家的行为有所依傍、价值有所趋赴。《颜氏家训》一开篇就概括性地阐述了著立家训的目的：“吾家风教，其基本内容无外乎要家人清白做人，自立自重，忠君爱国，宽柔慈厚。”一生自勉为善并处处教子为善的陆游曾说：“吾惟文辞一事颇得名过其实，其余自勉为善而不见之于人，盖有之矣。初无愿人知之心，故亦无憾。天理不昧，后世将有善士。使世世为善士，过于富贵多矣。此吾所望于天者也。”[①] “果能称善人，便可老乡里。勿言五鼎养，肉食吾所鄙。”[②] “但使乡闾称善士，布衣未可媿公卿。”[③] 在陆游的谆谆教导下，其诸子皆贤良，有的还能兴学校、习礼让、移风易俗，造福一方，为世人所称道。理学家邵雍的两首《戒子吟》突出地反映了其教子别善恶、扬善弃恶的家教观点。一首说：“善恶无它在所存，小人君子此中分。改图不害为君子，迷复终为作小人。良药有功方利病，白圭无玷始称珍。欲成令器须追琢，过失如何不就新！”[④] 另一首说：“有过不能改，知贤不能亲，虽生人世上，未得谓之人。周孔不足法，轲雄不足师，还同弃常膳，除是适海崖。”[⑤] 被朱元璋赐以“江南第一家”美称的郑氏家族在《郑氏规范》中屡屡训示子孙要体恤孤寡贫穷，好善乐施，譬如借粮给穷苦乡亲不得收息，经常修桥补路“以利行客”，炎夏时节在大路旁设茶水站“以济渴者”，等等。石成金的《传家宝》把“孝悌忠信、礼义廉耻”视为人生须切记的“八宝”，并认为：“此八件，譬如房屋之有梁柱，若少一梁柱，房屋必然倾倒。又如网之四旁绳，网若少一边，如何得用？所以这八件，是件件时刻少不得的，却又是人人时刻离不得的。大凡教人做个好人，须要从此八件做起。”[⑥] 孝悌忠信、礼义廉耻这八宝既是个人立人之本，也是家庭立家之本或齐家之本。不以德善立家，只能自

---

① （宋）陆游：《放翁家训》，《丛书集成初编》（第974册），中华书局1985年版，第1页。

② （宋）陆游：《陆游集》，中华书局1976年版，第685页。

③ （宋）陆游：《剑南书稿校注》，上海古籍出版社1985年版，第1818页。

④ （宋）邵雍：《击壤集》（卷九），《影印四库全书》（第1101册），上海古籍出版社1987年版，第65页。

⑤ 同上书，第136页。

⑥ （清）石成金：《传家宝全集·涉世方略》，北京师范大学出版社1992年版，第60—61页。

毁家业。所以《易经》有“积善之家，必有余庆；积不善之家，必有余殃”的论述，可谓说尽人间一切事理的至理名言。以德善遗其子孙，是给予子孙享用不尽的精神财富。反之，如果不以德善遗其子孙，即便给子孙留下很多的物质财富，也只会导致家业的衰败。因为子孙贤而多财则会损害他们的志向，愚而多财则会增加他们的过错。由此可见，以财富遗赠子孙会留下许多的后患，许多大家族的毁灭都是子孙缺德失善而导致的。

耕读传家，亦即教育家庭成员以勤于从事农业劳动和读书入仕来传承家庭的基业，使家庭能够获得生活的资源并能延续其发展。很多家训都强调一夫不耕全家受饥，一女不织全家受寒。为了免去一个家庭的饥寒，成年家庭成员必须勤于耕织。同时读书求学然后入仕为官也是一个家庭价值追求的重要体现，而且具有显亲扬名、光宗耀祖的伦理意义。因此许多家训都把耕读传家作为其重要内容，认为人生在世“惟读书、耕田二事是极要紧者”。唐代诗人白居易有诗云：“有田不耕仓廪虚，有书不读子孙愚。仓廪虚兮岁月乏，子孙愚兮礼义疏。若惟不耕与不教，是乃父兄之过欤。”耕读传家既强调从事农业劳动的重要意义，又肯定读书做官的重要价值，从满足身体和心理、物质和精神两方面展开立论，可谓既现实又有较强的针对性。读书能“明理于心，做事自不冒昧矣。用力田亩，则养赡有赖，俯仰无虑”。“若不读书，何以立身、行道、显亲、扬名？若不耕田，何以仰事父母？何以俯蓄妻子？唐人诗云：‘天下良图读与耕。’要知一切事，总不如此二字之高贵安稳也。”① 宋真宗《劝学谕》直接把读书与耕种联系起来，指出：“学者如禾如稻，不学者如蒿如草。如禾如稻兮国之精粮，如蒿如草兮耕者憎嫌，锄者烦恼。”② 耕读传家指明了只有从事农耕和读书做官才能更好地传承家庭基业，使家庭或家族走向兴旺发达之路。

勤俭旺家，亦即教育家庭成员以勤劳俭朴的精神来经营和建设家庭，使其能够在已有的基础上得到不断的发展。勤劳与节俭自古以来就是中华民族的传统美德。百姓的生计取决于勤劳，“民生在勤，勤则不匮”，只有勤劳才能创造出各种物质财富，保证人们基本物质需要的满足。如果说“勤是摇钱树”，那么“俭是聚宝盆”。勤劳创造财富，节俭积聚财

① （清）石成金：《传家宝全集·涉世方略》，北京师范大学出版社1992年版，第19页。

② 同上书，第343页。

富。与勤劳相对立的败德是懒惰，与节俭相对立的败德是挥霍或奢侈。“历览前贤国与家，成由勤俭破由奢”，可谓至理名言。司马光《训俭示康》，谆谆教导子孙，“夫俭则寡欲。君子寡欲则不役于物，可以直道而行；小人寡欲则能谨身节用，远罪丰家。故曰：‘俭，德之共也。’侈则多欲。君子多欲则贪慕富贵，枉道速祸；小人多欲则多求妄用，败家丧身。是以居官必贿，居乡必盗。故曰：‘侈，恶之大也。’”① 叶梦得在家训中要求子孙做到勤和俭，把勤劳节俭看成固守家业的第一条原则。

和谐兴家，亦即教育家庭成员注重处理家庭内外各种关系，建构彼此和谐团结的人际关系，形成和衷共济、和睦相处、同心同德的局面，以便把家庭基业不断发扬光大。古语曰，“一家之计在于和”，“夫妻同心，其利断金”。《颜氏家训》有言：“妇之于夫，终身攸托，甘苦同之，安危与共，故曰‘得意一人，失意一人’。舍父母兄弟而托终身于我，情亦可念也。事父母，奉祭祀，继后世，更其大者矣。有过失，宜含容不宜辄怒；有不知，宜教导不宜薄待。《诗》曰：‘如宾如友’，宾则有相敬之意，友滋益之义。”只有家庭成员的亲密团结才能够兴家旺族。《魏书》有吐谷浑国王阿豺临死前告诫他的儿子与弟弟们团结一心的记载。阿豺有子二十人，谓曰：“汝等各奉吾一支箭，折之地下。”一会儿命母弟慕利延曰：“汝取一支箭折之。”慕利延折之，又曰：“汝取十九支箭折之。”延不能折。阿豺曰：“汝曹知否？单者易折，众则难摧，戮力一心，然后社稷可固。”此则故事与现代歌曲《众人划桨开大船》意义完全一样，都是在肯定团结才能够兴家旺族，一个人的力量是有限的，但是大家的力量积聚起来则能无坚不摧，攻无不克。因此千万不能在家庭内部制造分裂，那些制造事端、挑起矛盾的人则会受到整个家族成员的攻击，往往被视为家庭的蠹贼、逆子或败类。

三 弘扬中华优良传统家风对培育践行社会主义核心价值观的意义

中华优良传统家风家教积淀着中华优秀传统文化最深沉的精神追求，

① （宋）司马光：《训子孙文》，《戒子通录》（卷五），《四库全书》（第703册），第62页。

社会主义核心价值观植根于中华文化沃土，反映人民意愿，适应时代进步要求，有着深厚的历史渊源和广泛的现实基础。弘扬中华优良传统家风家教，对于培育践行社会主义核心价值观有着重要的意义和价值。

首先，弘扬中华优秀传统文化需要弘扬中华优良传统家风。中华优良传统家风是中华优秀传统文化的重要组成部分。中华优秀传统文化对培育践行社会主义核心价值观有着重要的作用。习近平指出："培育和弘扬社会主义核心价值观必须立足中华优秀传统文化。牢固的核心价值观，都有其固有的根本。抛弃传统、丢掉根本，就等于割断了自己的精神命脉。"这一重要论述，深刻揭示了中华优秀传统文化与社会主义核心价值观之间密不可分的内在联系。中华优良传统家风作为中华优秀传统文化的重要组成部分，在树立、践行和内化中华传统核心价值观方面曾起过非常重要的作用。由此我们也可以自然地推论出它对于培育践行社会主义核心价值观亦会有其独特的效用。作为中国特色社会主义的核心价值观，它的培育践行也应当在弘扬中华优秀传统文化精华的基础上大力弘扬中华优良传统家风。

其次，中华优良传统家风中有大量关于家庭美德的阐释与论述，对于我们建设新型的家庭美德，并以此接续社会主义核心价值观的统系，有着极其重要的伦理支撑意义和现实价值。

核心价值观归根到底是道德观的建构与挺立。家庭教育的核心首先不是知识教育，而是道德和人格教育。优良的家风与家教，是中华民族传统文化世代延续的纽带，是夯实社会道德大厦的根基。社会主义核心价值观实质上是一种国之大德与民之共德，以家风作为载体培育和践行社会主义核心价值观，能够使社会主义核心价值观这种国之大德与民之共德更好地落到实处。岳飞的母亲为岳飞刺字"精忠报国"，因此"忠"为岳家之家风的首要品德；林则徐勤俭持家，生活简朴，他认为"贤而多财，则损其志；愚而多财，则增其过"，故而崇尚"俭"德为林家之家风的首要美德；曾国藩在家书和家训中以"勤"为人生第一要义，崇尚"勤"德为曾家之家风的重要构成。这些优良的中华传统家风和家训，经由现代化的改造，完全可以成为培育践行社会主义核心价值观的道德价值基础，为其营造一种可接受的道德氛围或伦理情境。

最后，以孕育传承优良家风为载体培养和践行社会主义核心价值观，能够有效克服价值观理解和教育上的“断层”问题和“缺位”问题，实现社会主义核心价值观教育上的延续性和持久性。在中华五千年文明发展的漫漫征途中，优良家风成为传承中华道德文化和儒家核心价值观不可或缺的重要方法和渠道，成为中华主流道德价值观大众化最有效、最简洁的途径。诸葛亮的《诫子书》主要强调修身养德，立志成学；《朱子家训》强调坚守伦常道德，谨守礼仪；司马光的家训主要提倡俭朴，去掉奢华，这些对我们现在都很有教育和启迪意义。纵观当下，社会道德领域存在的种种丑恶现象，诸如诚信缺失、善恶不分、荣辱不辨、拜金主义、损人利己等，都与缺乏良好的家风家教有相当的关系。好的家风，胜过万贯家财。宋代李邦献所作《省心杂言》有言：“无瑕之玉可以为国器，孝悌之子可以为家瑞。”良好家风实际上也可以为“国器”。家风作为家庭文化的精粹，在凝聚家庭合力、提炼家庭传统、推动家庭成员素质整体提升方面，作用不可代替。“一粥一饭，当思来处不易；半丝半缕，恒念物力维艰”的勤劳俭朴观念永远是家庭美德的重要构成。父慈子孝、兄友弟恭、夫义妇顺也有其独特的家庭伦理价值，特别是着眼于从道德上引领后人做好人、做善人，多积德、少积恶的精神劝勉更彰显了代际伦理的深蕴，它们是优良家风的伦理魂魄，起着化愚为哲、化野为文以及积小德成大德的点染与陶冶作用。在新的历史时期，建设与时代精神相匹配，与传统美德相承接的新型家风，有助于社会主义核心价值观的入脑入心，有助于“内化于心，外化于行”的具体化和现实化。社会主义核心价值观是社会价值的认同整体，需要通过最有效的途径传递并发挥作用。

良好的家风传承是社会风尚健康发展的前提。优良家风不仅是言传，更是身教；不仅是一种道德精神的凝聚，更是一种道德精神的内化和实践，有着融导之以理、动之以情、持之以恒、拳拳服膺、身体力行多元因素于一体的独特建构。培育优良家风，就可能营造出践行核心价值观的伦理氛围。每个家庭都应构建起具有各自特色的家风和家教，作为家庭的核心人物应该责无旁贷担当起这一重任，形成家庭的凝聚合力，促进社会风尚进步发展。家庭是社会的基本细胞，家庭的和谐对社会的稳定与发展有着深刻的影响。“家是幸福的洋溢，国是荣誉的毅力。”千千万万个家庭的家风好，子女教育得好，社会风气好才有基础。我们倡导的核心价值观，只有植根于人民，孕育于社会，弥漫于千千万万个家庭并变成具体的行为实践，才能真正成为时代风尚，转化为人民普遍遵循和敬畏的家国情怀。优良家风虽然不能涵盖社会主义核心价值观的全部，但它是人们的价值观形成和精神成长的重要起点，是我们培育践行社会主义核心价值观必须依托的文化土壤和重要载体，对引导人们培育和践行社会主义核心价值观具有最基础也最根本的作用。

[该文原刊于《上海师范大学学报》（哲学社会科学版）2015 年第 4 期。

作者系湖南师范大学道德文化研究中心、中国特色社会主义道德文化协同创新中心教授，博士生导师]

中国传统家风文化的传承与核心思想

谢青松　赵　娟

一　重视家庭是中华文化的突出特点

重视家庭是中华文化的突出特点。在儒家“修齐治平”的理想模式中，“齐家”乃是承前启后之环节，所谓“家齐而后国治”①，意即只有做到家庭和谐，治国平天下才有坚实的基础。梁漱溟先生认为，中国文化的“要领所在”即为“中国人的家”②，围绕着家庭而建立起来的伦理生活是中国人的精神寄托，甚至体现着生命的所有价值，象征着生活的所有意义，所以这种伦理生活能起到一种“宗教的替代品”的作用。钱穆先生更为明确地指出：“西方的宗教为上帝教，中国的宗教则为‘人心教’或‘良心教’。西方人做事每依靠上帝，中国人则凭诸良心。西方人以上帝意旨为出发点，中国人则以人类良心为出发点。西方人必须有教堂，教堂为训练人心与上帝接触相通之场所。中国人不必有教堂，而亦必须有一训练人心使其与大群接触相通之场所。此场所便是家庭。中国人乃以家庭培养其良心，如父慈子孝兄友弟恭是也。故中国人的家庭，实即中国人的教堂。”③

对于中国人来说，家庭具有神圣的意味。中国人对亲情与家庭的依赖可谓根深蒂固。正因如此，中国传统文化历来注重家风家教。家风是一家或一族世代相传的价值观念、处世准则和精神风貌。传统社会有一

---

① 《宋本大学章句》，国家图书馆出版社2016年版，第19页。

② 梁漱溟：《中国文化要义》，学林出版社1987年版，第26页。

③ 钱穆：《孔子与心教》，参见钱穆《灵魂与心》，广西师范大学出版社2004年版，第19—20页。

幅著名对联“忠厚传家久，诗书继世长”，就是希望把家庭中良好的伦理价值和风尚习气世世代代传承下去。千百年来，无论是帝王将相、先哲名人，还是普通百姓，都非常重视家庭的教化与熏陶，都自觉将家风通过各种教化方式渗透到家族成员的价值取向、道德观念和处世态度中。在以家族血脉为纽带的中国传统社会，家风作为传承伦理道德的重要载体，通过一代代家庭长辈的言传身教和家规家训，潜移默化、润物无声地影响着人们的心灵，渗入每个中国人的血脉中。

家风文化作为中国传统文化的重要组成部分，一直在中国传统家庭伦理、社会风气、国家治理中发挥着不可替代的作用，伴随着悠久的中华文明延续了几千年时间。然而，进入近代以后，中国传统家风文化在与西方文明的碰撞过程中遭遇到了前所未有的冲击，由此而趋于失落。尤其是在今天，社会生活的多元化和人口流动性的不断增强，使得中国人的家庭观念正悄然发生变化，传统的家风文化也逐渐被淡忘。当今社会，由于家教不严、家风日下，“官二代”“富二代”和“星二代”的违法犯罪率不断上升，“农村留守儿童被性侵”，“因家庭矛盾杀死妻女后自杀”，“留学生机场弑母”等因家庭伦理缺失酿成的悲剧事件层出不穷，不断刺痛我们的内心。过去人们常说“家和万事兴”“家丑不可外扬”，如今，人们越来越不在乎别人怎么看待自己的家风。为了争夺房产或赡养父母问题而打官司，因为婆媳不和闹到电视上让公众去评理，明星自曝家丑而成为全民娱乐事件，荒唐之事接踵而至，家风早已被抛诸脑后。毋庸避讳，今日之家风沦丧、道德失范已经给家庭稳定和社会和谐造成了严重伤害。

在当代中国，继承和弘扬中国传统家风文化具有重要的现实意义。

（一）良好家风塑造健全人格

家庭是人类传承生命的场所，也是传递文化、锤炼品行的家园。一个人从刚刚出生到接受启蒙教育，再到成长成才，都离不开父母和长辈的教化，离不开家风家教潜移默化的熏陶。古人云：“少成若天性，习惯如自然。”① 意思是说年幼时形成的良好行为习惯和天生的一样牢固。明

① （汉）班固：《汉书·贾谊传》，中华书局2010年版，第1726页。

代孙奇逢在《孝友堂家训》中指出:“孩提知爱,稍长知敬,此生性之良也。知识开而习操其权,性失初矣。古人重蒙养正,以慎所习,使不漓其性耳。今日孺子转盼便皆长成,此日蒙养不端,待习惯成性,始思补救,晚矣!”① 强调为人父母者应在子女年幼时就注重家庭道德教育,培养其良好的道德品质,尤其是谨慎地引导他们的行为习惯,否则一旦错过了家庭德育的最佳时机,孩子养成不良习性之后再教育就迟了。家风的熏陶和濡染,对于一个人的性格特征、行为习惯、价值取向、生活态度等有着决定性作用。可以说,有什么样的家风,往往就有什么样的做人做事态度、为人处世方式、人生价值取向。时至今日,我们评判某人素质差,首先想到的便是其家教不好。可见家庭的道德教化、人格熏陶对于一个人德行修养和人格成长的极端重要性。

(二)良好家风涵养淳朴民风

家风是一个家庭的精神内核,也是一个社会的价值缩影。一个家庭的家风体现着各自的价值追求和精神风貌;无数个家庭的家风汇聚起来,就构成了一个社会的价值取向和精神状态。家风正则民风淳,家风浑则民风浊。家风所蕴含的励志勉学、修身处世、治家为政等方方面面的内容,对于促进和谐社会的建立,释放更多的社会正能量,起着极为重要的作用。古人云:“君子务本,本立而道生。”② “天下之本在国,国之本在家,家之本在身。”③ 意即天下的根本在于国家,国家的根本在于家庭,家庭的根本在于自身。倘若一个人在家庭中尊老爱幼、谦虚谨慎、克勤克俭,那么他们在单位里、社会上也必然能够忠信厚道、尽职尽责、严格自律。反之,一个人在家庭中我行我素、没规没矩、无情无义,这种人走向社会必然自私自利、损人利己、危害社会。事实上,一个人如果缺乏良好的家风,必然易受社会污染而随波逐流。若一个社会中的家庭家风萎靡、家规颓废,要想形成健康向上、积极昂扬的社会风气是不可能的。可见,家风是否仁厚纯朴,不仅关系到一个家庭的幸福和谐,同

---

① (清)孙奇逢:《孝友堂家训》,参见邹博主编《中华传世家训》(第三卷),线装书局2011年版,第1097页。

② 《论语·学而》,《宋本论语集注》(第1册),国家图书馆出版社2016年版,第22页。

③ 《孟子·离娄上》,《宋本孟子集注》(第3册),国家图书馆出版社2016年版,第20页。

时还关乎社会的繁荣和稳定，真正良好的家风有助于汇聚社会好风气，传递社会正能量，促进民风的清醇。

（三）良好家风营造清廉政风

家庭既是个体生命的成长之地，又是连接个人与社会、国家的天然纽带。在中国传统文化中，个人、家庭、社会、国家这四者并不是断裂、隔离的，而是被连成一体的整体结构，因此，家庭的风尚习气和国家的政治生态也必然有着直接而深入的互动影响。应当承认，中国人对于家庭的重视，一方面使得孝道这一美德在传统社会受到普遍的尊崇，但同时也导致家族式腐败的多发和裙带关系的泛滥。可以说，家庭既可能是幸福温馨的港湾，也可能是滋生腐败的温床。社会上一些人为了利用领导干部，千方百计从其家庭成员身上打开缺口。一些意志薄弱的领导干部经不起“枕边风”“膝下语”的蛊惑，最终陷入了腐败的深渊。从近年来曝光的腐败案件看，不少“老虎”“苍蝇”的背后，都呈现出家庭式甚至家族式贪腐的特征，一查就是一串，一抓就是一窝。从“坑爹”“坑夫”到“夫妻沆瀣一气”“情人反目牵出腐败”，究其原因，不重视家庭建设，家风不正、家规失范、家庭不睦，是导致其腐败或全家“一锅端”的一大原因。可见，良好的家风是抵御腐败的屏障，“病态”的家风是滋生腐败的温床。为此，注重培养良好的家风，以修身治家促进廉洁自律和党风廉政建设，乃是营造清廉政风之必要举措。

二　中国传统家风文化的传承方式

从历史上看，中国传统家风主要是通过言传身教的传承模式和家规家训的文字载体而传承至今的。探讨中国传统家风文化的传承方式，有助于继承与弘扬中国传统家风文化，进而实现其“创造性转化、创新性发展”。

（一）言传身教、耳濡目染：传统家风的传承模式

中国传统家风得以不断传承和发展，很大程度上在于其言传身教、耳濡目染的传承模式。“家风不是空洞无物的教条，更不仅仅止于长辈对

晚辈的耳提面命，而是通过一代代言传身教、躬行实践，不断现实地展现在现实生活当中的活泼生动的存在。”① 应当说，家风的塑造和传承主要是依靠家庭教育尤其是家长的以身作则和率先垂范来完成的。中国古代家风家教十分注重“言传身教，身教为贵”的教育理念，强调父母进行德育时，自己先要躬行实践。在古人看来，言传不如身教，百言不如一行。父母是人生最早的老师，父母的言行举止最具楷模的力量，故而父母之言行不可不慎。明代学者陆世仪就曾指出，“教子须是以身率先”②，就是强调父母要以身作则，率先垂范。《群书治要·韩子》记载了曾子杀彘的故事：

> 曾子妻之市，其子随而泣。其母曰：“汝还顾反，为汝杀彘。”妻适（引者按，适原作道）市来，曾子欲捕彘杀之，其妻止之曰：“特与婴儿戏也。”曾子曰：“婴儿者非有知也，待父母而学之者也。今子欺之，是教子欺也。母欺子，子而不信其母，非所以成教也。”遂杀彘。③

在此故事中，曾子用自己的行动教育孩子要言而有信，这也是诠释古代家庭教育中言传身教的一个典型案例。

古人在家风的传承过程中，不仅强调对下一代经典文本和知识技能的传授，更重视其道德品质和行为习惯的养成。颜之推将父母等居于“上伦位”者的身教作用称为“风化”，亦即子女自然而然地仿效父母。《颜氏家训》云：“夫风化者，自上而行于下者也，自先而施于后者也，是以父不慈则子不孝，兄不友则弟不恭，夫不义则妇不顺矣。”④ 为此，身为父母者须加强自身的道德修养，以身立范，自觉传承和弘扬优良家风。在教育孩子问题上，颜之推要求家人在婴儿能识得别人的脸色、懂得别人的喜怒时，就对其加以教诲。他说：“父母威严而有慈，则子女畏

---

① 李存山主编：《家风十章》，广西人民出版社2016年版，第67页。

② 王云五主编，陆世仪撰：《陆桴亭思辨录辑要》（2），商务印书馆1936年版，第101页。

③ 《群书治要·韩子·外储说左上》，《群书治要》（校订本下册），团结出版社2016年版，第1006页。

④ 《颜氏家训·治家第五》，中华书局2011年版，第34页。

慎而生孝矣。”[①] 意思是说，父母既威严又慈爱，子女自然会敬畏、谨慎，进而产生孝心。他还以“年十八九，少知砥砺，习若自然，卒难洗荡”[②]之反面典型告诫子孙德育晚施的危害，以此敦促子孙趁早磨砺节操品行。

中国古代家庭教育尤为注重言行一致。清代康熙时期文华殿大学士兼礼部尚书张英在《聪训斋语·立品篇》中专门有一节说“能容让”，其中写道：“欲行忍让之道，先须从小事做起。”[③] 在生活中，张英本人就以身作则，做到了言行一致。桐城学派后期代表人物姚用朴在《旧闻随笔》中记载：

> 张文端公居宅旁有隙地，与吴氏邻，吴氏越用之。家人驰书于都，公批诗于后寄归，云：“一纸书来只为墙，让他三尺又何妨。长城万里今犹在，不见当年秦始皇。”吴闻之感服，亦让三尺。其地至今名六尺巷。[④]

张英身为一朝宰辅，非但不恃权压邻，而是律己从严、宽厚退让，相比于今天一些官员公然违规违法、以权谋私，可谓高下立判。正是在此家风的熏陶下，张氏家族昌盛，人才辈出。张英的儿子张廷玉就是康熙朝的进士，官至保和殿大学士、军机大臣，乾隆时加太保，为官康、雍、乾三代，历50年宝刀不老。他有这样的官场作为，无疑得益于父辈淡泊致远、克己清廉的家风。张英、张廷玉父子二人为官清廉，人品端方，皆官至一品大学士，是历史上著名的贤臣良相，所谓“父子双学士，老小二宰相”，“门第荣耀，世不多见”，在中国历史上被传为美谈。张英、张廷玉以下，家族更是人才济济，六代共出进士13人，其中入翰林者12人，由此亦可见家风家教对于一个家族兴旺的重要性。

---

① 《颜氏家训·教子第二》，中华书局2011年版，第7页。

② 《颜氏家训·序致第一》，中华书局2011年版，第3页。

③ 张英、张廷玉：《父子宰相家书——聪训斋语　澄怀园语》，北京师范大学出版集团、安徽大学出版社2015年版，第64页。

④ （清）姚永朴著，张仁寿点校：《旧闻随笔》，黄山书社1989年版，第183页。

（二）家规家训、微言寸心：传统家风的文字载体

在中国古代社会，凡是开明君主、贤德儒士、民间雅士等，都通过口头训诫、书面文字等方式垂训、教育子孙后代，形成了浩如烟海的家规家训。中国传统家训的内容主要包括立德、勉学、治家、处世、为政、养生等，或是行于口头、针对性强的具体教诫，或是见诸家书或诗歌、目的明确的谆谆训诲，或是载诸家谱、可供讽诵的文本。无论是鸿篇巨制，抑或是片纸短章，大都浓缩了作者毕生的生活经历、人生体验和学术思想等方面的内容，体现了传统家风文化的思想精髓。如周文王姬昌告诫子孙“厚德而广惠，忠信而志爱”①；周公诫子伯禽“德行广大而守以恭者荣，土地博裕而守以俭者安，禄位尊盛而守以卑者贵，人众兵强而守以畏者胜，聪明睿智而守以愚者益，博闻多记而守以浅者广”②；蜀汉名相诸葛亮教育儿子“非澹泊无以明志，非宁静无以致远”③；刘备则告诫儿子刘禅“勿以恶小而为之，勿以善小而不为。惟贤惟德，能服于人”④；唐代李世民教导诸王子“夫帝子亲王，先须克己。每着一衣，则悯蚕妇；每餐一食，则念耕夫”⑤；清代曾国藩告诫后人“家俭则兴，人勤则健；能勤能俭，永不贫贱”⑥。可见，家训是父祖长辈为后代子孙所制定的立身处世、居家治生的原则和教条，蕴含着丰富的人生智慧和思想内涵，成为传统家风的具体表现形式和重要符号标识。

中国的家训文化历史悠久，最早萌芽于五帝时代，至明清时期达到鼎盛。经过历史的积淀和演化，中国古代家训可谓汗牛充栋，其中《颜氏家训》《了凡四训》《朱子治家格言》《聪训斋语》《曾国藩家书》，已成为国人家喻户晓的经典读物，它们浓缩了中华民族的传统美德，延续了中华民族的文化传统，在中国历史上对个人的修身齐家发挥着重要的

---

① 《逸周书·文传》，参见张闻玉译注《逸周书全译》，贵州人民出版社2000年版，第34页。

② 《群书治要·说苑·法诫》，《群书治要》（校订本下册），团结出版社2016年版，第1113页。

③ 《诫子书》，《诸葛亮集》，中华书局1960年版，第28页。

④ 《遗诏·刘备》，《诸葛亮集》，中华书局1960年版，第106页。

⑤ 《戒皇属》，参见喻岳衡编著《历代名人家训》，岳麓书社2003年版，第91页。

⑥ 《曾国藩日记》，九州出版社2014年版，第1108页。

作用。

在传统中国社会，几乎每家、每族、每姓都有自己的家训，通常在祭祀祖先或重修家谱时，由族中长老敬谨恭读，或刻印在家谱前面，以便族中子弟从小耳濡目染，接受教化。民间一些人士有抄写家训的习惯，对于普通民众来讲，传抄一部广为世人认可的家训，也是一种潜移默化的教育过程。一些贤达之士，如清代的曾国藩，不仅以家书等方式来勉励子弟读书、立德、养生，训诫其不要沾染贪求安逸、不学无术、趋炎附势等恶习，同时建议子弟多读历代先贤的优秀家训，以陶冶情操，提升修养。他多次写信给儿子纪泽和纪鸿，推荐《聪训斋语》一书：

> 颜黄门之推《颜氏家训》作于乱离之世，张文端英《聪训斋语》作承平之世，所以教家者极精。尔兄弟各觅一册，常常阅习，则日进矣。①
>
> 张文端英所著《聪训斋语》，皆教子之言，其中言养身、择友、观玩山水花竹，纯是一片太和生机，尔宜常常省览。鸿儿体亦单弱，亦宜常看此书。吾教尔兄弟不在多书，但以圣祖之《庭训格言》家中尚有数本、张公之《聪训斋语》莫宅有之，申夫又刻于安庆，二种为教，句句皆吾肺腑所欲言。②

在中国古代，一些家训出自社会精英或文化大家之手，不仅有着深邃的思想内涵，同时具有很高的文学价值。如张英撰写的家训《聪训斋语》，不止于人生教诲，同时谈论诗歌书法，抒发人生感悟，文字优美，寓意深远，不啻为美文佳篇。可见，中国传统家规家训不仅是传统家风之文字载体，同时也是中国文化之精华浓缩，迄今仍是现代人陶冶情操、提升人文情怀的经典读物。

三　中国传统家风文化的核心思想

从流传至今的家训家规中可知，中国古代家风家教所涉及的领域颇

① （清）曾国藩：《曾文正公家训》，中国书店2011年版，第51页。

② 同上书，第57页。

为广泛，主要包括立德、勉学、孝亲、治家、处世、养生等内容，其核心思想主要有以下几点：

（一）立德：增益德行，敦厉风俗

在传统儒家的价值体系中，有“三不朽”[①] 之说，认为人生真正的“不朽”有三：最高是“立德”，亦即以高尚的道德修养，感召世人；其次是“立功”，亦即建功立业，有功于民；最后是“立言”，亦即著书立说，惠泽后人。儒家“三不朽”的价值取向深刻地影响了古人的教育观念，致使传统家规家训特别强调“立德为上”，将德育置于教育的首位，注重以德立身成人。颜之推在《颜氏家训》中教育子孙：读书治学当以“增益德行，敦厉风俗”[②] 为第一要务。《庭帏杂录》亦记载：“士之品有三：专于道德者为上，志于功名者次之，志于富贵者为下。”[③] 认为人生最重要的事就是加强道德品质修养，做一个道德高尚的人，其次才是建功立业，最下品是对于荣华富贵的追求。因此，在传统家风中，立德乃是根本。曾国藩给四位兄弟的信中说：“吾人只有进德、修业两事靠得住。进德，则孝弟仁义是也；修业，则诗文作字是也。此二者由我作主，得尺则我之尺也，得寸则我之寸也。今日进一分德，便算积了一升谷；明日修一分业，又算余了一文钱；德业并增，则家私日起。至于功名富贵，悉由命定，丝毫不能自主。”[④] 可见，传统家规家训普遍重视立德树人，教育子孙要修身立德。古人尤其强调对子孙的道德教育应尽早，“养正于蒙”“教子婴孩”，从小培养他们的道德行为习惯和道德品质。

清代人王师晋在《资敬堂家训》中认为立德乃人生之根本：

> 黎明时睡醒，思为人之道与种树同。修德存心如根本，积功累行譬之培植壅护，科名富贵譬之开花结果，愈培植则花果愈密。然

---

① 《左传·襄公二十四年》载：“太上有立德，其次有立功，其次有立言。虽久不废，此之谓不朽。”

② 《颜氏家训·勉学第八》，中华书局 2011 年版，第 98 页。

③ （明）袁衷等：《庭帏杂录》，参见邹博主编《中华传世家训》（第二卷），线装书局 2011 年版，第 549 页。

④ （清）曾国藩：《曾文正公家书》，中国书店 2011 年版，第 59 页。

> 繁荣灿烂不过一时之盛，桃李荣于春，荷花盛于夏，桂香于秋，梅艳于冬，其余零落摧残之时多。惟根本不伤，可应时而发。人家亦然，事权在手，作福作威，如花树之或用火烘，或用硫磺等发热之药渗于本根，一时繁荣茂盛倍于寻常，而根本既伤，非枯即萎，可不惧哉。[①]

在王师晋看来，为人要懂得抓住根本，本立方能道生，修德存心即是根本，科名富贵如开花结果，乃是自然而然之结果。欲追求富贵功名，重点在于务本培根。倘若德行有伤，即为伤根，“根本既伤，非枯即萎”。这些论述与孟子“修其天爵，而人爵从之”[②] 的观点无疑是高度契合的。

（二）勉学：读书明理，不望科名

在中国传统社会，能够在祖辈居住的田园里读书务农，繁衍生息，乃是千千万万家庭延续千百年的光荣和梦想。也因如此，注重耕读为本、诗书传家，成为我国古代治家的良好传统。曾国藩就说：“历观古来世家久长者，男子须讲求耕读二事，妇女须讲求纺绩酒食二事。”[③]“居官不过偶然之事，居家乃是长久之计，能从勤俭耕读上做出好规模，虽一旦罢官，尚不失为兴旺气象。”[④] 在中国古代，劝勉子弟读书的故事和诗文颇多，如孟母断杼教子、皇甫谧年二十始勤学、悬梁刺股、映雪聚萤等历史典故，以及“万般皆下品，唯有读书高”“书卷多情似故人，晨昏忧乐每相亲”等著名诗文。北齐的颜之推在《颜氏家训》中专门设立《勉学》一篇以教育子孙。他比喻说：“幼而学者，如日出之光，老而学者，如秉烛夜行，犹贤乎瞑目而无见者也。”[⑤] 他甚至宣称：“若能常保数百卷书，千载终不为小人也。”[⑥] 古人还说：“诗书，起家之本。”[⑦] 所谓起家，

---

① 邹博主编：《中华传世家训》（第二册），线装书局 2011 年版，第 600 页。

② 《孟子 · 告子上》，《宋本孟子集注》（第 4 册），国家图书馆出版社 2016 年版，第 127 页。

③ （清）曾国藩：《曾文正公家训》，中国书店 2011 年版，第 64 页。

④ 同上书，第 71 页。

⑤ 《颜氏家训 · 勉学第八》，中华书局 2011 年版，第 107 页。

⑥ 同上书，第 96 页。

⑦ 严华英主编：《格言联璧》，中国戏剧出版社 2003 年版，第 140 页。

就是指使自己的家族、家庭兴旺发达。当然这里的发达不仅仅是指获得充裕的物质财富和崇高的社会地位，更指因为才能和德性之卓著而获得世人的赞誉和尊重。

尤为可贵的是，除了"仕而优则学，学而优则仕"① 的传统观念，还有不少人在读书上有着颇为理性的认识。如左宗棠告诫子孙，"读书做人为终身之计"②，"读书非为科名计"③，"读书只要明理，不必望以科名"④。曾国藩也坦言："凡人多望子孙为大官，余不愿为大官，但愿为读书明理之君子。"⑤"吾不望代代得富贵，但愿代代有秀才。"⑥

张英曾给自己立下人生"四纲"，即"立品、读书、养身、择交"⑦。在他看来，读书乃是立身扬名之基石，更是护养心性之根本。《聪训斋语》卷首即说："人心至灵至动，不可过劳，亦不可过逸，惟读书可以养之。每见堪舆家，平日用磁石养针，书卷乃养心第一妙物！闲适无事之人，镇日不观书，则起居出入身心无所栖泊，耳目无所安顿，势必心意颠倒，妄想生嗔，处逆境不乐，处顺境亦不乐。每见人栖栖皇皇，觉举动无不碍者，此必不读书之人也。"⑧ 张英认为，养心贵在守静，而读书能够使人平心静气，尤其是读古圣先贤之书，可以明世间理，令人德性温和、行事循矩，即便无功名亦能恬然自处。人若不读书，闲来生是非，遇事易浮躁，处逆境不乐，处顺境亦不乐。在张英看来："凡声色货利一切嗜欲之事好之，有乐则必有苦，惟读书与对佳山水，止有乐而无苦。"⑨故而，通过读书来护养心性、增长道心，实乃"人生颐养第一事"⑩。

---

① 《论语·子张》，《宋本论语集注》（第4册），国家图书馆出版社2016年版，第159页。

② （清）左宗堂：《左文襄公家书》，中国书店2015年版，第8页。

③ 同上书，第2页。

④ 同上书，第53页。

⑤ （清）曾国藩：《曾文正公家训》，中国书店2011年版，第2页。

⑥ 同上书，第448页。

⑦ 张英、张廷玉：《父子宰相家训——聪训斋语　澄怀园语》，北京师范大学出版集团、安徽大学出版社2015年版，第36页。

⑧ 同上书，第13页。

⑨ 同上书，第65页。

⑩ 同上书，第13页。

（三）孝亲：谨身节用，以养父母

家庭是以人的血缘关系为纽带而建立起来的基本社会单位。人一旦出生，便与自己的亲人血脉相连，从而构成每个人都割舍不下、忘却不掉的至深至重的内在情感。为此，《大戴礼记》将子女的身体视为“亲之遗体”，父母对子女有生与育之“大恩大德”，因此便内在地要求子女应该具备“孝”之德性，“一举足不敢忘父母，一出言不敢忘父母”①，在举手投足之间都应当心存对父母的感念与关心。由此，中国传统家风历来注重孝悌人伦的培养与教化：“夫有人民而后有夫妇，有夫妇而后有父子，有父子而后有兄弟：一家之亲，此三而已。自兹以往，至于九族，皆本于三亲焉，故于人伦为重者也，不可不笃。”② 亲情关系不仅是家庭关系的根本，更是社会关系展开的基础，而亲情关系培育的根本则在于培育仁爱之心。中国古人非常注重亲子之情的培育，认为人最真实的情感就直接呈现在子女与父母的情感连接当中。《吕氏春秋》记载：

> 父母之于子也，子之于父母也，一体而两分，同气而异息。若草莽之有华实也，若树木之有根心也，虽异处而相通，隐志相及，痛疾相救，忧思相感，生则相欢，死则相哀，此之谓骨肉之亲。神出于忠，而应乎心，两精相得，岂待言哉？③

依据此论，父母对子女，子女对父母，大家是一分为二的身体，有着相同的精气但各自呼吸着。就像草丛中有鲜花果实，就像树木之间有根须，虽然在不同的地方但是精气相通，心事相连，痛疾相合，愁思相染，活着就互相欢喜，死了就互相悲伤，这就叫骨肉之情。精神在忠孝里产生，在心中应和，两种精神相通，哪里还用说呢？

在中国古代社会，孝为立身之本。孔子说，“夫孝，德之本也”④，孝

---

① 《大戴礼记·曾子大孝》，中华书局 1985 年版，第 73 页。

② 《颜氏家训·兄弟第三》，中华书局 2011 年版，第 19 页。

③ 《吕氏春秋·季秋纪第九》（上），中华书局 2011 年版，第 274 页。

④ 《群书治要·孝经·开宗明义章》，《群书治要》（校订本上册），团结出版社 2016 年版，第 209 页。

不但要“谨身节用，以养父母”①，且要“立身行道，扬名于后世，以显父母”②。《礼记·祭义》说：“居处不庄，非孝也。事君不忠，非孝也。莅官不敬，非孝也。朋友不信，非孝也。战阵无勇，非孝也。”③ 明代张居正因父丧不回家守孝，在朝中引起风波，受到天下读书人的指责。古人认为，作为儿女，如果对生养自己的父母都不能真心尽子女之责，对其他人、其他事又怎么能“尽心”呢？故而，修身、为官、治国、交际、出战，一切善的行为均由孝出发，其目的从消极方面来说，要避免“灾及于亲”，从积极方面来说，则要“扬名于后世”。“孝”起于家，推展于国，是我国传统文化的基础和核心，千百年来一直作为伦理道德之本、行为规范之首，备受推崇，在中国历史上发挥了举足轻重的作用。正因如此，黑格尔说：“中国纯粹建筑在这一种道德的结合上，国家的特性便是客观的家庭孝敬。”④

（四）择交：以道相交，天荒地老

择交是中国古代家风家教的重要内容。张英就告诫后人：“读书者不贱，守田者不饥，积德者不倾，择交者不败。”⑤

关于交友，古人主张以道义相交：“以道相交者，天荒而地老；以德相交者，地久而天长；以色相交者，色衰而爱弛；以利相交者，利尽而交疏；以势相交者，势倾而交绝。”孔子也说：“益者三友，损者三友。友直，友谅，友多闻，益矣。友便辟，友善柔，友便佞，损矣。”⑥ 他主张同正直、诚实、有学问的人交朋友，而那些装腔作势、刻意迎合、巧

① 《群书治要·孝经·庶人章》，《群书治要》（校订本上册），团结出版社2016年版，第212页。

② 《群书治要·孝经·开宗明义章》，《群书治要》（校订本上册），团结出版社2016年版，第209页。

③ 《礼记·祭义第二十四》，参见王文锦译解《礼记释解》（下），中华书局2012年版，第694页。

④ 黑格尔：《历史哲学》，王造时译，生活·读书·新知三联书店1956年版，第165页。

⑤ 张英、张廷玉：《父子宰相家书——聪训斋语　澄怀园语》，北京师范大学出版集团、安徽大学出版社2015年版，第36页。

⑥ 《群书治要·论语·季氏》，《群书治要》（校订本上册），团结出版社2016年版，第235页。

言善辩的人则须远离。曾子也说：“君子慎其所去就。与君子游，如长日加益，而不自知也；与小人游，如履薄冰，每履而下，几何而不陷乎哉？”[①] 意思是说，君子对朋友的取舍必须非常谨慎。与君子交往，就像白昼变长的季节，德行不断增长而自己却不知道；与小人交往，就像踏在薄冰之上，每走一步，危险就增加一分，能有几个人不陷落水中呢？

常言道：“欲知其人，先观其友。”一个人的社交范围，往往就能体现出他的品性。为官者尤其要慎重交友，“与善人居，如入芝兰之室，久而不闻其香”，反之，“与不善人居，如入鲍鱼之肆，久而不闻其臭”[②]，最终踏上蜕化变质的不归路。近年来，不少落马贪官在悔过书中都提到四个字——“交友不慎”。事实确实如此。翻开一部贪官落马史，不难发现，不少贪官都有所谓的“朋友”在背后推波助澜，如刘志强背后的丁书苗，白恩培背后的刘汉……领导干部通常是抱着“我收的不是钱，是人情”的心态与其交往，但最终都会栽倒在这些“朋友”精心设置的陷阱里。从请客吃饭、唱歌洗浴开始，到打牌打高尔夫，察言观色，投其所好，步步为营，直到把你拖下水，同流合污，最终陷入贪腐的泥潭之中不能自拔。

中国古代为官者在交友和用人问题上颇为谨慎。古人讲：“为政者必慎择其左右，左右正则人主正矣。”[③] 当领导的人，一定要审慎地选择他所亲近的人。如果亲近的人正直，就没有人不正直，这样的话，国家才能够兴起正气。古代的圣王对此谨慎到何等地步呢？《尚书》上就记载：“其侍御仆从，罔匪正人。”[④] 他们的侍御仆从相当于领导人身边的秘书、司机、保安，没有一个不是品行端正、道德高尚的人。在物欲横流、诱惑无处不在、腐败如影随形的今天，握有公权的官员一定要时时处处防微杜渐，端正交往动机，净化自己的“社交圈”，只有在交友和用人问题上慎之又慎，方能抵得住诱惑，耐得住寂寞，守得住清贫，保持清正廉洁，恪守为政底线。

---

① 《群书治要·曾子》，《群书治要》（校订本下册），团结出版社 2016 年版，第 878 页。

② 《群书治要·孔子家语》，《群书治要》（校订本上册），团结出版社 2016 年版，第 259 页。

③ 《群书治要·体论》，《群书治要》（校订本下册），团结出版社 2016 年版，第 1248 页。

④ 《群书治要·尚书》，《群书治要》（校订本上册），团结出版社 2016 年版，第 45 页。

（五）戒贪：俭约不贪，可以养福

戒贪是中国古代官宦家庭家风家教的重要内容。中国古人认为，“仕宦之法，清廉为最”①，出仕的首要要求就在于清正廉洁。康熙帝在《庭训格言》中也强调：“俭约不贪，则可以养福，亦可以致寿。”② 贪官浊吏为了聚敛财富，不惜损公肥私，弄权枉法，巧取豪夺，百计搜刮。其所作所为，既戕害了政治的清明，又加重了百姓的苦难，所以上下交伐，既为朝廷所不容，更为平民所不齿，成为众矢之的，千夫所指，万人唾骂。未曾暴露之时，心神不宁，寝食难安，惶惶不可终日。一旦东窗事发，不但自己身败名裂，而且“秽及父母，祸延子孙”。像这样的人，心劳日拙，心力交瘁，自然难望有身心康泰之日了。曾国藩在此问题上有着颇为深刻的认识，他在给九弟曾国荃的家书中说：“予自二十岁以来，即以做官发财为耻，以宦囊积金遗子孙为可羞可恨。故私心立誓，总不靠做官发财以遗后人。”③ 在曾国藩看来：“儿子若贤，则不靠宦囊，亦能自觅衣饭；儿子若不肖，则多积一钱，渠将多造一孽，后来淫佚作恶，必且大玷家声。故立定此志，决不肯以做官发财，决不肯留银钱与后人。”④ 这些话语，不仅蕴含着一种深远的历史智慧，更能让人从中感受到一位长者对后辈的真爱大爱。

《群书治要·后汉书》记载了“杨震拒金”的故事：

> 杨震字伯起，弘农人也。迁东莱太守，道经昌邑，故所举茂才王密为昌邑令，谒见，至夜，怀金十斤以遗震。震曰：“故人知君，君不知故人，何也？”密曰：“暮夜无知者。”震曰：“天知、神知、我知、子知，何谓无知？”密愧而出。后转涿郡太守。性公廉，子孙常蔬食步行。故旧长者，或欲令为开产业，震曰：“使后世称为清白吏子孙，以此遗之，不亦厚乎？”⑤

---

① （宋）贾昌朝：《戒子孙》，参见邹博主编《中华传世家训》（第四卷），线装书局 2011 年版，第 1347 页。

② 《庭训格言》，中州古籍出版社 2010 年版，第 76 页。

③ （清）曾国藩：《曾文正公家书》，中国书店 2011 年版，第 112—113 页。

④ 同上书，第 113 页。

⑤ 《群书治要·后汉书》，《群书治要》（校订本上册），团结出版社 2016 年版，第 532 页。

杨震“暮夜拒金”的故事在历史上影响很大，后人因此称他为“四知先生”。杨震为人公正廉洁，子孙们经常吃粗茶淡饭，外出时步行，不乘公车。老朋友中年纪长的，劝他为子孙置些产业，杨震说：“使后世称为清白吏子孙，以此遗之，不亦厚乎?”在中国古代社会，类似的典故还有不少，如曾在北齐及隋朝任官的房彦谦，一身清贫、两袖清风，然而名声极好，他对儿子房玄龄说：“人皆因禄富，我独以官贫。所遗子孙在清白耳。”①

在21世纪的今天，日渐崛起与强大的中国，越来越感受到了重拾文化自信的重要性。面对当前中国社会存在的诸多道德问题与困境，越来越多的人开始意识到，只有进一步吸收和创造性转化传统文化，才是解决问题的根本之道。为此，有必要加强对中华传统文化的挖掘和阐发，努力实现中华传统美德的创造性转化、创新性发展，尤其是传承和延续中国传统家风文化，将其核心理念熔铸到每一个中国人的内在价值世界。正因如此，习近平总书记在2015年春节团拜会上的讲话中强调：“不论时代发生多大变化，不论生活格局发生多大变化，我们都要重视家庭建设，注重家庭、注重家教、注重家风。”中共中央印发的《中国共产党廉洁自律准则》也将“廉洁齐家，自觉带头树立良好家风”列为党员领导干部廉洁自律规范的重要内容之一。由此可见，重视家庭、注重家教、注重家风，尤其是强调领导干部的家风建设对于廉政建设的重要意义，正逐渐融入党中央治国理政的思路当中，这无疑有助于良好家风的建设和清廉政风的营造，进而有助于整个社会文明风尚的改善和提升。

（作者谢青松系云南省社会科学院哲学所研究员、所长、哲学博士；赵娟系云南省社会科学院民族文学所副研究员）

---

① 《南北史续世说·德行》，参见邹博主编《中华传世家训》（第二卷），线装书局2011年版，第468页。

论传统家风与清官群体的培育

王伟凯

作为国家主流文化在家庭中的缩影，家风文化在一定层面上对规范和引导人们的行为发挥着重要的作用。家风的形成并非短时间内能够完成，而是“一家或一族在世代繁衍过程中形成的较为稳定的传统习惯、文化氛围以及为人处世之精神风貌的总和”①。家风的作用不只是简单的道德教化，而是整个社会所有人际关系得以展开的精神起点，甚至可以说在一定程度上决定了该家庭和家族的发展走向甚至每一位成员的社会成就。

作为一个家庭的传统风习，家风是人们在长期的家庭生活中逐渐形成和世代沿传下来的生活作风、生活习惯、生活方式的总和。家风的形成，是家庭长辈和主要成员潜移默化的影响和教诲的结果，一个家族之链上某一个人物出类拔萃深孚众望而为家族其他成员所宗仰追慕，其懿行嘉言便成为家风之源，再经过家族子孙代代接力式的恪守祖训，流风余韵，代代不绝，就形成了一个家族鲜明的道德风貌和审美风范。作为一种文化现象，家风与家庭和家族成员的生活密切相关，且具有极强的生命力，对家族个体的影响十分巨大，其不但对个体是一种行为规范，更重要的是对家庭乃至家族的繁衍发展具有一定的支撑和保护作用，因为“人的本质不是单个人所固有的抽象物，在其现实性上，它是一切社会关系的总和”。而家庭又是社会结构中的基本细胞，家庭稳定是社会稳定的基础，历朝历代出现的一些社会问题，其中不少皆是由家庭问题引发，所以加强家风培育也是当前中国社会建设中极为重视的一大领域。

清官和贪官是中国传统文化中经常出现的词汇，这两个词汇之所以

---

① 李建华：《家风家教：激发传统文化正能量》，《中国教育报》2014 年 4 月 18 日。

会成为文化的组成部分，其根本就在于中国古代社会“学而优则仕”“耕读传家”“读书入仕”的运行机制。凡读书者，不论出身富有之家还是贫寒门第，都希望能够通过读书进入仕途，而古代中国也的确通过科举考试为所有读书人提供了平等的晋身机会。人为什么喜欢做官，因为在古代中国的运行体制下，做官不但能改变本人和家族的命运，而且还可以提升自己所处的社会阶层。大凡初为官者，不论是本人还是家族，肯定不是把做贪官当作目标，即使不以清官为目标，但至少也是以做个规矩官为准则。那么在为官历程中，为何有的成为为人所不齿的贪官，有人却成为柄彪史册的清官，其背后的原因很是值得我们深思和探究。

一　对“国家”忠爱信念的执着

任何人生活在社会上，都承担着多种责任，作为官员，其承担的社会责任和国家交付的责任可能会更多，当其能把这种责任始终如一地坚持下来时，就能获得人们的尊重和景仰。

儒家文化作为中国传统文化的重要组成部分，其给社会贡献出的价值观就是“仁”“爱”“忠”“孝”，后来更衍生出“仁、义、礼、智、信”五常的行为规则要求。任何一名读书人想进入仕途，必须苦读儒家经典，因为科举考试的内容完全来自儒家经典。正是自幼受儒家文化的这种熏陶，使他们的内心形成了一种责任感，那就是“为天下”的责任，当这种“应然”责任在内心根深蒂固以后，体现在精神层面就是“忠爱国家”信念的展现。

清官之所以为清，固然有清廉之义，但最根本的是对国家的忠诚，将国家作为付出的对象，而并非将个体家庭作为自己的忠爱目标，所谓“苟利国家生死以，岂因祸福趋避之”。在古代社会的终身教育中，国和家是一体的，所谓“家国同构”，国是大的家，家是缩小的国，国家安定，家才能平稳，如果国家动荡，那么家也就可能随时受到冲击。所以有远见卓识者，皆以保国作为自己的使命。岳母之所以刺下“精忠报国”，而不是“精忠报家”，就在于其清晰地厘清了“国与家”的关系。

凡是清官，其做人的重要一点就是对国和君的捍卫与忠诚，其考虑的不是个人的得失，而是国家的发展与稳定。古代社会，维护国家稳定是官员的职责所在，所谓“保国者，其君其臣肉食者谋之”[①]。西汉时汉宣帝也曾言：“使政平讼息，民无愁叹，与我共理，其惟良两千石乎?”[②]两千石是高官的代称，良是好，是清的另一种说法，因为没有任何人会把贪官说成“良”的。汉宣帝的意思也就是说，国家稳定需要好的高官。重用清官，社会的运行才顺畅，否则，社会就会出现问题，如隋朝之所以很快败亡，就在于其“彝伦斯紊，天子事巡游而务征伐，具僚逞侧媚而窃恩权。是时朝廷无正人，方岳无廉吏。跨州连郡，莫非豺虎之流；佩紫怀黄，悉奋爪牙之毒，以至土崩不救，旋踵而亡”[③]。

唐朝韦仁寿，之所以被后人视为清官良吏，也在于其对国家社会的尽职尽责和全力付出。隋朝大业年间（605—617 年），其曾任四川地区“司法书佐”，在断狱方面平恕而为，获罪者皆言“韦君所断，死而无憾”。唐高祖李渊时，其任南宁州都督（今云南境内），带领五百士兵巡视辖境，“法令清肃，人怀欢悦。及将还，酋长号泣曰：‘天子遣公镇抚南宁，何得便去?’仁寿以城池未立为辞，诸酋长乃相与筑城，立廨舍，旬日而就”。仁寿为了不违反国家有关要求，坚辞不往，称：“吾奉诏但令巡抚，不敢擅住。”“及相归，蛮夷父老各挥涕相送，因遣子弟随之入朝，贡方物。”[④] 通过韦仁寿的行为可以看出，他并没有做什么轰轰烈烈的事情，只是按照国家要求，认真践行了自己的职责，却得到了百姓的拥护。可见，做清官的标准不是要求很高，而是只要能够按照国家的要求行事，能够公正为民，就是对国家的忠爱，就能做成清官。

一些人之所以能够成为清官，不在于其思想境界有多高，学术理论阐述有多完美，而在于其能够对国家的要求全力践行，对国家事业倾力付出，尤其是当国家需要或处于危机时，一个人的所作所为，最能衡量他的为官品质。古代社会，国君通常代表着国家，所以对君的忠诚也往往是对国的忠诚，对君的忠诚体现在两方面，一是能够遵从和实施其正确的建议和安排，二是能够有胆量指出国君建议和安排的不合理。正如

① （清）顾炎武著，黄汝成集释：《日知录集释》卷 13“正始”，上海古籍出版社 2006 年版，第 757 页。

② （五代）刘昫等：《旧唐书》卷 185，中华书局 1975 年版，第 4781 页。

③ 同上书，第 4782 页。

④ 同上书，第 4783 页。

《忠经》所云："忠不可废于国。""为国之本，何莫由忠？忠能固君臣，安社稷，感天地，动神明，而况于人乎？夫忠，兴于身，著于家，成于国，其行一焉。是故一于其身，忠之始也；一于其家，忠之中也；一于其国，忠之终也。"①

"忠爱"国家行为的形成，需要环境，但更需要个人修养的培育和操守的坚持。尤其是在为官后，是否还能把这"忠"的信念始终贯彻到自己的职责行为中，修养与操守就更显重要。不容否认，贪官在自幼的教育中也有"忠君爱国"的教育，但其后来成为贪官，就在于他没有把这一信念彻底贯彻下来。明朝官员海瑞科举落第，以举人身份入仕，他在后半生的为政生涯中，始终以"爱民忠君"为念，所以即使是皇帝，其行为出现了与社会发展、国家安定不符的地方，海瑞也敢于不畏个人安危，上疏陈言："古者人君有过，赖臣工匡弼。今乃修斋建醮，相率进香，仙桃天药，同辞表贺。建宫筑室，则将作竭力经营；购香市宝，则度支差求四出。陛下误举之，而诸臣误顺之，无一人肯为陛下正言者，谀之甚也。""夫天下者，陛下之家，人未有不顾其家者，内外臣工皆所以奠陛下之家而磐石之者也。一意修真，是陛下之心惑。过于苛断，是陛下之情偏。而谓陛下不顾其家，人情乎？诸臣徇私废公，得一官多以欺败，多以不事事败，实有不足当陛下意者。其不然者，君心臣心偶不相值也，而遂谓陛下厌薄臣工，是以拒谏。执一二之不当，疑千百之皆然，陷陛下于过举，而恬不知怪，诸臣之罪大矣。"② 应该说这一行为就是出于其对国家关爱、对社会负责的信念。

纵观清官的行为，不一定都是像岳飞、文天祥那样做出了轰轰烈烈的惊天壮举，也不是都如包公、海瑞、于成龙那样因位居显位而有条件为国为民，实际上更多的清官乃是普通官员，他们在自己的职责范围内诠释了为国为民的信念，成为清官群体的主体。在官修史书中，都列有"良吏"和"循吏"部分，这实际上就是清官群体的整合。就拿《明史》来说，收入"循吏"传者有43人，这些人多为中低职级官吏，他们在履职时，仍然得到了百姓和社会的认可，被誉为"清官"，应该说正是因为

① （汉）马融：《忠经》，崇文书局2012年版，第98页。

② （清）张廷玉等：《明史》卷226，中华书局1974年版，第5928页。

这一群体的存在，整个国家和社会的运行才能顺畅安定，正如《明史·循吏传》卷首所言："明太祖惩元季吏治纵弛，民生凋敝，重绳贪吏，置之严典……一时守令畏法，洁己爱民，以当上指，吏治焕然丕变矣。下逮仁、宣，抚循休息，民人安乐，吏治澄清者百余年。英、武之际，内外多故，而民心无土崩瓦解之虞者，亦由吏鲜贪残，故祸乱易弭也。"可见培养清官群体对社会发展的价值所在。但到明万历以后，因为这样的规则被打破，"征发频仍，矿税四出，海内骚然烦费，郡县不克修举厥职。而庙堂考课，一切以虚文从事，不复加意循良之选，吏治既以日偷，民生由之益蹙"①。清官群体的稳定性被打破。

因为清官也是普通的人，他们也具有人的本来属性，当外在环境发生变化后，有的人对所担负的责任进行了规避，对"国家"忠爱的信念弱化了，那么其行为肯定就会远离清官的要求，从而脱离了这一群体。总之，无论在什么情况下，如果都能坚持自己的"应然"责任，尤其是在国家或社会出现问题乃至困难时仍能不逃避职责的官员，其最后肯定会入清官群体的。

二　对"家族"家风理念的秉持

家风是每个家族和家庭都具有的，因为家风是在人的日常行为中形成的，并非有家训才有家风，家训只是家风的文字性凝结。任何一个家族都会希望自己的子弟能够挺拔立于人前，受人尊重，成为他人效仿的楷模。作为具体的人来说，当其离开家族后，如果能够有家族的集体观念，在做任何事情时，肯定都会虑及家族的荣辱，进而能够以健康的家风展现自己的行为。

家风作为家族和家庭的精神指引，其对人的行为和思维方式肯定会产生或多或少的影响，因为生活在什么样的家庭，不受该家庭风气的一丝熏染是完全不可能的。家风的作用也不只是简单的道德教化，而是整个社会所有人际关系得以展开的精神起点，甚至可以说在一定程度上决定了该家庭和家族的发展走向甚至每一位成员的社会成就。

---

① （清）张廷玉等：《明史》卷281，中华书局1974年版，第7187页。

中国传统家风文化对清官群体形成的作用不可小觑。在重视家风家训的家庭和家族中，清廉教育是一个重要内容，如战国时期田稷母在教育子孙时就说："吾闻士修身洁己，不为苟得。"① 也就是说读书人做人应当修身养性，使自己保持廉洁，不做苟且贪求之事。隋朝官员房彦谦更是明确指出："人皆因禄富，我独以官贫。所遗子孙，在清白耳。"南宋刘清之留下的家训《戒子通录》中强调："仕官之法，清廉为最。"同是南宋时期的赵鼎告诫子孙："人之才性，各有短长，固难勉强。唯廉洁二字，人人可至。"清末重臣曾国藩更是强调："千言万语，而要以不忮不求为重。"何为求，就是："贪利贪名，怀土怀惠，所谓未得患得，既得患失之类是也。"② 在家风教育中之所以强调清廉，是因为子弟一旦为官后，其清廉与否，将直接关系到家庭和家族的命运。清廉者，能得到社会和民众的认可，整个家族一方面可以得到精神上的愉悦满足，另一方面还会从朝廷那里获得奖赏和荫封，子孙也可能以此进入仕途。相反贪污者，整个家族不但精神上受到耻辱，而且还可能会牵连入狱，甚至失去生命。

重视家族和子孙后代的为官者，肯定会秉持家风清廉从事，也就是说，家风中的廉洁要求作为一种精神约束，已经与其行为融合在一起，成为行为的规范，也正是有了这样的家风要求，这样的清官才能一代代传承，从而形成清官家族。如北宋时期的包拯，不但自己为官清廉，而且严令子孙"有犯赃滥者，不得放归本家；亡殁之后，不得葬于大茔之中。不从吾志，非吾子孙"③。也正是因为接受了这一家训家风的教育，包拯的儿子包绶同样为官清正，如当时朝中大臣文彦博就评价包绶"孤立不倚，能世其家，恬静自首，不苟求进"。包绶出任汝州（今河南临汝县）通判后，经过他的努力，汝州很快便呈现出一片平和清晏的景象，当包绶被晋升为六品朝奉郎，调离汝州时，汝州百姓扶老携幼，为他送行。包绶去世后，人们打开他的行李，发现除了任命状、书籍、文具、著述之外，找不到任何一件值钱的东西，早年曾被宋仁宗赐为"太常寺

---

① 周铁项等编译：《历代名人家训》，河南大学出版社 1999 年版，第 290 页。

② 转引自梁启超《曾文正公嘉言钞》，中国书店 2012 年版，第 80 页。

③ 转引自王伟凯《天津好家风》，天津社会科学院出版社 2016 年版，第 129 页。

太祝”，又掌管大内珍宝，已仕至六品的达官贵人，与世长辞时衣袋里竟只找出了四十六枚铜钱。再有包拯的孙子包永年也是清正为官，如在任职咸平（今河南开封附近）时，人们评价：“公至邑，廉勤自守，蔚有政声，吏民爱思。”后政和二年（1112年），调任金州（今属河南），“用荐者改通仕郎，任金州司工曹事。公到任，同曹事有不决者，皆画谋于公。则知公之材能设施，固不在人下。岁满，州人愿留公不可得，攀辕翳道，相与瞻望叹嗟，咸曰：‘包公之后，信乎有是贤孙也。’”[①] 实际上包拯之所以能成为清官，也得益于其父的为官清正，其母的家风教育，包拯之父包令仪进士出身，曾任虞部员外郎，按《庐州府志》载：“包侍郎名令仪，字肃之，进士及第。授朝散大夫，行尚书虞部员外郎，出帅南京，上护军，赠刑部侍郎。”其祖父包士通，耕读传家，曾为乡村塾师，祖母宣氏，终身务农。正是这种传统的耕读家风影响了包家几代人，可以说，包家的清廉家风肇始于包士通，发展于包拯，影响了子孙三代，都名垂青史，为后人所仰念。

翻开中国的史籍，父子清官、祖孙共史并不少见，出现这种清廉家族的根本原因就在于家风的影响与熏陶。如果说包拯家族是知名度颇高的清官家族代表，那么更多的是一些知名度不高，但清正为官的家族。如明朝嘉靖时的徐九思，曾任句容知县，安境护民，为百姓所仰，所谓“为治于单赤务加恩，而御豪猾特严”[②]。其子徐贞明继承其父为官品格，在任浙江山阴县知县时，明敏而有仁爱。再有清代安徽桐城张氏家族中，张英、张廷玉、张若霭祖孙三代“合家顶戴”，满门朱紫，其之所以能够被后人所记，也是因其清廉家风教育，使得子孙皆为清官，如在其家训中就提出，“且富盛之事，古人亦有之，炙手可热，转眼皆空”，“凡事最不可想占便宜，便宜者，天下人所共争也，我一人据之，则怨萃于我矣。我失便宜，则众怨消矣。故终身失便宜，乃终身得便宜矣”。[③] 占便宜就是占利，自然不会清廉。正是因为他们的这种家风，张家三代皆为朝廷重臣，而合肥更是留下了“六尺巷”的美妙传说，彰显了清官家族的风范。

---

① 安徽省合肥市包公墓园中“包永年墓志铭”。

② （清）张廷玉等：《明史》卷281，中华书局1974年版，第7213页。

③ 吴敏霞等：《治家格言》，三秦出版社1998年版，第107、208页。

相反，贪官家族的下场也使人们更加重视对子孙清官思想的培养，以及清廉家风的教育。作为一个对家族和子孙负责任的人，肯定不会以个人之私殃及后人，而是尽可能为后人留下可以继承的财富，包括物质和精神两个层面。“不让祖宗蒙羞，不让子孙汗颜”是中国传统文化中饱含清廉教育内容的感悟，也是能培养清官群体的责任者的根本担当。清廉是兴家之本，贪享是败家之道，任何一个头脑清晰的人肯定都会这样教育自己的家人和子孙，并以身作则，如曾国藩就屡屡告诫自己的子侄，“吾在外，既有权势，则家中子弟最易流于骄，流于佚。二字皆败家之道也”①。清代学者王昶更是直截了当地指出：“夫富贵声名，人情所乐，而君子或得而不处，何也？恶不由其道耳，患人知进而不知退，知欲而不知足，故有困辱之累、悔吝之咎。”② 也就是说，如果一味贪恋富贵，最终只会招致困顿和羞辱，到时悔恨也来不及了。

可见，清廉家风教育不但是我们先人的一种教育智慧，也是清官群体不断形成的最基本要素。清官群体将这种家风文化内化于心，外见于行，使自己的行为与社会的发展趋于一致，也因此使自己和后人收获了宝贵的精神财富。

三　对“社会”正气观念的坚信

人生活在社会上，肯定会受到所处环境的影响，“孟母三迁”的故事就充分说明了生活环境的重要。我们常说“常居贤母三逸里，不慕高官万石家”，就是提醒人们一定要选择优良的生活和生长环境。

清官的工作环境，不会也不可能完全是清明世界，而社会上对权位、财富的贪恋以及观念，也深深地围绕在清官的周围。但清官之所以能不被污染，关键就在于其一方面对社会正气氛围的坚信，另一方面也是对自身正气的坚守。在清官的意识中，他们一直坚信“邪不压正”的理念，在生活和行为中，处处彰显着“正”的气场。如包拯就曾对官员的凌弱护强、打压清官行为进行了指责：“兼闻审刑院、大理寺日近奏案尤多，

① 檀作文：《曾国藩家训》，中华书局 2008 年版，第 226 页。

② 吴敏霞等：《治家格言》，三秦出版社 1998 年版，第 25 页。

倍于往年，况无大段罪名，并是倚摭微累，不辨虚实，一例论奏。孤弱无援者则按以深文，权势豪猾者则纵而不顾，内则循一身之利以殖其私，外则窃振职之名以图其进，效尤无耻，惟恐不及。至有公清守节之人，或不曲事左右，为众所嫉者，即被加诬，构成其罪，遂使守己之士或负终身之玷，可不痛惜哉！”在这篇奏疏中，包拯不但指责了主管官员的失职，而且也为该部门中清廉官员鸣不平。他这样做肯定会使大理寺、审刑院的官员不满，甚至反而攻击、陷害他，但包拯之所以还坚持这么做，就在于他对公正信念的坚信，对社会正义的维护。其后在庆历四年（1044 年）包拯再次上疏《请不用苛虐之人充监司》，称：“兼闻审刑院、大理寺日近奏案尤多，倍于往年，况无大段罪名，并是倚摭微累，不辨虚实，一例论奏。此盖苟图振举之名，以希近用之速尔，遂使天下官吏各怀危惧，其廉慎自守者，则以为不才，酷暴非法者，则以为干事。人人相效，惟恐不逮。民罹其患，无所诉告……且朝廷设按察、提刑之职，盖欲去贪残之吏，抚疲瘵之俗，今乃务为苛细，人不聊生，窃恐未为国家之福也。”[①] 能够不顾个人荣辱乃至生命，公正陈言，为国家思考，为社会呼吁，包拯内心自然是充满了正能量，其之所以能够成为名垂青史的清官，即在于他对社会正气理念的坚信。

正是因为坚信社会“正气”的存在，一些清官也敢于对社会弊端乃至政府的不当行为提出批评。如北宋时期曾任太学助教的李觏就指出：“窃思今之所谓良吏者，多不得其衷焉。不师古道，不观人情，各是其所是，非其所非而已。其务近名者，则曰政必以猛；其务隐德者，则曰政必以宽。其务自异者，则曰前之政猛矣，我必以宽；前之政宽者，我必以猛。其务自守者，则曰何必以猛，何必以宽，断诸法而已矣。”[②] 李觏的这一策论是对一些官员做法的鞭挞，自然也会引起一些人的不满，但他敢于说这样的话，表明他的内心已经容忍不了这种不良官员行为现象的存在。再有明朝的海瑞，更是不避时弊，直陈陋习，如其在任兴国知县时，“据所见所闻事体有当兴当革者”，曾向上司提出八议，其中就乡间官员小史的设置，提出了裁撤建议，认为这些人专一吓骗商民，“兴国

① （宋）张田编：《包拯集》，中华书局 1963 年版，第 44、45 页。

② 《李觏集》，中华书局 1981 年版，第 177 页。

县先年止设隘长总小甲，无隘官。千百长不能诘奸辑盗，专一吓骗商民。巡检官每年下乡巡查，又往往需索过堡常例”①。他建议清除这些官吏，减轻百姓生活负担。这一建议固然符合社会实际，百姓也很欢迎，但肯定侵犯了这些小吏乃至其他官员的利益，但海瑞并不顾及这些个人的得失，而是从社会的实际出发，站在百姓的立场，这实际上就是对“正”的一种坚持。海瑞之所以能被百姓誉为“海青天”，就在于其一切以“正”为准，以“正”为信念。应该说，也正是因为他们敢于坚持“正义”，且其力量能够达到一定程度，才使得社会的发展处于一种相对和谐的状态，而一旦没有人坚持正义，或者说他们的力量很微弱时，社会就会混乱，由此可见，清官群体的社会价值所在。

相比而言，贪官和不作为者之所以被称为“贪”和“庸”，就在于其对“正”的回避，完全以个人得失为中心。历史上一些贪、昏、庸者，首先考虑的就是个人的利益和享受，如被列入“奸臣传”的明朝官员严嵩之子严世蕃，以其父故入仕，但贪婪无度，“剽悍阴贼，袭父宠，招权利无厌……其治地京师，连三四坊，堰水为塘数十亩，罗珍禽奇树其中，日拥宾客纵倡乐”。最后被朝廷诛杀，其家中竟有“黄金可三万余两，白金二百万余两，他珍宝服玩所直又数百万”②。作为朝廷大员，这样的行为肯定对社会产生了极坏影响。也就是说，当官员把个人的眼前利益与社会利益对立起来分析问题时，就会忽略社会正气的存在，而逐渐为“邪气”所包围，而只有把个人融入社会来考虑问题时，才能顺应社会大势，以大势为重的人也就成了我们所说的清官。同样是生活在该时期的海瑞去世后，家产竟不如普通贫寒之家，只有“葛帷敝籯”，连装殓的钱都没有，不得不靠同僚资助，所谓“酬金为殓”，也正是基于这种清廉，百姓感念至深，“小民罢市，丧出江上，白衣冠送者夹岸，酹而哭者百里不绝”③。也正是因此，一直到今天，海瑞还深受人们的敬重和高仰。

① 陈义钟编校：《海瑞集》，中华书局1965年版，第204页。

② （清）张廷玉等：《明史》卷308，中华书局1974年版，第7920页。

③ （清）张廷玉等：《明史》卷226，中华书局1974年版，第5923页。

四 小 结

清官并不是“官”的特殊群体，而是社会和百姓对其为人为官的一种评价。中国文化一直强调修身养德，其规则就是要符合社会规律和人类生活的规律。当处于“官”位时，更应该遵循社会规则，因为社会的主体是人，如果一个社会处于无规则状态，每个人的生活都会受到影响。处于“官”位者担负着对社会规则的维护、社会资源的分配和利用，如果能够正确行使自己的职责，对社会的发展肯定是一种贡献，而正确行使自己的职责实际上也是一种本分所在。

清官的培养固然需要个人内在修养，但外界环境也发挥着重要的作用，当正气充满在一个空间时，邪气自然就会弱。那些贪官，不可能生下来就有了“贪”的本性，或者说一当上官就去“贪”，而是深受其周围群体的影响，有些人能够把持住自我，自然也就是清官，而那些把持不住者，就会做出危害社会和百姓之事，进入了贪官的行列。所以培养清官群体，既要重视个人“官德”培养，更要重视其为政环境的培育，只有这样，社会发展才能具有更厚重的支撑基础。

（作者系天津市社会科学院哲学所所长、研究员、博士，云南省道德研究院特约研究员）

平民化家训与宋代儒学社会化

刘　欣

一　家训广泛出现的社会背景

（一）宋代商品经济的大发展是家训广泛出现的重要因素

中国封建社会商品经济的发展经历了三个高峰：春秋战国时期，商品经济迎来了它有史以来的第一个发展高峰；进入宋代，随着生产力的又一次大发展，商品经济步入了第二个发展高峰；进入明代，商品经济又一次达到了一个新的高度，形成了第三个发展高峰。① 在中国古代的商品经济发展高峰时期，宋代商品经济的发展无疑是引人注目的，以致有的学者认为宋代发生了“商业革命”。②

随着商品经济的发展达到前所未有的程度，对财富的追求成为整个社会共同的时尚，一些消极因素随之而生。因此，在一些正直的儒士看来，要彻底改变这种状态，就必须重塑儒家传统伦理道德观。

商品经济大发展所带来的另一个显著的特点是社会各阶层在人身和财产方面都缺乏稳定感。为了防止松散的个体小农对社会造成不安定影响，必然要求建立一个新的有效的社会组织，将分散的小农纳入其中，以抵御商品经济的冲击，稳定社会秩序。宋代出现的“新型宗法家族”完全满足了给一般民庶以物质上完全依靠和精神上终极归属。这种聚族而居的家族组织，必有一部甚至数部家谱，以此作为维系家族血缘关系

---

①　此处论点参见林文勋教授《也谈中国封建社会商品经济发展的特点》，《思想战线》2000 年第 6 期。

②　傅筑夫：《中国封建社会经济史》第 5 卷，人民出版社 1989 年版，第 400 页。

的纽带。家谱不同于以往士族之谱牒，它不但记载着全族的世系与血缘关系，还用大量的篇幅“全文刊载本族有史以来制订的各种家法族规、家训家范、祖宗训诫子孙的言论”①。

针对宋代商品经济发达所造成的社会流动的加速，以及各阶层地位的不稳定性，家训中大量充斥着防止破家的教训。如提倡新型崇俭观、加强家族（庭）的经济管理体系以及努力适应商品经济在思想观念上出现的一些新的因素；同时以义田、义庄、墓田、祠田等族内公产以及宗法等级来否认个人利益的合法性，使以义田为代表的族内公产成为商品经济大潮下保证家族屹立不倒的基石。总之，随着新型家族在宋代的普及，家训的约束性内容也更加丰富具体并随之在社会上广泛流传。所谓“善为家者，必立为成法”②。所以说，宋代家训的广泛出现与宋儒提倡的新型家族有着密不可分的关系。

（二）宋代社会文化的下移是家训广泛出现的又一重要原因

门阀士族制度的解体，以及由此产生的贵族文化向平民文化的转变，世袭或半世袭的精英文化向大众文化的转变，使思想文化从经典形态逐渐演变成社会生活中的行为规范。不言而喻，文化的下移也是宋代家训广泛出现的重要前提。

张国刚先生曾精辟地论述过士族文化的形成与表现：第一阶段，儒家经典礼教是国家提倡的学问，这相当于汉代以前的社会；第二阶段，儒家礼乐文化是士族门阀的行为准则，这相当于东汉末年到唐朝前期；第三阶段，礼仪文化向社会普及，成为士庶之家效法的规范，佛教的中国化在其中起到了积极的推动作用，这相当于南北朝到唐代末年礼仪文化完成了国家—门阀（贵族）—士庶（全社会）的发展和普及的过程。③在此过程中最能体现士族文化的家学、家风、家法也有一个从儒学世家的传统学问，到士族门阀的礼教，进而融化到士庶之家的家规家训之中的发展过程。最终，以儒家经典为主要根据的礼教成为家法族规的核心

---

① 徐扬杰：《中国家族制度史》，人民出版社 1992 年版，第 325 页。

② （元）熊禾：《勿轩集》卷 3，《汪氏族谱序》，《四库全书》第 1188 册，第 761 页。

③ 张国刚：《论“唐宋变革”的时代特征》，《江汉论坛》2006 年第 3 期。

价值，并成为中国传统文化的重要特征。士族文化世家家学与学术文化传承紧密结合开始于东汉以后。随着东汉末年天下大乱，“公立学校之沦废，学术之中心移于家族，太学博士之传授变为家人父子之世业”①，出现了学术文化家族化的趋势，士族文化世家成为学术文化的重要传承单位，士族文化世家的家学成为学术文化传承的重要载体，形成了“所谓南北朝之家学者”。这种士族文化首先表现为其独特的家学。士族的家学涉及的内容非常广泛，主要有以下几类：一为儒学，二为文学艺术，三为其他技艺。如玄学也应视为士族家学的特色，士族以名士自居，常以谈玄说易为荣。音韵训诂学同样如此，由于文士追求声律，特别讲究声韵之学，音韵学也成为士族热心研治的学问。《颜氏家训·音辞篇》就是教育子弟要注重自己平时发音的标准，以免为人所讥笑。如果说士族的家训文化是贵族精英的上层文化，那么宋代出现的家训文化则更多地表现出了民间性的特点。其内容是人人可学、人人能行的，是与民间社会血缘宗法情感完全融合的，这种家训文化在家族中推行传播，使文化出现了明显的下移，推动了文明的传播。

此外，新的富民阶层的出现，彻底冲垮了以往门阀世族所标榜的“士庶天隔”的界限。富民已不满足仅仅对物质财富的占有，更希望在精神上与以往的贵族保持某种程度的“平等性”，因此就不断有所谓“礼僭越分”之事出现。如何去面对与适应礼乐从作为门阀士族文化特权和士大夫行为规范发展为宋代这种“礼下庶人”的平民化趋势，是宋儒不得不思考的问题。因此，宋代大量出现的家训体现了宋儒回应社会现实的良苦用心。

（三）宋代印刷业的发展是家训广泛出现的另一重要外因

宋代作为雕版印刷的辉煌期，其刻书之多，传播之广，质量之精，超过了此前的任何一个时代。宋代发达的雕版印刷技术使士人传播自己作品的愿望很容易成为现实，这就使家训得以普遍刊印流传。

印刷术的发达使家训突破了疆域与阶层的限制，为其在全社会中广泛传播提供了物质手段。家训由以往依靠传抄转变为书册进行流播，再

---

① 陈寅恪：《隋唐制度渊源略论稿》，中华书局1963年版，第19页。

由以前的口耳相传变成可案头阅读。士人对子弟的教育不再仅限于自己这一阶层，而是普及全社会。著名的《袁氏世范》在南宋就已广为流传，“岂唯可以施之乐清，达诸四海可也；岂唯可以行之一时，垂诸后世可也”①。据刘镇《袁氏世范序》云，淳熙年间《世范》成书不久即刻版印刷了。该书的宋刻本现保存于北京图书馆。方昕在《集事诗鉴》（又名《增广世范诗事》）的序言中认为，人们要想戒除不正确的行为，关键要有正确的榜样以资效法，而影响甚广的《袁氏世范》恰巧缺少这方面的实例。于是他便“稽诸史稗，有先贤所可喜之节，匹妇所可传之事，厘为三十条”，分别为父、母、子、孙等树立了值得学习的楷模。为了便于记诵，他又把每一个故事概括为一首七言绝句诗附于后。由于此书能补《袁氏世范》之不足，所以在宋代便与《袁氏世范》合刻流传。今北京图书馆存有此刻本。吕本中的《童蒙训》成书不久就镂版发行。宁宗嘉定时，楼昉说他在“儿时侍乡长老，尝从旁窃窥所谓吕氏《童蒙训》”。而嘉定乙亥年（1215 年）金华太守丘公“出钱五万”版刻发行，就提到：“长沙郡龙溪学，皆尝锓木而讹舛特甚，丘公所诵习者，未知何所从得也。”② 从以上两则史料可以推断嘉定乙亥前至少有两次刊刻。《戒子通录》陈黄裳序中云：“近世朱徽文公既成小学之书，又东刘静春集史传嘉谟善行，与宋氏诸儒之格言，为《戒子通录》，……其于世教，实非小补。湖湘旧有板，今不复存。平阳崔君架之间以语余，幕府余闲，手自仇校，且绣梓以广其传，盛心可尚已。”③ 可见它有多个版本并流行于不同区域。吕祖谦为教育家族子弟而写的《少仪外传》（又名《辨志录》），该书最早以《辨志录》收录于晁公武的《郡斋读书志》，陈振孙《直斋书录解题》始载为《少仪外传》。其书得以保存无疑得益于这两本类书在宋代的广泛印发。此外，诸如《居家杂仪》《放翁家训》《家山图书》等宋代著名家训著作，虽然其现存最早的是明代刻本，但可以肯定地讲，其来源于宋代的刻本。

总之，家训在宋代的广泛出现，有着深刻的社会经济文化背景。

---

① （宋）刘镇：《袁氏世范序》，《丛书集成初编》第 947 册，中华书局 1985 年版，第 1 页。

② （宋）楼昉：《童蒙训·跋》，载吕本中《童蒙训》，《四库全书》第 698 册，第 543 页。

③ （元）陈黄裳：《戒子通录序》，载刘清之编《戒子通录》，《四库全书》第 703 册，第 43 页。

二 宋儒的话语权在平民化家训中的体现

家训作为一种话语权形式，其表现是在一个特定环境（家庭或家族）中家长有说话的权力，而其余的人（晚辈）不仅没有说话的权力，而且还有必须听长辈说话以及按照长辈所说的话去做的义务。家长即掌握着话语霸权的人，他与“听众”——子弟之间是一种从属关系，而“听者”本身慢慢地也就被训练和培养成为一种顺从者。到这个时候，“听话”就不再只是一种话语角色的分工，而成为某种道德的后果和要求了。家训的内容、形式、写作手法既是这种话语霸权的表现，又可视为实现这种话语霸权的逻辑的前提。正是在承认社会主流意识形态——儒家学说的基础上，宋儒充分利用各种方式通过对话语的操纵，间接隐晦地劝诱和影响子弟的态度、价值观、信念，希冀他们能高效地理解、内化和践行儒家的价值观，从而使对真实社会的建构自然化，最终实现其社会教化的核心目的。

（一）话语权首先体现在教化的内容选择上

内容的选择即什么知识可以被选来教育子弟，什么知识可以充分保证子弟通过接受其中的内容而完成相应的社会化过程。知识内容的选择关键在于选择原则的确立。随着秦汉大一统帝国的建立，权力可以合法地对民众求知过程进行干预。而且这种干预以制度与法律得以保证，君权以这样一些原则作为知识选择的标准。因此，在古代中国社会，教化的内容必然与维护君权至上的主流意识形态保持高度的一致。宋代平民化家训其意义远远超出了家庭教育的范围，而演变为社会意识形态在家庭领域和家庭关系上的绝好体现，成为社会意识形态内化为个人意识的中介。它不仅成为稳定家庭成员的行为准则，更对民族共同心理的形成、民族凝聚力的增强、传统国家大一统的维持都起着不可估量的作用。

总的说来，宋代家训的内容主要如下：（1）君权神授的知识。这类知识在家训中具体表现为，家长教育子弟要忠君，为官要尽于王事，为民要安于国法。（2）有利于国家安定的知识。在家训中引申为爱国，维护国家的繁荣与统一。（3）强调个人自我控制与内心修养的知识，表现为家长从各个方面对子弟提出的道德要求。（4）人伦教化方面的知识，表现为正确处理家庭（族）以及社会上各种人际关系的要求。(5) 具有实用性质的知识，表现为一些维持家道兴盛的“经世之术”。宋代是中国古代社会商品经济发展的一个高峰，部分士人甚至认可商业作为子弟合法正当的职业。因此，家训中有许多教导子弟如何营运、如何经商的内容。(6) 有关文辞、文学与经学方面的知识。这类知识既与科举保持高度一致，又具有点缀装饰之功效。宋代家训中家长基于自身的生活体验和学术思想，利用家训这一载体对子弟为学目的、动力、方式方法等做出明确的阐述和要求，并将许多具体的为学经验、为学技巧有针对性地传授给子弟。

总之，平民化家训的内容既是社会外部因素的反映，更是宋儒内在自觉的产物。

（二）话语权还表现在教化的语言方式上

由于绝大部分信息通过语言呈现，因此家训想方设法在语言上能起到必要的控制作用，这主要表现在家训写作的手法上。宋儒擅长运用比喻这种修辞手段，借此使子弟更加形象地了解和接受家训中的信息。因为比喻本身具有使实物抽象化的功能而更能促进人们对目标域的理解，而家训教育的对象大多正处于从具体思维向抽象思维的发展期，对于抽象事物的理解能力相对较弱，所以，家训中普遍地运用比喻实属必然。戴昺以小儿学走路来告诫子弟人生不易需要步步小心。“对周尚有六十日，举足已能三五移，世路只今巇险甚，须教步步着平夷。”[①] 陈著以观花来教育子弟为人不要吝啬，而要与众人分享美好的东西。“见说东家有牡丹，有花欲觅数枝看，若还溺爱悭分送，却与无花是一般。”[②] 所谓“百善孝为先”，南宋大儒真德秀作诗劝诫民众孝敬父母，就以鸟能反哺报恩来暗喻晚辈孝顺长辈是天经地义之事。“凡为人子，孝敬是先，……父母生儿，多少艰辛，妊娠将免，九死一生，哺乳三年，饮母膏血，挟持保抱，日望长成，如惜金珠，如护性命。慈鸟反哺，犹知报恩，人而不孝，鸟雀不若。”[③] 严格来讲，家训中的比喻完全是因日常生活中的具

① （宋）戴昺：《喜小儿学步》，《东野农歌集》卷5，《四库全书》第1178册，第700页。

② （宋）陈著：《示侄泳求牡丹》，《本堂集》卷3，《四库全书》第1185册，第15页。

③ （宋）真德秀：《劝谕文》，《政经》，《四库全书》第706册，第459页。

体事情而有感所发，在生活的触动下以物喻人，以事喻人，情感的申发也自然。家训中比喻修辞手法的运用，体现了宋儒的话语权力，当一个比喻被创造出来以后，如果它能够被接受，那说明人们对该隐喻所呈现的相似关系的赞同和对创造者建构权的认可；在接受并使用该比喻的时候，人们已自觉地将自己纳入比喻背后的意识形态和社会权力分配体系，比喻的完成要受到意识形态和社会权力的引导和制约。实际上，人们日常接触的很多比喻，特别是政治话语和传媒话语中的比喻，其功能往往已经超越了简单地"说明"目标领域，而能"说明"本体，成为一种引导大众意识形态、维持现有社会权力的手段。这是因为比喻具有使语言"感情化"的功能，可以用来渲染或煽动某些强烈的主观情绪。

（三）话语权还表现在教化的行为方式上

家训中的言传身教，同样也体现了宋儒的话语权。榜样就是模仿的对象，榜样教育就是树立榜样让子弟模仿的教育活动。在古代家族（庭）中最直接的榜样当然是受教者的亲人，特别是其父辈家长。家长榜样的具体实在的事例和高尚的人格魅力，让子弟觉得既真实又亲切，从而能更好地促使他们的深层思维模式发生转变。正是通过效仿榜样，子弟能知悉哪些行为能带来正面的社会效应，哪些行为值得提倡和学习，从而激励他们对自身的思想和行为进行调整和规范，以适应社会发展的需求。这种榜样充满着成人的标准和要求，同样是社会主流意识形态的体现。

更重要的是这种榜样从本质上还体现了一种自然渗透性的权力。家训言传身教的效果依赖于受教育者接受教育的心理过程。一般来说，这种影响有着无限的张力，不受时间和空间的制约，能通过震撼感染、舆论传播，使人产生敬佩、依赖和亲切感，并由此使受教育者表现出心悦诚服、自觉效仿的心理和行为。宋代名相王旦、李沆、司马光等人不但告诫子弟不要因身处富贵而骄奢放纵，更是以身体力行"俭约"的生活作风去影响教育子弟。宋代以文立国，读书对改变个人及家庭（族）命运的重要性不言而喻，正因为如此家长常常更以自己的为学向学的实际行动来教育子弟。章焕"恨少壮时学不竟力，而磨厉诸子不少休，……训之以日月之可惜，年少之不足恃。平旦盥栉以躬先之，且命其子皆早起。曰：鸡鸣而起，孳孳为善者，舜之徒也”[①]。汪伋“尤急于教子，以身率之，鸡鸣而起，盥颒诵书，有程点勘讹舛，手自亲之，心所未安，质之同志，笔其格言，大训朝夕，对之勉自警策，至老而不倦。以故诸子皆知务学”[②]。其他诸如为官清廉、勤于公事、爱国忠君等内容，家长都以自己的行动为子弟树立了榜样。

三 走向社会的宋代平民化家训

宋代家训在家训发展史上表现出的最鲜明特征是家训突破了私家领域而社会化了。以往的家训无论是主体还是客体，其内容、目的、作用范畴都不会超出某一个家庭或家族。但平民化的宋代家训从其写作目的以及内容上看，它不但要“修己型家”，更要“型方训俗”，即端正民间社会风俗，为社会立法。因此，家训走出了私家的空间而成为“社会话语”广泛弥散于民间社会，成为政府控制民间社会无孔不入的权力。

（一）平民化家训的写作目的是端正基层社会风俗

宋代有两部汇集以往家训资料的“家训总集”。据《文献通考·经籍考》著录，中国古代第一部家训总集是北宋中叶孙颀（字景修，号拙翁，长沙人）所撰的《古今家戒》。虽然此书现已失传，但从苏辙为其所作的《古今家戒序》中仍可以了解此书写作的目的。“辙读之而叹曰：虽有悍子，忿斗于市，莫之能正也；闻父之声，则敛手而退，市人之过之者，亦莫不泣也。慈孝之心，人皆有之，特患无以发之耳！今是书也，要将以发之与，虽广之天下可也。”[③] 可见孙颀作《古今家戒》是想以父子、母子之间的亲情来感化天下之人。而南宋刘清之所编的《戒子通录》则收集了大约170余篇家训，可称为南宋以前家训的总汇。元人虞集为《戒子通录》作序云：“意其所以谓之《通录》者，岂不以天下之为人父者，各以其爱子之心而为之戒？天下之为人子者，皆可因其所戒而省念

① （宋）袁燮：《章府君墓志铭》，《絜斋集》卷20，《四库全书》第1157册，第270页。

② （宋）袁燮：《从仕郎汪君墓志铭》，《絜斋集》卷19，《四库全书》第1157册，第259页。

③ （宋）苏辙：《古今家戒序》，《栾城集》卷25，《四库全书》第1112册，第270—271页。

之，如闻其父之命。亲在求诸容也辞气之接而不能尽也，即此书以充其所未达；亲殁思其精神志意之微而有不及闻也，即此书以征其所欲知。语默动息，无非受命于其亲者矣，天理宁有间断乎？”① 在虞集看来，《戒子通录》既是为天下父母教子而写，也是为子孙晚辈所作。是书完全可视作一部为基层社会千千万万个普通家庭而作的教子通史。

不仅这两部家训总集的写作目的一开始就具有社会性，宋代许多家训专著的写作初衷也同样如此，不仅要规范一己之家庭（族），而且还含有为全社会提供样板，即所谓范世之情结。《四库全书》编纂者在《家范》（又名《温公家范》）之提要中说：“（是书）首载周易家人……其后自治家……与朱子小学义例差异，而用意略同。……朱子尝论《周礼·师氏》云：至德以为道本，明道先生以之；敏德以为行本，司马温公以之；观于是编，其型方训俗之规，尤可以既见矣。”② 显然，司马光写作《家范》不仅是“修己型家”，更要“型方训俗”。朱熹自己也在《小学》序言中坦言写作目的：“古者小学，教人以洒扫应对进退之节，爱亲敬长隆师亲友之道，皆所以为修身、齐家、治国、平天下之本。……今颇搜辑，以为此书授之童蒙，资其讲习，庶几有补于风化之万一云尔。”方昕在《集事诗鉴序》中说：“《集事诗鉴》，姑为择善而从者设，勿谓今之俗不能行古之道，其闻之也久，其渐之也深，童而习之，知古人有是事，虽不能尽效古人所不可及之迹，仰事俯育，心所同然。……行之一家，则一乡而准；行之一乡，则一国而准；一国所化，天下化之，又非《诗鉴》之所能名也。”③

著名的《袁氏世范》是袁采任职乐清令时为了正民俗、厚人伦而作，“是可以厚人伦，而美习俗，吾将版行于兹邑”。可见作者此书不仅要训蒙，而且要教化其管辖区乐清，而其太学同学刘镇“熟读详味者数月”后，断言此书不仅“可以施之乐清，达诸四海可也”，不仅“可以行之一时，垂诸后世可也”。④ 并建议改书名为“世范”。此评论可谓是超出了

① （元）虞集：《戒子通录序》，载刘清之编《戒子通录》，《四库全书》第703册，第3页。

② （清）纪昀等：《家范提要》，《四库全书》第696册，第657—658页。

③ （宋）方昕：《集事诗鉴序》，《丛书集成初编》第732册，中华书局1985年版，第6页。

④ （宋）刘镇：《袁氏世范序》，《袁氏世范》，《丛书集成初编》第974册，中华书局1985年版，第1页。

时间与空间的界限，也的确反映了作者的意图。

（二）平民化家训的写作手法体现其社会化的趋向

首先，宋代家训长于挖掘历史资源，以翔实的历史故事教育子弟。这种写作手法一开始就有其社会性的目的。因为用历史故事作为教导民众的生动教材，更易于被民众接受和传播，能更好地满足宋儒教化民庶的目的。如郑玉道《琴堂谕俗编》中讲孝敬父母、兄弟友爱、睦宗族、恤邻里、重婚姻、正丧服、重本业、崇节俭、崇忠信、戒忿争、谨户田等主题，都充分运用了历史上相关的材料，使民众易于明白和施行。司马光的《家范》也是如此。其写作方法是先收集整理儒家经典中关于伦理规范的议论，再证之以各类史传故事，反复阐述，发明经义。方昕《集事诗鉴》以古人史实，对如何处理家中的各种关系作了要求。他还在每一段史实后附有韵诗，使人读之，朗朗上口，便于记忆。如方昕以孔融让梨与李绩老时仍为其姐煮粥之事教育家中弟妹，要求他（她）们要敬爱兄长。随后诗中云："兄姊常尊众所同，幼谁悌顺老谁恭，孔融李绩今亡矣，我读遗书为敛容。"① 无疑，这些以历史叙事方式来阐明儒家经典的方法不但适合于一家一族，更适合于基层社会广大的普通民庶。正如方昕在其《集事诗鉴序》中所言："诗事所刊三十条，皆匹夫匹妇可与知可能行者。"②

其次，宋儒充分利用了民众对因果报应的迷信，所谓"积善之家，必有余庆，积不善之家，必有余殃"③。家训通过强化对为恶必受天谴，为恶后代必受报应的描述，以此教导民众去恶从善。如彭仲刚讲到人要修阴德："人之所以能安身立家，长育子孙者，不可单恃其智力而已，必积行阴德，而后为天地所佑，鬼神之所服，则可身康强，其家昌盛，其子孙逢吉"，否则，"多行不义，不佑于天地，不福于鬼神，未有不祸败

---

① （宋）方昕：《弟妹之于兄姊当鉴孔融李绩》，《集事诗鉴》，《丛书集成初编》第732册，中华书局1985年版，第5页。

② （宋）方昕：《集事诗鉴序》，《丛书集成初编》第732册，中华书局1985年版，第15页。

③ （魏）王弼注，（唐）孔颖达疏：《坤》，《周易正义》卷1，北京大学出版社1999年版，第31页。

而覆亡也”。[①] 袁采则要求一般民庶在日常经济生活中不要过于“聪明”。他告诫民众，假贷钱谷，责令还息取息，虽然是天经地义之事，但是不可因此而大放高利贷。否则，“然父祖以是而取于人，子孙亦复以是而偿于人，所谓天道好还，于此可见”[②]。他还针对社会上普遍出现的极尽心智兼并他人田产的现象提出了警示：“惟天纲不漏，谚云：富儿更替做，盖谓迭相酬报也。”[③] 对于普通人希望早日致富而不择手段，他告诫不要去做诸如“贩米而加以水，卖盐而杂以灰，卖漆而和以油，卖药而晚以他物”。“目下多得赢余，其心便函自欣然，而不知造物者随即以他事取去，终于贫乏。”[④] 而一些诸如救济贫民、修筑道路、收养弃子等善事则会使人因“阴德之报”而身获寿考，家道兴隆，子孙繁盛。当然，家训中的这些内容无疑含有封建迷信的色彩，但这些思想在某种程度上规范了民众的行为，使他们因害怕遭到上天的报应而不敢为非作歹。

最后，平民化家训中多采用日常生活中浅显的语言，或口语，或俚语，或用韵言诗歌，或直接用不晦涩的白话，讲出深刻的哲理。这种写作手法的采用主要在于其受众对象已扩展到全社会的普通民众，白话无疑能更好地满足民间市民阶层的生活需求。这类家训著作的大量出现，标志着宋代家训的大众化、通俗化与平民化。

号称“颜氏家训之亚”的《袁氏世范》，从它与《颜氏家训》的写作方式比较上可以清楚地看出家训的这种变化。后者文学色彩强，写作中引经据典哲理深奥，大讲文章修辞。相反，成书于南宋初的《袁氏世范》，其写作形式与风格较之前者则显得浅俗多了，语句上一言再言，反反复复，甚至给人一种婆婆妈妈的印象。《四库全书提要》说它：“意求通俗语句，不免于鄙浅，然大要明白切要，使贤者易知易从，故不失为《颜氏家训》之亚。”《世范》的这种特点是有其原因的。其文针对的是

---

① （清）彭仲刚：《临海令彭仲刚续谕俗五篇》，载《嘉定赤城志》卷 37，第 7365 页。

② （宋）袁采：《假贷取息贵得中》，《袁氏世范》卷 3，《丛书集成初编》第 732 册，中华书局 1985 年版，第 62 页。

③ （宋）袁采：《兼并用术非悠久计》，《袁氏世范》卷 3，《丛书集成初编》第 732 册，中华书局 1985 年版，第 62 页。

④ （宋）袁采：《营运先存心近厚》，《袁氏世范》卷 3，《丛书集成初编》第 732 册，中华书局 1985 年版，第 65 页。

一些山野村夫、幽闺妇人，所着眼的不过是亲里纠纷、家庭琐事，其目的不过是介绍治家处世与相夫教子的道理，因此一开始就确定好了其写作风格。这种写作风格与以往士族所撰家训有所不同，它所针对的对象是一般普通百姓，因此在行文上要语句浅显，不能过文过雅，往往“取于心而注于手”，想说什么就说什么，想怎么说就怎么说。宛如与长者面对面侃侃而谈，话虽多却情深意切，不暧昧不虚伪。抱着这样写作目的撰写而成的家训，其内容就是没有读过书不识字的人，只要听过也都能明白其意。因此，宋代家训新的写作方式为其向全社会传播开辟了一条新途径。

（三）家训的内容更是直接体现了社会化趋向

家训普遍要求子弟谨守国法，做一个安分守己的顺民。对于一般老百姓而言，按时完税是第一要务。及时纳税应役既是百姓对封建国家应尽的责任和义务，也是衡量人们是否奉公守法的标准。因此各家族在制订家训时，一般都把反映统治者意志的完税纳粮等写进其中以警示子弟。“凡有家产，必有赋税，须是先截留输纳之资……欲将赢余分给日用，岁入或薄，只得省用，不可侵人输纳之资。”① 松阳人潘好谦，居乡称善士，每到夏秋之时，总是催促子弟要用最好的物品来完国家之税收。“夏秋必趣家人，具所输丝，必练治粟，必精凿，毋以盬恶烦有司。曰：吾先人之训，不敢改也。”② 还有家长通过诗歌形式来教育子弟按时完税。“弟兄手足穷孤竹，母子肝肠泣老莱，……此生报国无他事，力穑供输莫待催。”③ 王十朋也以朗朗上口的诗歌来劝诫兄弟居乡要早纳租税：“屏迹山林颇自安，里闾率会有余欢，但须及早输租税，不用低颜见长官。”④

对于为官为吏的子弟，家训要求他们为官要清廉，不要因贪污而

---

① （宋）袁采：《税赋宜预办》，《袁氏世范》卷3，《丛书集成初编》第732册，中华书局1985年版，第64页。

② （宋）吕祖谦：《潘朝散墓志铭》，《东莱集》卷12，《四库全书》第1150册，第110页。

③ （宋）唐庚：《有感示舍弟端孺并外甥郭圣俞》，《眉山诗集》卷5，《四库全书》第1124册，第311页。

④ （宋）王十朋：《兄弟邻里日讲，率会因书一绝，且戒其早纳租税也》，《梅溪前集》卷7，《四库全书》第1151册，第165页。

遗臭万年。庆历宰相贾昌朝劝说子弟为官不要因追求奢侈的生活而贪墨违法，“又见好奢侈者，服玩必珍，非有高赀厚禄，则必巧为计划，规取货利，勉称其所欲，一旦以贪污获罪，取终身之耻，其可求哉？”楼钥在送弟弟为永嘉酒官的诗中，希望其弟今后不要辱没楼氏家族的清白家风。“我家清白世相传，工部真清更有年，百口未曾营活计，一生惟喜种心田，吾方奉母耕绵上，子更移封向酒泉，兄弟凋零期自勉，只将家训作青毡。”① 民间号称“包青天”的包拯要求子弟如果为官不能以权谋私、贪赃枉法，否则包氏将不认为子孙。“包孝肃家训云：后世子孙仕宦，有犯赃滥者，不得放归本家；亡殁之后，不得葬于大茔之中。不从吾志非吾子孙。”② 类似的还有《郑氏规范》云：“子孙出仕，有以赃墨闻者，生则于谱图上削其名，死则不许入祠堂。”③ 将品行不端的子孙排除在家族之外，使之生不得归家族，死不得进入族墓和祠堂。这在封建宗法社会实际上是剥夺了一个人安身立命的权利，其惩罚远比肉刑对个人的控制要有力得多。

此外，家训中还对子弟中举或蒙荫后如何为官、如何保官有诸多训诫。从处理君臣关系、同僚关系、官民关系、公私关系到为政处事应有的道德立场和行为规范等都有要求。

忠君爱国报效朝廷则是家训对为官子弟的最高要求。唐介对其子说：“吾以直道自任，蒙圣主厚恩，参贰政府，惟以至公为报。”④ 欧阳修在写给其子的信中教育他要敢于任事以报效君恩。“欧阳自江南归明，累世蒙朝廷官禄，吾今又被荣显，致汝等并列官品，当思报效，偶此多事，如有差使尽心向前，不得避事，至于临难死节亦是汝荣事。”⑤ 他要求侄子，报效朝廷，听候差遣，甚至要做好为国捐躯的准备。这当然不仅仅是高谈空论，因为在仁宗皇祐元年，南方侬智高起兵反宋，四年攻入邕州（今广西南宁），建立大南国，公然称帝。欧阳修侄子欧阳通理，时任象

① （宋）楼钥：《送元积弟赴永嘉酒官》，《攻媿集》卷9，《四库全书》第1153册，第376页。

② （宋）赵善璙：《齐家类·教子孙》，《自警编》卷3，《四库全书》第875册，第261页。

③ （元）郑太和：《郑氏规范》，《丛书集成初编》第975册，中华书局1985年版，第10页。

④ 转引自刘清之编《戒子通录》卷5，《四库全书》第703册，第60页。

⑤ （宋）欧阳修：《欧阳文忠书示子》，《欧阳修全集》，中国书店1986年版，第1324页。

州司理。南宋时民族矛盾更是空前尖锐，置身于此状况中，家长在教育子孙时对爱国忠君有更强烈的现实要求。

其次家训对子弟为官勤于政事、谨于政事也有要求。贾昌朝在家训中专门记录了自己的一段亲身经历。贾昌朝少年时有一邻居之子被官府唤去衙门作证人，其父母妻儿见吏人持牒将人带走，相对而哭不吃不喝直到傍晚其人回到家中。通过这件事贾昌朝告诫子弟要为官谨慎并体恤下民，“是知当官莅事，凡小小追讯犹使人恐惧若此，况刑戮所加，一有滥谬，伤和气，损阴德莫甚焉”。因此子弟为官要做到“听讼务在详审，用法必求宽恕，追呼决讯不可不慎”[①]。真定韩氏是北宋少有的世家大族，教子得法是保持其家道兴盛的关键。韩亿在得知其子受官职时欣喜之余写信告诫：“庶事皆须经心熟思，毋致小有失错，至于断一笞杖，稍或不当，明则惧于朝章，幽则累于阴骘可不戒哉!”[②]《自警编》还记载韩亿的一则故事。韩亿次子从洛阳官任上回家省亲，韩亿召集亲友为之设宴接风。席间韩亿问其子发生在洛阳的一件疑案，其子不能回答，再问还是不能回答。“（韩亿）遂推案索杖……必欲挞之，众宾力解方已，诸子股栗，累日不能释。”

四 结 语

“唐宋变革”一个显著的表现就是儒学在宋代完成了社会化这一进程。儒学的社会化是由国家政权倡导，儒家知识分子及儒生化的官吏通过教育、教化的手段，将儒学的文化知识、思想观念、伦理道德和礼仪规范灌输给社会的各个阶层，使之为社会全体成员认同和接受，形成普遍的社会风俗和生活方式。

宋代平民化的家训是儒学社会化得以实现的重要路径。首先，宋儒赋予家训关于终极实在的崇高价值取向，使宋代家训具有了能够超越具体的地方性和族群性、跨越特定的时空限制的能力，在全社会表现为一

---

① （宋）贾昌朝：《贾文元戒子孙》，刘清之编《戒子通录》卷5，《四库全书》第703册，第70页。

② 转引自刘清之编《戒子通录》卷5，《四库全书》第703册，第60页。

种无处不在、无时不在的普遍品性。其次，宋儒还赋予家训观念层面上的价值判断。家训中包含的观念体系，通过人们的思想、判断、行动等方面的价值倾向性表现出来，这种共享性的观念体系为全社会提供了共同的意义基础，是塑造和确立共同理想，形成共同行动的前提。再次，平民化家训为制度层面秩序的构建提供了导向性。家训虽然本身并不直接对制度和秩序进行具体的规定，但其观念体系中蕴含了个人和家族（庭）行动的普遍原则，因而对社会制度和秩序的设计发挥着导向的作用。最后，家训关于日常实践层面的规范，诸如对涉及日常生活中人际交往、沟通、理解、合作等行为所应遵循的伦理原则，如诚信、自律、友爱、互助等，使人们的实践和行动具有较清晰的因果关系，是日常生活的可预测性、可信赖性和安全保障的重要来源。正是从以上四个方面，宋儒完成了对家训的改造，使代表私人语境的家训与代表社会公共领域话语的主流意识形态达到高度契合，成为实现“家国同构”的关键。

（作者系云南省社会科学院历史、文献所副所长，博士、研究员）

经典家训研究

传统家训的价值传承与现代超越

——以《钱氏家训》为主要分析对象

肖群忠

2015年2月17日，习近平总书记在出席新春团拜会发表的重要讲话中，强调指出：春节是万家团圆、共享天伦的美好时分。中华民族自古以来就重视家庭、重视亲情。家庭是社会的基本细胞，是人生的第一所学校。不论时代发生多大变化，不论生活格局发生多大变化，我们都要重视家庭建设，注重家庭、注重家教、注重家风，紧密结合培育和弘扬社会主义核心价值观，发扬光大中华民族传统家庭美德，促进家庭和睦，促进亲人相亲相爱，促进下一代健康成长，促进老年人老有所养，使千千万万个家庭成为国家发展、民族进步、社会和谐的重要基点。

习近平总书记于2016年12月12日《在会见第一届全国文明家庭代表时的讲话》中指出："中华民族历来重视家庭。正所谓'天下之本在家'。""努力使千千万万个家庭成为国家发展、民族进步、社会和谐的重要基点"，再次重审并系统阐发了注重家庭、注重家教、注重家风的"三重"原则。

习总书记的这些讲话反映出中华民族重视家庭的传统美德，道出了中国人民深沉的家国情怀，也是对社会上广泛开展的以家风家教为突破口培育社会主义核心价值观的相关努力的肯定，与他培育社会主义核心价值观要立足中华优秀传统文化的思想是一致的。这是一种鲜明的中国文化立场，是我党在促进社会善治，维护社会长治久安方面提出的重要治理思想。

家教是为国家培养合格建设者和可靠接班人的基础工程，家风是良好社会风气形成的起点和基石，家教家风在家庭生活中得以产生。以家风家教为抓手，既是培育和传承中华传统美德最直接的方式，也是弘扬和践行社会主义核心价值观最重要的手段，对于家庭血脉的传承，社会文明的延续，民族复兴中国梦的实现，都具有重要的历史意义和现实意义。贯彻落实习近平总书记“注重家庭、注重家教、注重家风”的讲话精神，既要继承优良传统，又要赋予新的时代发展内涵，从而成为实现中国梦的道德支撑。

近年来，在立足优秀文化传统，进行当代社会主义核心价值观培育与践行的过程中，以家风与家教作为一个突破口和有力抓手，得到了社会与媒体的关注，也取得了切实有效的成绩。在这一过程中，不仅要重视现代家风家教的教育实践，也要特别重视传统优秀家训等文化资源的传承创新。很多地方非常重视挖掘地方家训家风家教的文化资源。

其中“《钱氏家训》与临安家风”格外受到重视，这不仅因为钱氏为历史上的旺族，其先族吴越国国王钱镠治绩显著，促进了当时当地的发展并受到宋代官方的认可，作为吴越小国的开国者钱镠，由于其对江南的繁荣做出很大贡献，宋代文人在编写《百家姓》时，就把钱姓列在官家赵姓之后，“赵钱孙李周吴郑王”等成为千百年来国民耳熟能详的习惯语。吴越钱家之所以代有英才，就在于其家风的影响。仅以近代为例，除了“三钱”外，还有国学大师钱穆、钱锺书、钱玄同等，政治领导人如钱其琛（前副总理）、钱李仁（前中联部长）、钱信忠（前卫生部长）等。包括2008年诺贝尔奖得主华裔科学家钱永健，都是钱王后裔。其先祖钱镠的塑像至今还屹立在西湖岸边，受到民众的尊重和敬仰。另外，其家训文本也是言简意赅，切实可行。其家训家风历代相传，春风化雨，是我国优秀传统文化的重要文本和载体。

那么，如何看待《钱氏家训》以及它对临安旺族及地方社会风气的影响，进而探讨家训家风在当今社会文化建设、价值观培育与社会教化中的地位作用，这是笔者想探讨的问题。

一　传统家训凝结着中华优秀传统文化的精华

家训这种文本，是中国传统文化的重要传承形式，它大多是由有教养的知识分子，出于齐家和家、教育子孙的目的而创作撰写的。我国历史上有丰富的家训文本，比较著名的有《颜氏家训》，司马光《家范》，朱熹《朱子家训》，朱柏庐《治家格言》等。其实，近来，王阳明家训也称《示宪儿》也在网上广泛传播，明代袁璜写的《了凡四训》实际上也是一部家训。袁璜本人还曾做过宝坻县县令，由于该家训包含了一些因果报应思想，在后世的传播中，被佛教作为劝善书加以大力推广，人们反而忽略了它的家训性质，近期，学界与宝坻县还联合举办了这部家训的国际学术研讨会，这都说明当代中国社会对家训文化传承和对社会精神教化意义的重视。

家训文化承载着中华民族的核心价值观、道德观与为人处世甚至治国之道的基本价值观念与行为规范。如南宋理学家、著名大儒朱熹撰写的《朱子家训》，虽然仅有317字，却体现了传统美德的基本德日和规范要求：它开篇首段即说："君之所贵者，仁也。臣之所贵者，忠也。父之所贵者，慈也。子之所贵者，孝也。兄之所贵者，友也。弟之所贵者，恭也。夫之所贵者，和也。妇之所贵者，柔也。事师长贵乎礼也，交朋友贵乎信也。"这短短数语，不仅包括了我国传统道德中所言的"五伦十义"即君仁臣忠，父慈子孝，兄友弟恭，夫和妻柔，朋谊友信，而且还包括了《白虎通义》中所讲的"六纪"中的师生之道即"事师长贵乎礼也"，可以说全面准确。

传统家训以修身、育子、齐家为直接目的，而扩及做人行世，治国平天下。言简意赅，思想内容精粹，实践针对性强，文字浅显易记，易于教化实践。从家训的思想内容和关怀领域来看，大多家训都是以教育子孙修身做人、和睦齐家、交往处世为主要内容的，并以个人修养为基础，齐家兴家为直接目标，进而推扩到交往处世经验。言及治国平天下原则的并不多，一方面这是因为不是所有家庭之子孙都有机会参政，另外，这种相关教训我国历史上还有大量官箴文本存在。家训的思想内容完全符合儒家《大学》八条目中所讲的修身齐家治国平天下的内圣外王之道，并强调"自天子以至于庶人，一是皆以修身为本"。不同的文本强调的重点有差异，比如诸葛亮的《诫子书》、王阳明之《示宪儿》显然以指导了孙修身为要。而朱柏庐《治家格言》显然以治家为重点。因为做人、齐家也不可能完全脱离社会，因此，大多家训还涉及交往处世，以帮助家人在社会上立身行世，获得人生安全与幸福。朱熹所撰《朱子家训》则侧重在与人交往处世的原则与智慧上，比如其家训曰："见老者，敬之；见幼者，爱之。有德者，年虽下于我，我必尊之；不肖者，年虽高于我，我必远之。慎勿谈人之短，切莫矜己之长。仇者以义解之，怨者以直报之，随所遇而安之。人有小过，含容而忍之；人有大过，以理而谕之。勿以善小而不为，勿以恶小而为之。人有恶，则掩之；人有善，则扬之。处世无私仇，治家无私法。勿损人而利己，勿妒贤而嫉能。勿称忿而报横逆，勿非礼而害物命。见不义之财勿取，遇合理之事则从。"这些人际交往态度与原则以及涉世智慧，如果我们都能按其去做，则显然有利于推动当代社会人际关系与社会和谐。

由于家训多是教训子孙的，因此，其关怀的视角是先将子孙培养成人，然后希望他们有益于社会国家。另外，"家和万事兴"，因此，治家齐家也是家训的直接关怀。虽然儒家思想也认为齐家是治国的基础，但家训作为一种民间文本，重在强调齐家和家的价值。如朱柏庐《治家格言》一开篇就说："黎明即起，洒扫庭除，要内外整洁；既昏便息，关锁门户，必亲自检点。"稍有中国文化修养的人都能背诵这几句，可见影响之大。如何齐家？以道德齐家，家庭成员只有恪守角色道德，才能促进家庭和睦。"兄弟叔侄，须分多润寡；长幼内外，宜法肃辞严。听妇言，乖骨肉，岂是丈夫；重资财，薄父母，不成人子。嫁女择佳婿，毋索重聘；娶媳求淑女，勿计厚奁。"这些都是经过历史考验的齐家和家之道，可资借鉴。

而当今社会对家训文化的关注视角，一是从培育人的角度，认为家训、家教对子孙的人格养成有重要奠基作用。近百年来，我们引进了西方的学校教育制度，这对青少年的智育显然发挥了重要作用，但在德育方面，人们认为仅靠学校还是不够的，"子不教，父之过"，家庭应该承担更多的德育教化功能，社会也希望家庭能够发挥这样的作用，希望家庭成员都要加强自己的道德修养，不要对官员的廉洁与社会风气发挥不良影响，因此，传统家训、家风的精神价值受到关注。人们感慨当今国人的道德素质缺乏，希望从中汲取精神价值资源，当然也不乏人际交往、社会风气的关怀。另一关怀则是从政治与官员道德的角度，关心家风对干部道德与廉洁的影响。很多干部腐败多与不能齐家、管束家庭成员有关，这也是《钱氏家训》能够上了中纪委官方网站并被加以推介的原因。在传统中国，廉洁教育也是家训家规的重要教育内容之一，如包青天是最恨贪官污吏的，他曾留下一篇著名的家规：“后世子孙仕宦有犯赃滥者，不得放归本家；亡殁之后，不得葬于大茔之中，不从吾志，非吾子孙。”这是一条很严格的家规。古人把死后能否葬于祖坟看作一件很大的事，如果贪赃枉法，就不能入葬祖坟，这对人的作为会有很大的约束与警醒作用。再如，抗日民族英雄吉鸿昌的父亲吉筠亭1920年去世前留下家训式的遗嘱：“做官即不许发财。”吉鸿昌把这七个字烧制在细瓷饭碗上，分发给他的部属，与他们共志廉洁。

总之，虽然不同家训文本重点略有不同，但修齐治平的价值观念与行为规范是传统家训的核心内容，它承载着我国优秀文化传统、传统美德和实践智慧，对当今社会的核心价值观培育、精神文明建设与社会教化是非常宝贵的精神资源与思想宝库。

二 《钱氏家训》修齐治平思想述评

《钱氏家训》是我国传统家训的一个重要文本，虽仅有532字，但内容却非常丰富，分为个人篇、家庭篇、社会篇、国家篇，层次分明，条理清晰，由于其是地方王家家训，不同于其他家训，专门设有“国家篇”，涉及官员修养和从事政治治理的一些原则与训诫。从总体上看，其思想内容大都可以为当今社会继承弘扬，个别内容由于历史条件发生了变化，因此，所强调的重点已经有所不同。下面分别对其四方面的内容做一些分析述评。

其个人篇，自然是在讲个人修养，心术言行要对得起天地圣贤，要提高修养的自觉性，“三省吾身”，持躬谨严，临财廉洁。处事决断，存心宽厚。心胸宽阔，行有定力。这些劝谕与规训对人加强自身道德修养都非常有启发意义。道德源于敬畏意识，根源于心正意诚，如果缺乏对崇高价值的信仰与敬畏，人是不可能有道德意识的，一个天不怕地不怕的人，很难指望他会有道德。另外人必须有反省自己、修养自身的自觉性、主动性，才会有道德进步。在此基础上，要不断严于律己，廉洁奉公，心存仁爱，见利思义，志存高远，才能知止有成。“能改过则天地不怒，能安分则鬼神无权。读经传则根柢深，看史鉴则议论伟。能文章则称述多，蓄道德则福报厚。”安于本分，知错改过，熟读经史，道德文章，这些都是个人修养之要旨与途径。个人篇既强调了对天地圣贤的敬畏之心，又重视修养的自觉性和修养工夫以及方法论，这些都是我们加强自身修养的至理名言，足以引为借鉴。

在家庭篇中，首先强调建立家规的重要性：“欲造优美之家庭，须立良好之规则。”“内外六间整洁，尊卑次序谨严。”传统家庭伦理强调尊卑次序，现代家庭强调代际男女平等，对此应该辩证理解。儒家仁爱精神本身就是强调等差之爱，礼更是强调别序精神，因此，在代际之间还是应该强调平等与等差的统一，因为代际伦理不仅产生于亲爱之情，还产生于伦份之理，如“父慈子孝”，其实慈与孝都是爱的意思，但“慈”表达着上对下的怜爱与呵护，而“孝”则表达着下对上的爱戴与尊敬，仅仅爱而不敬可能就会乱了伦份。因此，还是应该坚持平等与等差的统一。夫妻关系在现代社会重在强调男女平等，而在传统社会重在强调“男女有别”，这是一种基于自然生理与社会角色分工的不同，我认为在现代社会甚至政治生活中坚持男女平等，有助于实现妇女解放，但在家庭等私生活领域，还应该坚持男女有别，这种做法能够保持男女特性，发挥各自所长，有助于人的幸福和家庭和谐。因此，在夫妇男女之伦上，我认为应该坚持“平等”“有别”的伦理原则。“父母伯叔孝敬欢愉，妯娌弟兄和睦友爱。”虽然当代中国家庭结构和生活方式有了很大变化，但这种强调大家族内部和睦友爱的精神仍然可以为当代中国人所继承。“祖宗虽远，祭祀宜诚；子孙虽愚，诗书须读。”尊祖敬宗，祭之以时以诚仍然是中国人的传统习俗，耕读传家、教育子孙仍是中国人最重要的价值追求。“娶媳求淑女，勿计妆奁；嫁女择佳婿，勿慕富贵。”这种婚恋观是一种合理的价值观，重德重才而轻财，是奠定婚姻牢靠基础和幸福家庭生活的正确价值导向，对当代人仍然具有重要的指导和启发意义。“家富提携宗族，置义塾与公田；岁饥赈济亲朋，筹仁浆与义粟。”由宗族向社会扩张，多施仁心，多行义举，这种传统慈善与公益精神显然是可以为现代社会所继承弘扬的。“勤俭为本，自必丰亨；忠厚传家，乃能长久。”最后总结到中国人最根本的持家传家之道就是“勤俭持家”“忠厚传家”。前者是对做人做事和财富的态度，后者则是以道德传家，涉及齐家兴家传家最根本的原则。

在社会篇中，提出了对待朋友、乡邻、弱势群体的伦理原则：“信交朋友，惠普乡邻。恤寡矜孤，敬老怀幼。”对社会公益的伦理态度与伦理义务：“救灾周急，排难解纷。修桥路以利人行，造河船以济众渡。兴启蒙之义塾，设积谷之社仓。”在社会上如何立身行事，与人交往，其教训与劝谕是：“私见尽要铲除，公益概行提倡。不见利而起谋，不见才而生嫉。小人固当远，断不可显为仇敌。君子固当亲，亦不可曲为附和。”人在社会上与别人交往，重要的是要铲除私见，摒弃私利，“吃得亏，坐一堆”，多行公益必受人欢迎，不贪私利，不嫉贤妒能，与小人、君子交往各有原则，既保持独立人格，也保障人身安全。这些都是劝世良言和人生智慧的结晶。

在国家篇中，实际上讲的是家族成员中能够为官的人的官守与官德，如从政的基本原则：“执法如山，守身如玉，爱民如子，去蠹如仇。严以驭役，宽以恤民。”既强调“执法如山”，又强调“爱民如子”，体现了法治精神与仁政思想的统一。治国不可能不谋利，利以养民济世，如何谋利？“利在一身勿谋也，利在天下者必谋之；利在一时固谋也，利在万世者更谋之。”强调要谋天下公利和长远之利，这体现了官员的一种责任担当和济世情怀，为包括国务院前总理温家宝等很多从事政治管理的人所欣赏。另外，还讲到了官员的品德修养问题：“大智兴邦，不过集众思；大愚误国，只为好自用。聪明睿智，守之以愚；功被天下，守之以让；勇力振世，守之以怯；富有四海，守之以谦。”集思广益，力戒“愚而自专”，保持谨慎、谦虚、礼让之官德情操。最后要坚持“节用”的理财原则，“进贤”的人才原则，“兴学”的强国原则，“交邻”的邦交原则：“务本节用则国富，进贤使能则国强，兴学育才则国盛，交邻有道则国安。”这些都是宝贵的政治历史经验的集中表达。

三 传统家训的现代传承与推广

家训，在古代社会，其创作与传承载体是家庭、家族，一般不外传。另外，家训是家庭、家族得以存在的精神文化纽带，其教化主体多是家庭、家族中的家长与长辈。现代社会，我国家庭结构与生活方式已经发生巨大变化，在新的社会条件下，传承家训的哪些内容？以什么作为家训文化的传承载体与主体？这是需要加以探讨的。

如前所述，传统社会优秀的家训，集中凝结着我国优秀文化传统的精华，用今天的眼光来看，它已经不能属于某个家族私有了，而成为民族优秀文化传统的历史记忆和文化载体，是整个社会的文化遗产。加之我国社会的家庭结构已经由聚族而居和传统的大家族发展为分散而居的以“核心家庭”为主要形式的家庭结构，有家族文化传承的大家族已经为数不多，即使有也是分散居住在不同地域，因此，当代家训文化不可能仅由其家族来传承，一方面受到客观条件的限制，另一方面也不利于家训文化的价值得到更大程度的弘扬。

中共中央2001年发布的《公民道德建设实施纲要》中已经将社会道德教育的主体设定为四个：家庭、学校、社会、单位。那么，我们今天传承传统优秀家训文化的主要目的还在于弘扬中华优秀文化，培育社会主义核心价值观，兴国树人，培育良好社会风气，建立高度文明的和谐社会。为了实现这个社会教化目标，家庭、家族自觉传承自己的家训、家风自然是义不容辞；另一方面，政府与社会也具有不可推卸的责任，应该勇于承担。因为，如前所述，历史上公认的优秀家训，已经成为民族优秀文化传统的重要载体，是中华民族集体智慧的结晶；同时也是某些地方的文化资源，因为一定的家训总是产生于地方并对其家庭与乡里产生重要影响。《钱氏家训》更是具有鲜明地域特点并对钱氏家族以及临安地方治理产生非常好的影响的一部家训。这次，临安市政府与《光明日报》社联合举办“《钱氏家训》与临安家风传承座谈会”，就体现了地方政府与社会传媒对优秀文化传承的一份责任担当。地方政府以《钱氏家训》为优秀文化思想资源，大力开展“好家风”建设，取得了促进地方文化和精神文明建设的宝贵经验。《光明日报》作为我国最重要的体现党和国家意志，具有广泛社会影响力的报纸之一，主动召开这种专题座谈会，将地方经验向全国加以传播推广，这必将对培育社会主义核心价值观，形成良好社会风气，提高中华民族整体道德素质，发挥良好的推动作用。这次座谈会充分体现出党和国家、大众传媒和地方政府对社会教化的重要作用。当代中国公民整体道德素质的提高，社会道德文明水平的提升，确实离不开家庭教育、学校教育，但不可否认，大众传媒在现代社会精神文明培育过程中的作用不容低估，开展专题研讨座谈，刊发公益广告等形式，对于传播正能量，影响世道人心功不可没。我们应该更加自觉地担当起传承家训家风优秀文化传统的历史责任，让优秀文化传统再放异彩，助益教化，影响人心，重塑风气，利在千秋。

地方政府不仅应该更加自觉地担当起产生于地方的家训优秀文化的传承者，还应该成为教化主体，自觉地用这些优秀家训文化资源教育本地区的民众，形成良好“家风”“村风”“市风”，培育好子女、好村民、好市民，以促进地方文化建设和精神文明建设水平提升，提高当地民众整体素质，增强软实力，进而促进地方经济以及社会全面发展。如果全国各个地方都能响应习近平总书记最近提出的“注重家庭、注重家教、注重家风”建设工作的指示，那么，必将会推动弘扬优秀传统文化，培育社会主义核心价值观建设，助益社会教化工作的创新，推动中华民族的伟大复兴。

由于中国古代社会是一种家国同构、以家为本的社会结构，家是国的基础，国是家的放大，家庭在社会生活中的地位较之现代社会更为重要，特别是在培养人才、塑造人格方面发挥着极其重要的作用，因此，家训在育人方面就能发挥重要作用，其创作主体、教育主体均是家族中的有道德修养的前辈先贤，而其教化对象主要是其家族成员中的晚辈及后学。现代社会是一个公民社会，公共领域与私人生活领域的区隔是现代社会的一个重要特征，尽管如此，现代中国社会是从传统中国社会走来的，家庭在现代社会生活中的地位与作用仍不可忽视，对青少年的德育虽然也需要各级学校承担责任，但家庭也有不可推卸甚至是主要的责任。对于公民的社会教化，党和政府、社会媒体、单位都承担着主要责任。我国社会的主流新闻媒体是党和政府的喉舌，也是联系与沟通社会、民众的桥梁，对于正确价值观的形成，传播道德正能量，将发挥重要作用。近年来，中央电视台与《光明日报》等我国主流媒体，以家训家风家教为突破口，对弘扬优秀传统文化，促进社会主义核心价值观培育发挥了重要舆论引导作用，受到了社会的广泛关注与普遍好评。

还有很多群众团体比如全国妇联以妇女为主要工作对象，在历史和现实中，妇女在家庭文明建设、家教实践与家风形成过程中也发挥着重要作用，近年来，妇联组织也广泛开展了“寻找最美家庭”和表彰模范家庭的工作，努力把习近平同志的“三重”原则落到实处。传统大家庭、大家族是靠家训家规维护秩序与和谐的，家教的主要形式可能是家训，家训也是家风的重要载体与精神体现，因此，可以说注重家庭、家教与家风，都与家训有着密切关系，因此，我们在当下研究传统家训的历史与当代价值，对于弘扬中华优秀传统文化，推动和谐幸福家庭建设、形成良好家教与家风都有重要意义。

总之，传统家训所承载的中华民族的核心价值观与传统美德我们完全可以古为今用、辩证扬弃的态度加以继承弘扬，并将之作为我们当代社会修身、齐家、兴国、树人的重要文化资源和精神食粮。如何使传统家训的精神价值真正得到传承落实？从传承、教化主体角度看，不仅仅是家庭中的家长，当然这是必要的，而且各级学校、社会媒体、各级政府甚至单位都要将它当作民族文化的公共资源和优良传统，加以传承弘扬。各类学校可以将优秀家训内容选入教材让青少年学习实践；各级政府更是要着力发掘地方文化中的家训文化资源，树立良好家风，促进地方文化与精神文明建设；媒体要运用自己的传播能量，采取各种形式，传播推广传统家训的精神价值。另外，教化客体或称受教之人也不仅仅局限于某个家族的晚辈子孙，而是整个社会成员，这样不仅可以使其精神价值发挥更大作用，也能真正发挥传统美德兴国立人的作用，从而真正实现其现代性的创造性转化与创造性发展。

［本文为国家社会科学基金重点项目“传统美德的继承创新与实现中国梦研究”（14AZD008）的阶段性研究成果

作者系中国人民大学哲学院教授，哲学博士，博士生导师，云南省道德研究院特约研究员。］

德性与智慧的力量

——论我国古代家训的精神追求

王海东　张瑞臣

作为我国古代家庭教育的文本形式之家训，它是历代家长为教育子孙后代而专门撰写的“训示”与“教诲”之辞。其名甚多，亦可谓家诫、家范、家规、家书、宗范和族范等。家训萌生于周，成熟于两晋隋唐，繁荣于宋明。而其宗旨在于：教导后人成为一个完美的人——先君子，后圣贤，即同时兼具德性与智慧，此乃家训的内在精神动力与追求的目标；进而形成优良家风，享誉乡里，福泽后世。家训内在精神具体呈现为：在人生价值观上以仁义为本，家庭伦理之中以孝为核心，为人处世以诚信友爱为原则，学习知识追求真理的过程之中推崇尊师重道，修身养性强调知行合一，而提高自制力则以遵守戒律为法则。

一　仁义为本：人生价值观的灵魂

儒学经汉武帝“罢黜百家”而被“独尊”，成为以后历代王朝的主流政治意识形态，故而备受关注，成为教化的教材，被奉为圭臬，规范人们的行为。如此一来，儒学既是官方的教条，也是民间的准则。因此，其思想自然渗入家训，绝大多数的家训创作者亦信奉儒学。于是自两汉以降，家训的思想核心实为儒学，在此基础之上兼纳易、道、佛、医和农等各家思想。

仁为儒学之本，也是家训的灵魂。历代家训皆倡导仁义，杀身成仁，舍生取义，当仁不让，义无反顾。颜之推告诫子孙：“夫生不可不惜，不可苟惜。”虽要爱惜生命，但不能苟且偷生。那种“涉畏险之途，干祸难之事，贪而见贼，谗慝而致死，此君子之所惜哉”，勿为小事丧生，不因贪馋致死。而“名臣贤士，临难求生，终不为救，徒取窘辱”，则令人不齿。生，人之所欲；死，人之所恶；然义重于生，为了正义之事而献身，则应受到褒奖。“行诚孝而见贼，履仁义而得罪，丧身以全家，泯躯而济国，君子不咎也。”汪辉祖在其家训中告诸后生“于身名大节所关，须立定脚跟，独行我志，虽蒙讥被谤，均可不顾。必不宜舍己徇人，迁就从事”[①]。在大是大非大名大节上，不可随大流，当意志坚定，无惧生死。此与孔子“志士仁人，无求生以害仁，有杀生以成仁”[②] 一脉相承。高攀龙在《家训》中也表明：“爱人者，人恒爱之；敬人者，人恒敬之；我恶人，人亦恶我；我慢人，人亦慢我。”己所不欲勿施于人，勿贡高我慢。

宋明以前的家训都主张重义而轻利。孔子强调：“君子喻于义，小人喻于利。”君子生财有道，非义之财勿贪勿取。战国时期的稷母家训就有：“非义之事，不记于心。非理之利，不入于家。”[③]《大学》上亦讲：“德者本也，财者末也。”董仲舒也阐释了义利的关系：“正其谊，不谋其利；明其道，不计其功。”为义与道而不计较利害得失。

综览历代家训，不难发现仁义是家训中人生观的灵魂，这也是一个人立于天地间的根据，人异于禽兽亦在此。朱熹和王守仁都将“讲圣言、通世故、存天理、灭人欲”[④] 作为教育的最高目标与人生最高的价值。在儒家思想之中，人原本就是完满纯洁无瑕的，在社会生活之中更应“泛爱众，而亲仁”，这样才会“能亲仁，无限好，德日进，过日少”，保持纯真纯善的本性。

二　孝亲悌长：家庭伦理的内核

孝是我国古代文化的重要特质之一，是家族宗法社会的精神纽带；而汉以孝治国更是将其上升到政治的高度，成为一种政治伦理秩序，对

① （清）汪辉祖：《双节堂庸训》，辽宁大学出版社 1990 年版，第 20 页。

② 杨伯峻译注：《论语译注 · 卫灵公》，中华书局 2006 年版，第 228 页。

③ 徐少锦主编：《中国历代家训大全》，中国广播电视出版社 1993 年版，第 56 页。

④ （明）王阳明：《王文成公全书》卷七，中华书局 2015 年版，第 76 页。

整个古代社会影响深远，也成为家训的重要内容。“夫孝，德之本也，教之所由生也。”① “孝悌也者，其为仁之本与！”孝悌是道德的根本，也是孔子仁学的基础，还是人们的行为规范。“夫孝，天之经也，地之义也，民之行也。”历代家训都吸取了孝悌观念，使其成为家庭伦理的核心范畴。

而对于在日常生活之中如何行孝，家训中有详细的规定。《礼记·祭统》曰：“是故孝子之事亲也，有三道焉。生则养，没则丧，丧毕则祭。养则观其顺也，丧则观其哀也，祭则观其敬而时也。尽此三道者，孝子之行也。”《孝经》曰：“孝子之事亲也，居则致其敬，养则致其乐，病则致其忧，丧则致其哀，祭则致其严，五者备矣，然后能事亲。”又曰：“孝子之丧亲也，哭不偯，礼无容，言不文，服美不安，闻乐不乐，食旨不甘，此哀戚之情也。”《弟子规》明确而细致地规定：“父母呼，应勿缓。父母命，行勿懒。父母教，须敬听。父母责，须顺承。”如果一个人能够很好地履行孝道，则一定是一个德性可靠的人。以至于孔夫子断言：“其为人也孝悌，而好犯上者，鲜矣。”②

“弟子入则孝，出则悌”，孝是亲与子之间的关系，悌是弟与兄之间的关系。孟子概而言之“亲亲，仁也，敬长，义也”③。孝与悌是仁和义之精神在家庭伦理之中的表征。悌包含着两个维度：其一是针对具有血缘关系的兄弟而言；其二是指向非血缘关系的他者。在家庭伦理之中，悌是指弟弟对兄长的尊敬，家训之中有较多准则。陶渊明教诫其子道：“汝等虽不同生，当思四海皆兄弟之义。”兄弟之义，首先表现在家财方面，应学习“鲍叔、管仲，分财无猜”。其次是在遇到患难时，要学习“归生伍举，班荆道旧”。“遂能以败为成，因丧立功。他人尚尔，况同父之人哉！”他在《与子俨等疏》中向诸子树立了两个学习榜样：一个是“颍州韩元长，汉末名士，身处卿佐，八十而终，兄弟同居，至于没齿”。据《后汉书·荀韩钟陈列传》记载，韩元长即韩融，韩韶之子，汉献帝时官至太仆，兄弟同居到老终。另一个是“济北汜稚春，晋时操行人也。

① 胡平生译注：《孝经译注》，中华书局2009年版，第125页。

② 杨伯峻译注：《论语译注·学而篇》，中华书局2006年版，第3页。

③ 杨伯峻译注：《孟子译注·尽心上》，中华书局2010年版，第338页。

七世同财，家人无怨色”。汜稚春即汜毓，勤修儒学，敦睦九族。七世同居共财，时人称他家“儿无常父，衣无常主”[①]，家贫而志大，清静自守，屡荐不仕，家人都能和乐相待。

苏洵在《安乐铭》中亦告诫其子：“兄弟同胞一体，弟敬兄爱殷勤。须要同心竭力，毋分尔我才真。”[②] 兄弟原本血脉相连，理应亲如一家，不分彼此。要是兄弟阋于墙，则如颜之推所说：“兄弟不睦，则子侄不爱；子侄不爱，则群从疏薄；群从疏薄，则僮仆为仇敌矣。如此，则行路皆蹐其面而蹈其心，谁救之哉！”[③] 兄弟之间应相互关爱，和睦相处，“兄道友，弟道恭。兄弟睦，孝在中”。兄友弟恭是保障家庭和睦的重要条件。家和则万事兴，孝道也自然生于其中。

三　诚信友爱：为人处世的原则

“出则悌”的另一维度就是处理与非血亲者的关系，也就是为人处世的一个原则，即尊敬友爱的原则，同时还要诚实信用。《通书·诚上第一》：“诚者，圣人之本。”诚是成贤成圣的根基。

历来的家庭教育都将诚信友爱作为外出与人交往的原则。“事诸兄，如事兄”把“悌”推广为一种社会关系原则。“凡出言，信为先”则强调诚信在社会关系中的重要性，人贵名实相符，言行一致，否则无人信；无人信，则诸事不成，陷入四面楚歌的境地。“巧伪不如拙诚。”北宋叶梦得在《石林家训》中，更是把“习于诞妄者，每信口纵谈”立于戒之首，认为无信不立。南宋胡安国在《与子寅书》中也认为：“立心以忠信，不欺为主本；行己以端庄，清慎见操执。”明代经学大师张履祥同样在《示儿》中强调此理，开篇即示：“忠信笃敬，是一生做人根本。”由此可见，古人把忠信放在为人处世之首。

那么在具体的社会关系之中如何对待他者呢？历代家训都把诚、敬、谦和、宽以待人等奉为与人交往的细则。家训总体上属于家礼范

---

① 逯钦立校注：《陶渊明集》，中华书局1979年版，第246页。

② 翟博主编：《中国家训经典》，海南出版社2002年版，第364页。

③ 颜之推：《颜氏家训》，岳麓书社1999年版，第17页。

畴。几乎全部家训不是强调礼，就是强调“敬”，或者是二者的统一。自卑而尊人，恭己而敬人。谦虚简朴，《易》曰：天道亏盈而益谦，地道变盈而流谦，鬼神害盈而福谦，人道恶盈而好谦。是故《谦》卦，六爻皆吉。《书》曰：满招损，谦受益。袁采教子曰：“礼不可因人分轻重”，“世有无知之人，不能一概礼待乡曲，而因人之富贵贫贱，设为高下等级，见有资财有官职者，则礼恭而心敬，资财愈多，官职愈高，则恭敬又加焉。至视贫者贱者，则礼傲而心迈，曾不少顾。殊不知彼之富贵非我之荣，彼之贫贱非我之辱，何用高下分别如此？长厚有识君子，必不然也”。[①] 不媚权贵，不傲贫贱，皆以平等心待之。杨继盛认为：“与人相处之道，第一要谦下诚实……宁让人，勿使人让；语宁容人，勿使人容；吾宁吃人亏，勿使人吃吾之亏；宁受人气，勿使人受吾之气。人有恩于吾，则终身不忘；人有仇于吾，则即时丢过。见人之善，则对人称扬不已；闻人之过，则绝口不对人言。”[②]

而在涉及如何交友的问题上，家训亦有交代。孔子指出，益友三种：“友直，友谅，友多闻，益矣。”与正直者交友，与有信者交友，与见闻广博者交友，于己有益。反之，损友也有三种：“友便辟，友善柔，友便佞，损矣。”与谄媚逢迎者交友，与当面恭维背后诽谤人者交友，与夸夸其谈者交友，那就于己有害。交友之道，宁缺毋滥，首为德性，次为学问和趣味，切忌意气之交与泛交。陈继儒在《安得长者言》中言：“后生辈胸中，落‘意气’两字，则交友定不得力。”意气之交易流于表面，长则生厌。“泛交则多费，多费则多营，多营则多求，多求则多辱。”对待他人当宽恕，“人不可自恕，亦不可使人恕我”；于己则应善于接受他人的建议，“能受善言，如市人求利，寸积铢累，自成富翁”。[③] 此外还需注意谨言慎行，宁可自己吃亏，勿使人吃亏，方能处理好与他者的社会关系。

---

① （宋）袁采：《袁氏世范》，国家图书馆出版社 2015 年版，第 48 页。

② 杨继盛：《杨忠愍公遗笔》，《丛书集成初编》第 976 册，商务印书馆 1936 年版，第 89 页。

③ 王云五主编：《薛方山纪述及其他八种》，《丛书集成初编》第 375 册，商务印书馆 1936 年版，第 56 页。

四 尊师重道：求学问道的传统

“君子务本，本立而道生。”夫子如是言，旨在表明人生的方向就是求道，君子不器。学习知识，追求真理，这是君子必不可少的一个修养环节。那么如何才能务本生道呢？这就需要老师的教导，从明理树立高远的志向。

《礼记·学记》开篇就言：“建国君民，教学为先。”足见教学的重要性。《易》曰：观乎天文以察时变，关乎人文以化成天下。用人文精神教化民众，使天下归德。子曰：“三人行必有我师焉，择其善者而从之，其不善者而改之。”若以谦卑之心视人，则人人皆可以为师，学其长处，避其所短，斯为善矣。古谚曰：“爱其师，信其道。”此语道出真谛与老师之关系，实属较高之境界，即师获得真理，爱之，信之，行之。一般而言，老师与真理有三种关系、三重境界。第一重境界：吾爱吾师，吾更爱真谛。此时，师未获真谛，故而以真谛为矢。第二重境界：吾爱吾师，吾亦爱真谛。此时，师已获得真谛，只需按师之教导行之便是。密宗修行者与上师的关系亦如此，修行者经过多年的观察，长者可达十二年，觉知上师的确觉悟，甚至证果，则虔诚依止。第三重境界：吾爱真谛，吾更爱吾师。此时，师即真谛，且师证得菩提心与空性，慈悲为怀，一心度人。在人生的道路上，师不可或缺。故而历代家训皆尊师重教，尊师与孝亲并重。

而君子之为君子的一个重要标准，即是志存高远，舍身求道，勤学广识。孔子训诫伯鱼道：“不学礼，无以立。”不学礼无法立足于社会。为什么呢？孔子说：“鲤，君子不可以不学，见人不可以不饰，不饰则无根，无根则失理，失理则不忠，不忠则失礼，失礼则不立。”① 只有学诗、学礼、循礼、讲求仪表、待人忠诚，才能很好地立身处世。

诸葛亮在《诫子书》中也强调学习的重要性：“夫学，须静也；才，须学也。非学无以广才，非志无以成学。”② 王守仁在《教条示龙场诸

---

① 杨伯峻译注：《论语译注·季氏篇》，中华书局2006年版，第249页。

② 《诫子书》，《诸葛亮集》，中华书局1960年版，第28页。

生·立志》中也说："志不立，天下无可成之事。虽百工技艺，未有不本于志者。"①《曾国藩家书·修身之道》第一条便是"勉君子应立志"。并在"述立志之重要"中论述了立志的重要性："人苟能自立志，则圣贤豪杰何事不可为？……若自己不立志，则虽日与尧舜禹汤同住，亦彼自彼，我自我矣，何与于我哉！"② 人若无大志，即便与圣人同吃同住，也难有成就。

在治学与践行的过程中，还要善于反思。袁采说"人贵于反思"，"人之父子或不思各尽其道而互相责备者，尤启不和之渐也，若各能反思，则无事矣"。此处之"反思"实乃孔子"为仁之方"、忠恕之道，孟子"反求诸己""反身而诚"之新的表述方式。

追求自由与真理是君子的理想。万斯同家书学术思想性很强，他从学术上勉励后人，应当以天下苍生为学术使命，学术与经世并重。"苟徒竭一生之精力于古文，以不朽于后世，纵使文实可佳，亦无益于天地生民之数，又何论其未必可佳者邪？""吾子其尚从吾言，而无溺于旧学，幸甚幸甚！"③ 不论身处何地，都要不断学习知识，探求真理。在颜之推看来，人在乱世之中无人可依、无人庇荫，唯有靠自身，然而如何才能存活于世呢？当精一技，身怀绝技，则无忧；而更优者，则是读书。"积财千万，不如薄伎在身。伎之易习，而可贵者，无过读书也。"④ 知识就是力量。读书小则可以"开心明目""修身利行"，大则可以经世致用，治国安邦。因此，古代家训无不重视教育，尊师重道。

五 知行合一：修身养性的要诀

子曰："君子有九思：视思明，听思聪，色思温，貌思恭，言思忠，事思敬，疑思问，忿思难，见得思义。"夫子于九思之中阐明知与行融为一体方为真知。知而不行，非真知。虽习得修身养性之法宝，而不践行，则身是凡身，性是习性。夫子一再强调"学而时习之"，即知行一体。

---

① 《王阳明传习录及大学问》，黎明文化事业股份有限公司1986年版，第193页。

② （清）曾国藩：《曾国藩家书》，京华出版社2003年版，第5页。

③ （清）万斯同：《万斯同全集》卷八，宁波出版社2013年版，第114页。

④ 颜之推：《颜氏家训》，岳麓书社1999年版，第99页。

历代家训未曾忽视这一修身养性的要诀。知行合一在家训中首先是作为一种广为倡导的修身理念。尽管人尽皆知“三纲八条”，了解修身的功夫——格物、致知、正心、诚意、修身、齐家、治国、平天下，然而深信且践行者少之又少，以至于世人贬斥儒者多伪君子。颜之推训示后生：“世人读书者，但能言之，不能行之，忠孝无闻，仁义不足。加以断一条讼，不必得其理；宰千户县，不必理其民；问其造屋，不必知楣横而棁竖也；问其为田，不必知稷早而黍迟也；……军国经论，略无施用：故为武人俗吏所共嗤诋。”为了避免这种情况，他要求子孙放下架子，向下层劳动者学习，掌握各种实际知识：“爰及农商工贾，厮役奴隶，钓鱼屠肉，饭牛牧羊，皆有先达，可为师表，博学求之，无不利于事也。”①“不力行，但学文，长浮华，成何人。”若不践行所学知识，则不知其真伪与有效性，不但于事无补，反倒易使人傲慢。

其次是倡导学以致用。儒家重经邦济世，轻玄学，反对空谈。《颜氏家训·务涉篇》说：“士君子之处世，贵能有益于物耳，不徒高谈虚论，左琴右书，以费人君禄位也。”而有益于他人与国家的人才，大体上有六类：“一则朝廷之臣，取其鉴达治体，经论博雅”，能精通国政，对政事提出处理方案；“二则文史之臣，取其著述宪章，不忘前古”，能起草各种法规文件，吸取前代治国经验；“三则军旅之臣，取其断绝有谋，强于习事”，决策果断，深谋远虑，精通兵战；“四则藩屏之臣，取其明练风俗，清白爱民”，能体察民情，廉政爱民；“五则使命之臣，取其识变从宜，不辱君命”，能随机应变，不辜负国君的委托；“六则兴造之臣，取其程功节费，开略有术”，能按期完成工程，并节约经费。“此皆勤学守行者所能辨也。人性有长短，岂责具美于六涂哉？但当皆晓旨趣，能守一职，便无愧耳。”②

最后是在家庭教育的过程中，施教者也须知行合一，身教与言教合一，家长就是孩子的榜样，率先垂范。司马光在《居家杂仪》开篇就点明家长要以身作则：“凡为家长，必谨守礼法，以御群子弟及家众。”家长其实是孩子的最好榜样，其一言一行一举一动，皆在潜移默化地浸润

① 颜之推：《颜氏家训·勉学篇》，岳麓书社1999年版，第101页。

② 颜之推：《颜氏家训·务涉篇》，岳麓书社1999年版，第122页。

着孩子的心田。因而，在要求后人学而习之时，家长最好能够率先示范，这样就会使得家庭教育更加有效。

六 持戒行善：对治五毒的良方

佛教自东汉传入中国以来，迅速掀起了佛教中国化的大潮，对我国古代政治、经济、文化和社会产生了难以估量的影响，以至于与儒道形成三足鼎立之势。在其中国化的历程中，无疑对古代家庭教育也产生了重要影响，这在家训之中就有明显的呈现。

从儒道佛三家的典籍中，亦能寻到许多相通之处。这表明人类虽有不同文明，然因人之生理、心理与社会等诸多方面的情形相似，且共享大自然之资源，就使得诸文明具有可交流性，有一个为人所接受的“最小公约数”。

就人之福报与治心问题，三家都有极为相似的方案。《易》曰：“积善之家，必有余庆。积不善之家，必有余殃。善不积，不足以成名，恶不积，不足以灭身。”[①] 《太上》曰：祸福无门，惟人自召。善恶之报，如影随形。佛家言：“一切众生，心想异故，造业亦异，由是故有诸趣轮转。”因而三家异出而同源，皆劝人断恶行善。儒家之理想人格为君子、贤人与圣人，道家之理想人格为人仙、地仙、神仙与天仙，佛家之理想人格为罗汉、菩萨与佛，此皆是善人，故而雍正言“三派同源，皆教人为善”。

那么该如何行事，才能不离德性？如何束身治心，才能去恶修善？在两汉后的家训中，将三教融为一体，提出了不少约制行为对治心性的方法，简言之，即持戒行善。颜之推告诫后人不能忽视佛学，“家世归心，勿轻慢也”，并认为佛家五禁和儒家五常是一致的：“仁者，不杀之禁也；义者，不盗之禁也；礼者，不邪之禁也；智者，不酒之禁也；信者，不妄之禁也。”可见，“归周（公）、孔（子）而背释宗，何其迷也”。[②] 将儒佛戒律类比，别出新意。《弟子规》中的“勿”字句，即告

---

① （明）来知德集注，胡真校点：《周易》，上海古籍出版社2013年版，第190页。

② 颜之推：《颜氏家训·归心篇》，岳麓书社1999年版，第140页。

诫后人何事不应当做，何事应当持守。

明代《了凡四训》尤为明显，融儒道佛三家于一训。“随缘济众，其类至繁，约言其纲，大约有十：第一、与人为善；第二、爱敬存心；第三、成人之美；第四、劝人为善；第五、救人危急；第六、兴建大利；第七、舍财作福；第八、护持正法；第九、敬重尊长；第十、爱惜物命。”日常生活之中的善行远不止这十项，“善行无穷，不能殚述；由此十事而推广之，则万德可备矣”。[①] 简言之，持戒行善，则可增长福报，改变命运。

在《训子言》的篇末，袁了凡附有自己用以记录善行与过错的《功过格》。功过格是我国古代特别是明清时期广为流行的一种修养方法，这种方法要求人们将自己的日常行为分辨善恶，对照预订的功过条文逐日记录以考查功过。研究明清功过格的美国俄勒冈大学教授包筠雅（Cynthia J. Brokaw）博士在其著作《功过格——明清社会的道德秩序》一书中这样解释功过格：“它通过特定形式表达出对道德（以及非道德）行为及其后果的某种基本信仰。其中列有具体的应遵循或应回避的事例，以此揭示对约定俗成的道德及对善的信仰，而这种善是由许多不同的、价值各异的、个别的善行实践构成的。”[②]

只有用家训严格要求后人，用戒律约制其身体与行为，断恶行善，才能对治贪嗔痴慢疑这“五毒”，成就完美的道德人格——圣贤。

七　结语:追寻美德与智慧

古人极为重视早教，一般都认为家训宜早，须长时熏修，使之自然，如夫子所言“少成若天性，习惯成自然”。颜之推在《教子篇》中表明了早教的良好效果，能“使为则为，使止则止”，因为“人生小幼，精神专利，长大以后，思虑散逸，固须早教，勿失机也”。孩童单纯无虑，能够专心受学，长时熏陶，能够潜移默化，内化为行为习惯，其效果不言而喻。这对当代社会的家庭教育无疑有着极大的启迪，对儿童的家庭教育

① 袁了凡：《了凡四训》，尚崇等译注，中华书局2015年版，第116页。

② ［美］包筠雅：《功过格——明清社会的道德秩序》，林正贞、张林译，浙江人民出版社1999年版，第244页。

宜早不宜迟，方式方法应多样，无须固执于某一种，要结合孩童的兴趣与自身情况开展早教。

就历代家训的整体价值取向来看，是以儒家思想为主，辅以其他各家思想。至唐宋，中国各家思想逐渐融合，相互间杂，互取长短，因而不论是作为精英的士大夫阶层，还是底层民间社会，都能看到多种文化观念杂糅一起，共同作用于社会。犹如南怀瑾先生所言：孔家是粮食店，人人非吃不可；道家是药店，不能少，生病就去买药，不生病就可以不去；佛家是百货店，什么都有，高兴了就去逛逛。因而他认为人生的最高境界就是：佛心，道骨，儒表，大度看世界；技在手，能在身，思在脑，从容过生活。而家训的精神追求也是这种儒道佛合一的境界——以仁义为人生之本，孝亲悌长为家庭伦理的内核，诚信友爱是为人处世的原则，尊师重道是求学问道的传统，知行合一为修身养性的要诀，持戒行善乃是对治五毒的良方。正如夫子之言："志于道，据于德，依于仁，游于艺。"宋明清时的家训，大多都将儒道佛思想有机地融为一体，通过长时间的修学，改过自新，去掉习气，成为一名既有儒家的担当精神，积极入世，先忧后乐，又有道家的仙风道骨，功成不居，洒脱自如，还不失佛家的慈悲心，悯世悲俗，普度众生——的君子，甚至是由凡入圣成为圣贤。

而我国当前的家庭教育过于重视技巧的培养，轻视人格的养成和完善；过于注重应试与短期成绩，忽视长远的人生理想的引导；溺爱型亲子关系较多，很多孩子只知索取，不懂奉献与馈赠，以至于颠倒正常的亲子关系，形成依赖型人格，导致孩子社会交往不适。这无疑对未来的学校教育和社会形成不可忽视的负面影响。因而把好家庭教育这一关极为重要，父母是孩子的第一任老师，家庭教育的方式与内容决定着孩子人格的形成，那么借鉴家训的教育理念和方式就有着举足轻重的价值。积极引导孩子树立高远的理想，培养优良的品德，德厚才能载物，同时还要培养孩子的智慧，管理好情绪，知晓事理，以理服人，以智慧化解难题。在人生道路上，用德性与智慧去攻克难关，实现梦想，成就完美的人格。

（原载《伦理学研究》2017 年第 1 期。
作者王海东系云南省社会科学院哲学所副研究员；
张瑞臣系《云南大学学报社会科学版》编辑）

张廷玉《澄怀园语》家训思想述要

谢青松

一　张廷玉及其《澄怀园语》

张廷玉（1672—1755年），字衡臣，号砚斋，安徽桐城人，大学士张英次子，清代名臣、著名史学家。康熙三十九年（1700年）进士，钦选翰林院庶吉士。清康熙时任刑部左侍郎，雍正帝时曾任礼部尚书、户部尚书、吏部尚书、保和殿大学士（内阁首辅）、首席军机大臣等职。康熙末年，着力整治松弛的吏治，后又完善军机制度，大大提高了清政府的行政效率。乾隆二十年（1755年）三月二十日卒于故里，享年84岁。死后谥号“文和”，配享太庙。“终清世，汉大臣配享太庙，惟廷玉一人而已。”①

张廷玉居官五十余年，任翰林院掌院学士27年，主揆席24年，“凡军国大事，奉旨商度”②，多次充乡试、会试总裁官，尽心竭力为国家选拔优秀人才，深受皇帝器重。先后任《亲征平定朔北方略》纂修官，《省方盛典》《清圣祖实录》副总裁官，《明史》《四朝国史》《大清会典》《世宗实录》总裁官。著有《澄怀园载赓集》《澄怀园诗选》《澄怀园文存》《澄怀主人自订年谱》等，另有疏稿等若干卷，今人整理为《张廷玉全集》。张廷玉有四子三女。长子张若霭，字晴岚，少早慧，善书画。雍正十一年（1733年）进士，官至内阁学士兼礼部侍郎。次子张若澄，字镜壑，乾隆十年（1745年）进士，授编修，直南书房，累官至内阁学士，

① 赵尔巽：《清史稿·张廷玉传》，中华书局1977年版，第10240页。

② 汪由敦：《桐城张公廷玉墓志铭》，载《张廷玉全集》（下册），北京师范大学出版集团、安徽大学出版社2015年版，第558页。

亦工画。三子张若溎，乾隆己卯年（1759 年）荫贡，官至户部浙江司郎中。四子张若渟，字圣泉，嘉庆五年（1800 年）任兵部尚书，后改任刑部尚书，卒后赠太子少保，谥“勤恪”。张廷玉四子当中有三人入内阁，足见其家风良好、教子有方。事实上，作为清代安徽桐城的名门望族，张家自张英开始，相继为官者数十百人，十二人位列翰林。“一门之内，祖父子孙先后相继入南书房，自康熙至乾隆，经数十年之久，此他氏所未有也。”① 这种情况在清代实属罕见。

张廷玉一生“历得三朝，遭逢极盛”②，身居要职，阅历丰富，但其为人谦和豁达，为官清廉沉静，生活淡泊名利，处世圆润得体。在理政之暇，张廷玉常常浏览史乘，留心时务，尤其是细究为官为人之道。仿效其父，他将数十年日积月累的人生心得汇编为《澄怀园语》，旨在“俾子孙辈读之，知我立身行己、处心积虑之大端云尔”③。

与《聪训斋语》一样，《澄怀园语》自刊行以来，影响巨大，被奉为修身齐家之典范，传诵不息。关于此书，清代学者沈树德评价说：“《澄怀园语》四卷，皆圣贤精实切至之语，修齐治平之道，即于是乎在焉。”④ 又，张师亮在同治七年刻本跋文中称：“其言如布帛菽粟，朴实切要，于持家涉世之道，修己接物之方，尤为周详恳挚。”⑤ 清代名臣曾国藩认为：“读张文端公《聪训斋语》、文和公《澄怀园语》，此老父子学问，亦以知命为第一义。”⑥ 可见此书对后世影响之深远。

二 《澄怀园语》中的家训思想

《澄怀园语》一书共分为四卷，以随笔札记的形式，记载了张廷玉对

---

① 吴振棫：《养吉斋丛录》卷 4，中华书局 2005 年版，第 60 页。

② 赵尔巽：《清史稿·张廷玉传》，中华书局 1977 年版，第 10245 页。

③ 张英、张廷玉：《父子宰相家训——聪训斋语 澄怀园语》，北京师范大学出版集团、安徽大学出版社 2015 年版，第 109 页。

④ 转引自《张廷玉全集》（上册），北京师范大学出版集团、安徽大学出版社 2015 年版，第 378 页。

⑤ 张英、张廷玉：《父子宰相家训——聪训斋语 澄怀园语》，北京师范大学出版集团、安徽大学出版社 2015 年版，第 13 页。

⑥ 《曾国藩日记》（上册），九州出版社 2014 年版，第 252 页。

于修身、读书、处世、为官等问题的看法，以此诫勉后人。

（一）修身立德：为善以端品行

在家教方面，张廷玉首先注重修身立德。张廷玉非常赞赏前人把善恶分为四等："隐恶扬善，圣人也；好善恶恶，贤人也；分别善恶无当者，庸人也；颠倒善恶以快其谗谤者，小人也。"① 进而告诫子弟要学会明辨是非善恶，注重品德的培养和提升，"不行恶事，不存恶念"②，"一言一动，常思有益于人，惟恐有损于人"③。

尤其值得一提的是，张廷玉并不赞成当时流行的以德获福论调。在《澄怀园语》中，张廷玉指出：

> 为善，所以端品行也。谓为善必获福，则亦尽有不获福者。譬如文字好则中式，世亦岂无好文而不中者耶？但不可因好文不中，而遂不作好文耳！④

张廷玉主张通过积极行善来端正品行，而非以此获福。就如擅长写文章者未必都能在科举考试当中被录取，就算不被录取，也不可因此就不再写文章了。其言下之意是，并非每一个行善者都能够获福，就算如此，也不可因此而不再行善了。"为善，所以端品行也"意味着，行善本身即最高的目的，也是最大的福祉，又何须外求哉。

事实上，张廷玉本人宅心仁厚，积极行善。康熙四十七年（1708 年）秋，桐城东乡陈家洲（今属枞阳）遭受水灾，民不聊生，贫民纷纷跑到县城觅食。张廷玉的家人在信中言及此事，他深感不安，立即动员自己的弟弟、大侄儿以及在京城为官的本县好义人士，一起捐款捐物，赈恤

---

① 张英、张廷玉：《父子宰相家训——聪训斋语　澄怀园语》，北京师范大学出版集团、安徽大学出版社 2015 年版，第 235 页。

② 原文表述为："终身不曾行一恶事，不曾存一恶念。"见张英、张廷玉《父子宰相家训——聪训斋语　澄怀园语》，北京师范大学出版集团、安徽大学出版社 2015 年版，第 117 页。

③ 张英、张廷玉：《父子宰相家训——聪训斋语　澄怀园语》，北京师范大学出版集团、安徽大学出版社 2015 年版，第 115 页。

④ 同上书，第 119 页。

灾民。[①] 雍正十一年（1733 年），张廷玉奉命回桐城祭祖，得知龙眠河上的“紫来桥”被洪水冲毁，他捐出皇上赐给祭祀张英的结余银两，并发动家人募捐，筹资重建石桥，并在两岸修建桥亭。从雍正十三年（1735 年）开始修建，乾隆二年（1737 年）建成，历时三年完工。里人誉称“良弼桥”，盖取雍正皇帝赐额“调梅良弼”之义。[②] 乾隆五年（1740 年）二月，得知乡里歉收，米价昂贵，有识绅士号召富裕人家赈救灾民，张廷玉对这一举措，大加赞赏，立即驰信回家，要求家人“捐仓谷一千石，嘱弟侄辈实心举行，成此善举”[③]。此类善举对于张廷玉而言，可谓不胜枚举。

在子弟个人品德的培养上，张廷玉特别注重以下问题：

其一，讲究诚信。张廷玉认为诚信乃立身之本，巧诈不实者虽然一时可以欺世，但最终将难以立足，“余五十年来留心默识彼语言不实之辈，一时可以欺世，而究竟飘荡于终身”[④]。在他看来，“小小智巧，用惯了，便入于下流而不觉”[⑤]。故而，勿以善小而不为，勿以恶小而为之。他列举了生活中借书这样的小事情来说明诚信的重要性：“凡人借书，至日久，遂藏匿不还……均是读书人之病。”[⑥] 事情虽小而关乎诚信，故而于此不可不慎。

其二，崇尚俭约。张廷玉引用《尚书》中的“世禄之家，鲜克由礼”，指出：“盖席丰履厚，其心易于放逸，而又无端人正士、严师益友为之督责匡救，无怪乎流而不返也。”他还举例分析：“譬如一器贮水盈满，虽置于安稳之地，尚虑有倾溢之患；若置之欹侧之地，又从而摇撼之，不但水至倾覆，即器亦不可保矣。处盛满而不知谨慎者，何以异是?”[⑦] 事实上，张廷玉毕生崇尚俭约之德，坚守清贫作风，虽为官五十年，手握重权，但做到了

---

① 参见《澄怀主人自订年谱》，载《张廷玉全集》（下册），北京师范大学出版集团、安徽大学出版社 2015 年版，第 372 页。

② 同上书，第 433 页。

③ 同上书，第 439 页。

④ 张英、张廷玉：《父子宰相家训——聪训斋语　澄怀园语》，北京师范大学出版集团、安徽大学出版社 2015 年版，第 196 页。

⑤ 同上书，第 148 页。

⑥ 同上书，第 176 页。

⑦ 同上书，第 122 页。

节俭为用，一生都没有置过产业，早年住在父亲的五亩园里，入京为官之后一直住的是官房，日常所用皆十分简陋，可见他对节俭之德的奉行。

其三，宽恕待人。在《澄怀园语》中，张廷玉以“天下之道，宽则能容，能容则物安，而己亦适”① 来说明宽容乃天地之间的正道。在他看来：“凡人度量广大，不妒忌，不猜疑，乃己身享福之相，于人无所损益也。纵生性不能如此，亦当勉强而行之。”② 大凡是人，度量广大，胸襟开阔，不嫉妒别人，不猜疑别人，那是他自身享福的品相，对别人没有损害，也没有利益，与别人没有关系。纵然有生以来天性不能做到宽宏大量，也应当尽力而为，努力去做。心胸宽容、度量广大之人必定懂得以“恕”待人。他指出：“恕”之一字，圣贤从天性中来；中人以上者，则阅历而后得之；资秉庸暗者，虽经阅历，而梦梦如初矣。③

此外，张廷玉还告诫后人“生富贵之家”，切不可染纨绔之习。他尤为憎恶赌博之陋习，通过引古论今，条分缕析，指出“赌博之害，不可悉数”；同时要求朝廷采取严刑重罚等措施，制止赌博，以免危害社会。他甚至建议说：“今赌博者，亦当加以肉刑，如太祖初制，解其腕可也。”④ 可见其对赌博陋习痛恨之切。

（二）读书为学：开卷有益，静而能成

张廷玉出生于书香世家，其父文华殿大学士张英曾给自己立下人生“四纲”：“立品、读书、养身、择交”⑤，并告诫后人：“读书者不贱，守田者不饥，积德者不倾，择交者不败。”⑥ 张廷玉幼承家教，十岁便能诵《毛诗》《尚书》，十六岁回乡应童子试，被拔置县学第六名，二十九岁即擢进士第，被选授为翰林院庶吉士。三十二岁“御试清书一等、第一名，

---

① 张英、张廷玉：《父子宰相家训——聪训斋语　澄怀园语》，北京师范大学出版集团、安徽大学出版社 2015 年版，第 116 页。

② 同上书，第 186 页。

③ 同上书，第 149 页。

④ 同上书，第 220 页。

⑤ 同上书，第 36 页。

⑥ 同上书，第 65 页。

授翰林院检讨"①，由此走上了仕宦之途。在《澄怀园语》一书中，自幼饱读诗书、学而优则仕的张廷玉颇为感慨："开卷有益，此古今不易之理。"② 聪慧过人且深谙读书之道的他特别强调，在读书过程中要保持安静平和之心，如此方能体会读书之妙，进而有益于治学。在张廷玉看来："吾人进德修业，未有不静而能有成者。"③ 他曾要求子弟多体会诸葛亮《诫子书》中"静以修身，学须静也"的精微意蕴："予尝以静字训子弟，今再益以'静以修身，学须静也'二语，其中义蕴精微，非大有识见人不能理会。"④ 他还引周敦颐《太极图说》中的"圣人定之以中正仁义而主静"和《大学》中的"静而后能安，安而后能虑"来论述"静"的重要性。张廷玉认为，不独学问之道如此，"凡人耳目听睹大率相同，若能神闲气静，则觉有异人处"⑤。他通过观察进而得出结论："历观天下享遐龄、膺厚福之人，未有不静者。"⑥

张廷玉上述观点显然受其父亲的影响。张英在《聪训斋语》卷首即说："人心至灵至动，不可过劳，亦不可过逸，惟读书可以养之。每见堪舆家，平日用磁石养针，书卷乃养心第一妙物！闲适无事之人，镇日不观书，则起居出入身心无所栖泊，耳目无所安顿，势必心意颠倒，妄想生嗔，处逆境不乐，处顺境亦不乐。每见人栖栖皇皇，觉举动无不碍者，此必不读书之人也。"⑦ 张英认为，养心贵在守静，而读书能够使人平心静气，尤其是读古圣先贤之书，可以明世间理，令人德性温和、行事循矩，即便无功名亦能恬然自处。人若不读书，闲来生是非，遇事易浮躁，处逆境不乐，处顺境亦不乐。在张英看来："凡声色货利一切嗜欲之事好

---

① 《张廷玉传》，载《张廷玉全集》（下册），北京师范大学出版集团、安徽大学出版社2015年版，第503页。

② 张英、张廷玉：《父子宰相家训——聪训斋语　澄怀园语》，北京师范大学出版集团、安徽大学出版社2015年版，第153页。

③ 同上书，第122页。

④ 同上书，第201页。

⑤ 同上书，第126页。

⑥ 同上书，第122页。

⑦ 同上书，第13页。

之，有乐则必有苦，惟读书与对佳山水，止有乐而无苦。”① 故而，通过读书来护养心性、增长道心，实乃“人生颐养第一事”②。

与张英同时代的学者唐彪在《读书作文谱》一书中更是明确指出“静”字乃读书作文之“根本功夫”，在他看来，读书是一个长期的逐步积累的过程，需要锲而不舍、持之以恒，故而“读书穷理，静字工夫最要”。“静”就是沉下心来，摒弃浮躁，长此以往，自然而然身上的宁静之气就会越来越多，浮躁之气就会越来越少，就能练成排除干扰、闹中取静的功夫，增强临危不惧、处变不惊的定力，做到“泰山崩于前而色不变，麋鹿兴于左而目不瞬”。唐彪进一步强调：“心非静不能明，性非静不能养，静之为功大矣哉！灯动则不能照物，水动则不能鉴物，静则万物毕见矣。惟心亦然，动则万理皆昏，静则万理皆彻。”张廷玉身为三朝重臣，居官五十载而读书不辍，深谙“静”之妙处与难得。在《澄怀园语》中，张廷玉曾引用北宋理学家邵雍的诗句“静处乾坤大，闲中日月长”来说明“静”的重要性，并坦言“予一生好静，于此中颇有领会”③。事实上，唯有懂得守静者，方能真正体悟到读书之妙。静而读书，不仅能够涵养学问，增长经世济民的才干，更能护养心性，增强临危不惧、处变不惊的定力。这正是张廷玉在官场纵横捭阖而保持平常心的“奥秘”所在，也是张氏家族传统家风之精华所在。

（三）立身处世：处顺境则退一步想，处逆境则进一步想

在《澄怀园语》中，张廷玉引述明代学者吕坤《呻吟语》的“五不争”④ 来勉励后人谦让不争。在生活中，张廷玉也传承张氏祖辈礼让不争之风。其父张英留下了“六尺巷”的感人故事，他则留下了“张廷玉让探花”的一段佳话。

雍正十一年（1733 年），张廷玉儿子张若霭参加殿试，雍正皇帝阅至

---

① 张英、张廷玉：《父子宰相家训——聪训斋语　澄怀园语》，北京师范大学出版集团、安徽大学出版社 2015 年版，第 65 页。

② 同上书，第 13 页。

③ 同上书，第 209 页。

④ 即不与居积人争富，不与进取人争贵，不与矜节人争名，不与简傲人争礼节，不与盛气人争是非。

第五卷时，发现该卷字画端楷，文精意绝，语极恳挚，要求诸位读卷官再斟酌商定。经过商议，将“原拟第三卷改为第一，原拟第五卷改为第三”[①]。在场大臣皆称这次评定公允得当。等到拆卷时，方知此卷是张廷玉的儿子张若霭，雍正帝非常高兴，并大加赞誉。张廷玉一得知此消息后，立即奏请皇上选换他人。但雍正帝明确宣布，朕选拔张若霭，实在是非常公允的，并非知晓是大臣的儿子而有意甄拔。张廷玉仍诚恳面奏：“天下三年大比，合计应乡试者十数万人，而登乡麓者，不过千余人。以数科之人来京会试，而登春榜者，亦只有三百余人。是此鼎甲三名，虽拔于三百余人之中，实天下士子十数万人之所想望而不可得者。臣家室受皇恩，无所不及其至，若臣子又占科名最高之选，臣实梦寐难安。”[②]在张廷玉再三恳辞下，雍正帝深感其义，遂降为二甲第一名。要求读卷官把此事原原本本地记录下来，“候朕览定，颁示中外”。雍正帝还亲自颁布谕旨，宣传此事。第二天张廷玉率子若霭谢恩时，雍正帝先是把张若霭夸奖一番，说“此子又聪明又稳重，不愧家教”。特赐张若霭御用东珠凉帽一顶，松花石砚一方。又谕若霭曰：“汝能学汝父一半，便一生受用无穷。因汝祖积德累功，故生汝父；汝父又好，故生汝。汝其勉之！”[③]等到新科进士选拔庶吉士时，雍正帝见到张若霭，即降旨：“张若霭原取中鼎甲，着照榜眼、探花例，授为翰林院编修。”[④]这就是名扬京城、事载史册的“张廷玉让探花”的故事，至今传为美谈。

在《澄怀园语》中，张廷玉总结自己的人生哲学：“处顺境则退一步想，处逆境则进一步想，最是妙诀。”[⑤]“凡事当极不好处，宜向好处想；当极好处，宜向不好处想。”[⑥]“大事不可糊涂，小事不可不糊涂。”[⑦]可以说，进退自若、得失坦然、大智若愚，这正是他长期周旋于君臣之间

① 《澄怀主人自订年谱》，载《张廷玉全集》（下册），北京师范大学出版集团、安徽大学出版社2015年版，第401页。

② 同上书，第402页。

③ 同上书，第404页。

④ 同上书，第401页。

⑤ 张英、张廷玉：《父子宰相家训——聪训斋语　澄怀园语》，北京师范大学出版集团、安徽大学出版社2015年版，第130页。

⑥ 同上书，第118页。

⑦ 同上书，第135页。

而依然保持良好心态的缘由所在。

作为纵横官场长达半个世纪之久的“官场不倒翁”，张廷玉自然有其立身之“奥秘”，即终身奉行谨言慎行的处世原则，这也是在复杂官场中明哲保身的重要策略。他信奉“防人之心不可无”的处世哲学，教育子孙要以诚待人，“但知其为小人，则浅与之接耳”[①]。在《澄怀园语》中，张廷玉如此谆谆教诲子弟：

> 凡人于极得意、极失意时，能检点言语，无过当之辞，其人之学问气量，必有大过人处。[②]
>
> 《周易》曰：“吉人之辞寡。”可见多言之人，即为不吉，不吉，则凶矣。趋吉避凶之道，只在矢口间，朱子云：“祸从口出。”此言与《周易》相表里。黄山谷曰：“万言万当，不如一默。”当终身诵之。[③]
>
> 朱子曰：“《口铭》云：‘病从口入，祸从口出。’”此语人人知之。且病与祸，人人所恶也！而能致谨于入口、出口之际者，盖寡。则能忍之难也。《书》曰：必有忍，其乃有济。武王《书铭》曰：“忍之须臾，乃全汝躯。”昔人诗曰：“忍过事堪喜。”忍之时义大矣哉！[④]

张廷玉虽然保持谨言慎行，但并没有“不作为”。今日安徽桐城市博物馆，存有雍正赐给张廷玉的一枚铜质印章，上刻“御赐调梅良弼”。调梅是宰相的代名词，良弼就是优良的辅佐。这枚印章就是雍正称赞张廷玉是自己的肱骨大臣，是最得力的助手。雍正八年（1730 年），因西北战事纷起，设军机处。张廷玉任军机大臣，不仅对军机处的性质、官职、职能、纪律等方面做了严格规定，同时晨入暮出，勤恳供职，凡由军机处办理的事情，不问大小，“悉以本日完结”，决不积压。他有时坐在轿子里，仍批览文书，

---

① 张英、张廷玉：《父子宰相家训——聪训斋语　澄怀园语》，北京师范大学出版集团、安徽大学出版社 2015 年版，第 142 页。

② 同上书，第 179 页。

③ 同上书，第 115 页。

④ 同上书，第 191 页。

"进止无一事壅滞"。故而雍正称他："尔一日所办，在他人十日未能也。"[①]

（四）为官理政：为官第一要廉，求治不可太速

张廷玉身为三朝重臣，历事康雍乾三帝，辅佐朝政五十余年，深得玄烨、胤禛、弘历三帝的信赖。在他辅政期间，正是清朝政治清明、经济发展、民生和谐、国力鼎盛的黄金盛世，亦即中国历史上著名的"康乾盛世"，他对这盛世的贡献功不可没。作为居官长达半个世纪之久，却始终谨慎行政、勤勉有加的一位贤相，张廷玉于为官理政自然颇有心得，倘若用一句话加以概括，即"为官第一要廉，求治不可太速"。

张廷玉出身于官宦之家，父亲张英的勤勉和清廉，他自幼便耳濡目染、潜移默化。故而，张廷玉在从政之初即意识到为官应公正自守，勤政仁廉。在《澄怀园语》中，他特别强调："为官第一要'廉'。养廉之道，莫如能忍。……人能拼命强忍不受非分之财，则于为官之道，思过半矣！"[②] 养廉之道的关键，在于对贪欲尤其是"非分之财"的克制，而要做到这一点，需要在平日养成节俭的习惯，亦即"今日行事俭，即异日做官清"[③]。在张廷玉看来，"官职高一步，责任便大一步，忧勤便增一步"[④]，故而，为官要有公心，秉持公道，不要计较个人毁誉得失，更不能枉法徇私。"人臣奉职，惟以公正自守，毁誉在所不计。"[⑤] 他告诫子弟："不矜细行，终累大德。"[⑥] 在张廷玉看来，戒贪要防微杜渐，从小处做起，若遇到不合理的请求，要懂得断然拒绝，以绝后患："人以必不可行之事来求我，我直指其不可而谢绝之，彼必怫然不乐。然早断其妄念，亦一大阴德也。"[⑦] 到了晚年，位越高、权越重，他愈加谨小慎微，严格要求自己，他说："臣子事君，能供职者，以供职为报恩；不能供职者，即以退休为报恩。盖奉身而退，使

---

① 《张文和公传》，载《张廷玉全集》（下册），北京师范大学出版集团、安徽大学出版社 2015 年版，第 542 页。

② 张英、张廷玉：《父子宰相家训——聪训斋语 澄怀园语》，北京师范大学出版集团、安徽大学出版社 2015 年版，第 131 页。

③ 同上书，第 190 页。

④ 同上书，第 181 页。

⑤ 同上书，第 128 页。

⑥ 同上。

⑦ 同上书，第 129 页。

国家无素餐之人，贤才有登进之路，亦报恩之道也。”①

在张廷玉看来：“居官清廉乃分内之事。每见清官多刻且盛气凌人，盖其心以清为异人能，是犹未忘乎货贿之见也，至诚而不动者，未之有也。”②有些清官为人十分刻薄，时不时摆出一副盛气凌人的样子，拒人于千里之外，唯恐别人不知道自己清廉。这实际上恰恰说明他心中并未脱俗，而是把钱财看得很重，只是为了得清官之名才强压着贪财之心。真正的清廉者，要看淡名利。张廷玉在《澄怀园语》中曾引过这样一段话：

> 万病之毒，皆生于浓。浓于声色，生虚怯病；浓于货利，生贪饕病；浓于功业，生造作病；浓于名誉，生矫激病。吾一味药解之曰：“淡”。吁斯言，诚药石哉！③

张廷玉不仅如是要求自己，也以此教育儿孙。有一次，张廷玉在一位官员家中看到一幅名人山水古画，珍贵异常，回家后将此信息告知了儿子张若霭。他的意思是让儿子有机会了去鉴赏这样难得一见的珍品画卷，不料没过几天这幅画却悬挂在了自己家中。见此情景，张廷玉借明朝著名的贪腐之辈严嵩父子（严嵩号介溪，严世番号东楼）来责骂儿子：“我无介溪之才，汝乃有东楼之好矣！”若霭连忙跪下给父亲道歉，随即将古画归还主人。其实若霭倒未必主动索贿，只是那官员听说张廷玉喜欢这幅画，焉有不主动奉送之礼？然而张廷玉是绝对不允许这种事情发生的。

张廷玉不仅做到自身廉洁自律，还要教导下属百官廉洁奉公。他说：“惟有公正自矢，方不为下人所窥。一为所窥，则下僚无所忌惮，尚望其遵我法度哉？”④ 为此，张廷玉重视制度建设和廉政教育。在制度建设上，康熙末年，张廷玉任吏部侍郎时，着力整肃吏治，有“伏虎侍郎”之称。雍正时期，吏治一直较为严苛，在严格的制度下，施行养廉银等奖励措施。故而，在张廷玉当政时期，贪腐案件不多，吏治堪称清廉。在廉政教育方面，张廷玉除了

---

① 张英、张廷玉：《父子宰相家训——聪训斋语 澄怀园语》，北京师范大学出版集团、安徽大学出版社 2015 年版，第 131 页。

② 同上书，第 147 页。

③ 同上书，第 128 页。

④ 同上书，第 120 页。

以身作则之外，也常常巧妙地引导和教育别人。康熙四十五年（1706年），张廷玉奉命担任会试考官，有同为考官者深夜到访，欲与他商量舞弊之事，他没有疾言厉色地怒斥，而是写了几首《对月》诗，其中有一首是："暗室欺心古所难，四知常凛寸心安。帘前月色明如昼，莫作人间暮夜看。"那人知惭而退，这一科考试结束后，外间纷纷传诵其取士公允。

在治理方面，张廷玉推崇《尚书》中的"政贵有恒"①，强调"治国无法则必乱"，但"求治不可太速，疾恶不要太严，革弊不可太尽，用人不可太骤，听言不可太轻，处已不可太峻"②。他还引用明代大学士杨一清的话"当今为政之务，在省事不在多事，在守法不在变法，在安静不在纷扰，在宽简不在烦苛"③来阐明自己的理政观。据此可见，张廷玉的治理思想明显受到儒家中庸思想和道家无为而治思想的影响。

（五）人生乐事：人生之乐，莫如自适其适

在《澄怀园语》中，张廷玉如此描述自己的幸福观：

> 人生乐事，如宫室之美，妻妾之奉，服饰之鲜华，饮馔之丰洁，声技之靡丽，其为适意皆在外者也，而心之乐不乐不与焉。惟有安分循理，不愧不怍，梦魂恬适，神气安闲，斯为吾心之真乐。彼富贵之人，穷奢极欲，而心常戚戚，日夕忧虞者，吾不知其乐果何在也？④

按照今人之表述，张廷玉实乃官场达人兼人生大赢家，官运亨通、声名显赫、备受尊重。然而，他所认为的人生乐事，却并非"宫室之美，妻妾之奉，服饰之鲜华，饮馔之丰洁，声技之靡丽"等物质享受，而在于精神上的自在自适，亦即"心之乐不乐"。在张廷玉看来："凡人得一爱重之物，必思置之善地以保护之。至于心，乃吾身之至宝。一念善，是即置之安处矣；一念恶，是即置之危地矣。奈何以吾身之至宝，使之舍安而就危

---

① 张英、张廷玉：《父子宰相家训——聪训斋语　澄怀园语》，北京师范大学出版集团、安徽大学出版社2015年版，第229页。

② 同上书，第196页。

③ 同上书，第249页。

④ 同上书，第123页。

乎？亦弗思之甚矣。”① 心乃是“吾身之至宝”，心之本性并不受外在物质的影响，也不会被周围环境所左右，因此，真正的幸福与快乐来自内在，而非来自外部。只有安分循理，不愧不怍，梦魂恬适，神气安闲，方能求得心之真乐。即便是富贵之人，倘若内心焦虑，患得患失，也难以体验人生之乐。

张廷玉一生追求俭朴恬淡的生活方式。“生平无声色玩好之嗜，退食泊然无所营。”② 张廷玉在北京西郊行宫侍从皇帝，雍正皇帝将皇亲国戚的旧园赐给他居住。庭院房舍华丽敞亮，景色风物秀美壮丽，取名为“澄怀园”。张廷玉在此园中生活了十几年，但家中的器物用具还不是十分完备，所有日常用物，皆“粗重朴野，聊以充数而已”，所以一些王公大臣都讥笑他俭啬。为此，他解释说：

> 非俭啬也，叨蒙先帝屡赐内帑多金，办此颇有余赀。但我意以为：人生之乐，莫如自适其适。以我室中所有之物而我用之，是我用物也；若必购致拣择而后用之，是我为物所用也。我为物用，其苦如何？陶渊明之不肯“以心为形役”者，即此义。况读书一生，身膺重任，于学问政事，所当留心讲究者，时以苟且草率，多所亏缺为惧，又何暇于服饰器用间，劳吾神智，以为观美哉？③

在张廷玉看来，“以心为形役”不如“以形为心役”，物质为我所用即可，“勿存侈心”④。身为重臣，应当多留心于学问政事，不必在服饰器具上劳心费神。张廷玉非常欣赏一个山野道士对名利的态度，那道士隐姓埋名，为人行医治病，病人治好后，感谢他财物，他不受，说：“天下之物，哪一件是我的？”病人说我拿财物感谢你，是表我的心意，道士又说：“天下之物，哪一件是你的？”⑤ 他认为这样的态度才是超然于名利之

---

① 张英、张廷玉：《父子宰相家训——聪训斋语　澄怀园语》，北京师范大学出版集团、安徽大学出版社 2015 年版，第 111 页。

② 汪由敦：《桐城张公廷玉墓志铭》，载《张廷玉全集》（下册），北京师范大学出版集团、安徽大学出版社 2015 年版，第 559 页。

③ 张英、张廷玉：《父子宰相家训——聪训斋语　澄怀园语》，北京师范大学出版集团、安徽大学出版社 2015 年版，第 174 页。

④ 同上书，第 175 页。

⑤ 同上书，第 185 页。

外，真正做到了淡泊宁静，不贪不著。

在张廷玉看来："盖天下之乐，莫乐于闲且静。果能领会此二字，不但有自适之趣，即治事读书，必志气清明，精神完足，无障碍亏缺处。"① 大凡天下人最高境界的快乐，没有超过清闲并且安静的真乐。假如能够确实领会"闲"和"静"两字的真意，不但能够收获自得其乐、舒适娴雅的趣致，即便是兴办事业，读书作文，必然能够志向境界高远辽阔，气息顺畅清晰明朗，精神境界完备充足，没有障碍阻滞发生，亦无亏损欠缺之处。反之，"若日事笙歌，喧哗杂遝，神智渐就昏惰，事务必至废弛，多费又其余事也"②。如果每天无所事事，莺歌燕舞，喧哗吵闹，杂乱无章，人们的神智就会渐渐昏庸怠惰，应当办理的事务也必将荒废松弛，且会导致过多的开销花费。张廷玉继续说："余居京师久，见富贵家之畜优人者，或数年，或数十年，或一再传，而后必至家规荡弃，生计衰微，百不爽一。"③ 到那些蓄养歌舞声伎的富贵人家，或者只有几年，或者几十年，或者仅仅传了一两代，到最后都是家规家教荡然无存，或者弃之不顾，生活状况衰落凋敝。他感慨道："呜呼！人情孰不为子孙计，而乃图一时之娱乐，贻后人无穷之患，不亦重可叹哉！"④ 人之常情，谁不为自家子孙的未来前途进行谋划，但如果贪图一时一事的欢娱快乐，带给后代无穷无尽的灾患，难道不也是令人深重叹息的事情吗！由此可知，张廷玉之所以认为既闲且静、心无挂碍乃是人生真乐，不仅是自己人生体悟之所得，也是基于对世事洞察之结果。

三　张廷玉家训思想之现代启示

通过《澄怀园语》一书，可略窥张廷玉在家风家教方面的核心思想及主要做法。总体而言，张廷玉家训思想具有如下之特征：

其一，承继张氏家族良好的家风传统。张廷玉能成为一代治世名臣，

① 张英、张廷玉：《父子宰相家训——聪训斋语　澄怀园语》，北京师范大学出版集团、安徽大学出版社 2015 年版，第 173 页。

② 同上。

③ 同上。

④ 同上。

与其家庭环境尤其是父母的言传身教密不可分。张英在读书治学、接人待物、为官理政、养生保健等方面的点点滴滴，张廷玉皆耳濡目染、潜移默化，这也是张廷玉所受到的最早熏陶。① 张英曾将其家训概括为一句话："读书者不贱，守田者不饥，积德者不倾，择交者不败。"张廷玉坦言自己受益于其父《聪训斋语》，他说："先公诗文之外，杂著内有《聪训斋语》二卷以示子孙，廷玉终身诵之。"② 通过《澄怀园语》与《聪训斋语》的比较可知，此二书在核心理念、价值取向乃至表述风格上都颇为接近，且张廷玉在《澄怀园语》中多次深情回顾张英的点滴往事，频繁引用《聪训斋语》的训诫之语，均可窥知张廷玉对父亲张英及其《聪训斋语》的敬仰和推崇，进而可知他对良好家风的恪守和维系。

其二，秉持儒道佛三家兼综的思想取向。张廷玉所处之时代，恰为清代政治清明、社会安定的康雍乾年间，皇帝对儒释道三家文化采取三教一家、圆融一体的政策，坚持三教平等、融合互补的原则，这必然会对张廷玉产生直接的影响。从张廷玉的人生历程及相关著述来看，他秉承的是儒道佛三家兼综的思想取向。儒家经典作为当时科举考试的基本教科书，张廷玉自然熟读深思，烂熟于心，从《澄怀园语》中频繁引述儒家经典即不难看出他对儒家经典之熟悉程度，对儒家理论之高度认同。在养生方面，他奉行"慎起居、节饮食"③ 的原则，显然受到道家养生理念的影响。他个人的精神世界，则烙上了深厚的佛教印记，他曾说"尝观古来文人墨士，未有不兼通禅学者"，此语显然也可理解为他对自己兼通佛学的另一表述。另外他对"静"和"节欲"的推崇也明显带有佛教的思想痕迹。可以说，张廷玉就是清代士大夫"以儒治世，以道养生，以佛修心"的信奉者和践行者。

其三，体现以言传身教为贵的家教理念。中国古代家风家教十分注

---

① 事实上，张廷玉之母姚氏，为清初名臣姚文然之女，以贤淑见称，不仅生活朴素，勤俭持家，同时教育子女做官惟谨，故而了解张家的人说："张文端公家教家训甚严，实则由其夫人佐成也。"姚氏后随张英居京师二十余年，谦近好善，贤声传至宫廷，康熙一日顾左右语曰："张廷玉兄弟，母教之有素，不独父训也。"（参见方宁胜《张廷玉的吏治思想及其实践》，《安徽广播电视大学学报》2002 年第 1 期）

② 张英、张廷玉：《父子宰相家训——聪训斋语　澄怀园语》，北京师范大学出版集团、安徽大学出版社 2015 年版，第 109 页。

③ 同上书，第 124 页。

重“言传身教，身教为贵”的教育理念，强调父母进行德育时，要以身示教，以身作则，率先垂范，躬行实践。事实上，张廷玉在《聪训斋语》中并无空洞的说教，更无玄妙之谈，而是汇集了他自己在修身、读书、治家、为官、处世中的点滴体会，真正体现了一位智者对后人的循循善诱、反复叮咛。张廷玉在《澄怀园语》一书自序当中谦称“自知学识短浅，文辞拙陋”，较之他父亲的《聪训斋语》，“不啻霄壤”，只不过是“藏之家塾，俾子孙辈读之，知我立身行己，处心积虑之大端尔”，偶尔能让子孙辈“不视为纸上空谈，未必无所裨补，或不负老人承先启后之意也夫”。[①] 据此可见，张廷玉反对“纸上空谈”，而是强调知行合一。通过其“让探花”“责子”等典故亦可知，张廷玉真正奉行了以身作则、身教为贵的家教理念，这也是张氏家风的一个良好传统。

时至今日，我们回顾张廷玉及其《澄怀园语》中所体现的家风家教，并非仅仅为了抒发怀古幽思之情怀，而是有着很强的时代意义。

其一，对于今人读书治学的启示。在张廷玉看来：“天下有学问、有识见、有福泽之人，未有不静者。”[②] 在学风日趋浮躁的今天，张廷玉所强调的“开卷有益，静而能成”的读书观实乃一剂良药。张廷玉还特别告诫后人读书治学要严谨踏实、虚怀若谷。他曾引述理学家程颐谨慎对待著述的典故，以此教育子弟在著书立说问题上要精益求精、慎而又慎，“今之学者，偶有著作甫脱稿，而即付剞劂。亦知古贤人之用心否耶？”[③] 张廷玉尤其反对刻意标新立异，强调要保持平实的为学态度。在他看来：“凡人好为翻案之论，好为翻案之文，是其胸襟褊浅处，即其学问偏僻处。”[④] 故而，在读书治学过程中，要避免对于他人著作“恣意吹求，以炫己长”[⑤]。在《澄怀园语》中，张廷玉频繁引用古人典故及相关论述，纵论古今但不逞己之长、妄议他人，可见张廷玉为人谦虚谨慎的一面，这也是其作为史家的本色所在。

---

① 张英、张廷玉：《父子宰相家训——聪训斋语 澄怀园语》，北京师范大学出版集团、安徽大学出版社 2015 年版，第 109 页。

② 同上书，第 146 页。

③ 同上书，第 197 页。

④ 同上书，第 146 页。

⑤ 同上书，第 162 页。

其二，对于当代廉政建设的启示。中国历史上的能吏颇多，贤相也不少，许多集威权于一身的铁腕宰相，虽然风云叱咤，红极一时，但能够始终如一，赢得身前身后名者寥寥。按照儒家的价值取向，张廷玉可谓做到了立德立功立言“三不朽”。张廷玉认为“居官清廉乃分内之事”，强调“为官第一要廉”，要求官员不与杂宾过多交往，“当官不接异色人最好”①，而是要学会与他们保持一定的距离。他本人位高而不自矜，权重而不自负，生活简朴，内心恬淡，为官清廉，秉承公道，无疑是当今领导干部的楷模。张廷玉为政时整饬吏治，严惩贪腐，从行政、法律、监察等方面建立了一整套防范、处置、惩办官吏贪腐的权力运作机制，同时还通过养廉银等奖励措施和巧妙的廉政教育方式，使得当时的官场总体上保持清廉，这些举措对于今天中国的廉政建设来说，无疑也具有重要的借鉴价值。

其三，对于今日国人幸福观的启示。张廷玉居官长达半个世纪之久，可以说位尊权重、声名显赫，完全有条件过上穷奢极欲的生活，但事实上他并无声色玩好之嗜，而是崇尚俭朴恬淡、“闲且静”的生活方式，其日常用物，皆“粗重朴野，聊以充数而已”。他所认为的人生乐事，并非“宫室之美，妻妾之奉，服饰之鲜华，饮馔之丰洁，声伎之靡丽”等物质享受，而在于作为“吾身之至宝”的“心之乐不乐”，亦即真正的幸福来自内心的宁静与快乐。在他看来，只有安分循理，不愧不怍，梦魂恬适，神气安闲，方能求得心之真乐。可以说，在如何理性面对物质生活，如何克制内心贪欲，达致精神上的自由与超越等问题上，张廷玉给出了自己明确的答案。张廷玉家训中所包含的幸福观，对于过度崇尚物质追求的现代人来说，不啻为一针清醒剂，这也是他留给后人的一笔宝贵精神财富。

（作者系云南省社会科学院哲学所研究员、所长、哲学博士）

---

① 张英、张廷玉：《父子宰相家训——聪训斋语　澄怀园语》，北京师范大学出版集团、安徽大学出版社 2015 年版，第 252 页。

从《聪训斋语》看张英的修身处世之道

李 雪

张英（1637—1708年），字敦复，号圃翁，安徽桐城人，康熙二年举人、康熙六年进士，在清廷担任过礼部侍郎、兵部侍郎、工部尚书、翰林院掌院学士、文华殿大学士等职务。康熙四十年，以老病乞休获准，辞任之际，康熙旨曰："卿才品优长，宣力已久。及任机务，恪勤益励，眷倚方殷。"① 康熙四十七年，卒于家，年七十有二，得旨："张英久侍讲幄，简任机密，老成勤慎，始终不渝"②，赐祭葬加等，谥曰文瑞。

张英为官数十载，宦海沉浮，始终秉持节俭、勤奋、审慎、谦逊的信条，位高权重却仍能宽仁大度、礼让为先，留下"六尺巷"一段千古佳话，体现了一代名儒的气度风范，深得康熙皇帝的赏识及同僚认可。康熙三十六年，退食之暇，张英将平生修身养性之体悟随所欲言，得八十四副，结集成《聪训斋语》二册，传示子孙，命其敬置座右，朝夕览诵，望其道心自生，永为世宝。这两卷家训中尽显他丰富的人生体验和老成的处世智慧。

一 节俭有度以律己

《聪训斋语》中，张英从养身、读书、治家、交友等多方面畅谈了自己的修身处世之道，这其中处处体现出张英对自己的严格要求，并且他

---

① 张英：《张英全书》（上），安徽大学出版社2013年版，第3页。

② 张英、张廷玉：《父子宰相家训——聪训斋语 澄怀园语》，北京师范大学出版集团、安徽大学出版社2015年版，第219页。

身体力行、以身作则，告诫子孙做人须自律。这种严于律己的品格是一种向内求索的价值追求，它建立在高度的道德自觉基础上，是对欲望的主观节制，是对用度的合理把控，更是对外在世界的一种理性观照，主要体现在不纵心任欲，不以本我的需求为行动的第一性目标，而是将自身需求与外在世界的客观现实相协调，以得当适度的方式达成所愿，着眼于长远、落脚于和顺，努力寻求物与我、“大我”与“小我”两相平衡的实现。

养生方面，张英对“食”和“眠”有严格的要求：认为食忌过饱，燔炙、肥腻之食亦不益于肠胃，而食只八分饱，后饮茶一杯则最是应循之道；“安寝，乃是人生最乐”①，冬夜和夏夜入睡时间各有不同，“冬夜以二鼓为度，暑月以一更为度……冬夏皆当以日出而起，于夏尤宜。天地清旭之气，最为爽神，失之，甚为可惜”，且“居家宜早起”②。可见对于人最初级的生理需求，也是不可乱来的，应该根据地利、天时，因具体情况而合理节制，方是可循之道。对于饮茶，他认为六安茶最宜养脾胃，吃饱时饮用最为合适。他自己虽然喜好饮茶，但并不贪多，而是有所节制。即便是饮茶这样一件小事，张英也不会任性由情，仍然要求自己有所克制，勿要贪饮。

用度方面，张英遵循“节俭”当先。“予于归田之后，誓不著缎，不食人参。”③ 在他看来，锦缎至贵，不可洗不可染，实在是华而不实之物，他宁愿穿着普通织物制成的衣服，不使其妨碍行动；人参亦属昂贵药材，买人参的钱够众人糊口，奢靡太甚，怎忍服食。“予不爱观剧，在京师一席之费，动逾数十金。徒有应酬之劳，而无酣适之趣，不若以其费济困赈急，为人我利普也。”④ 在他六十岁寿诞之际，其妻礼佛时提议，不如将观剧的费用用来制棉衣裤百件送给道路饥寒之人，张英欣然同意。对于珍异之物，他的态度是“决不可好”⑤，原因就在于：因其珍贵，不易

---

① 张英：《张英全书》（上），安徽大学出版社 2013 年版，第 503 页。

② 同上。

③ 同上书，第 510 页。

④ 同上书，第 511 页。

⑤ 同上书，第 506 页。

玩赏反失乐趣，这是其一；因其珍贵，仿者甚多且难辨真伪，反倒互相取笑，实在是可笑之举，这是其二；因其珍贵，索者络绎，招惹是非，反受其累，这是其三。由此看来，奇珍异宝确是不可贪恋之物。在自己的用度上尽俭省之能事，为的是节省不必要的开支，警戒奢靡浪费的不良作风，同时也避免不必要的是非；在行善修德方面却又怀揣一颗悲悯之心博施济众。对自己“吝啬”，对贫弱者却慷慨解囊，这样的“吝啬”正是张英独善其身、兼济天下君子人格的具体体现。

治家方面，张英主张：“人家僮仆，最不宜多畜，但有得力二三人，训谕有方，使令得宜，未尝不得兼人之用。”[①] 僮仆太多不仅管理不过来，难以照应周全，他们反倒有可能倚势作非、反唇卖主，反而徒生事端，故而使人也不过二三淳厚朴实之人足矣，这样便可免去不少是非。管好身边人，首先是要以身作则，不生妄念、不走旁门，才能使僮仆行为得当、各安其分。张英欣赏陆九韶过日治家之法：“以一岁之费，分为十二股，一月用一分，每日于食用节省。月晦之日，则总一月之所余，别作一封，以应贫寒之急。”[②] 并告诫子孙，应以“啬”“俭”为美名，“人肯以此诮之，亦最是美事，不必避讳……若平素俭啬，见谅于人，省无穷物力，少无穷嫌怨，不亦至便乎”[③]。可见，张英对平日用度亦是精打细算，这种过日子的精细不是因为经济上的拮据，而是出于勤俭持家的理念，出于对长远生计的谋划，出于节用少怨、简约生活的考量。

处世方面，张英信奉“终身让路，不失尺寸”的古语。他从自己在刑部任事时的经历中发现，天下的大讼大狱都是始于极小的事情，而君子处世谨小慎微，凡事都能从小处了，因此，他认为：“便宜者，天下人之所共争也，我一人据之，则怨萃于我矣；我失便宜，则众怨消矣。故终身失便宜，乃终身得便宜也。”[④] 他还以古昔圣贤对“谦道”的赞颂为佐证，力主“谦让”的人生哲学，并告诫子孙们：与其他人相比，作为富贵家子弟所得于天下的已经很多了，深明此道理，当遇有纷争之事便自然能够心平气和地面对，即便有不顺耳的话，也自可心无挂碍，谦让

---

① 张英：《张英全书》（上），安徽大学出版社 2013 年版，第 504 页。
② 同上书，第 511 页。
③ 同上书，第 520 页。
④ 同上书，第 531 页。

处之了。“一纸书来只为墙，让他三尺又何妨。万里长城今犹在，不见当年秦始皇。”“六尺巷”的佳话流传至今，张英没有依仗自己的显赫身份而耀武扬威，而是以“万里长城”与“秦始皇”的比喻劝导家人：即便是千古第一帝的秦始皇也不过是历史长河中倏忽即逝的昙花，所以位高权重之人更是要正确地看待权势，明白只有不任性妄为、不滥用职权，礼贤下士、谦逊待人，才是应该秉持的大家风范。邻居感怀于当朝宰相的平易宽厚，遂也撤让三尺，“六尺巷”便是邻里之间互敬互让的最好见证。张家大度礼让的家风源于张英能以“同理心”体恤旁人，并率先垂范，赢得对方的敬重，迎来邻里间的和谐。

对于自己节俭有度的人生信条，张英本人也引用谭峭《化书》中的语句做了个总结：

> 天子知俭，则天下足；一人知俭，则一家足。且俭非止节啬财用而已也。俭于嗜欲，则德日修，体日固；俭于饮食，则脾胃宽；俭于衣服，则肢体适；俭于言语，则元气藏而怨尤寡；俭于思虑，则心神宁；俭于交游，则匪类远；俭于酬酢，则岁月宽而本业修；俭于书札，则后患寡；俭于干请，则品望尊；俭于僮仆，则防闲省；俭于嬉游，则学业进。①

奉行节俭有度的为人处世之道，对于健体、慎行、远祸、求学、立品、修德皆有益处。所以在生活的诸多方面，张英始终以高度的自律精神规范着自己的言行，并将自己平生所遇、所感、所悟诉诸纸笔，晓之以理动之以情，训诫子孙做人须节俭有度方为大智慧。

二　勤勉不怠以求学

康熙十六年，张英入直南书房。张英之子嗣中亦是人才辈出，家族六代共出进士十三人，其中入翰林者十二人。六子中有四子先后考中进士，入仕为官，其长子张廷瓒为康熙十八年进士，入翰林，官至詹事府

① 张英：《张英全书》（上），安徽大学出版社 2013 年版，第 535 页。

少詹事；次子张廷玉尤为出色：康熙三十九年进士，居官五十多年，先后任礼部尚书、户部尚书、吏部尚书、保和殿大学士（内阁首辅）、首席军机大臣等职，历仕康熙、雍正、乾隆三朝，始终清正廉洁、克己奉公，乾隆二十年卒于故里，享年 84 岁。死后谥号“文和”，配享太庙，整个清代，汉臣配享太庙的，仅此一人。张廷玉有四子，亦先后入仕为官。张氏一族自张英始相继为官者数十百人，祖父子孙先后相继入南书房，这样的情况实属罕见。

之所以有如此成就，与张家优良的家风有密不可分的关系，张英为子孙立训：“予之立训，更无多言，止有四语：读书者不贱，守田者不饥，积德者不倾，择交者不败。”① 四训之首便是读书。《聪训斋语》开篇即引用《尚书》之语“人心惟危，道心惟微”②，人之性情易私而难公，微妙而易动，善恶往往在一念间，故而难于把握；事物之义理易昧而难明，精微而深邃，是非常不可绝断，故而难以辨析，有鉴于此，唯“书卷乃养心第一妙物”③，而把书读好、把学问做好的第一要务则是“勤”。

一要勤于读。人生读书最宝贵的时间即少年时，这一阶段人的头脑如一块海绵，易于接收、识记新鲜的知识，且心智单纯、不易被干扰。张英对读书的际遇做过一番中肯的分析：他认为从入学之时起到十五六岁的年纪，有父亲和老师的训导，且能够安心学业；但是自十七八岁以后，品性未定、学业未成，而自主欲渐增，容易受朋友、家眷等的影响，忙于交际应酬，荒废了学业却不知所然；等到了二十五六岁，生计的艰难烦冗成了必须直面的现实，学业则更是无从顾及。他认为十七八岁至廿三四岁这个年龄段，是学业成废的关键时期，如果此时不精进学业而忙于嬉游，自以为是地以名流混迹，及至年纪渐长、受生活家眷的牵连而无暇顾及学业，那么小时所读之书也前功尽弃了。“可不慎哉！可不畏哉！”④ 所以读书、做学问切不可惰怠，业精于勤荒于嬉，最应惜取少年时，这个阶段如果能够不受外界干扰，一心只读圣贤书，那么人生将是

---

① 张英：《张英全书》（上），安徽大学出版社 2013 年版，第 515 页。

② 同上书，第 499 页。

③ 同上。

④ 同上书，第 533 页。

另一番风景。如何才能勤而有效？张英还结合自身经验特别强调读书须窗明几净，案头不可多置书，更说："读书人独宿，是第一义，试自己省察。馆中独宿时，漏下二更，灭烛就枕；待日出早起，梦境清明，神酣气畅。以之读书则有益，以之作文必不潦草枯涩。真所谓一日胜两日也。"① 读书就要杜绝打扰、摒除杂念，专心求学。勤奋努力，再辅以合理的方法，便能凝神静气、明心见性，将最美的年华赋予最有意义的事业，这样的人生才不算虚度。

二要勤于思。张英要求子侄作文时不可间断，不可草草塞责。"一题入手，先讲求书理极透彻，然后布格遣词，须语语有着落。勿作影响语，勿作艰涩语，勿作累赘语，勿作雷同语。凡文中鲜亮出色之句，谓之'调'，调有高卑。疏密相间，繁简得宜处，谓之'格'，此等处最宜理会。"② 作文不可敷衍，提笔之前要先根据题目思量腹稿，文章要达到条理清晰、布局合理、有的放矢、格调高雅的效果。有这样的要求就意味着作文必须"用心"，首先就要用心读文，用心领会行文的精妙处，如果读书如囫囵吞枣，"累千累万而不知理会，于身心毫无裨益。夫能理会，则数十篇百篇已足，焉用如此之多？不能理会，则读数千篇，与不读一字等。涂使精神愦乱"③。这便是强调读书人要勤于思考，从文章之结构、主题的发挥、立意的深浅、辞藻的华美等方面仔细推敲体会，并作衍生思考：对于同类题材或不同类题材的文章又该如何去做？这样举一反三就可避免"学而不思则罔，思而不学则殆"的徒劳，取得事半功倍的效果。此外，还要勤于思考文章所蕴含的道理，"冷眼于闲中窥破古人筋节处"④，通过与作者的隔空对话，在产生共鸣的基础上，获排遣情绪、祛除杂念、调节精神的感性体验，做反观自身、洞悉世事、体察人生的理性思考，经过潜思默想、神会妙悟，终而实现灵魂的净化、人格的提升，所谓"读书养心"就是指要达到这样的境界。

三要勤于习。幼时读书，天真纯固，即便久不温习亦可诵数行；壮年读书，经月则忘，不加温习必不能持久。张英以自己的体悟和见闻告

---

① 张英：《张英全书》（上），安徽大学出版社 2013 年版，第 534 页。

② 同上书，第 528 页。

③ 同上。

④ 同上书，第 500 页。

诫子孙：到了应科举的年龄，若忙于作制义，将幼时所读经典束之高阁，全不温习，这无异于将珠玉藏于衣中而不知探取，反而向路人乞水喝，实属愚不可及。书须常常温习，不仅是为了怀揣明珠勤拂拭，幼时所学之经典不荒废，其实亦是修身养性的一条蹊径，书读百遍其义自见，在这个反复温习的过程中，记忆越发深刻，理解越发清晰，领悟越发透彻，心境也会越发清明。张英所说的，古人拂意之事有百倍于我，平心静观则人间不如意之事也就释然了，自己那一星半点的不顺意根本不值一提，这种道心不就是在书堆里孕育的吗？所以，他要求子孙："将平昔已读经书，视之如拱璧，一月之内，必加温习。古人之书，安可尽读？但我所已读者，决不可轻弃……但读得一篇，必求可以背诵，然后思通其义蕴，而运用之于手腕之下。如此，则才气自然发越。"① 这才是温习所要达到的目的。

四要勤于作。《聪训斋语》中多处谈及作文，对于读书人而言，作文与读书同样重要，尤其是在科举制时代，作文的优劣甚至直接决定了读书人的人生道路，"凡物之殊异者，必有光华发越于外，况文章为荣世之业，士子进身之具乎！"② 正因为如此，张英在如何提高作文能力方面也是颇多教导，核心的一点就是要多加练习。"汝曹兄弟叔侄，自来岁正月为始，每三六九日一会，作文一篇，一月可得九篇。不疏不数，但不可间断，不可草草塞责。"③ "时文以多作为主，则工拙自知，才思自出，溪迳自熟，气体自纯。"④ 也就是说，要想文章做得好，勤于练笔是关键：文章做得多，对问题的思考自然就多，对问题的认识到位，分析判断也就能够更深刻，时间久了自然胸中有丘壑，下笔如有神，这是其一；文章做得多，谋篇布局的安排，起承转合的接续，简繁疏密的结构，遣词造句的章法便能熟练掌握，根据文章的题旨、长短、类别合理运用，这是其二。能做到这两条，自然笔下充裕，厚积言有物，勤练笔生花。

"读书固所以取科名，继家声，然亦使人敬重。"⑤ 如果读书的目的只

---

① 张英：《张英全书》（上），安徽大学出版社 2013 年版，第 527 页。
② 同上书，第 528 页。
③ 同上。
④ 同上书，第 525 页。
⑤ 同上书，第 519 页。

停留在科举取士，那未免也太短见。“今见贫贱之士，果胸中淹博，笔下氤氲，则自然进退安雅，言谈有味。即使迂腐不通方，亦可以教学授徒，为人师表。”① 所以，读书不仅可以成为入仕进阶的敲门砖，亦可成为安身立命的饭碗。纵使有一日，仕宦显赫之家荣光不在，“其家郁然者，其后又读书之人也……家有子弟，则强暴为之改容”②。在张英看来，一个人的成长、一个家的衍生都离不开读书的滋养，无论是修身养性还是立身持家，都必须要通过读书来实现。也正因为如此，他对子孙们充满了殷切的期待，苦口婆心、谆谆教导，以“勤勉不怠”时时鞭策后代：读书者不贱！

三　谨慎敦厚以处世

在《聪训斋语》卷二首篇，张英明确提出做人应该遵循“敦厚谦谨，慎言守礼”的信条，他说：“人生必厚重沉静，而后为载福之器。”③ 对于王谢子弟而言，田庐高宅、锦衣玉食、僮仆车马一应俱全，天生就享受着荣华富贵，且为人所敬慕，这些优渥的条件，是寒畯之士远不能及的，如果还要与寒士一样怨天尤人、睚眦必较，实属不该，有悖于天道；既然已经凭借先人的功绩享受了高人一等的待遇，就应该“尽人子职责，报父祖之恩，致乡里之誉，贻后人之泽，惟有四事：一曰立品，二曰读书，三曰养身，四曰俭用”④，具体来说，就是要做到“言思可道，行思可法。不骄盈、不诈伪、不刻薄、不轻佻”⑤。张英认为这才是仕宦子弟应尽的本分。

处贵之道。“高位者，责备之地，忌嫉之门，怨尤之府，利害之关，忧患之窟，劳苦之薮，谤讪之地，攻击之场，古之智人往往望而却步。”⑥张英并没有世俗地以为位高权重便可以将权力、名望为我所用，利用手

① 张英：《张英全书》（上），安徽大学出版社 2013 年版，第 519 页。

② 同上。

③ 同上书，第 517 页。

④ 同上书，第 518 页。

⑤ 同上。

⑥ 同上书，第 513 页。

握的职权徇私枉法、以权谋私，而是时刻保持对权力地位的清醒认识：位高固然威高，权重固然望重，但这绝不是值得炫耀、仗势扬威的资本；相反，权力地位关涉着潜在利益，位越高、权越重所牵扯的利益就越多，这把双刃剑在持有者面前同样寒光凛冽，它是怨怼之所指、毁谤之所向，如果还不能得当慎重地行使职权，岂不是更要招人口实、沾惹是非，更有甚者，如若已得丘山还要计较失锱铢，天下岂容这样的道理？所以，身居高位更要自重审慎，保证自己行无大过，同时能够对外来的攻击淡然处之，这是当权者的处贵之道。世家子弟，同样身份显赫，修行立名要难于寒士百倍："人之当面待之者，万不能如寒士之古道……人之背后称之者，万不能如寒士之直道……故富贵子弟，人之当面待之也恒恕，而背后责之也恒深，如此则何由知其过失，而显其名誉乎？"[①] 所以张英语重心长地告诫子孙："谨饬倍于寒士，俭素倍于寒士，谦冲小心倍于寒士，读书勤苦倍于寒士，乐闻规劝倍于寒士。"[②] 即便如此勤谨谦恭，在世人看来也仅能与寒士相等，所以如果遭人非难，待之不礼，也不要心有不平，而应该多想想自己所处的地位，就算自己无可挑剔，仍为人不待也犹可恕，更何况人谁无过呢？这是世家子弟的处贵之道。

为富之道。人厚积，必有经营防守之劳，亲戚请求接济之应，贫穷羡慕嫉妒之怨，僮仆觊觎思谋之妄，盗贼鼠窃劫取之患，甚至"经商之亏折，行路之失脱，田禾之灾伤，攘夺之争讼，子弟之浪费"[③]，种种苦楚，张英视之皆因积富所致，如此累赘怎可不谨慎处之？君子爱财取之有道。所以，官者纳财取之当廉，如此则不致招怨激愤，钱财俸禄视之当淡，如此则不致劳牵累心；我既有财富，不取我之财取谁人？不投怨于我投谁人？与面对位高权重的地位可能带来嫉谤时的态度一样，张英一方面能够理智地看待富贵的霓裳羽衣下包藏的祸端，并以此时时警醒自己；另一方面又常怀一颗谦和之心，谅解他人的不平与怨怒，不因此而挂怀，所谓"俭于居身，而欲于待物；薄于取利，而谨于盖藏"[④]，这是视财方面的为富之道。"不足，则断不可借贷；有余，则断不可放债。

---

① 张英：《张英全书》（上），安徽大学出版社 2013 年版，第 530 页。

② 同上。

③ 同上书，第 514 页。

④ 同上。

权子母起家，惟至寒之士稍可，若富贵人家为之，敛怨养奸，得罪招尤，莫此为甚。”[①] 钱财方面莫要瓜扯，无论是借贷还是放债，最是招惹是非之举，特别是富贵人家积蓄丰厚，容易借着资本做借贷生意，殊不知这类与乡间小民所行的交易往往会因为数文利益相互瓜葛，一文之得失于富家无甚稀奇，于对方却不可小觑，如若处之不当，毫厘之争招来心忿口碑，实在是得不偿失，断然行不得，这是理财方面的为富之道。

孝亲之道。父母对于子女，是终一世的劳心挂牵，小的时候有疾患之担忧，年纪稍长有安定功名之担忧，离开膝下又有道路饥寒之担忧，由子而孙，辗转无穷，父母恩重难报，为人子女理当行孝。张英借用《论语・为政》之语道出孝亲的关键：“父母唯其疾之忧。”“父母之爱子，第一望其康宁……安其身以安父母之心，孝莫大焉。”[②] “谁言寸草心，报得三春晖”，子女能为父母尽心的与父母之为子女付出的相比，就犹如小草的嫩心与三春的暖阳，难以报答于万一，如此，对父母最好的报答就是拥有健康的身体，养身便是尽孝的关键。“养身之道，一在谨嗜欲，一在慎饮食，一在慎忿怒，一在慎寒暑，一在慎思索，一在慎烦劳。有一于此，足以致病，以贻父母之忧，安得不时时谨凛也!”[③] “谨嗜欲”“慎饮食”是遏制住自己的物欲，“慎忿怒”“慎寒暑”是管控住自己的情欲，“慎思索”“慎烦劳”是安排好自己的劳作，换而言之，养身之事需从谨慎始，少私寡欲，行止有度，这才是养生的大道所在。身体发肤受之父母，爱惜自己的身体就是对父母生育之恩最直接的报答，而子女身体康宁，则是对父母牵挂的最好慰藉。

交友之道。“人生以择友为第一事。”[④] 在《聪训斋语》59 个篇目中，就有 5 篇专门论述如何交友，从所占篇幅比重看仅次于对如何读书的论述。张英如此看重交友之事自是有他的道理。人离开父母的庇护走向社会，“乍得友朋，投契缔交，其言甘如兰芷，甚至父母、兄弟、妻子之言，皆不听受，惟朋友之言是信”[⑤]。如果结识了心术不正、

① 张英：《张英全书》（上），安徽大学出版社 2013 年版，第 518 页。

② 同上书，第 519 页。

③ 同上。

④ 同上书，第 523 页。

⑤ 同上。

行为不端之人，而自己又品性未定、见识尚浅，最易受人影响、走入歧途，这是其一；门有杂宾，对主人“可以啖之以利，可以动之以名，可以怵之以利害，则欣动其主人。主人不可动，则诱其子弟，诱其僮仆……以侥幸其语之或验，则从中而取利焉”①，这是其二。由此可见，交友不慎、贻祸无穷。所以在家训中张英屡次告诫子孙：“保家莫如择友。盖痛心疾首其言之也”②，并劝诫他们在至亲中，寻找德性谨厚、好读书、可以互相砥砺的人相交，多则二人，少则一人，平时应该简于应酬；如果亲戚中有品行不端的人，就应该疏远，交友“宜慎之于始也”③。“与人相交，一言一事皆须有益于人……人能处心积虑，一言一动皆思益人，而痛戒损人，则人望之若鸾凤，宝之若参苓，必为天地之所佑，鬼神之所服，而享有多福矣。”④ 择友须慎重，与人交也须慎重，处处思量善意待人、切忌损人，这才是君子的交友之道。

张英推崇“中庸”之道，他说：“人能于伦常无缺，起居动作、治家节用、待人接物，事事合于矩度，无有乖张，便是圣贤路上人。”⑤ 于己，克谦克谨，事事讲求有度而为；治家，强调“谨肃为要”，自书一额“惟肃乃雍”常以自警；待人，审慎友善，奉行“宽以待人严于律己”的交往原则。他于生活点滴间体现出一种平和内敛、深沉厚重的处世哲学，也真正践行了自己“敦厚谦谨，慎言守礼”的人生信条。

四 淡泊致远以怡情

入世，能够做到循规蹈矩、谨言慎行，在世俗社会约定的行为规范中游刃有余，处理得圆融得体，而这种删繁就简的处事艺术、平和冲净的淡定心态则得益于张英高雅恬淡的出世情怀。他在家训中对子孙们说：“予拟一联，将来悬草堂中：‘富贵贫贱，总难称意，知足即为称意；山水花竹，无恒主人，得闲便是主人。’……天下佳山胜水，名花美箭无

---

① 张英：《张英全书》（上），安徽大学出版社2013年版，第510—511页。

② 同上书，第523页。

③ 同上书，第524页。

④ 同上书，第526—527页。

⑤ 同上书，第526页。

限，大约富贵人役于名利，贫贱人役于饥寒，总无闲情及此，惟付之浩叹耳。”① 正如他自己所言，居高位能不役于名利，足用度不役于饥寒，两者齐备，便有了这闲情逸致。

山林之乐。张英喜爱看山，看山色朝暮的变化、春秋之亮色，听山风的吟唱，赏烟霞之旖旎。为了看山，他准备在芙蓉岛南向构一座小楼，大溪环抱之处，群峰耸峙之所，于此看山可谓快哉！但是张英的快乐绝不止于观景的享受，他借用陆游之诗以抒心志，“游山如读书，浅深在所得”②，同看一处山，因人的见识、学问、赏鉴高低，体悟自分高下苦乐，所以不懂看山的人会觉得“山色总是如此，何用日日相对？”③ 而于圃翁来说，看山怎会有厌倦时？山水间的乐趣恬淡而旷达，这需要的是一种剔除世俗的功利心的超然心态，是将所饱读的诗书内化为自己独特价值体悟后的诗意想象，更是经历世事洗礼后历练出的丰富深邃的人生智慧。不仅看山，种树赏松亦是大有乐趣，张英喜爱在自己的园圃里种花木，且品种繁多，亲手栽培的花木开花结果，玩之更觉可爱，食之倍觉甘甜，此种沾体涂足的满足感和成就感是如此真实可亲，所以王羲之才会说：“此中有至乐存焉。”《聪训斋语》中还专门记载了一则携子出游的见闻，仔细描绘了古松的情貌，流露出喜爱、敬慕之情，面对着“枝干如凝雪，清响如飞涛”④ 的古松，张英发出了“如对高人逸士，不敢亵玩”⑤ 的感慨，可见，古松之所以令人仰慕，就在于它凌然的气质、高洁的风骨，而这恰恰是爱松之人所追寻的君子品格所在。

诗琴唱和。“唐诗如缎如锦……朝堂之所服也。宋诗如纱如葛……田野之所服也”⑥，能对唐宋诗歌有如此体会，张英确实是个爱诗之人。他尤爱白居易、陆游、苏轼的诗词，每每提及，溢美之情不绝，“古人终身精神识见，尽在其文集中，乃其呕心刿肺而处之者”⑦，研读这些文集便

---

① 张英：《张英全书》（上），安徽大学出版社 2013 年版，第 501 页。

② 同上书，第 503 页。

③ 同上。

④ 同上书，第 525 页。

⑤ 同上。

⑥ 同上书，第 501 页。

⑦ 同上书，第 508 页。

如同与之相视而坐，“其仕宦之所历，游迹之所至，悲喜之情，怫愉之色……”①皆备于我，反复读之，便可神交、便可共鸣、便可悦己、便可怡情，“架头苏陆有遗书，特地携来共索居。日与两君同卧起，人间何客得胜渠”②。关于操琴，张英也颇有自己的见地：“古来士大夫学琴，类不能学多操。”③ 因为高人抚琴，追寻的是琴人合一中平易旷达、淡泊宏阔的旨趣，在意境的享受，而不在琴曲的把玩。对于填词以配曲，甚至山歌小曲溷之，张英认为是对古乐的亵渎，雅人当深以为戒。操琴旨在品味琴音袅袅中古澹悠远的意境，带给人超然物外、心旷神怡的审美享受，而不在悦耳，所以，只有心境清宁、物境清明时，轻触琴弦，曲调从心底自然流出，在这种清雅的韵味中达到物我合一的境界。陆放翁所谓“琴到无人听处工”指的就是这样的体悟。

练字养性。“人之形貌虽不同，然未有倾斜跛侧为佳者。”④ 张英教导子孙，练字宜练楷书。作楷书要端庄严肃，同时又不能太拘束呆板，分行布白讲求匀称自然，字与字、行与行又需相互照应、联络映带，实现雍容和愉的整体效果；如果文字的书写能与所写内容的风格特征相协调，那更是书法中的上品了。“学字当专一”⑤，这是张英对练字的要求，要选择佳帖或者是与自己笔路相近的字帖学习，一旦选定就不能朝秦暮楚，三心二意，否则很难有所成效。练字须持之以恒，笔墨精良、窗明几净，每日四五百字，虽不宜多，但贵在笔墨不辍，日日勤谨，长久坚持才能有所长进。在摹字运笔的起承转合间，需要凝神静气、排除杂念，全身的注意力都凝于笔端，久而久之就能培养心无旁骛、专一做事的品性。依据自身的习惯特点选定摹写对象，坚持日复一日不间断地练习，这样的积淀过程，对于磨炼人的意志、耐力也多有裨益。除此之外，通过对古往今来各书法名家名作的临摹、赏析，对个人书法鉴赏能力的培养、艺术审美品位的提升，乃至儒雅君子人格的锻造都是极有意义的，想来

① 张英：《张英全书》（上），安徽大学出版社2013年版，第508页。

② 同上。

③ 同上书，第501—502页。

④ 同上书，第521页。

⑤ 同上书，第524页。

这也就是张英在教导子孙练字方面如此费心的用意所在。

成此家训之时，正值孩子们年富力强、衣食无忧、品性未定的年纪，他尤其强调："凡人欲饮酒博弈，一切嬉戏之事，必皆觅伴侣为之，独读快意书、对佳山水，可以独自怡悦。凡声色货利一切嗜欲之事好之，有乐则必有苦，惟读书与对佳山水，只有乐而无苦。"① 一席话涌动着一家之长对孩子们拳拳的爱意，也流淌出张英淡泊致远的人文情怀：宦海沉浮经风吹浪打、为富且贵常遭人妒怒、身体发肤罹病痛侵袭、哀怨恐惧难拒之方寸，这种种的人间苦楚常常使人身心疲惫、不得安宁，那么什么才是排除干扰、笃行守志的方法呢？张英认为"养心"最是关键："中间有方寸之地，常时空空洞洞、朗朗惺惺。"② 张英用一份恬淡与宁静为自己的心制了一座城，城门紧闭，抵挡俗世的纷纷扰扰，使城中常保宽绰洁净，主人尽享天伦之乐。正所谓：人间有风骨，心安幸福来！

一部《聪训斋语》，语言浅切直白，说理平实质朴，将修身养性、为人处世的圆融智慧寓于对子孙后代的殷殷教导之中，其勤勉通达的进取态度、宽忍友善的慈悲心念、淡泊宁静的超逸情怀，体现出儒释道精神的深刻影响，可以说，张英的思想是中华传统文化的一个缩影；无论是其护家舐犊的深情，还是知命安分的笃信，都是中华民族历经数千年历史积淀的文化结晶。直到科技发展日新月异的今天，眼花缭乱的世界观、价值观、人生观时刻冲击着国人，以张英为代表的中华精英阶层的生存智慧仍然具有重要的指导意义，因为我们植根于这片土地，我们民族的品格就在这片文化的沃野里抽穗、滋长，迸发出新的生机！

（作者系云南省社会科学院哲学所助理研究员）

① 张英：《张英全书》（上），安徽大学出版社 2013 年版，第 532 页。

② 同上书，第 515 页。

曾国藩家风的独特内涵及其哲学基础

刘绪义

良好的家风，就是良好的教育环境、学习氛围。作为晚清一代成功的教育家，曾国藩打破了富贵之家五世而斩的传统，培养出了“英才辈出”的荷叶曾氏家族。他的家教理念和实践形成了独特的曾氏家风，长期以来受到人们的追捧。曾国藩家风有哪些独特的内涵？其成因又有着什么样的哲学基础？这是值得后人重视和关注的问题。

一　曾氏家风的独特内涵

1. 家庭有生气

曾国藩的家庭是湘中一个传统的大家庭，也是一个典型的农民家庭，相当一段时间内四代同堂。祖父是一个勤俭持家的农民；父亲是一个屡试不中的乡村读书人，直到 43 岁才中秀才；母亲是一个普通的农村妇女；岳父是乡间一介儒生，家庭情况极为一般；曾国藩兄弟 5 个，课余之间干些放牛、砍柴之类的杂活，充满一种寒士家风。曾国藩小时候在邻近的蒋市街卖过菜篮，在竹山场拖过碑车。

扩展到他的其他亲属，都不过是湖南农村中极为普通的人家。他家里的亲戚甚至个个都比他家更穷，他的叔叔、舅舅等人往往都指望着他家的救济。尤其是曾氏外祖家，境况更差。大舅江永熙，陶穴而居，种菜而食，过着半野人般的生活，逢年过节就只好外出躲债。六弟曾国华、九弟曾国荃的岳家都是家门寡妇，孤家撑室，贫困难持。用曾国藩自己的话来说：“五六百年间，曾家无与科目功名之列。”曾家世世代代无人做官，没有社会奥援。到了曾国藩兄妹这一辈，不管是娶进门的媳妇，还是嫁出去的女儿，其家世背景全都是平民百姓，没有大家显族。

俗话说，寒门出孝子。这样一种寒士家风造就了曾国藩的恋家。曾国藩对家庭的重视可以说超出同侪，他多次说过："居官不过偶然之事，居家乃是长久之计。"因而，他苦心经营着这个大家庭，上至祖父父母、下至亲朋邻里，大至家运发展、小至种菜拾肥，都在他的悉心关注之中。而他关注的核心就是要始终保持曾氏一家的生气。

早年在乡间时，由于偏僻的环境，农家庸常的日子，培养不出曾国藩特别的眼光和能力，他一边读书准备科举考试，一边也过着普通人的生活，有时通宵打牌，他的日记里就曾多次出现"昨夜打牌未睡"的记载。

随着他久历宦海，离家的时间越长，他越怀念乡间的一切，也越发悟出家庭的重要。"子弟之贤否，六分本于天生，四分本于家教。"这是曾国藩基于自己成才的经验所做出的一个总结。在他看来，天分高于家教，并不意味着家教的作用不大。相反，可以从两个角度来审察。一方面缘于他自己天分（智力）不高，假如他的天分高一点，那么，曾国藩的成功或许会更为顺利，故而他更重视天分。另一方面，天分本身就是遗传基因，这种遗传既有自然的，也有人文的。正是基于这两种考量，曾国藩的家风意识也越来越强。

曾国藩的性格和其祖父曾玉屏相近，祖孙俩是隔代亲。而曾玉屏一生勤苦，也十分节俭，早晚亲自浇灌田地，种蔬半畦，晨而耕，夕而粪，入而饲豕，出而养鱼，彼此杂职之。院里屋外，永远收拾得干干净净，田地侍候得无微不至。在他的带动下，全家上下有一种积极向上的心气。

家风的培养不是一蹴而就的，相反是一个漫长的过程。曾国藩从他祖父身上悟出了家庭要有生气的重要性。因而，家庭要有生气，这恐怕是曾国藩家风培养的重中之重。他刻意在曾氏大家庭中树立起一个权威，这个权威不是他的父亲，而恰恰是其祖父。在曾国藩数以千计的家书中，祖父占有不可动摇的地位与分量。后世有人提到曾氏家风，多引用其父曾麟书写过的一副对联：有子孙有田园，家风半耕半读，但以箕裘承祖泽；无官守无言责，世事不闻不问，且将艰巨付儿曹。因而，断言曾氏家风是半耕半读。其实并非如此，在曾国藩心里，祖父的位置始终要重于父亲。特别是在治家方面，到后来，曾国藩还在其祖父家训的基础上总结出曾氏家教“八宝”，即书蔬鱼猪、早扫考宝。他反复告诫子弟：治家之道，一切以星冈公为法。

书，即家中要藏书要读书，要有书香氛围；蔬鱼猪，即家中要种蔬菜、养鱼、喂猪。这三样是生命的象征，蔬菜的绿意、鱼猪的活跃，都洋溢着一股生动之气，同时也是一个家庭勤俭的标志。生命在于运动，生命在于生长。一个家庭的生命也是如此。

早，即早起。曾国藩认为，早起能使人强打精神，而精神是越打越有的，精神就是生气。扫，就是要勤于打扫，且不必说“一屋不扫何以扫天下”，关键是家里面干干净净是一个家庭的气象所在。考，即重视祭祀，祭祀能培养一个人内心的情感，对祖先的情感。一个人对祖先都没有感情，何谈对天下百姓有感情呢？宝，即亲睦邻里，远亲不如近邻，一个好邻居就是一个家庭的好环境，邻里不睦，家中不宁。因此曾国藩还进一步概括到：书蔬鱼猪，一家之生气；早扫考宝，一人之生气。

2. 人要有志气

“凡人才之高下，以其志趣所决定。”志趣也就是一个人的生气。曾国藩从自身成才的经验出发，对志气给予了高度重视。

曾国藩自己就是一个立志成才的典范。他说：“君子之立志也，有民胞物与之量，有内圣外王之业，而后不忝于父母之所生，不愧于天地之完人。”他自述早年的自己是一个无志无恒的人，进京后利益于恩师好友，便刻苦立志。

以自身经验来教育子弟，匡正家风，正是曾国藩的成功之处。观其家书，可以看出一个明显的特征，那就是曾国藩特别注重将自己的感悟、自身的经验与家人分享。而分享的重要内容之一便是要立志。

他不止一次告诫两个儿子，“少年不可怕丑”；“少年当有狂者进取之趣”。要志不求易，事不避难！

他在给季弟曾国葆的家书中写道：“季弟徒谦亦不好，总要努力前进”；“凡将相无种，圣贤豪杰亦无种，只要人肯立志，都可做的好”。而立志之法无他，一是师友夹持，虽懦夫亦有立志。“名师益友，重重夹持，能进不能退”。可见，志是逼出来的。他又说：“择交是人生第一要事，须择志趣远人者。”二是读书立志。他多次指出：“士人读书，第一是立志，第二是有识，第三是有恒。”

毫无疑问，这些都是曾国藩的经验之谈，因而对子弟影响最为真切最为深远。但曾国藩又反对少年得志。他说：“少年得志是人生之初不幸。”

这与现代家长渴望子女少年成名颇相乖舛。曾国藩为什么不愿意子弟年轻得志呢？恐怕不外两个因素。其一，一个人的进取心是随着年龄的增长而逐渐衰退的，如果年轻时志趣不高，那么，进取心就很容易被时间磨蚀掉，到了一定年龄，进取心就磨蚀殆尽。少年得志，恰恰说明年轻时志趣不高，否则怎么可能不经历风雨和岁月的考验就轻易志得意满呢？其二，少年得志会直接影响到家风，会让家庭其他成员乃至后代产生一种错觉，甚至树立了一个不好的榜样。曾国藩对此认识得非常深刻。其小儿子曾纪鸿考秀才，数次不顺意，然而，曾国藩不许他与州县来往，不许送条子。同治元年，他给纪鸿写信，要求他“今年乡试，鸿儿即可不必入场。盖工夫尚早，年纪太轻”。同时也劝慰纪鸿不要注重功名：“科名之所以贵者，谓其足以承堂上之欢也，谓禄仕可以养亲也。”

曾国藩死后，其大儿子曾纪泽成为中国近代史上杰出的外交家，小儿子曾纪鸿成为中国近代史上杰出的数学家，这与他着意培育的“志不求易”的曾氏家风不无关系。

3. 每临大事有静气

静和动是一对辩证。曾国藩一方面希望家庭有生动之气，一方面又要求家人每临大事有静气。动是元气，静是固本。道光二十二年，曾国藩在给诸弟的家书中附上了一张日课表，内中提到十三件事、十三件功课，其中第二件便是“静坐”，“每日不拘何时，静坐一会，体验静极生阳来复之仁心。正位凝命，如鼎之镇”①。

熟悉曾国藩经历的人都知道，静坐是曾国藩安定自己心绪的一种方法，说它是一种家风似乎不对。其实，静坐这种方法固然是曾国藩京师为官时的一门功课，后来还被应用到战事之中，特别是他自己在安庆总督衙门的三楼，为自己辟一静室，每天下午四五点钟的样子，独自一人，在静室里坐上一个小时，屏去一切思念，凝神枯坐，效果明显。然而，联系曾国藩在养身与修身方面对诸子弟的告诫，就不难看出，静字功夫

---

① 《笔记十二则》，《曾国藩全集·诗文》，岳麓书社 1995 年版，第 396 页。

正是曾国藩力倡的家风。

道光二十四年三月，曾国藩在家书中附上了他亲笔写就的《五箴》，其中就有《主静箴》。内云：斋宿日观，天鸡一鸣。万籁俱息，但闻钟声。后有毒蛇，前有猛虎。神定不慑，谁敢余侮？岂伊避人，日对三军。我虑则一，彼纷不纷。驰骛半生，曾不自主。今其老矣，殆扰扰以终古。①

后又附有其养身要言，内云：心欲其定，气欲其定，神欲其定，体欲其定。可见，静是为了心气神体之定，是为了谁敢余侮，表达了儒者之静的气象。在晚清那样一个纷乱的世间，每临大事有静气是何等重要。此静是专一于道德理想不为生死利害所撼动的静气，是一种大无畏的精神，是“敬”（专一）于仁义礼智的气象。

曾国藩自述在京师时，唐鉴有一次告诉他：“最是‘静’字功夫要紧，大程夫子是三代后圣人，亦是‘静’字功夫；王文成亦是‘静’字有功夫，所以他能不动心。若不静，省身也不密，见理也不明，都是浮的。总是要静。”②

这固然是从修身而言。曾国藩的静字工夫源于儒学大师唐鉴的指点，但是曾国藩有其自己独特的发现。他说：“净明心地，自是儒先教指。二氏虽亦明心，而释以御神为主，可静不可动；老以守气为主，能逸不能劳。明净略同，善用其明净之心则异。”③ 曾氏认为儒者之静是动中之静，是劳中之静，一句话，静是心灵的安静，而非放弃世事什么都不做。一个人能持敬，即按照儒家的道德伦理去实践，则自然能静。

曾国藩接受了周敦颐“无欲故静”的思想，认为儒者之静不同于释道，静字并非枯寂，而是生生不息的天地之仁德的表征，人能与天地合德，则自然入静。他结合程朱的“已发、未发”心性说，来说明儒者之静的真义和实质，将濂溪学的主静说与程朱派的主敬说沟通起来。

自濂溪揭“主静”之旨，程朱亦常以“静”字垂教，苟其遗弃

① 《致温弟沅弟》，《曾国藩全集·家书》，岳麓书社1995年版，第81页。
② 《日记》道光二十二年十月二十七日，《曾国藩全集》，岳麓书社1995年版，第123页。
③ 《复赵烈文》，《曾国藩全集·书信》，岳麓书社1995年版，第5192页。

> 伦物而于静中别求端倪者，或不免误入歧途。若习静以涵养此心，则即《大学》所云“定静安虑”者，又何歧趋之有？朱子注《中庸》首章有云：“自戒惧而约之，以至于至静之中，无少偏倚，而其守不失。”此数语者，谓之主静可也，谓之居敬可也。盖不善言“静”，恐入生熙之门，善言“静”，犹是存养之道。言岂一端，夫各有所当也。①

可见静既是敬的气象，也是敬的结果，此静是心灵之静，是每临大事有静气之静。越是危急的时候，越要心思澄静，有定力有定见，不可操之太急。

这在后来接续曾氏家风的女中人杰、曾国藩小儿子纪鸿的夫人郭筠身上得到了具体体现。戊戌变法那一年，郭筠身居北京。谭嗣同等六君子被杀的当天，郭筠立即打发她的一个儿子去湖广会馆，将门房的来客登记簿烧掉。几天后，曾国荃的一个孙子服毒自杀。原来郭筠早知道曾家有人与维新派联系紧密，为了防止官府按图索骥株连曾家，才烧去门房登记簿以除后患。此事足见郭夫人面临大事有静气。

世事如军事，变幻无常。这与曾国藩所强调的“厚重”二字也有异曲同工之妙。说话太易，举止太轻，都是曾国藩告诫子弟要避免的弊端。他批评鲍超的霆字营“长处甚多，而短处正坐少一静字”；又特别称赞湘军大将李续宾，说他“含宏渊默，大让无形，稠人广坐，终日不发一言”，故而他曾作一联送给九弟沅甫：打仗不慌不忙，先求稳当，次求变化；办事无声无臭，既要精到，又要简捷，婉转地批评曾国荃浮躁、急功近利之心。

居家之静如同用兵，静然后能思能虑，能检讨得失。曾国藩自己的很多哲思妙悟都是在静思中得出的，很多战略决策亦是在静思中确立起来的。同治七年，曾国藩的大弟曾国潢来到南京，兄弟俩相隔十年第一次相聚，曾国藩亲笔书箴言六则赠给老四，其中就有专论“静”字的篇幅：静则生明，动则多咎，自然之理……静有二道：一曰不入是非之地，二曰不入势利之场。乡里之词讼曲直，于我何干？我若强为判断，始则

① 《复陈虎臣书》，《曾国藩全集 · 书信》，岳麓书社 1995 年版，第 7051 页。

陪酒饭，后则惹怨恨。官场之得失升沉，于我何涉？我若稍为干预，小则招物议，大则挂弹章。不若一概不管，可以敛后辈之躁气，即可保此身之清福。

这段话的针对性十分明显，曾家老四一直长居乡里，照料老家，是曾氏老家的掌门人，是维系曾氏家风的直接责任人。曾国藩甚至这样明言：我家将来气象之兴衰，全系乎四弟一人之身。这是刻意履以重任，以激发其责任心。如今书此一静字文章，颇有用心。亦足见曾国藩对静字这一家风的重视。

可见，曾国藩倡导的静气，内涵十分丰富，有深谋远虑之静，有存心养气之静（他多次提醒家人要静养），有好汉打脱牙和血吞之静，有不与人争高下之静。一言以蔽之，静气是一种安详的气象。

4. 不存半点官气

君子之泽，五世而斩。千百年来，多少明智之士对此深以为虑。曾国藩督军在外，对子女后辈的微妙变化同样深以为虑。“不存半点官气”这一家风要求，便成了曾国藩反复告诫着力培养的重要内容之一。

“凡人多望子孙为大官，余不愿为大官，但愿为读书明理之君子。”望子成龙，是多少人的心结，也是多少人的梦寐。然而，“龙”是什么？是大官？否！曾国藩极力要避免子孙世世代代做官，相反，在他看来，“龙”是君子，是君子人格。

“余服官二十年，不敢稍染官宦气习，饮食起居，尚守寒素家风，极俭也可，略丰也可，太丰则吾不敢也。凡仕宦之家，由俭入奢易，由奢返俭难。”[①] 不望子孙为大官，其意不外乎保有一种良好的家风。

咸丰年间，曾国藩在家书中概括出“天下四类家庭”：一是官宦之家，多只一代享用便尽；二是商贾之家，勤俭者能延续三四代；三是耕读之家，谨朴者能延五六代；四是孝友之家，可以绵延十代八代。

四类家庭可以说是四个层次的家风。存亡利弊，一目了然。在他看来，曾氏家族最低限度要保持在耕读之家这一层次，最好是能成为孝友之家。他在二子五女的婚嫁问题上始终坚持一条原则，绝不结亲高官，恐怕也是出于对官宦之家的忧虑和顾忌。

---

① 《谕纪鸿》咸丰六年九月二十九夜，《曾国藩全集·家书》，岳麓书社 1995 年版，第 324 页。

然而，曾国藩一家毫无疑问属于第一层次即官宦之家，官宦之家的最大危险就在于官气太盛。因此，首要的一条便是要求家中男女老少不要沾染上官宦人家的习气。这一条，内容最为具体，例如不许坐轿、不许唤人取水添茶；拾柴收粪等事，须一一为之；插田莳禾等事，须时时学之等。

具体到什么是官气，曾国藩指出，官气主要就是惰与傲。他明确指出：家败离不得一个奢字，人败离不得一个逸字，讨人嫌离不得一个骄字。咸丰十年，曾国藩多次在书信中指出："天下古今之庸人，皆以一惰字致败；天下古今之才人，皆以一傲字致败。""大约军事之败，非傲即惰，二者必居其一；巨室之败，非傲即惰，二者必居其一。""余家后辈子弟，全未见过艰苦模样，眼孔大，口气大，呼奴喝婢，习惯自然，骄傲之气入于膏肓而不自觉。"

曾国藩指出，要去除官气，只有从两处着手，一是勤，一是俭。他说：勤者，生动之气；俭者，收敛之气。一放一收，两面兼顾，即可做到惜福远忌。

在曾国藩看来，勤俭二字可以有具体的做法。"勤字工夫，第一贵早起，第二贵有恒。"

一个人有没有生气，就看他能不能做到勤字。他说：书蔬鱼猪，一家之生气；少睡多做，一人之生气。

不存半点官气，就要克服懒气，他的规定甚至具体到要求子女辈不许伸懒腰。"后辈诸儿须走路，不可坐轿骑马。诸女莫太懒，宜学烧茶煮菜。""新妇始至吾家，教以勤俭，纺绩以事缝纫，下厨以议酒食。此二者，妇职之最要者也。"①

对于两个儿子，曾国藩于勤字上最为用心。纪泽 14 岁时遭遇祖母之丧，学业受到很大影响；18 岁结婚，婚后一年多夫人就因难产去世，情感上又受到极大的创伤；直到 21 岁再婚时才安定下来。曾国藩说他"十八岁至二十岁虚度光阴"，于是他多次教他以勤字来补失落的光阴："及今将看、读、写、作四字逐日无间，尚可有成。"对于纪鸿的要求更是勤

① 《致诸弟》咸丰八年十一月二十三日，《曾国藩全集·家书》，岳麓书社 1995 年版，第 445 页。

字当头。由于纪鸿从小就显露出过人的资质，但顽皮跳脱，注意力不够集中，“不花苦功夫，才情再好也难成材”，“鸿儿应从勤字上用工夫。用功不可拘苦，须探讨趣味出来”。

如果说，志在天下，克勤小物，是曾国藩主张壮大和张扬元气生气的要求，那么，曾国藩提出的收敛之气则恰恰是在强调固本生元。一个俭字正是这一要求的具体化：“俭字工夫，第一莫着华丽衣服，第二莫多用仆婢雇工。”成长于寒素家庭的曾国藩深深地懂得，奢侈的环境不利于子孙后代的发展，因此，他自三十岁以后，便立下“不靠做官发财以遗后人”之心愿。后来又多次强调“居家之道，不可多有余财”，“儿子若贤，则不靠宦囊，亦能自觅衣饭；儿子若不肖，则多积一钱，渠将多造一孽，后来淫佚作恶，必且大玷家声。立定此志，决不肯以做官发财，决不肯留银钱与后人”之类的观点。诚如斯言：“大约世家子弟，钱不可多，衣不可多，事虽至小，所关颇大。”①

收敛就是自概。即便对身居高位的九弟，曾国藩也是勤勉劝慰不止。同治元年，曾国藩更是写长信，专门阐述这一道理：

> 日中则昃，有盈则亏，吾家亦盈时矣。管子云：半斛满则人概之，人满则天概之。余谓天之概无形，仍假手于人以概之。霍氏盈满，魏相概之，宣帝概之；诸葛恪盈满，孙峻概之，吴主概之。待他人之来概而后悔之，则已晚矣。吾家方丰盈之际，不待天之来概，人之来概，吾与诸弟当设法先自概之。自概之道云何，亦不外清、慎、勤三字而已。吾近将清字改为廉字，慎字改为谦字，勤字改为劳字，尤为明浅，确有可下手之处。沅弟昔年于银钱取与之际不甚斟酌，朋辈之设议菲薄，其根实在于此。去冬之买梨头嘴、栗子山，余亦大不谓然。以后宜不妄取分毫，不寄银回家，不多赠亲族，此廉字工夫也。谦之存诸中者不可知，其著于外者，约有四端：曰面色，曰言语，曰书函，曰仆从属员。……沅弟之仆从随员颇有气焰，面色言语，与人酬接时，吾未及见，而申夫曾述及往年对渠之词气，至今饮憾事。以后宜于此四端痛加克治，此谦字工夫也。每日临睡

① 《谕纪泽》同治元年五月二十四日，《曾国藩全集·家书》，岳麓书社 1995 年版，第 835 页。

之时，默数本日劳心者几件，劳力者几件，则知宣勤王事之处无多，更竭诚以图之，此劳字工夫也。[①]

世间高官多矣，多数自身之败、子女之败者皆在不懂得存有收敛之气。曾国藩熟读历史，又通晓理学，不仅能在家风培育上高屋建瓴，更难能可贵的是能努力切实行之。早年素有贪名的九弟曾国荃在他的熏陶和影响下，也成为一代名臣廉吏，以善终始，不可不说是曾国藩培育家风之效。

5. 人要有倔强之气

世人皆知曾国藩著有一部《挺经》，挺字，顾名思义，就是坚持。然而，曾国藩于此字更赋予了一层深意，即一个人要担当大事须有倔强之气。

曾国藩的祖父性格本自倔强，这一点深为他佩服；曾国藩父亲曾麟书恰恰是一个性格相对懦弱的人物，真正子不类父，然而曾国藩、曾国荃兄弟却承继了乃祖这一性格，做事处世至为倔强。用民间流行的话来说，就是明知山有虎，偏向虎山行的霸蛮精神。

同治二年，曾国藩收到九弟的信，信中有“乱世功名之际尤为难处”，当即给他回信，指出：担当大事，全在明强二字。《中庸》学、问、思、辨、行五者，其要归于愚必明，柔必强。弟向来倔强之气，却不可因位高而顿改。凡事非气不举，非刚不济，即修身齐家，亦须以明强为本。[②]

所谓“柔必强”，意思就是要想柔弱处世，必须得有强者的基础。

做一个强者，自始就是曾国藩的信条。早在受命帮办团练大臣之际，曾国藩明知自己已久居京官，没有地方经验，也没有从军经验，还没有军费支持，在这种情况下，通过好友郭嵩焘的一番劝解，慨然出山，若不是想做一番大事，想做一个强者，断不会冒这个险。事情往往朝着强者的方向前进，成功之后的曾国藩如此说道：

---

① 《致沅弟季弟》同治元年五月十五日，《曾国藩全集·家书》，岳麓书社 1995 年版，第 833 页。

② 《致沅弟》同治二年四月二十七日，《曾国藩全集·家书》，岳麓书社 1995 年版，第 978 页。

天下事，有所逼有所激而成者居其半。

因此，在十年征衣期间，尽管曾国藩历尽艰辛，却始终不改他所谓“功可强成，名可强立”的想法。并且指出：“天下事在局外呐喊议论，总是无益，必须躬身入局，挺膺负责，方有成事之可冀。”空喊无益，实干兴邦，正是曾国藩倔强、明强的解释。

对于子孙后辈，曾国藩同样以倔强二字教之。如他多次强调，“凡办大事，人谋居半，天意居半”，也就是所谓“谋事在人，成事在天”。类似的说法还有：“古来成大事者，半是天缘凑泊，半是勉强迁就。”历史上天缘凑泊的人固然有，勉强迁就的人可能更多。有了这个认识，不但不会减弱一个人办大事的信心，反而能让人放下包袱，轻装前进。曾国藩、曾国荃兄弟俩都是书生从军，都是在战争中学会战争，都离不开倔强二字。两兄弟常常相互以此相劝慰：吾家祖父教人，亦以懦弱无刚四字为大耻。故男儿自立，必须有倔强之气。①

特别值得指出的是，兄弟俩还就倔强这一命题在书信中往返探讨，如同治五年间的书信，曾国荃提出“自强者每胜一筹”的观点，曾国藩则提出“求强当在自修处（不在胜人）”的观点，二人互为辩诘。曾国藩所谓“自修处求强”用他自撰的一副对联更能形象说明：

养活一团春意思，撑起两根穷骨头。

在这里，湖南人的“骡子精神”一览无余。由此可知，倔强之气是一个人成大事的重要因素。曾国藩在给曾国荃的一封信中自述他平生长进全在受挫受辱之时。但挫折对于不同的人则会产生不同的后果。性格倔强的人，往往愈挫愈勇，将挫折化为前进的动力；性格懦弱的人，则容易一蹶不振。正是基于这一点，曾国藩颇为担心子弟滋生畏难情绪。他说：少年英锐之气不可久挫。是的，失败是成功之母。可是，倘若一个人失败多了，其倔强之气势必受到挫伤，更何况，你的失败可能是别人成功的母亲。尤其是人生少年，朝气蓬勃，生机旺盛，对前途充满信

① 《致沅弟》同治三年六月十六日，《曾国藩全集·家书》，岳麓书社1995年版，第1139页。

心，一旦久挫，势必使之产生动摇甚至不自信。这个时候，唯有激逼，才可产生一种强大的推动力。同治五年，湘乡修县志，由曾国藩领衔，这合乎一般惯例，曾国藩乃众望所归，舍他别无他人。然而，曾国藩却以没有时间为借口，将曾纪泽推出来，目的就是借此机会逼纪泽写出几篇好文章。而此时的纪泽正“惮于作文”，曾国藩以“天下事无所为而成者极少，有所贪有所利而成者居其半，有所激有所逼而成者居其半”勉之，强迫他接受这一艰巨任务，其深意恰恰就是唤回纪泽作文的信心和成就感。这一做法也与曾国藩“但有志气，即可予以美名而奖成之”之说吻合。每个人都耻居人后，多奖励少批评，正所谓勉之以忠可为忠，勉之以廉可为廉，管之以严则有所进，管之以松则有所退，将被教育者置于倔强者之列，更能激发其自尊自信，从而化为一种成功或进步的动力。可见，“功可强成，名可强立”这一语的深意。

这种以倔强之气来宏奖育才的方法，对于曾国藩培育家风起到了实在的效果。纪泽纪鸿兄弟乃至曾国藩的其他子侄正是在他这种做法的培育下迅速成长起来。

6. 读书变化气质

气质本于天生。但是，气质也并非一成不变的，如果后天有意识地加以培养，也是能够收到意想不到的效果的。曾国藩经常说“读书可以改变气质”：“人之气质，由于天生，本难改变，惟读书可以变化气质。古之精相法（者），并言读书可以变换骨相。”①

读书可以变化气质的观念坚定了曾国藩磨砺成圣的心志。他从西方人的技术那里悟出磨砺的真谛：

> 其铜铁、树木等，一经洋人琢磨成器，遂亦精曜夺目。因思天下凡物加倍磨治，皆能变换本质，别有精彩，何况人之于学，但能日新又新，百倍其功，何患不变化气质，超凡入圣？余志学有年，而因循悠忽，回思十五年前之志识，今依然故我也，为之悚惕无已。

---

① 《谕纪泽纪鸿》同治元年四月二十四日，《曾国藩全集 · 家书》，岳麓书社 1995 年版，第 827 页。

读书可以变化气质，于人如此，于家风亦是如此。咸丰九年，曾氏八字家教定型。原本的“蔬竹鱼猪”四事，在传统的农家被看成是种田之外的“副业”。菜绿猪壮鱼肥竹茂的蓬勃生机，正是曾国藩大处着眼、小处入手的治家之道。如今他将竹字换成了书字，其用意何在？唐浩明先生是这样解释的：读书和种田一样，所谓耕读之家，是既耕且读，缺一不可。这一年将读书事正式提出来，并且放在第一位，是基于读书究竟与耕田有别。普通农家，只耕不读。因为不种田没有饭吃，而不读书毕竟还是可以活下去的。考虑到后世曾家也有可能沦为普通农家，即便到了那种时候，也不能丢掉“读书”，这才显示出曾氏家风的高明。应该说，这种考虑立足更长远，故而更可取。①

诚然，如果说蔬竹鱼猪可觇一个家庭的兴衰气象，那么，家庭中的琅琅书声则更给人以一种美好的希望。一方面，湖南民间有言，家无读书子，官从何处来？万般皆下品，唯有读书高。家有秀才，则其在社会上的地位就会超出一般的农家。另一方面，曾国藩并不渴求儿女成为诗文大家，在他看来读书的目的是成为明理君子。将读书摆在副业之前，更是基于曾国藩希望曾家一改昔日没有社会奥援的普通寒素家风，保持一种日日向上的荣耀和气象。

曾氏故居富厚堂建立之初，曾国藩并不知情，后来看到图纸，一向反对买田建屋的曾国藩不好拂逆夫人，只是特别叮嘱要建立藏书楼。建成后，这座乡间藏书楼竟然成为堪与天下四大藏书楼相媲美的私家藏书楼，其间凝聚了曾国藩多少心血，世人恐未深知。

而对于家中子弟的读书情状，曾国藩更是念念在怀。他所留下的1400多封家书中，绝大多数离不开读书二字。这一切都奠定了曾国藩独特的家风。他死后，其后代基本上都遵循他的遗嘱，不从政，不从军，代代英才大都献身于科技、文化、教育事业，读书的家风绵延至今。

二 曾氏家风形成的哲学基础

从曾氏家风的独特内涵可以看出，曾国藩培育的家风有一个核心概

---

① 《唐浩明评点曾国藩家书》（上），岳麓书社2002年版，第365—366页。

念：气。无论是生动之气，还是收敛之气，也不管是要去除官气，还是要培养倔强之气，都表明曾国藩培育家风有其深厚的哲学渊源。这一哲学渊源恰恰吻合了曾国藩作为晚清一代理学大师的身份。

如众方家之论，曾国藩的理学思想直接渊源于程朱理学，尤其是他对性命关系、理气关系的认识，对于曾氏家风的培育有着深远的影响。而程朱理学的开山鼻祖周敦颐则又是曾国藩的乡贤前辈，因而，他的理学思想更多地直承周敦颐。

如他发挥了周敦颐以《周易》解释宇宙生成以及万物化生的思想，并结合张载的气化理论，阐述了天、地、人三才合一和天人不二的理念，为仁义、刑政从天地宇宙中寻找本质依据，即明显的例证："盖天下之道，非两不立，是以立天之道，曰阴与阳；立地之道，曰柔与刚；立人之道，曰仁与义。乾坤毁则无以见《易》；仁义不明，则亦无所谓道者。《传》曰：天地温厚之气，始于东北，而盛于东南，此天地之盛德气也，此天地之仁气也；天地严凝之气始于西南，而盛于西北，此天地之尊严气，此天地之义气也。斯二气者，自其后而言之，因仁而育物，则庆赏之事起；因义以正物，则刑罚之事起。"① 理学家的本体论和性论，其目的当然不是论证和发现宇宙万物和人性的自然意义，而是沟通心性与本体、伦理与天道的联系，使儒家的道德践履获得天道或本体的支撑，从而打通人的存有世界和意义世界的关系。

仁而育物，义以正物，正是曾国藩培育家风的两大支柱。何谓物？曾国藩认为，天下皆物也。那么，家庭自然亦在物之列。仁和义则是二气。以气育物，以气正物，就成为曾国藩育正家风的理论基础。故而曾国藩指出："凡盛衰在气象，气象盛则虽饥亦乐，气象衰则虽饱亦忧。"②

曾国藩的"气论"，又植根于他的性命理论，因而得出理气相丽的结论。

尝谓性不虚悬，丽乎吾身而有宰；命非外铄，原乎太极以成

---

① 《答刘蓉》，《曾国藩全集·书信》，岳麓书社 1995 年版，第 20 页。

② 《致温弟沅弟》道光二十四年三月初十日，《曾国藩全集·家书》，岳麓书社 1995 年版，第 78 页。

名。……盖自乾坤奠定以来，立天之道曰阴与阳，静专动直之妙，皆性命所弥纶。立地之道曰柔与刚，静翕动辟之机，悉性命所默运。是故其在人也，絪缊化醇，必无以解乎造物之吹嘘。真与精相凝，而性即寓于肢体之中。含生负气，必有以得乎乾道之变化。理与气相丽，而命实宰乎赋畀之始。①

在理气关系中，曾国藩主张以理为宗，理常气变。他在《纪氏嘉言序》中写道："自秦氏以力征得天下，踵其后者，率小役大，弱饲强。强横之气充塞，而圣贤与奸宄同流转于气数之中。或且理不胜气，善者不必福，而不善者不必抵于祸。……今夫水无不下也，而趵突泉激而上升；火无不然也，而盐井遇物不焚，烛至则灭，彼其变也。戾气感而祥降，顺气感而灾生，亦其变也。君子之言福善祸淫，犹称水下火然也。道，其常者而已。常者既立，虽有百变，不足以穷吾之说。"②

"常"是指"理"，作为一种规律具有稳定不变的性质。"百变"是指"气"，时刻处于运动之中，变化莫测。"不足以穷吾之说"则表明曾国藩在形成"理常气变"观点的基础上，进而产生"理胜气为常""气胜理为变"的认识，即便是再变化多端也不足以改变常的本质属性。理亘古不变，气则变化万千，不过，变当以不变为宗，气当以理为宗。

比照家风的培育中，作为个体的人是变化的，而家风一旦形成便成乎"常""理"，具有稳定不变的性质。然而，家风的形成毕竟要依赖个体的实践与努力。曾国藩恰恰也强调理对气的依赖性，表示"舍气无以明理"，"气挟理行"，而这又体现出曾国藩重气的理论倾向。他指出："大抵凡事皆宜以气为主，气能挟理以行，而后虽言理而不厌，否则气既衰苶，说理虽精，未有不可厌者。"③

他还举了一个例子来加以说明："即书籍而言道，则道犹人心所载之理也，文字犹人身之血气也，血气诚不可以名理矣，然舍血气则性理亦胡以附丽乎？知舍血气无以见心理，则知舍文字无以窥圣人之道矣。"④

① 《顺性命之理论》，《曾国藩全集·诗文》，岳麓书社 1995 年版，第 132 页。

② 《纪氏嘉言序》，《曾国藩全集·诗文》，岳麓书社 1995 年版，第 171—172 页。

③ 《日记》同治五年十月十四日，《曾国藩全集·日记》，岳麓书社 1995 年版，第 1310 页。

④ 《致刘蓉》，《曾国藩全集·书信》，岳麓书社 1995 年版，第 7 页。

对理而言，气实属不可缺少。理若能被气挟之以行，则“言理不厌”。反之，若气由盛转衰，即便再精于说理，也难免令人生厌。他认为理只有附丽于气才能找到安顿处；只有以气为载体，才能见理，进而明理。“理主宰气，气承载理”是曾国藩的观点。不过因受张载和王夫之的影响，他重视气在理气关系中的重要性则是明显的。气以理宗，理因气丽。这就是说，个体的成长离不开家风的熏陶，家风的好坏取决于个体的努力。因而，曾国藩培育家风，注重其对家庭中每一个个体的影响和规约。

> 以身之所具言，则有视、听、言、动，即有肃、乂、哲、谋。其必以肃、乂、哲、谋为范者，性也；其所以主宰乎五事者，命也。以身之所接言，则有君、臣、父、子，即有仁、敬、孝、慈。其必以仁、敬、孝、慈为则者，性也；其所纲维乎五伦者，命也。此其中有理焉，亦期乎顺而已矣。①

这是说，作为个体的人，有“视、听、言、动”等自然属性，这些自然属性并非没有节制，而需要有“肃、乂、哲、谋”为之规范，这是人之性决定的，“性”是怎么来的呢？这是由“命”所决定的，源自天道，不以人的意志为转移。同样，作为社会的人，有“君、臣、父、子”种种社会关系，则必有“仁、敬、孝、慈”作为处理各种社会关系的准则，这也是由人人具有的“性”所决定的，之所以如此，是因为人就是有这种“命”，此命是天道的表现，是不可抗拒的。

家庭是社会的缩影，家庭中的每一个成员同时以作为个体的人与作为社会的人出现，因而，就都具备了命与性。命决定性，也即天道决定性，换言之，家风决定家庭中的个体，家风决定个体的性。家风必须是顺乎天道的性的表现。

曾国藩又赞成程朱将“性”分为天地之性和气质之性的说法。他说：“程朱又分出义理之性、气质之性，以明孟子性善之说无失，亦自言各有

① 《顺性命之理论》，《曾国藩全集·诗文》，岳麓书社 1995 年版，第 133 页。

当。"[①] 又说："人性本善，自为气禀所拘，物欲所蔽，则本性日失，故须学焉而后复之，失又甚者，须勉强而后复之。"[②] 他认为气禀和物欲是构成身心交病的主要原因，君子只有复性、尽性才能不为外物所夺，才能养成胸中日月常新美的光明境界。他说："凡民有血气之性，则翘然而思有以上人。恶卑而就高，恶贫而觊富，恶寂寂而思赫赫之名。此世人之恒情。而凡民之中有君子人者，率常终身幽默，暗然退藏。彼岂与人异性？诚见乎其大，而知众人所争者之不足深较也。……君子之道，自得于中，而外无所求。饥冻不足于事畜而无怨；举世不见是而无闷。自以为晦，天下之至光明也。"[③] 所谓"血气之性"即程朱所说的"气质之性"。人受气质之拘牵，不免疲奔于名利；而所谓"抱道君子"则默运天地之性，守仁义礼智之天理，参与天地宇宙的大化流行，故而获得一种超越的人生价值，故无论处境如何，都能保持一种超然之乐。这就是曾国藩特别注重在家风中培育气质之性的原因所在。

三　曾氏家风的现代启迪

曾国藩家风的独特内涵不仅植根于他的哲学基础，而且还秉承了湖湘文化的优良传统，如曾国藩家风中的人以志气论高下的理念，就与湖湘文化的精神传统一脉相承。先秦时期流寓湖南的诗人屈原就曾说过："定心广志，余何畏惧兮？"（《怀沙》）宋代湖湘学派的开创者之一胡安国也认为："有志于学者，当以圣人为则；有志于为政者，当以宰相自期，降此，不足道也。"[④] 王夫之则更直接指出："人之所以异于禽兽，惟志而已矣！"[⑤]

曾国藩家风及其培育途径、哲学基础给我们留下了一笔宝贵的精神财富，也给我们以深刻的启示。

我们从中看到，曾国藩培育家风的具体内涵和实践途径，小到要勤

---

① 《原性》，《曾国藩全集·读书录》，岳麓书社 1995 年版，第 278 页。

② 《笔记二十七则·勉强》，《曾国藩全集·诗文》，岳麓书社 1995 年版，第 378 页。

③ 《养晦堂记》，《曾国藩全集·诗文》，岳麓书社 1995 年版，第 221—222 页。

④ （宋）刘爚：《云庄集》（卷一），四库全书本。

⑤ 王夫之：《船山全书》第 15 册，岳麓书社 1995 年版，第 142 页。

洗脚、勤做读书笔记，大到爱民积德、盈虚消息；小到书蔬鱼猪、诗文韵脚，大到将才之病、祸福之理，传达出来的都是千百年来的老生常谈，熟悉得不能再熟悉的大道理，没有一丝一毫的神秘感。但这些“常道”“常理”，其实都有着大本大源。

细思起来，这些本源和常理，现代人未必不懂，但是为什么这些常道常理在现代人这里不起作用呢？原因其实很简单，在现代人这里，大道理大多数是讲给别人听的，每一个人心中都有一个小道理、小九九，那就是急功近利。曾国藩只不过是把大道理用在自己身上，用在儿孙身上。现代人崇拜曾国藩家书，渴望从中汲取有用的养分，却不懂得家书只是一种载体，真爱才是永恒的东西。曾国藩的家风培育过程中始终贯穿着的是一种爱，对家庭、对家人的爱和呵护。

爱是最好的家庭教育，也是最好的家风。

爱之成人，便教之以戒傲戒惰；

爱之成才，便教之以立志修德；

爱之成事，便教之以耐烦畏慎；

爱之有品，便教之以胸次浩大；

爱之有身，便教之以养生修心；

爱之无灾，便教之以忍辱包羞；

爱之无难，便教之以惜福自重。

这样一种爱，既是我们这个民族文化的深层密码，也是这个民族的心灵火种。

这个民族的心灵火种，用曾国藩的话说就是仁民爱物。“物者何？即所谓本末之物也。身、心、意、知、家、国、天下皆物也，天地万物皆物也，日用常行之事皆物也。格者，即物而穷其理也。”[①] “格物”主要是考求儒家道德践履的所以然之理。他说：“如事亲定省，物也；究其所以当定省之理，即格物也。事兄随行，物也；究其所以当随行之理，即格物也。吾心，物也；究其存心之理，又博究其省察涵养以存心之理，即格物也。吾身，物也；究其敬身之理，又博究其立齐坐尸以敬身之理，

---

① 《致澄弟温弟沅弟季弟》，《曾国藩全集·家书》，岳麓书社1995年版，第39页。

即格物也。每日所看之书，句句皆物也；切己体察，穷究其理即格物也。"[①] 曾氏是把孝亲、顺兄、以儒家的义理存心持身都视作"物"，思考这样做的所以然即"格物"。比如孝亲是一物，思考为什么要孝亲即是格物。培育家风何尝不是格物？"吾之身与万物之生，其理本一源，乃若其分，则纷然而殊矣。亲亲与民殊，仁民与物殊，乡邻与同室殊，亲有杀，贤有等，或相倍蓰，或相什百，或相千万，如此其不齐也。不知其分而妄施焉，过乎仁，其流为墨；过乎义，其流为杨。生于心，害于政，其极皆可以乱天下，不至率兽食人不止。故凡格物之事所为委曲繁重者，剖判其不齐之分焉尔。"[②]

由此可知，曾国藩的这种爱，更体现为自己的身体力行和榜样示范作用。他曾对欧阳夫人这样说道：吾夫妇居心行事，各房子孙皆以为榜样，不可不辛苦，不可不谨慎。可见，家风的养成是几代人辛苦而来、谨慎而来，空说则毫无意义。

（该文曾发表于《湖南人文科技学院学报》2014 年第 4 期。作者系长沙税务干部学院教授，中国社会科学院哲学博士后）

① 《致澄弟温弟沅弟季弟》，《曾国藩全集·家书》，岳麓书社 1995 年版，第 39 页。

② 《答刘蓉》，《曾国藩全集·书信》，岳麓书社 1995 年版，第 21 页。

圣王之道：帝训论略

刘　强

帝训是帝王家训的简称，是家训的一种特殊形式，即指帝王对太子或皇子的训示与教诲，也可指帝王或皇族的家庭教育，其目的在于教育皇子尤其是太子如何修身治国平天下，做一个真正的圣王。在家训史中，帝王家训由文王开先河，却直到唐代才成熟，其标志就是唐太宗所撰《帝范》一书的刊行。① 后经明太祖至清圣祖，帝训达到巅峰。成为家训中不可忽视的一种形式，而且对历史与当时的社会产生了无法估量的影响。

由于数千年来，我国古代社会一直都沿袭着“家天下”的世袭制，故而如何长久且牢固地维护自家的统治权，便成为历代帝王不得不认真对待的一个重要问题。因此什么样的帝王，什么样的政治修为、政治技术、政治艺术与政治之道才能够保障偌大一个帝国的良性运转？这些政治问题在帝训中得到集中的阐释，帝训是一种基于丰富的政治经验的理论总结，对后世的政治有着可资借鉴的意义。

一　圣王：帝训的政治追求

在“第一轴心时代”的许多典籍中，我们经常能窥探到古人的一种政治诉求——渴望拥有一位智慧与美德完美结合的王者。古希腊人，则

---

① 参阅徐少锦等《中国家训史》，陕西人民出版社2011年版，第315页。关于“家训”的定义，可参阅王海东、张瑞臣《德性与智慧的力量——论我国古代家训的精神追求》，刊于《伦理学研究》2017年第1期。

期盼“哲人王”的降临。最负盛名的莫过于柏拉图在《理想国》中所描述的哲人王形象：“除非哲学家成为我们这些国家的国王，或者我目前称为国王和统治者的那些人物，能严肃认真地追求智慧，使政治权力与聪明才智合而为一。否则的话，我亲爱的格劳孔，对国家甚至我想对全人类都将祸害无穷，永无宁日。”① 哲人是智慧与美德的象征，若其为王则是对权力最好的制约，因其具有超凡的自制力，拥有非凡的智慧，故而不仅可以驾驭好权力的马车，还能够为民造福。因此，要么哲人当王，要么国王学习哲学。古印度人，渴望“转轮圣帝”的诞生。而东方世界的古人们，也希望成为“圣王”的臣民。这一政治诉求在东亚儒家文明圈尤为突出。

古中国最推崇“圣王”观念的首推儒家。亚圣孟子言必称尧舜，“孟子道性善，言必称尧舜”②。在孟子看来：“尧舜既没，圣人之道衰。”③ 那么儒家所谓的“圣王”究竟为何人？尽管尧舜是公认的古圣贤，但在孔子的眼中，亦有瑕疵，尚不能完全达到圣王的标准。子曰：“必也圣乎！尧舜其犹病诸！”④ 而在《中庸》中则有对“天下至圣”的粗描，至圣者必当知识渊博“聪明睿知”，且具雅量“宽裕温柔”，刚毅坚卓并仪态端庄，其声名远播，为人所景仰——“足以声名洋溢于中国，施及蛮貊；舟车所至，人力所通，天之所覆，日月所照，霜露所坠，凡有血气者，莫不尊亲；故曰配天。”⑤ 这样的圣王顺承天意，合乎自然之道——“与天地合其德，与日月合其明，与四时合其序，与鬼神合其吉凶。”⑥ 圣王治国平天下，不是靠武力征战，而首先且最为重要的是修身正己，达到“内圣”之境，然后“明明德”于天下，方能实现移风易俗，化民为“新民”。对于“圣王”的要求墨家也有准则：“凡言、凡动，合于三代圣王尧舜禹汤文武者为之；凡言、凡动，合于三代暴王桀纣幽厉者舍

① ［古希腊］柏拉图：《理想国》，郭斌和、张竹明译，商务印书馆 2009 年版，第 236 页。
② 杨伯峻译注：《孟子译注》，中华书局 2012 年版，第 119 页。
③ 同上书，第 164 页。
④ 杨伯峻译注：《论语译注》，中华书局 2013 年版，第 91 页。
⑤ 王文锦注：《大学中庸译注》，中华书局 2008 年版，第 31 页。
⑥ 杨天才等译：《周易》，中华书局 2014 年版，第 33 页。

之。"① 国君的行为只有符合三代圣王的行为模式，才具有政治正当性与合理性，否则就丧失合法性。道家的老子也推崇“圣人之治”，同其光和其尘，方为高超的化境。尽管我国古代各家思想所倡导的“圣王”有所不同，但是他们都一致地赞成——唯有圣王才能实施理想的政制，使民德归厚，社会长治久安。达到“近者悦，远者来”，以实现“天下归仁”，老者安之，少者怀之，世界大同的盛世局面。

而这样的政治理想在家训，尤其是帝训中表现得极为突出。这不仅是因为帝训创作者身为帝王，有着丰富的政治经验，更因为他们“亲知”政治的风险，并渴望权柄代代相传，所以对太子与皇室成员的教育就更为全面而严格。希望能够培养出优秀的接班人，即“圣王”。

鉴于历代皇位之争的教训与亲证骨肉相残之痛，唐太宗李世民晚年十分重视皇子教育问题。专门撰写《戒皇属》以教化皇室子弟。为了教诫太子李治则专门撰写《帝范》，并成为历史上帝训的代表作。明太祖朱元璋虽文化程度不高，却异常重视皇室教育，先编《祖训录》，后又颁布《皇明祖训条章》，一则用以治国，一则用以治家。明成祖朱棣为教训皇室子孙而亲自编辑《圣学心法》。而其中的《圣学心法序》虽篇幅不长，却是一篇全面而系统地阐释为君之道的帝王家训。清康熙则根据自身接受家训的记录，撰《庭训》。其子雍正则整理康熙平时教诫皇子与皇族的各种训词，名为《庭训格言》。上所列者，皆为系统之作。而历代明君皆有教化太子与皇室子孙的训词，难以数计，他们皆毫无隐瞒地将自己一生的政治经验和盘托出，总结成原则，以便太子治国理政。

历代的帝训之中，不乏优秀的作品，亦不乏优秀的政治智慧。不少帝王从政治品格、政治技术、政治艺术与政治之道等多方位全面地阐述了“圣王”之道。为了永固江山，而殚精竭虑。

二　技、艺与道：帝训的圣王之道

古中国的帝王们，一般都将自己的政治心得与经验以训示的形式传授给子孙，尤其是皇位接班人——太子。而由于古人追求“运用之妙存

① 方勇译：《墨子》，中华书局2011年版，第56页。

乎一心”的境地，往往是寥寥数语就把“政治秘笈”或精髓呈现出来。如最早的帝训，即文王所留，他将自己一生的政治经验概括为四条：一、厚德；二、广惠；三、忠信；四、志爱。全部都在强调德性，即政治品格或政治人格的重要性。但过于简洁，并且混杂一体，未作出精细的区分，而是政治品格、政治人格、政治技术、政治艺术与政治之道相互交织在一起。因而本文将从现代政治学的角度对其进行系统的梳理。

（一）作为政治之道的政治品格

与现代政治心理学相比较，政治品格可以看成是政治人格的一个子集或者元素。由于“人格”这一概念在心理学和政治学中都有着不可轻视的作用，研究者颇多，争议很大，舒尔茨（Schultz）就评述了20种人格理论。[①] 那么在政治学中，对于政治人格的研究也存在着同样的困难，无法给其划出一个明确的界限。政治心理学更多是借助这种研究方法进行政治学研究，而且往往是针对政治人的个体展开研究的，研究者“不是探索个体构成的整体，而是有选择地集中在个体构成中的一些个别方面（如认知、动机、情感、自我、态度等），以解释行为”[②]。然而我国古代帝王们的家训并没有深入系统地涉及政治心理学方面的知识，故而笔者不愿牵强附会之。

而帝王们的家训之中，所涉及的政治人格问题往往就是政治人的品格问题，或者说就是君王的道德修养问题。李世民在《帝范》中专门论述了君王品德与修养的重要性，并对如何提高修养也进行了回答。人非生而知之，对于绝大多数的“中智之人”而言，要靠学习获得知识与智慧；“上智之人，自无所染”，慎独精神强，有很强的自制力，能够抵制住诱惑，并能为善。“但中智之人无恒，从教而变”，从善人学则为善人，从恶人学则为恶人。近朱者赤，近墨者黑。[③] 因此要不断学习，向古代圣贤学习，这样才能够改变命运。许多明君能够名垂千古，亦是因为善于取法古圣王，如“黄帝学大颠，颛顼学录图，尧学尹寿，舜学务成昭，

① ［美］马莎科塔姆等：《政治心理学》，胡勇等译，中国人民大学出版社2013年版，第19页。

② 同上书，第20页。

③ （唐）吴兢：《贞观政要》，上海古籍出版社1978年版，第118页。

禹学西王国，汤学威子伯，文王学子期，武王学虢叔。前代圣王，未遭此师，则功业不著乎天下，名誉不传乎载籍”。而大唐也不例外，“夫不学，则不明古道，而能政致太平者未之有也!”① 所以皇族、皇子与太子都要勤学、深思、笃行，师于圣贤，且要保持谦逊的品德。

在《诫盈篇》中李世民训导李治说：人君虽富有四海，但若“好奇技淫声、鸷鸟猛兽，游幸无度，田猎不时”，那就会徭役繁重、人力枯竭、农桑荒废。人君若“好高台深池，雕琢刻镂，珠玉珍玩”，也会因赋敛重而民生匮，饥寒生。他指出，“乱世之君，极其骄奢，恣其嗜欲”，“故人神怨愤，上下乖离，佚乐未终，倾危已至”。他发挥诸葛亮的家训思想说，“俭以养性，静以修身。俭则人不劳，静则下不扰”，希望李治戒盈满，防奢纵，在节俭之中，提高自制力与节制力。唐太宗在《崇俭篇》中用周公的思想教诫李治：“夫圣代之君，存乎节俭。富贵广大，守之以约。睿智聪明，守之以愚。不以身尊而骄人，不以德厚而矜物。茅茨不剪，采椽不斫，舟车不饰，衣服无文，土阶不崇，大羹不和。”这并非憎恶荣华、厌恶美味，而是以淡泊、行俭示天下。他指出，奢是“荣辱之端，奢俭由人，安危在己”，故“桀纣肆情而祸结，尧舜约己而福延。可不务乎?”少欲、寡欲才能避免奢侈带来的劳民伤财与赋税的重荷，这样才能保民安境。

明太祖朱元璋，则把自己治国理政的方法精括为：仁、明、勤和断四个方面。告诫太子朱标：“惟仁不失于疏暴，惟明不惑于邪佞，惟勤不溺于安逸，惟断不制牵于文法。凡此皆心为权度。”② “仁”即爱民如子，实为一种高尚的品格，亦为万民爱戴与拥护的关键条件。朱棣从君主的责任强调了自身修德勉学的重要性。他说：“夫君人者，尊居九重之上，而统临万物之表，智周乎天下，然后能应天下之务，不由学问则圣功何成?”国君没有足够的智慧，就难以治理天下。而知识与智慧可以通过学习而获得。“是故积道于躬，惟勤于教学；畜德于己，多识于前言，必也尊师重传，讲贯以广其见闻。”尊师重教，勤于学习，则能广学博闻。朱棣强调，作为君主要以自己的道德修养为天下树立榜样。在谈到家庭伦

---

① （唐）吴兢：《贞观政要》，上海古籍出版社 1978 年版，第 117 页。

② 《明实录·太祖实录》卷四一，梁鸿志影印本 1941 年版。

理时，他要求子孙“以一身之孝，而率天下以孝”，他认为这样就可以收到“不令而从，不严而治”[①] 的效果。

（二）作为政治权谋的政治技术

我国古代法家就是一个政治现实主义流派，与儒家对人性满怀期待相反，他们更注重人性的软弱与不自制性，因此更为重视对法制的建设与完善，通过“法”“术”和“势”的有机结合与巧妙运用，以达到对臣民的驯服和有效管制。而其中的“术”，则是不可忽视的环节，它是君主用来察奸与防奸的一种智慧和权术，是阳谋与阴谋的结合。韩非论到：“术者，因任而授官，循名而责实，操杀生之柄，课群臣之能者也。”（《韩非子·定法》）这是显性的，能够在阳光底下公开的制度与权力。此外还有隐性的不可告人的权术，“术者，藏之于胸中，以偶众端而潜御群臣者也”（《韩非子·难三》）。一阴一阳之谓道，这样就能够驾驭好群臣百官。

这种权谋与技术，现今的政治学称之为政治技术。政治技术是人们在社会政治生活中，为了有效解决政治问题，实现一定的政治目的，而发明、设计和采用的工具、手段、工艺流程、谋略、技巧、制度等的总和。[②] 古代明君们都通晓此术，并形成一个政治治理的模式——外儒内法，即其成文制度以儒家学说为主，施政过程则以法家为主要手段，并兼采各家之长的一种政治理念。而帝训则是这种政治理念最为集中的呈现。下文以唐太宗《帝范》中的训示作相应的分析。

在政治实践活动中，唐太宗总结了历史上分封制的利弊得失，要李治懂得封建亲戚，以为藩卫的道理。在《建亲篇》中他指出：“重任不可独居，故与人共守之。”分封诸王，赋予他们一定的权力，可收“安危同力，盛衰一心；远近相持，亲疏两用”之效。但是封建亲戚又不能过度，刘邦“广封懿亲，过于古制”，其后果是诸侯地广而强，帝室弱而被侵，反为叛乱创造了有利的条件。曹操试图改变这种情况，但又走向另一个极端，“子弟无封户之人，宗室外无立锥之地”，从而被司马氏夺取了政

---

① 徐少锦等：《中国家训史》，陕西人民出版社 2011 年版，第 546 页。

② 方盛举：《政治技术与政治艺术》，《云南行政学院学报》2007 年第 5 期。

权。可见，分封过多或者太少，都隐含巨大的风险。“夫封之太强，则为噬脐之患；致之太弱，则无固本之基。由此而言，莫若众建宗亲而少力，使轻重相镇，忧乐是同，则上无猜忌之心，下无侵冤之虑。”则“邦家俱泰，骨肉无虞，良为美矣”。

对于求贤问题，太宗要李治知晓举贤、任贤、敬贤的重要意义。《求贤篇》阐释：“夫国之匡辅，必待忠良。”匡辅之臣上佐君王，中总百官，下抚兆民，非忠良不能担此重任。所以“明君傍求俊义，博访英贤，搜扬侧陋，不以卑而不用，不以辱而不尊”。如伊尹生于空桑，耕于村野，为商汤所用，光启殷朝。吕望贫贱年迈，渔钓渭边，为文王所师，会昌周室。管仲曾被捆绑于狱，齐桓公释而用之，而成一匡之业。故寸珠之珍，黄金累千，“岂如多士之隆、一贤之重？此乃求贤之贵也”。国无贤，则不兴，因此知贤用贤切不可轻视。

进而就审官之理，太宗要李治懂得人君的责任就在于知人善任，以安黎民。他在《审官篇》中言：“得其人，则风行化洽，失其用，则亏教伤人。”为此，首先必须人尽其才，各用其长，让各类人才为己效力。“智者取其谋，愚者取其力，勇者取其威，怯者取其慎，智愚勇怯兼而用之。”做到“良匠无弃材，明主无弃士”。其次，要对任职的官员进行全面审察，“不以一恶忘其善，勿以小瑕掩其功”，这样才能委任责成，不劳而化，政治系统畅通无阻。

对于纳谏之事，应广开言路，兼听则明。太宗在《纳谏篇》中教诫说：帝王居于深宫，耳目受阻，有过不闻，有缺难补，故应广开言路，“倾耳虚心，伫忠正之说”。采言纳事不以地位高低而要以正确与否进行取舍。只要“其议可观”，便“不责其辩”；“其理可用”，便“不责其文”。这样才会实现“忠者沥其心，智者尽其策，臣无隔情于上，君能遍照于天下”。他告诫李治说：昏乱之君自以为“德超三皇，材过五帝”，对“说者拒之以威，劝者穷之以罪”，致使“大臣惜禄而莫谏，小臣畏诛而不言”。其目自瞽，其耳自聋，对所犯错误蒙然无知，以“至于身亡国灭”。言路不通，少则政失，大则国亡。

而针对去谗的问题，太宗态度明确，立场坚定，非去谗佞之徒不可。他在《贞观政要》中明确说过：“谗佞之徒，皆国之蟊贼也。若暗主庸君，莫不以之迷惑，忠臣孝子所以泣血御冤。”在《帝范·去谗篇》中，他详细考究了谗佞者的主要表现："争荣华于旦夕，竞势利于市朝。以其谄谀之姿，恶忠贤之在己上；怀奸邪之志，恐富贵之不我先。朋党相持，无深而不入。比周相习，无高而不升；令色巧言，以亲于上；先意承旨，以悦于君。"为了去谗杜邪，他希望李治明白："逆耳之辞难受，顺心之说易从。彼难受者，药石之苦喉也；此易从者，鸩毒之甘口也。明王纳谏，病就苦而能消；暗主从谀，命因甘而致殒。"这是应该引以为戒的，受逆耳忠言，纳谏去馋，才能晓是非，别忠奸。

历代英主皆应通晓为政治国之道，拥有丰富而独特的政治技术，知人善任，人尽其才，纳谏如流，才能治理好国家，开创出为后人称道的盛世。

（三）作为政治目的之政治艺术

而一旦"技"运用出神入化，就进入"艺"的境界，进而近"道"。政治技术亦是如此，经过政治实践的反复操练，到了运用之妙存乎其心，妙不可言且政治关系与事件处理得当，度的把握恰到好处时，那就是一种艺术，即政治艺术。政治不仅是一门科学，还是一门艺术。柏拉图在《政治家篇》中阐明，政治是一种"科学"，是一种"艺术"，并主张应由少数真正懂得科学、具有知识的人来治理国家。①

我国学界对政治艺术的看法主要有两种：一种倾向于谋略与技巧说，"政治艺术，是指人类运用公共权威，协调、控制、管理社会，寻求和谐、稳定与发展的理想生活的谋略和技巧"②。还有一种则倾向于艺术审美说，"如果从广义上来说，政治艺术是指政治领域中存在的具有独特性、新颖性、创造性，且使人产生审美感受的政治技术、政治作品和政治行为的总称"③。这两种观点各有侧重，但都超越了纯粹的权术观。还有一种更具有包容性的政治艺术观，其内涵为：其一，是一种政治思维方式，即一种均衡性思维，着眼全局，整体思维，不执一端，取中道而行。其二，是一种"度"的哲学，灵活多变，随机应变，根据政治情境

---

① 徐大同主编：《西方政治思想史》，天津人民出版社1985年版，第29页。
② 高民政：《政治艺术论纲》，《政治学研究》2000年第1期。
③ 方盛举：《政治技术与政治艺术》，《云南行政学院学报》2007年第5期。

的变化及时作出调整。其三，是运用公共权威，协调、控制、管理社会，寻求和谐、稳定与发展的政治谋略与技巧。其四，是指政治领域中那些具有独特性、新颖性、创造性，且使人产生审美感受的政治技术、政治作品和政治行为的总称。① 我国古代帝训中所涉及的政治艺术问题非常多，且极高明而道中庸。下文从四个方面略述政治艺术在古代中国政治活动中的运用之妙。

1. 爱智双运。圣王就是一位博爱之人，爱所有的臣民，且又有无上的智慧，以应对各种政事。仁者爱人。君民是舟水关系。李世民言：君舟也，民水也，水可以载舟，亦可以覆舟。因而作为君王理当为民谋福祉。朱棣说："民者国之根本也，根本欲其安固，不可使之凋敝。是故圣王之于百姓也，恒保之如赤子：未食，则先思其饥也；未衣，则先思其寒也。民心欲其生也，我则有以遂之；民情恶劳也，我则有以逸之。树艺而使之，不失其时；薄其税敛而用之，必有其节。如此则教化行，而风俗美；天下劝，而民心归。行仁政而天下不治者，未之有也。"再强大的君王，离开了百姓，犹如孩子离开父母，无根则不能生。这个根就是民心，民心所向便是君王的合法性基石。因而如要取得政治合法性，君王应施仁政，惜民力，爱民如子，惠民如亲。只有仁爱与智慧都具备，运用得当，方能使近者悦，远者来，天下大同。

2. 恩威并施，赏罚分明。唐太宗极其重视赏罚的导向价值，在《赏罚篇》中教诫李治：君王之御众，"显罚以威之，明赏以化之。威立则恶者惧，化行则善者功"。实行赏罚，要以国家利益而不以个人好恶为标准，"适己而妨于道，不加禄焉；逆己而便于国，不施刑焉"。适己赏无功者，无以劝善；罪及利国者，无以惩恶。对有功者，虽仇必赏；对有罪者，虽亲必罚。这样，"赏者不德君，功之所致也；罚者不怨上，罪之所当也"。唐太宗一生慎赏慎罚，大体上做到了赏罚得当，为李治树立了学习的榜样。

康熙对于诸皇子如何处理与太监、下人的关系也有明确训诫。指出：太监原不过是宫廷内外"以备洒扫而已，断不可使其干预宫外事"。即使

---

① 王海东等：《政治艺术新论》，《云南行政学院学报》2014 年第 6 期。

身边的太监，也只是谈些家常事，说点笑话，而“从不与言国家之政事也”。[①] 至于对那些干杂事的下人，“固不可过于严厉，而亦不可过于宽纵”。如有小错误，“可以宽者则宽宥之”；如犯了罪过，“则惩责训导之”。切忌“当下不惩责”，事后常借细微小事“蹂践”之。这样，他们便会恐惧不安，于事无益，“汝等留心记之”。

3. 隐显交替，阴阳通用。在一个明君的治理术宝典之中，必不可少的便是如何驾驭好各级官员。对于手执权柄的官员们，不可高估德性的力量。当面对种种诱惑，而又拥有权力这枚“魔戒”时，谁能够保证“自制力”能够驾驭好“欲望”这匹野马？马基雅维利的秘方便是，一个君王既要有老虎的威与势，还要兼具狐狸的聪明与狡诈，方能管理好“人心叵测”的群臣。“一个君主如要保持自己的地位，就必须知道怎样做不良好的事情，并且知道视情况的需要与否使用这一手或者不使用这一手。”[②] 外儒内法，阳谋与阴谋兼用。《君体篇》要李治懂得君王之庄严宏伟：“人主之体，如山岳焉，高峻而不动；如日月焉，真明而普照。”为“兆庶之所瞻仰，天下之所归往”。要保持君体，就必须“宽大其志，足以兼包；平正其心，足以制断”；“抚九族以仁，接大臣以礼”；“奉先思孝，处位思恭；倾己勤劳，以行德义”。[③] 这样才能持威德以“致远”，用慈厚以“怀民”。权威与仁慈适时表现出来。韩非认为君主要保住政权，必须掌握三条原则，即心藏不露、独自决断和独揽权柄。

4. 文武兼备，居安思危。居安思危就是康熙说的无事如有事，处险不惊指有事如无事。康熙训导皇子们说：“凡人于无事之时，常如有事而防患其未然，则自然事不生。若有事之时，却如无事，以定其虑，则其事亦自然消灭矣。”[④] 可见，不论事无事有、事大事小，“皆当一体留心。古人所谓防微杜渐者，以事虽小而不防之，则必渐大，渐而不杜，必至于不可杜也”。

在《阅武篇》中太宗向李治指出：“夫兵甲者，国之凶器也。”不得已才用之。一个国家尽管土地广大，人口众多，“好战则人凋”。但若国

① 徐少锦等：《中国家训史》，陕西人民出版社 2011 年版，第 560 页。

② ［意大利］马基雅维利：《君主论》，潘汉典译，商务印书馆 2009 年版，第 74 页。

③ 徐少锦等：《中国家训史》，陕西人民出版社 2011 年版，第 554 页。

④ 同上。

家安全时忘了兵战，也很危险。故应“凋非保全之术，殆非御寇之方”，正确的原则是兵“不可以全除，不可以常用”。历史上越王勾践练兵习武，“卒成霸业”；而徐偃王只知修文，“遂以丧邦”。应该在农闲时讲武习威，孔子说：“不教人战，是谓弃之。”用未经训练的民众去同敌人作战，就是叫他们去送死。“故知弧矢之利，以威天下，此用兵之机也。”保持武力的威慑作用，就是把握了用兵的机要。武功重要，文术也不可偏废。“斯两者递为国用”，交替而为治国之具。《崇文篇》指出：当兵甲烽起，“成败定乎锋端，巨浪滔天，兴亡决乎一阵”时，“则贵干戈，而贱庠序”；而当天下太平时，“则轻甲胄，而重诗书”。这就是“功成设乐，治定制礼”。而“礼乐之兴，以儒为本”。因为宏广风化，导引风俗，“莫尚于文；敷教训人，莫善于学”。所以，必须“建明堂，立辟雍，博览百家，精研六艺。……此文术也”。总之，“文武二途，舍一不可，与时优劣，各有其宜。武士儒人，焉可废也”。

这些政治艺术的目的只有一个，那就是实现政治共同体的安定、团结、和谐与幸福，主权不受侵犯，政权牢不可破。

三　结语:言传身教的政道

然而要成为一个真正的“圣王”，还需要做更多的“前行”与“加行”功课。这一点在帝训中也表现得非常清楚，由于这是专门教育太子的治国之道，帝王们也就避讳少，真言多，而且还是言传身教，把自己的“治国秘笈”示于太子。

由于儒道佛三家思想的融汇，唐宋以来的帝训也吸取了各家思想。佛家的修善积福观念便被采纳，因其一则能够有益于解决新王朝的政治合法性问题；二则能够劝告子孙后代修身养性，培育出优秀的政治人才。康熙训诫诸皇子：“人生于世，最要者惟行善。”圣人经书所留给后人的那些话，只是要人向善，“神佛之教，亦惟以善引人”。他指出：“人之为圣贤者，非生而然也。盖有积累之功焉。”人非天生而为圣贤，而是靠后天逐渐积累而成的。“由有恒而至于善人，由善人而至于君子，由君子而至于圣人，阶次之分，视乎学力之深浅。”由于恒久行德，便进入善人境界，再达到君子境界，最后上升到圣人境界，其间的阶梯等次的区分，取决于学习、力行的深浅程度，因而“积德累功者，亦当求其熟也”。

与普通百姓相比，君王更要慎独约己。孔子有言：“君子有三戒：少之时血气未定，戒之在色；及其壮也，血气方刚，戒之在斗；及其老也，血气既衰，戒之在得。”康熙借孔子之言告诫诸子，你们“有血气方刚者，亦有血气未定者，当以圣人之语各存诸心而深以为戒也”。君王若缺乏自制力，对国家带来的危害无法估量。关于戒得，他指出：你们若为官任职，一定要用俭约“以养廉。居官居乡只缘不俭，宅舍欲美，妻妾欲奉，仆隶欲多，交游欲广，不贪何以给之？与其寡廉，孰如寡欲？语云：‘俭以成廉，侈以养贪。’此乃理之必然矣！”慎独指人在独处即周围无人时也能谨慎自重、不违礼法。康熙“训曰：《大学》《中庸》俱以慎独为训，是为圣贤第一要节。后人广其说为‘暗室不欺’”。即在别人看不见自己的地方也不干自欺或欺人之事。暗室有两种含义：“一在私居独处之时，一在心曲隐微处则人不及知。”后者指内心深处他人难以看透的隐秘。这时，唯有君子能做到“指视必严”，即严格注意自己的思想与行为，“战战栗栗，兢兢业业，不动而敬，不言而信”，不愧于正人君子的称号。慎独贵在平时，“训曰：凡人修身治性，皆当谨于素日。朕于六月大暑之时，不用扇，不除冠，此皆平日不自放纵而能者也”。他以自己在炎热的暑天不扇凉、不摘帽子为例，要求皇子们平素坚持慎言谨行，不放纵自己。

此外还须学习各种知识与技能，成为一个全才。这一点，康熙尤其强调，他本人就非常博学，其子孙也大都多才多艺。康熙秉承祖训，向诸皇子指出：“为人凡学一艺，必于自身有益。我朝先辈尝言，‘一粒之艺，于身有益’。”技艺寓于实事之中，故“人勤习一事，则身增一艺”。勤奋地学做一件事，就增加一种技艺，即使掌握了米粒大小的一点本领，也会终身受益。诸如骑马射箭、行军扎营、天文历法、农桑、医药和生活常识等都要学习。也就是说，作为一个圣明的君王，必须具备各门学科知识，上至天文历法，下至农业经济，以及家居常识都应知晓。这样才能够视明听聪，不被蒙蔽。而且还要学习各种艺术，提高审美鉴赏力。

在这些内容丰富的帝训中，君王们的政治智慧、政治艺术与治国之道可见一斑。这不仅是言教，更是一种可贵的身教，他们用自己的一生在实践中创造政治艺术品：诗词文赋，琴棋书画与帝训。宋徽宗之瘦金体堪称书法上乘之作。乾隆皇帝一生写下了四万余首诗，其诗词创作的总量与整部《全唐诗》相差无几。李世民的《帝范》、朱棣的《圣学心法》和康熙的《庭训》就是伟大的政治艺术品，是政治与艺术创作的完美结合。这种言传身教的帝训，是知行一体，技艺和道的完美结合，是我们民族宝贵的精神财富，也可为当今世界各国的政治治理提供举足轻重的借鉴作用。

（本文曾以“圣王：帝训的政治取向与政治艺术”为题发表于《湖北行政学院学报》2015 年第 3 期，收入本书时略有改动。

作者系中共云南省委党校教授，云南省道德研究院特约研究员）

传统伦理研究

论中国伦理的文化根基与诠释路径

肖群忠

随着中华民族文化自信心的增强，在实现中华民族文化复兴和学术发展的过程中，如何用中国的话语讲好中国的故事，这是当前学界普遍关注的一个问题。在中国哲学界，已经有学者对长期以来用西方哲学的解释路径来“反向格义”中国思想资源的方法路径提出了质疑，强调突出中国哲学思想的特殊性与话语方式。那么，如何理解、解释中国伦理也是一个有重要意义的问题。

笔者认为：中国伦理是中国文化的重要组成部分或者说是其核心，中国文化是中国伦理的基础与母体。当代学术界是如何解释伦理与中国伦理的呢？在笔者看来主要有西方哲学反思型、马克思主义的意识形态论和笔者坚持倡导的自认为是中国式的文化—道德观，笔者将在本文中对上述观点展开阐发，并分析这三种诠释路径的利弊得失，并重点分析文化—道德观的合理性与优势。

一　中国文化是中国伦理的根基和母体

何谓文化？文化这个概念一般是指人们在器物（物质）、制度、观念上创造的一切人类文明成果，其狭义是指观念文化。山东大学陈炎教授这样区别“文明”与“文化”：“所谓‘文明’，是指人类借助科学、技术等手段来改造客观世界；通过法律、道德等制度来协调群体关系；借助宗教、艺术等形式来调节自身情感，从而最大限度地满足基本需要、实现全面发展所达到的程度。”“所谓‘文化’，是指人在改造客观世界、在协调群体关系、在调节自身情感的过程中所表现出来的时代特征、地域风格和民族样式。”[①] 这个定义认为“文明”重在强调发展程度，而“文化”重在强调其时代、地域和民族特点，这种观点是有启发性的。中国文化是中国人民在东亚大陆上，以其上下五千年的历史实践所创造的具有鲜明中国特色的一种价值体系和生活方式。它显然有不同于其他民族文化的特色与发展道路。

钱穆先生对文化是这样规定的：“文化只是‘人生’，只是人类的‘生活’。惟此所谓人生，并不指个人人生而言。每一个人的生活，也可说是人生，却不可说是文化。文化是指集体的、大群的人类生活而言。在某一地区、某一集团、某一社会，或某一民族之集合的大群的人生，指其生活之各部门、各方面综合的全体性而言，始得目之为文化。”[②] 钱先生首先认为文化是人生，是生活，这无疑是对的，因为人类的一切文明成果之创造如果不是为了人的生活和人生更加美好，那创造这些文明有什么用呢？离开了生活和人生，文明和文化的创造就失去了动力和目标，人类创造的文明成果就是为了生活和人生，这种成果和人的生活是一体的，“成果”会体现并运用于生活中，这些“文明成果”使人类“生活”更加文明和幸福。这种生活与人生的文化观，可以使我们的文化研究更加贴近生活、民众与实践。另外，钱先生特别强调了文化是一个群体的生活和人生，这使得文化具有超越于个体的先在性、绵延持续性和历史传承性，也告诉我们，不同的群体可能产生不同的文化。“当知在中国春秋时代的文化背景里，只会产生孔子，绝不会产生释迦与耶稣。同样的理由，在古代的犹太社会里，绝不会产生孔子与耶稣。在释迦时的印度，也绝不会产生孔子与耶稣。”[③] 另外，钱先生还特别强调文化的整体性与综合性，也就是说文化是由各种要素组成的。它既包括“物质的”“自然的”“经济的”，也包括“社会的”“政治的”“集团的”，自然还包括“精神的”“心灵的”。其中，这种物质的文化自然包括器物、建筑等有形的文化，这种社会或者制度层面的文化自然包括政治、法律、制度等，这种精神的文化自然包括艺术、宗教、道德与教育等。

① 陈炎：《“文明”与“文化”》，《学术月刊》2002 年第 2 期。

② 钱穆：《文化学大义》，九州出版社 2012 年版，第 4 页。

③ 同上书，第 5 页。

那么，在这种整体的中国文化和丰富人生中，什么是文化的核心与灵魂呢？文化的本质是人的观念、价值—规范系统，中国伦理就是中国人民在自己的生存生活条件下，创造的符合自己的一套关于何为好生活、好社会、好人生的价值观念—规范系统并将之凝结在自己的实践中所形成的行为和生活方式。在各民族文化中，一般来说，价值观念—规范系统都是该民族文化的核心与灵魂，这一点在中国文化中体现得就更为突出，可以说是中国文化较之西方文化与印度文化的一种特点。一般认为，西方文化是一种倡导科学与理性的智性主义的文化，印度文化则是一种神性主义的文化。而中国文化是人文性、道德性的“德性”主义文化，道德本位、道德至上是中华文化的鲜明特点。

李泽厚先生从发生学的角度描述了这三大文化的上述特点，他说：“先秦各家为寻求当时社会大变动的前景出路而授徒立说，使得从商周巫史文化中解放出来的理性，没有走向闲暇从容的抽象思辨之路（如希腊），也没有沉入厌弃人世的追求解脱之途（如印度），而是执着人间世道的实用探求。以氏族血缘为社会纽带，使人际关系（社会伦理和人事实际）异常突出，占据了思想考虑的首要地位。”① 梁漱溟先生、韦政通先生都认为道德是统括中国文化的根本，是各种文化现象的根基。梁先生说：“融国家于社会人伦之中，纳政治于礼俗教化之中，而以道德统括文化，或至少是在全部文化中道德气氛特重，确为中国的事实。”② 韦先生则说：“在中国文化中，有‘一本万殊’的理念，于是坚信一切文化都有一个共同的基础，这基础就是道德。中国传统中讲道德，不像西方人讲道德只限制在人生的范围内，而是弥漫在文化的一切领域。因此，中国的政治理想是‘德治’，文学理想是‘文以载道’，经济的理想是‘不患寡而患不均’，他如教育、法律也莫不以道德为基础。”③ 钱穆先生甚至认为中国文化是以道德为其最高领导精神的。他说：“中国文化是以‘道德精神’为其最高领导的一种文化。由道德精神具体落实到政治。这一种政治，亦该是道德性的政治。再由政治控制领导着经济。这一种经济，亦该是道德性的经济。至于文学艺

① 李泽厚：《中国古代思想史论》，人民出版社1986年版，第304页。

② 梁漱溟：《中国文化要义》，上海人民出版社2003年版，第27页。

③ 韦政通：《中国文化概论》，岳麓书社2003年版，第58页。

术，莫不皆然，其最高领导者，还是道德精神。”①

在中国人的生活和人生实践中，形成了中国伦理，伦理产生于生活，生活需要伦理的指导。在中国文化的丰厚土壤中孕育了中国伦理，因此，中国文化是中国伦理的文化根基和母体，中国伦理是中国文化的核心与灵魂。中国人衣食住行的日常生活无不受到文化和伦理的影响和指导。以衣服来讲，《左传·定公十年》曰：“中国有礼仪之大故称夏，有服章之美谓之华。”《书经》曰：“冕服采装曰华，大国曰夏。”《尚书正义》注：“冕服华章曰华，大国曰夏。”中国文化把服章之美与自己华夏民族的自豪感紧紧联系在一起。中国美食更是享誉全球，四合院住宅方式体现着中国伦理的等差精神，“男行左，女行右，车行中央”以及相关车乘制度无不是中国伦理政治精神的体现，甚至“人家骑马我骑驴，回头看还有挑脚汉”的俚语无不反映着中国人的价值观、道德观和人生智慧。

中国人的制度生活更是受到伦理的影响，政治是伦理政治，道德是政治和权利的基础，“明德”是亲民、至善的基础，修身是齐家、治国、平天下的基础，内圣是外王的基础，国不以利为宝，而以德与善为宝。

伦理道德在中国人的精神生活中更是起到了决定性的作用。梁漱溟先生甚至认为中国文化是以道德代宗教的，由于道德在精神生活中的主导与强势作用，使宗教的必要性大大减弱，道德直接规定了人们的行为与生活方式，甚至把道德的价值推到极致的境界，实际上，它已然变成了一种道德宗教。人们视道德为绝对与神圣，自然就未能给宗教留下更多的精神空间，而是让宗教帮忙支持道德。一般认为，儒家的道德规范与道教的神佑鬼惩和佛教的三世两重因果合在一起，制约着中国人的精神生活。艺术虽有其相对的独特价值，但却要求“诗言志”“文以载道”，服从礼乐教化的目的。中国的教育更是以德教为本，“孝者，德之本也，教之所由生也”（《孝经》）。

二　对伦理本质的三种解释路径

伦理学是研究伦理道德现象的一门学问，对道德的本质与基础的合

---

① 钱穆：《文化学大义》，九州出版社2012年版，第75页。

理解释是伦理学的基本理论问题，也是事关学科发展的致思路径和方法问题。任何一种科学的理论和诠释方法与客观对象越发接近，就越有科学性、真理性，因此，对中国文化与中国伦理的上述客观关系的揭示，是正确理解道德本质及其解释路径的前提。

伦理学作为一门现代学科，形成于20世纪初，一般认为中国古代是没有严格学科意义上的“伦理学”的，虽然我们有以道德为核心内容的儒家学派，有关于伦理的丰富思想，却没有这样一门学科。一般认为，“伦理学”这个词是严复在翻译赫胥黎《天演论》时的另一译名：《进化论与伦理学》。还有一种说法是“伦理学”是直接从日语翻译过来的。中国人最早写的一部中国伦理学思想史是蔡元培先生写的《中国伦理学简史》，较早的伦理学著作为刘师培先生的《伦理学教科书》。在20世纪的前半叶，伦埋学科有一定的发展；在20世纪50—80年代，伦理学发展基本上处于相对落后甚至停滞状态。20世纪80年代后的当代中国伦理学，是如何解决道德本质和基础这个最根本的问题的呢？我们认为主要存在这样三种理论路径和方法：哲学反思的西学路径、意识形态论的马克思主义解释方法，另外一种则是文化史观的解释路径。笔者认为对于中国伦理的更为合理、科学的解释方法是文化—道德观。

西方哲学反思的伦理观，即认为伦理是建立在理性反思基础上的人的行为方式，诚如苏格拉底所说，未经反思的生活是不值得过的。西方文化是一种智性主义文化，西方哲学特别看重思想认识、理性反思对于生活的意义，这是他们的哲学和文化传统。柏拉图的理念论哲学认为物质世界之外还有一个非物质的观念（本体）世界。理念世界是真实的，而物质世界是不真实的，是理念世界的模糊反映。这种观念若以中国人的常识理性来看，是本末倒置的疯话。笛卡儿认为“我思故我在”，正是因为我思考我才存在。当然西方文化中也不乏诗人歌德“理论是灰色的，生活之树常青”这样清醒的生活理念。由西方哲学的这种重智主义传统所决定，西方伦理也是一种非常重视知性反思的伦理，人的一切行为都要在理性的面前重新被审视，这种观点甚至把反思和知识看作行为实践的前提与必备条件。西方虽然也有“信、爱、望”的基督教三主德，但是在世俗“四主德”即“智慧、勇敢、节制、公正”中，是以智德为基础的。在柏拉图看来，理性是僧侣、贵族、哲学家的心理禀赋，智慧是这些人的德性品质，而意志与情欲则是军人、百姓的心理品质，他们的德性品质分别应该是勇敢与节制，只要第一种人成为统治者并且三个阶层的人各安其分、各守其责就会实现城邦与社会的公正。显然，道德是以理性认知和实践智慧为基础的。

从伦理学思维看，在古希腊罗马时期虽也有一些生活化倾向，可在近代，各种伦理学理论都试图给人的复杂生活与行为做出一种统一的理论解释，功利论伦理学力图论证人们的行为都是利益最大化的结果，康德的道义论又力图证明道德的理性主义基础和规范的普遍性，但实践证明这两种伦理学理论都只是解释人们伦理生活和实践的一种理论知识，人们在实践中并不是按其中一种理论生活与实践的。人们的行为中可能有利益驱动，也可能有道义情感等各种因素的驱动。康德抽象或者理想的道德理论图式虽然高扬了道德的崇高性与形式上的普遍性，但在实践中却是苍白无力的，这种一元化的哲学反思的伦理解释，确实增加了人们认知伦理的知识，但却难以完全解释生活，最终又不得不回到基于历史和文化传统的“美德伦理学”和基于实践条件的“境遇伦理学”。由此可见，仅把伦理作为哲学反思和知识论的对象显然是不够的。正如万俊人教授所说：“如果脱开具体的道德文化传统或道德谱系，伦理学的知识最多也只能是一种纯形式的知识，不具有任何实质性的内容，因而很难对人们的道德实践发生普遍的实质性价值影响。”①

在西方哲学传统的影响下，学界多对中国哲学采取一种“反向格义”的方法，以西方哲学话语方式和理想模型作为剪裁中国思想的工具和方法，伦理与中国伦理也被当代大多数学者仅仅看成是思想认知和理性思考的对象，鲜有《中国道德生活史》（这几年开始有了），而多有《中国伦理思想史》的著作。这种思想史只记述了一些思想家关于伦理的思想，却基本没有记述实际发生的中国人民的道德生活史；只高扬儒家的“义以为上”，却很少能看到国民性中的重视人伦日用甚至急功近利。伦理学长期被当作哲学的二级学科，所用方法主要也是哲学反思、知性认识的知识论方法。伦理作为文化即群体生活方式最终是要付诸实践的，而不仅仅是为了认识和知识，后者只能从属于前者，而不能本末倒置。认识、

---

① 万俊人：《正义为何如此脆弱——悠斋静思下的哲学回眸》，经济科学出版社2012年版，第162页。

知识是为了更好地生活，不是生活是认识和知识的注脚。行一定是先于知的，而不是先知了才能行的。因为如前所述，作为文化经验、实践理性、价值系统一定是先于个人而存在的，不管你是否认识到，你总是要首先面对并接受这个群体文化传统，先做起来才会成为群体的一员，至于它是否合理，你也许是群体的先知先觉者，认识并欲改变一些文化传统，你的这种新理念也要得到他人的普遍同意才会成为新的传统和文化。伦理作为一种实践理性是具有强烈的实践品质的，如果只知不行，那是片面的。总之深受西方哲学的认识—知识论方法影响的部分伦理学人，总是以追求知识为目的，这与中国文化、中国伦理重生活、重实践、重人格、重成人的目标追求是大异其趣的。以此方法来研究中国伦理，只能看到思想的零枝碎叶，却不能全面掌握中国人的文化与生活。

在当代中国伦理学的发展中，还有一种关于道德本质的理论，这就是坚持马克思主义立场观点的意识形态论，即认为："道德是一种特殊的社会意识形态，受社会关系特别是经济关系的制约。"① 道德本质上是一种建立在社会经济基础之上的意识形态，是统治阶级整体利益的自觉表达，是实现社会整合、政治治理的主要手段。这是当代中国伦理学的主流观点。笔者曾撰文对这种观点进行过评析（下面的论证中可能要直接引用笔者已发文章的部分内容）②，笔者认为，道德的本质是指道德是什么？它的基础是什么？而不是道德在社会中处于什么地位以及发挥了什么作用？如果说道德在阶级社会中，由于阶级的对立，使掌握经济政治权力的统治阶级主要把道德当作社会意识形态和思想的上层建筑，从而用来作为实现其思想控制和政治统治的手段，那么这是一个客观的事实。马克思的意识形态概念主要是一种社会结构的分析性概念，是说在阶级社会中，道德属于经济基础—上层建筑这个基本结构的思想的上层建筑或社会意识形态，这当然不能理解为对道德是什么这样一个根本性问题的回答，而只是指出了道德在社会结构中处于社会意识形态的地位。这种意识形态的道德论其实只是一种宽泛意义上的、唯物史观意义上的道德观，从唯物史观的角度看，说道德处于社会结构中的上层建筑地位，

① 罗国杰主编：《伦理学》，人民出版社 1989 年版，第 46 页。

② 肖群忠：《伦理与传统》，人民出版社 2006 年版，第 1—18 页。

能发挥意识形态的作用，这并没有错，符合马克思主义的物质—经济第一性的唯物论，也符合物质决定意识、意识反作用于物质的辩证法。但如果把作为人类文化重要组成部分的道德仅仅看成是社会结构中的意识形态，那就过于简单化了。因为人的生活不仅会有制度化的政治生活，也有每天都在发生的日常生活、集团生活、社会生活。道德的社会政治作用并不能取代它指导其他生活领域的作用。如果仅仅以政治道德指导全部日常生活的话，就会出现问题。作为社会的意识形态是不能穷尽丰富的人类生活实践的。我们不能把意识形态当作剪裁丰富社会生活的唯一尺度。一切从意识形态出发，把丰富变化的社会生活都拉到意识形态面前加以审判，以此判定是非、决定取舍，必然走向教条主义，会产生以政治取代道德，或者保守地说以政治道德取代全部道德（如生活道德、职业道德、社会公德、婚姻家庭道德等）的不良倾向。

虽然这种意识形态道德论是新中国伦理学的主流观点并在相当长的历史时期发挥着重要的影响，但学界已经有学者看出这种道德观的局限性，并初步提出了文化—道德观。如万俊人教授就认为道德不仅仅是一种社会意识形态，同时也是一种人类文化现象。“马克思用以分析道德异质的哲学前提是历史唯物论及由其演绎出来的阶级的革命学说，它的根本出发点是把道德作为一种社会的、甚至是阶级的意识形态和上层建筑。但是，人类的道德不仅是一种意识形态，同时也是一种人类文化现象，一种人性化的价值观念或价值精神。这也就是说，除了其阶级性特征之外，道德也还具有其文化价值和人性理想化追求的特征，具有作为社会整体生活秩序的公共规范性普遍道义约束力。因此，除了与社会生活密切关联（这种关联赋予了道德伦理作为社会意识形态和上层建筑的政治属性）之外，道德总是同时与特定的文化传统、社会生活秩序以及个体的人格理想相关联，并由此构成人类道德现象复杂多样的特征。”① 同时他认为人作为文化的创造者，在文化的创造发展实践中也在不断提升和丰富自身的人性。“道德是人类文化的精神内核。人性的文化特质和文化的价值取向决定了道德必定成为人类自身的内在目的之一，甚至是最为

① 万俊人：《道德的谱系与类型》，见《新哲学》（第一辑），大象出版社2003年版，第30页。

重要的内在目的。"① 万教授将道德视为凝聚着价值观念和价值精神的文化现象，道德既是关于人对理想化人性的目的性渴望，又是对人具有约束力的规范约束，而且更为深刻的是他将道德与一个民族的历史文化传统联系起来，具有宏大的理论视野。

笔者本人也长期较为自觉地坚持这种文化—道德观。在《道德究竟是什么?》中笔者曾经指出："道德是主体基于自身人性完善和社会关系完善的需要而在人类现实生活中创造出来的一种文化价值观念、规范及其实践活动。基于对道德本质的这种理解，我们认为道德有如下几个特点：第一，文化性。这是说道德本质上是人类的一种文化现象和文化创造，它主要体现为一种观念文化或精神文化，但可以通过制度文化和人类实践加以确证和体现。道德在阶级社会中主要发挥了社会意识形态的作用与功能，这只是道德文化发展的一种特殊历史现象。第二，价值性。道德是人类实践精神的即价值的掌握世界的方式，道德意识本质上是一种价值意识、价值观念和价值精神，一般价值意识在道德领域体现为主体的观念、行为对他人、社会的有利或有害的善恶意识，因此，道德是以善恶作为评价观念与实践的标准的，善与恶的矛盾是道德领域的特殊矛盾。第三，应然性。道德不仅是一种文化现象、文化创造，是一种善恶价值观念，而且也是一种应该和正当的规范意识和行动指令，它不仅是思想观念也是行为准则。应然性、正当性是道德的重要特征，它是道德的理想性和导向性的体现，也是道德的实践性的先导和前提。第四，实践性。道德不仅仅是一种社会意识形式或社会意识形态，它作为一种人类在实践中创造出来的文化价值观念和规范，必然源于实践，离不开实践并要指导实践，它是实践精神这就意味着，它是寓于实践中的精神，精神指导下的实践，精神与实践的密不可分、二位一体，知行统一甚至是知行合一，鲜明的实践性是道德的重要特点。总之道德就是这样一种具有文化性、价值性、应然性、实践性的社会文化现象。"②

① 万俊人：《人为什么要有道德?》（下），《现代哲学》2003 年第 2 期。

② 肖群忠：《伦理与传统》，人民出版社 2006 年版，第 9—10 页。

三　文化—道德观的真理性与合理性

文化道德观即一种以文化视角来看待道德的理论观点。这种文化—道德观对道德本质的理解笔者认为更符合历史与生活的真实，特别对于中国伦理来说就更是这样。以这种文化—道德观来研究中国伦理，自有其优势。

笔者认为，坚持西方哲学反思的道德观，其好处是有利于提高对道德现象的认知水平和自觉意识，但其可能导致知识、思想与生活、实践的脱离，导致“极高明”的哲学玄思与“道中庸”的日常生活的脱节。在伦理生活中，固然离不开知，但最终要落实到行，因此，中国伦理修养坚持知行合一，坚持“博学、慎思、审问、明辨”与“笃行”的统一。伦理不仅是思考的对象，更是生活实践本身。

意识形态的道德观重视道德对社会政治治理的作用，但有把人类丰富多样的伦理生活片面政治化的危险，不仅对道德的认识有局限性，而且在实践中可能会片面化，这种情况已经为当代中国人的道德生活实践所证明。社会主流道德的作用式微，是一种客观的存在状态。一方面可能由于社会价值观与道德观的内容发生了实质性的变化，再有一种可能就是因为单向度的政治道德不再适应已经变化了的丰富的社会生活，因为政治生活不再是所有民众的价值追求，人民群众的生活日常性日益凸显，因此，指导民众日常生活的、更为广泛的文化—生活道德观必然应运而生，以适应民众的需要。道德来源于民众鲜活的生活实践中，道德的形成，不是自上而下的单纯论证和教化，而是民众在实践中通过互动、协商、契约、履行而逐步形成的。离开了民众的生活实践，道德将会成为无源之水。

因此，文化—道德观的合理性及诠释路径的优势在笔者看来，主要体现为它更符合人类伦理生活的真实，因此，就更具有真理性与合理性。它的优势简单地说就是有利于伦理更加贴近生活，贴近实践，贴近民众。

伦理实际上是一定民族群体所创造的凝结着他们的价值观念与行为规范系统的一种生活方式，或者说伦理就是人们生活方式中所体现出来的价值观念与行为规范。生活产生伦理，生活也需要伦理的规范与指导。理论是灰色的，生活之树常青。生活不仅是处于社会上层的政治生活，而且包括民众的日常生活，衣食住行中有伦理，工作休闲中有伦理，人际交往中有伦理，家庭生活、职业生活、社会生活都需要伦理指导，这种丰富多彩的生活也会形成相应的生活伦理规范和生活方式。文化即群体的生活方式所凝结的价值观念，因此，在一定意义上说，文化即伦理或者说伦理是文化之魂。因此，文化、伦理与生活之间有高度的一致性和融合性，它们是相互规定、相互支持、内在地联系在一起的。因此，我们以文化即群体生活方式的视角来诠释伦理道德，是更加符合人类伦理生活的真实的，因而具有更多的真理性和合理性。

伦理不是一种纯粹认知理性，而是一种实践、价值理性，伦理不仅是认知的，更是实践的。韦政通先生有言：

> 西洋的哲学偏向的是精确的概念定义，清晰的逻辑推理、严密的理论证明等，而中国哲学这方面比较差，中国的哲学跟西洋的很不同。中国哲学注重的是精神修养，无论是儒家还是道家，都有这样的偏向。西方哲学与精神修养没有什么关系（神学例外），它注重的是抽象理论和逻辑思考。

中国人讲伦理学，一开始就和西方哲学讲的伦理学是两码事，性质上有根本的区别。中国人的伦理，我们叫作规范性的伦理，它是要用行为去实践的伦理；西方人的伦理学，主要问题不在实践，西方的传统里面，道德的实践问题是由宗教负责的。

> 我们当代的新儒家，受西方的影响，思想力求系统化、哲学化。这个也很重要，因为你受到西方的挑战，必须把中国哲学变成抽象的思考，也要变成系统化，要能翻译成英文给西方人看。但是新儒家把真正的儒家精神丢了。丢在哪里？就是丢在道德修养上没有重视。儒家要在社会上产生影响，现在的新儒家影响在哪里？那就是影响在学院少数读书的人，而且是对儒家有兴趣的人，影响是非常之有限，因为它是以知识为主的。一个儒家要在社会上有影响力，

它需要有淑世人格的感召力，这一代的新儒家是缺乏的。过去那些大儒，像王阳明、像朱熹、像程颐、程颢，像孟子、荀子，他们当时有很大的影响力，他们的影响力不是靠写书，而是靠对社会有种教化的责任。①

从我们上面引述的韦政通先生的相关论述中可以看出，仅以西方哲学反思的、知识逻辑的形式来诠释中国伦理的局限性。以我们的文化—道德观来诠释伦理会更加突出伦理的实践性品质。因为文化在我们看来就是群体生活方式，生活必然是实践的而不仅仅是反思的、知识的，终日思考不如起而行之，这是中国文化和道德精神所倡导的。刘笑敢先生也认为："中国哲学这个术语同时代表'现代学术'与'民族文化'两种身份。前者同时担当现代学科和世界文化资源两种角色，后者同时担任民族文化的主体和个人修身养性的精神指南。所谓'国学热'的出现凸显了儒、释、道作为民族文化代表和个人精神生命资源的功能在现代社会复兴的需要。"② 这种观点与我们从民族文化的角度解释中国哲学与中国伦理的观点是一致的，也反映了中华民族文化出现复兴曙光条件下当代学人的文化自觉。

文化—道德观的诠释路径还有一个更明显的优势就是强调人民群众作为文化主体的积极性与创造性。哲学反思的主体似乎只是一些高高在上的哲学家。意识形态的道德观往往把统治阶级及其代言人作为道德创造与教化的主体，民众似乎只是他们教化的客体与对象，既然要把道德作为实现社会政治治理的手段，自然是要把民众作为教化的对象。而文化—道德观却认为所有民众都是文化与伦理的创造者、参与者与实践者。我们既不需要圣人立法，更不需要统治者教化，"从来就没有什么救世主，要创造人类的未来，全靠我们自己"（《国际歌》词）。人民是文化的主人，是道德的主人，他们在自己的生活中探索、实践、总结、概括，协商、交流，形成源于自己的生活并能指导自己生活的价值观念与行为规范，这就是以他们为主体的生活伦理，这种生活伦理必然会指导他们

① 《韦政通八十前后演讲录》，华中师范大学出版社2009年版，第111、36、127—128页。

② 刘笑敢：《四海游学记》，《中华读书报》2011年2月16日。

过上伦理的、和谐的、幸福的生活。

［本文为国家社会科学基金重点项目："传统美德的继承创新与实现中国梦研究"（14AZD008）的阶段性研究成果

作者系中国人民大学哲学院教授，哲学博士，博士生导师，云南省道德研究院特约研究员］

儒家"三纲"伦理的现代反思

欧阳辉纯

中国传统儒家"三纲"自汉代以来不断受到冲击、批判和误读。大多数人认为，"三纲"是封建社会道德价值体系的"总纲"，是封建社会道德价值体系的代名词。随着中国改革开放和经济社会的全面发展，人们对"三纲"的批判也日益趋于理性和多元化，尤其在实现中华民族伟大复兴"中国梦"的感召下，现代中国人不再秉持极"左"或者极右的一元视野来看待"三纲"。习近平同志在中共中央政治局第十三次集体学习时强调，培育和弘扬社会主义核心价值观必须立足中华优秀传统文化。牢固的核心价值观，都有其固有的根本。抛弃传统、丢掉根本，就等于割断了自己的精神命脉。因此，我们应当立足中华优秀传统文化，用历史唯物主义和辩证唯物主义的方法和同情及敬意的态度，在阅读传统文化经典的基础上去阐明、理解和审视"三纲"的内涵，以便消除我们对传统"三纲"的误解与误读。

一 "三纲"的文本内涵与价值阐释

通常我们理解的"三纲"的基本含义指君臣、父子、夫妇三种伦理关系，即"君为臣纲，父为子纲，夫为妻纲"。最早提出"三纲"概念的是西汉著名思想家董仲舒。他说："循三纲五纪，通八端之理，忠信而博爱，敦厚而好礼，乃可谓善，此圣人之善也。"（《春秋繁露·深察名号》）还说："王道之三纲，可求于天。"（《春秋繁露·基义》）

对"三纲"进行系统的论述的是《白虎通义》。《白虎通义·三纲六纪》中说："三纲者，何谓也？谓君臣、父子、夫妇也。六纪者，谓诸父、兄弟、族人、诸舅、师长、朋友也。故《含文嘉》曰：‘君为臣纲，父为子纲，夫为妻纲。’又曰：‘敬诸父兄，六纪道行，诸舅有义，族人有序，昆弟有亲，师长有尊，朋友有旧。’何谓纲纪？纲者，张也。纪者，理也。大者为纲，小者为纪，所以张理上下，整齐人道也。人皆怀五常之性，有亲爱之心，是以纲纪为化，若罗网之有纪纲而万目张也。”《白虎通义》在这里详细论述了“三纲六纪”，指明了“三纲”的范畴、原则和目的。“三纲”的范畴主要指君臣、父子和夫妇；其原则是“大者为纲，小者为纪”；目的是“张理上下，整齐人道”，也就是为了建构人间伦理秩序，使社会有序化。

这里的“纲”和“纪”不应当理解为统治与被统治的关系，而是一种伦理秩序安排。《说文解字》说：“纲，纲纮也；纪，别丝也。”“纲”和“纪”是一种道德原则，是从事物的主要方面和原则上来把握事物，是责任伦理关系的一种诉求。《白虎通义》解释“三纲”时引用了《七纬·礼纬》中《含文嘉》的三句话：“君为臣纲，父为子纲，夫为妻纲。”我们知道，《含文嘉》是谶纬之书。谶纬是传统社会经学神学化的产物，是一种无所不包的庞大的神学体系，主要是依附孔子和儒家经典，凭借宗教神权的力量，用神学的启示来预示吉凶祸福。它形成于西汉后期，在整个东汉时期占有十分重要的地位，至魏晋南北朝时期开始衰落。[①]《含文嘉》首次将“三纲”理解为“君为臣纲，父为子纲，夫为妻纲”，这虽然是对“三纲”伦理关系的文本表达，但是我们从文本中看不出“三纲”本身包含统治与被统治的关系。如果我们把“三纲”中的“纲”理解为君主统治臣子、父亲统治儿子、丈夫统治妻子的政治统治关系，这是一种误解和误读，因为这与上述经典文本的原始含义不同。“三纲”中的“纲”体现出来的并不是一种统治关系，而是一种伦理原则和道德秩序。这种秩序就是从“大局”出发，“就是不把小我凌驾于大我之上，不把个人凌驾于组织之上”[②]。所以，“以某为纲”并不等于绝对服从。“三纲”只是指以某人为重，并无绝对服从或者绝对尊卑的意思。[③]

---

① 赵在翰辑：《七纬·前言》，中华书局2012年版，第3—5页。

② 方朝晖：《“三纲”与秩序重建》，中央编译出版社2014年版，第13页。

③ 同上书，第16页。

清华大学方朝晖教授指出："从等级关系的角度讲，领导者与被领导者之间的等级差别是由各自的位置决定的，不能理解为是一种人与人关系的不平等。人与人之间名位上的等级差异，有的是由工作关系决定的，有的是由血缘关系决定的，有的是由性别决定的。这三个方面，代表的正是'三纲'中的三种关系——君臣、父子和夫妇。"① 这与有的人把"三纲"理解为"为专制张本""倡绝对服从""倡等级尊卑""人格不独立"和"人性扼杀"② 等内涵是不同的。本质上"三纲"是指中国传统社会中君臣、父子和夫妇三种伦理关系和伦理秩序，并不是指服从与被服从、统治与被统治、压迫与被压迫的关系。

既然这种伦理关系和伦理秩序是一种"纲"，是从自我走向他人，从小我走向大我，从个别走向全局，从部分走向整体，那么是什么精神在支配这种"三纲"伦理秩序呢？笔者认为支配"三纲"这种伦理秩序走向社会各个方面的，是儒家"一以贯之"的"仁"的精神。

"仁"的本质是"爱"。孔子说："人而不仁，如礼何？人而不仁，如乐何？"（《论语·八佾》）还说："里仁为美。择不处仁，焉得知？""不仁者不可以久处约，不可以长处乐。仁者安仁，知者利仁。""唯仁者能好人，能恶人。""苟志于仁矣，无恶也。"（《论语·里仁》）这是孔子的"仁爱"之爱。孟子说："君子所以异于人者，以其存心也。君子以仁存心，以礼存心。仁者爱人，有礼者敬人。爱人者，人恒爱之；敬人者，人恒敬之。"（《孟子·离娄下》）这是孟子的"仁政"之爱。荀子说："仁义不一，不足谓善学。"（《荀子·劝学》）还说："仁义德行，常安之术也。""仁义之统，以相群居，以相持养，以相藩饰，以相安固。"（《荀子·荣辱》）"先王之道，仁之隆也，比中而行之。"（《荀子·儒效》）"仁者必敬人。"（《荀子·臣道》）这是荀子的"仁义"之爱。孔子追求"仁爱"之爱，孟子追求"仁政"之爱，荀子追求"仁义"之爱，都是以"仁"为核心价值。可以说，"仁"是儒家整个伦理道德价值体系的核心，离开"仁"来谈儒家的伦理关系和伦理秩序，就失去了儒家立场。

---

① 方朝晖：《"三纲"与秩序重建》，中央编译出版社 2014 年版，第 17 页。

② 同上书，第 1—7 页。

“仁”的根本内涵是“爱人”。这种“爱”，是一种自我实现、自我呈现、自我创造、自我发展，不断地从自我走向他人，从小我走向大我。儒家认为，这种“仁”的精神贯穿在生活中的各个方面。可以说，天地人之间的伦理关系和伦理秩序，都是“仁”的呈现。作为伦理秩序的“三纲”，也必然要以“仁”为主要精神“内核”。

具体要求是“君仁”“臣忠”“父慈”“子孝”“夫义”“妇听”（《礼记·礼运》）。“君为臣纲”是以“仁”为内在核心的君臣结合。西汉的昌邑王刘贺“受皇帝玺绶，袭尊号”（《汉书·武五子传》），但是他“淫乱”，“淫辟不轨”（《汉书·霍光传》），“即位二十七日”（《汉书·武五子传》）就被以霍光为首的大臣废黜。霍光说刘贺：“未见命高庙，不可以承天序，奉祖宗庙，子万姓，当废。”（《汉书·霍光传》）表面看来，大臣废黜皇帝，是篡逆，大逆不道。但是儒者认为，为仁、行仁、守仁是继承大位者最为重要的德性，也是“君为臣纲”的道德底线和道德原则。因此，刘贺被废黜得到了当时朝中大臣的支持。这也应承了孟子那句话：“有伊尹之志则可，无伊尹之志则篡也。”（《孟子·尽心上》）

“父为子纲”和“夫为妻纲”的家庭伦理秩序也以“仁”为核心。传统家庭伦理关系最基本的是父子和夫妇关系。对父母来说，父母要做到“父义母慈”（《左传·文公十八年》），母亲还要做到“母义子爱”（《左传·文公六年》）。这里的“义”当然指仁义。孟子说：“仁之实，事亲是也。”（《孟子·离娄上》）还说：“亲亲，仁也。”（《孟子·尽心上》）仁义在夫妻关系中，指的是“夫和而义，妻柔而正”（《左传·昭公二十六年》）。如果夫妻之间缺少了仁义，则意味着夫妻关系的破裂。《唐律疏义》明确规定：“夫妻义合，义绝则离。”（《唐律疏义·户婚律》义绝离之条）

总之，儒家“三纲”在“仁”这一道德观照下尽管显得抽象，但不会是一种服从与被服从、统治与被统治和压迫与被压迫的关系。这正如陈寅恪先生指出的那样：“吾中国文化之定义，具于《白虎通》三纲六纪之说，其意义为抽象理想最高之境，犹希腊柏拉图所谓 Eidos 者……若其所殉之道，与所成之仁，均为抽象理想之通性，而非具体之一人一事。”①

① 陈寅恪：《陈寅恪集·诗集》，生活·读书·新知三联书店 2009 年版，第 12 页。

二 “三纲”批判的逻辑演变与价值颠覆

“三纲”被确定为传统社会的意识形态是从汉代“罢黜百家，独尊儒术”的汉武帝时代开始的，到东汉《白虎通义》将“三纲”正式定位为官方意识形态之后，就成为传统社会千年不变的政治文化遗传密码，对传统社会产生了深远影响。

通过汉武帝“罢黜百家，独尊儒术”，儒家取得了独尊的地位，作为儒家伦理道德核心体系的“三纲”成为社会最基本的伦理原则和实践指南。不过，有一点应当指出，“三纲”尽管在汉武帝时代是官方意识形态，这只是理论上的，在实际社会中还不具有普遍性。随着社会经济和教育事业的发展，到了东汉“三纲”才被普及。但是，自“三纲”被确定为官方意识形态之后，一直都不乏批评的声音，只是有的时候表现得特别突出，有的时候表现得比较隐蔽，但是批判的声音从来就没有停止过。在汉代后期和魏晋南北朝时期，“三纲”即受到了严重的挑战。这个时期战争频发，卖官鬻爵，吏治腐败，群奸秉权，阉党用事，危害忠良，百姓挨饿受冻，甚至易子而食。这时候，在思想史上，名教衰微，玄学大兴，对儒学“三纲”伦理秩序的批判也此起彼伏。

近现代以来，尤其是“五四运动”以来，“儒家伦理，千丑百怪，最昭著者，莫过于‘三纲五常’。力陈‘落后’，往往以此为矢的；痛批‘封建’，常常用它当靶心。‘三纲五常’成了现代学人中人人喊打的‘过街老鼠’和观念转变过程‘墙倒众人推’的典型”①。近现代对“三纲”的批判首先是从君臣一伦开始，最后扩展到父子和夫妇二伦，“文化大革命”又将这种批判扩展到全社会。“三纲”经过了“五四运动”和“文化大革命”的“洗礼”，至今让人谈“三纲”色变，成了“过街老鼠”。我们甚至可以发现这样一种奇怪的现象：有时候越是对“三纲”批判得猛烈，一些人感觉这个批判者的思想就越“先进”。“五四运动”时期的陈独秀、胡适、吴虞就是这样。

① 景海峰：《“三纲五常”辩义》，见蔡德麟、景海峰主编《全球化时代的儒家伦理》，清华大学出版社2007年版，第17页。

那么，从中国伦理思想史上来说，儒家的“三纲”从来就不是一种压迫与被压迫、统治与被统治、服从与被服从的关系。“三纲”体现的只是一种社会秩序安排，这种安排是一种“抽象境界”的安排，但是不具有绝对性。这种安排不是针对“一人一事”，更不是针对某个集团、某个人群或者是某个姓氏家族。叶蓬说：“在三纲之中，臣对君、子对父、妇对夫的服从，严格地说不是对某个个体，而是对道德义务的服从，即对自身相对对方的应履行的道德义务的服从。这是服从道德的权威，而不是服从世俗的权威。从义不从君，从道不从父，就是这层意思。换言之，从本义上说，纲在理、在道，而不在人。”①

因此，从这个意义上来说，“三纲”在历史上从来就没有被“服从”过，“三纲”的道德价值体系也是在不断地被颠覆，又不断地被修复和推进。只是近现代以来批判显得更加激烈，更加全面。

（一）君臣一伦

这一伦首次受到重大冲击是在魏晋南北朝时期。东汉后期，宦官专权，外戚干政，宦官和外戚为了巩固各自的权力，置儒家的“三纲”于脑后，或者是利用“三纲”为篡位提供便利。曹操“挟天子以令诸侯”就是例证。司马炎逼迫曹氏禅让建立西晋也是一个典型案例。南朝的宋、齐、梁、陈各代的开国君主都是采用武力相逼迫的形式迫使前代君主禅位。但是从当时的历史语境来说，无论是“挟天子以令诸侯”，还是迫使君主禅位，都是对“君为臣纲”的一种背叛。

对君臣一伦最典型的破坏发生于东魏孝静帝身上。当时高澄大权在握，密谋篡位。有一次高澄陪孝静帝饮酒，孝静帝口口声声称“朕”。这激怒了高澄，他一气之下，就骂孝静帝是“狗脚朕”；不仅如此，还命令下属崔季舒打了皇帝三拳。第二天，高澄去见皇帝，皇帝不仅不敢生气，而且还赐给打他的崔季舒百匹绸绢作为打皇帝的酬劳。《资治通鉴》记载：“澄尝侍饮酒，举大觞属帝曰：‘臣澄劝陛下酒。’帝不胜忿，曰：‘自古无不亡之国，朕亦何用此生为！’澄怒曰：‘朕，朕，狗脚朕！’使崔季舒殴帝三拳，奋衣而出。明日，澄使季舒入劳帝。帝亦谢焉，赐季

---

① 叶蓬：《三纲六纪的伦理反思》，《河北师范学院学报》（社会科学版）1997 年第 3 期。

舒绢百匹。”（《资治通鉴·梁纪十六》）这无疑是对君臣一伦的极大讽刺。

唐朝发生的“安史之乱”也是对君臣一伦极大的反叛，朱温废除唐哀帝李柷建立大梁政权。赵匡胤发动“陈桥兵变”夺取后周政权。这些无疑都是对君臣一伦的背叛。尤其是五代时期人称“不倒翁”的冯道，他历仕后唐、后晋、后汉、后周四朝十君，为相二十余年，这是对“君为臣纲”一次最典型的嘲讽。

批判君臣一伦最激烈的是明末清初时期启蒙思想家黄宗羲、顾炎武、唐甄、王夫之等人。他们对君臣一伦的批判比以往任何时期都要激烈。黄宗羲说：“天下为主，君为客。”（《明夷待访录·原君》）这是对方孝孺“故天之立君所以为民，非使其民奉乎君也”（《逊志斋集·君职》）的继承和发扬。他批判君主“敲剥天下之骨髓，离散天下之子女，以奉我一人之淫乐”（《明夷待访录·原君》），认为祸害天下最大的是君主。他说：“为天下之大害者君而已矣。”（《明夷待访录·原君》）

顾炎武认为，君主只是一种官职，并不代表天下。这是对“普天之下莫非王土，率土之滨莫非王臣”皇权信条的批判。他说：“有亡国，有亡天下。亡国与亡天下奚辨？曰：易姓改号，谓之亡国；仁义充塞，而至于率兽食人，人将相食，谓之亡天下。……保国者，其君其臣肉食者谋之；保天下者，匹夫之贱与有责焉耳矣。”（《日知录·正始》）

对君臣一伦批判最猛烈的应数唐甄。他大声疾呼：“自秦以来，凡为帝皇者皆贼也。”（《潜书·室语》）这是对秦汉以来皇帝制度的直接否定。为什么“凡为帝皇者皆贼也”？唐甄解释说：“杀一人而取其匹布斗粟，犹谓之贼；杀天下之人而尽有其布粟之富，而反不谓之贼乎！”（《潜书·室语》）因此，他认为将盗贼般的君主杀死百次也难以抵消他们的罪孽。唐甄说：“有天下者无故而杀人，虽百其身不足以抵其杀一人之罪。”（《潜书·室语》）

王夫之认为，天下不是皇帝一家一姓的私有财产，这是对春秋以来“天下，非一人之天下，天下之天下”（《吕氏春秋·孟春纪·贵公》）道德精神的总结。他说：“以天下论者，必循天下之公，天下非夷狄盗逆之所可私，而抑非一姓之私也。”（《读通鉴论·卷末·叙论一》）他以“公天下”的道德勇气，批判了“孤秦陋宋”，号召大家“濯秦愚，刷宋耻”。“秦愚”就是指“以一人私天下”的皇帝专制制度；“宋耻”指宋廷为外族灭亡，使国家和人民蒙羞。因此，他主张：“不以一人疑天下，不以天下私一人。”(《黄书·宰制》)

以上对传统“君为臣纲”的批判，缺乏深度的理论支持，有的甚至是情绪的宣泄，有的是在利用“君为臣纲”为自己谋权篡位提供理论支持。明末清初启蒙思想家尽管反对君主，但是从他们的行为也能看到他们对君主的倚重。如王夫之为了抗击清廷，依附明代流亡君主，最终被奸臣所逼，被迫离开晚明小朝廷。从现实的行动事实上来说，王夫之等人反对的是清朝的君主，但是对明朝实际在位的君主却是依附的。这反映了启蒙思想家理论上的不彻底性。但是从另外一个方面也说明了这样一个事实：“君为臣纲”是儒家设定的一种伦理秩序和伦理原则。这种伦理秩序和伦理原则，表面看来是神圣的，尤其是对将此作为官方意识形态的皇帝和当权者来说，“君为臣纲”是千古不变的定论，是符合宇宙秩序的法则，甚至在君臣一伦的关系上，他们还强调“君要臣死，臣不得不死”的专制主义信条。臣民谁不服从这一条，谁就是篡逆，谁就是大逆不道。但是，这只不过是统治者利用甚至篡改了儒家“君为臣纲”的本来内涵，加入了更多的法家专制主义的统治思想元素。“君为臣纲”其实是儒家一种伦理秩序的安排，这种安排如果缺失了“仁”的价值，那么任何一位权臣都可以颠覆这种伦理关系。

如果说近代以前的反“君为臣纲”只是行动和情绪的反叛，而近现代以来对“君为臣纲”的反叛和批判是全面的、彻底的、有理论深度的。

太平天国借用“天父”的名义对“君为臣纲”进行了彻底的批判，其矛头由“三纲”直逼孔子本人。这是第一次用西方基督教理论批判儒家“三纲”。洪秀全说：“天父上主皇上帝……推勘妖魔作怪之由，总追究孔丘教人之书都错……因责孔丘曰：‘尔因何这样教人糊涂了事，致凡人不识朕，尔声名反大过于朕乎？’”(洪秀全《太平天日》)太平天国1853年定都天京时就昭告天下：“凡一切孔孟诸子百家妖书邪说者尽行焚除，皆不准买卖藏读也，否则问罪也。”[①] 凡是违犯这个规定的一律处斩

---

① 《诏书盖玺颁行论》，见中国史学会主编中国近代史资料丛刊《太平天国》(二)，上海人民出版社、上海书店出版社2000年版，第313页。

刑。佚名的《金陵纪事》一书中也印证了这个事实："'贼'改南京为天京……出示以读孔孟书及诸子百家者皆立斩。"① "凡一切妖书如有敢念诵、教习者，一概皆斩。"②

总之，在太平天国统治范围内，凡是孔孟百家之道的书，都不准买卖、阅读、教习。否则，"读者斩，收者斩，买者卖者一同斩"③。太平天国整体上以外来非正统的基督教反对孔孟之道，这只不过是统治者为了夺取政权的一种措施。张锡勤先生说："太平天国所以攻击孔子，是基于基督教崇拜上帝'独一真神'的教义，是宗教排他性的表现，实则是出于这场农民战争的政治需要。"④ 但是其专制体制并没有发生变化，甚至在太平天国定都天京之后，其专制制度不仅没有放松，反而更加强化了。

太平天国用非正统基督教思想来反对儒家，汪士铎则是用陈旧的法家理论来反对儒家，甚至想以法家的理论来取代儒家。他主张儒学是有害的。他说："道学家其源出于孟子。以争胜为心，以痛诋异己为衣钵，以心性理气诚敬为支派，以无可考验之慎独存养为藏身之固，以内圣外王之大言相煽惑，以妄自尊大为仪注，以束书不观为传授，以文章事功为粗迹……自了汉而已，害人精而已。"⑤ 他认为，与其让这种无用害人的儒学来支配社会和国家，还不如采用法家来统治社会和国家。他主张，"不用孔孟"，"不言道学"，"不用六经"。⑥ 这与五四新文化运动吴虞们提出的不读中国书，应把古籍丢进茅坑，并无区别。他认为直接用法家思想就可以实现国家的长治久安。他说："法韩非之综核名实，商鞅之令行禁止，白起、王翦、韩信之伦草芟而兽弥之。"⑦ 甚至说："立太公、周公、孔子于上，而辅以韩、申、商，又辅以白起、王翦、韩信，配以管

① 佚名：《金陵纪事》，见太平天国历史博物馆编《太平天国史料丛编简辑》（二），中华书局1961年版，第47页。

② 张德坚：《贼情汇纂》（卷八），见中国史学会主编中国近代史资料丛刊《太平天国》（三），上海人民出版社、上海书店出版社2000年版，第232页。

③ 马寿龄：《金陵癸甲新乐府·禁妖书》，见中国史学会主编中国近代史资料丛刊《太平天国》（四），上海人民出版社、上海书店出版社2000年版，第735页。

④ 张锡勤：《儒学在近代中国的命运》，人民出版社2011年版，第65页。

⑤ 汪士铎：《汪悔翁乙丙日记》（卷二），台北文海出版社1967年版，第76页。

⑥ 汪士铎：《汪悔翁乙丙日记》（卷三），台北文海出版社1967年版，第155页。

⑦ 汪士铎：《汪悔翁乙丙日记》（卷二），台北文海出版社1967年版，第75页。

仲、诸葛，则庶乎长治久安之道矣。”① 汪士铎想用法家来代替儒家的纲常是行不通的，秦朝失败的例子已经证明这点，如果再用以韩非子为主的法家理论来统治中国，只会造成更大的危害。

戊戌变法时期，对君臣一伦反对最为猛烈的，当数谭嗣同。他说：“独夫民贼，固甚乐三纲之名。”（《仁学》第三十七节）还说：“数千年来，三纲五伦之惨祸惨毒，由是酷焉矣。……而仁尚有少存焉得乎？”（《仁学》第八节）因此，主张“冲决伦常之网罗”，反对君臣一伦。在他之后出现的“五四”新文化运动，全面反对君臣、父子和夫妇伦理。但是，我们从上面的论述中发现一个非常有趣的现象，不论是近代以前的反“君为臣纲”者，还是近代反“君为臣纲”者，他们的心中都有自己的君主，即使是没有“君主”，他们也会造一个心中的“君主”为依托。就算反对“君为臣纲”最为猛烈的谭嗣同，他参与戊戌变法，也是依靠光绪帝这位他心中的圣君来实行的。

因此，我们说儒家的“君为臣纲”，并不是指服从与被服从、统治与被统治、压迫与被压迫的关系，而是一种道德原则和伦理秩序，只是这种原则和秩序不是现实的、具体的，而是抽象的。这正如著名学者贺麟先生指出的那样：“三纲说君为臣纲，是说君这个共相，君之理是为臣这个职位的纲纪。说君不仁臣不可以不忠，就是说为臣者或居于臣的职分的人，须尊重君之理，君之名，亦即是忠于事，忠于自己的职分的意思。完全是对名分、对理念尽忠，不是作暴君个人的奴隶。唯有人人都能在其位分内，单方面地尽他自己绝对的义务，才可以维持社会人群的纲常。”②

（二）父子一伦

对这一伦批判较为激烈的代表是孔融。他说：“父之于子，当有何亲？论其本意，实为情欲发耳。子之于母，亦复奚为？譬如寄物缶中，出则离矣。”（《后汉书·孔融传》）孔融认为，父子之间并不是“父为子纲”的道德体现，儿子只不过是父亲情欲爆发的产物。儿子对于母亲来

① 汪士铎：《汪悔翁乙丙日记》（卷二），台北文海出版社1967年版，第82—83页。

② 贺麟：《文化与人生》，商务印书馆1988年版，第60页。

说，并没有血缘亲情，儿子孕育于母腹犹如把一件东西寄放在瓶子中，出生之后，母子之间并不存在孝道关系。

其实，在魏晋南北朝，孔融对父子纲常的批判具有普遍性，不是个别现象。所以，徐幹说：“父盗子名，兄窃弟誉，骨肉相诒，朋友相诈，此大乱之道。”（《中论·考伪》）后来，魏国的杜恕这样总结说：“今之学者师商韩而上法术，竟以儒家为迂阔，不周世用，此风俗之流弊。”（《三国志·魏书·杜恕传》）

《后汉书·陈蕃传》记载了一个叫赵宣的人，他在父母的墓道中生了五个孩子。史载：“民有赵宣葬亲而不闭埏隧，因居其中，行服二十余年，乡邑称孝，州郡数礼请之。郡内以荐蕃，蕃与相见，问其妻子，而宣五子皆服中所生。”按照儒家礼制规定，子女为父母守孝三年，是为了报答父母的养育之恩。但是赵宣假借守孝之名，在墓道中居住二十多年，博取了“孝子”之虚名，其实却在其中生育了五个孩子。这种伪孝无疑是对“父为子纲”的极大讽刺。

“五四运动”时期，陈独秀在其创办的《新青年》上发表了许多关于家庭制度和妇女解放的文章。陈独秀在《一九一六》一文中说：“父为子纲，则子于父为附属品，而无独立自主之人格矣。”父子之间的不平等就是由“三纲”引起的。他说：“尊卑贵贱之所由分，即三纲之说所由起。”（《宪法与孔教》）李大钊认为：“二千余年来支配中国人精神的孔门伦理，所谓纲常，……那一样不是损卑下以奉尊长……于君臣关系，只用一个‘忠’字，使臣的一方完全牺牲于君；于父子关系，只用一个‘孝’字，使子的一方完全牺牲于父；于夫妇关系，只用几个‘顺’、‘从’、‘贞节’的名辞，使妻的一方完全牺牲于夫，女子的一方完全牺牲于男子。”（《由经济上解释中国近代思想变动的原因》）鲁迅在《狂人日记》中认为整个封建社会就是“吃人”的社会，封建礼教就是“吃人”的礼教。他的批判得到了吴虞等人的支持，吴虞说：“我们如今应该明白了，吃人的就是讲礼教的，讲礼教的就是吃人的呀！”（《吃人与礼教》）

“五四运动”呼吁自由、平等、博爱，提倡“新道德”，反对“旧道德”，这本身是一种进步。但是，我们反思“五四运动”中父子一伦，就会发现一个问题：“五四运动”反对父子一伦，将儒家本身有价值的家庭伦理一并丢掉了。“孝”是家庭社会中非常重要的社会规范，那种把一切传统礼教视为“吃人”的本质，显然是偏颇的。“父为子纲”只是一种“抽象原则”，并不是针对具体的一人一事。所以，“五四运动”反对“父为子纲”，却把“父为子纲”当成是现实的父子关系来反对，这导致许多家庭父子关系紧张，使得“孝”道遭遇重大挫折。他们把中国文化和西方文化严格对立起来，为了弘扬西方文化，将中国伦理文化本身合理的东西一并丢掉。现代人应该以更加理性的态度来看待“五四运动”，应当超越“五四”的思维格局，从反对传统文化转为理性回归传统文化，这样，我们才能更好地弘扬中国传统文化，发展中国当代道德文化。

（三）夫妇一伦

夫妇之间的关系，素来受到儒家的重视。《周易·序卦》说：“有天地然后有万物，有万物然后有男女，有男女然后有夫妇，有夫妇然后有父子，有父子然后有君臣，有君臣然后有上下，有上下然后礼义有所错（措）。”把夫妇之间的关系提升到天地的高度，认为夫妇之间，是阴阳的结合，是人伦秩序形成的根源。

“夫为妻纲”表达的意思并不是说丈夫对妻子有绝对的统治权和支配权，而是从伦理秩序来说，妻子应该从家庭生活的整体和全局出发来协调家庭之间的关系。假如“夫为妻纲”是表示妻子对丈夫的服从的话，那么古代的离婚事件就应该很少发生。但是，我们查看二十四史和《太平御览》，随处都可以看到古代离婚的案例。今人张国刚主编的五卷本《中国家庭史》中，关于古代离婚的资料非常丰富。“夫为妻纲”并不是说丈夫是妻子的绝对统治者，妻子也不是丈夫的附属品。如果妻子嫌弃丈夫，妻子是可以离开丈夫的。如汉代主张以孝治天下，强调家庭的和谐和稳定。但是，像朱买臣，他在发迹之前，其妻子就主动要求离婚。朱买臣早年家贫，不治产业，以砍柴为生。他不以砍柴卖为耻反以为荣，“常艾薪樵，卖以给食，担束薪，行且诵书”，他的妻子感到羞愧，要求离婚。朱买臣劝她不要离开，告诉她虽然现在穷点，但是以后肯定能富贵，妻子不但不听反而嘲笑他说，能不饿死就不错了。她说：“如公等，终饿死沟中耳，何能富贵！”（《汉书·朱买臣传》）终于，买臣不能留，即听去。

南开大学王利华教授指出，在传统社会里，妻子主张离婚的主要有以下几个方面的原因：一是因为丈夫道德品行拙劣而离婚的。汉代张耳的妻子最初嫁给前夫，前夫不才，品行不端，她擅自单方面离婚，后嫁给张耳。二是因为丈夫身体有恶疾而离婚或改嫁的。《汉书·卫青传》记载，汉武帝的姐姐平阳公主（因为食邑在阳信，人称阳信公主）第一次嫁给曹参的曾孙曹寿，曹寿死后嫁给开国功臣夏侯婴的曾孙夏侯颇。夏侯颇与他父亲的前任官员的姬妾通奸，畏罪自杀。平阳公主第二次守寡。如果按照“夫为妻纲”的原则，平阳公主第二次嫁人就不符合礼制。但是，平阳公主最后还嫁了第三次，这次是嫁给大将军卫青。三是因为丈夫经济拮据而离婚的。前文提到的朱买臣就是典型。《汉书·外戚传》记载，汉景帝的皇后是臧儿长女，本来已经嫁给了金王孙为妻，生有一个女儿。但是臧儿有次卜筮，觉得“两女当贵”，于是迫使女儿与金王孙离婚，“金氏怒，不肯与决”，金王孙不同意，臧儿没等到女儿离婚就把女儿嫁入太子宫。在现代这其实就是一种重婚罪的行为。①

“五四运动”号召女子不应当“从一而终”，主张寡妇改嫁，为自己的幸福而斗争。这本身就是对传统婚姻伦理文化的继承。从古至今妇女离婚改嫁本身就是普遍存在的。

由上所知，“夫为妻纲”并不是指一种统治与被统治的关系，而是表达了家庭生活中的一种道德原则和伦理秩序。这种原则和秩序只是一种“抽象理想”的表达，在现实生活中，并不具有绝对的不可挑战的道德权威。

总之，自“三纲”被确定为官方意识形态以来，一直受到批判和挑战。只是近代以来，对“三纲”的批判更为猛烈，“五四”新文化运动对三纲的批判达到前所未有的高潮。著名学者霍韬晦先生说：“为了替西方文化的进入清除障碍，‘五四’中人对西方文化并未作认真研究、恳切学习，反而只是集中力量来拆自己的城墙，从事内部斗争。……‘五四’中人对传统文化虽然凶巴巴，但不能对外，对外的时候，只是可怜的自卑者。”②“五四运动”是想打破一切“纲常”，将人从家庭和血缘伦理中

① 王利华：《中国家庭史（先秦至南北朝时期）》，张国刚主编，广东出版集团、广东人民出版社2007年版，第259—260页。

② 霍韬晦：《从反传统到回归传统》，中国人民大学出版社2010年版，第104页。

解放出来，使人从家庭的人、血缘的人、社会的人，还原为原子式的、单子式的社会人，这种追求尽管对引进西方文化，主张“道德革命”是一种美好的愿望，但是不符合人性的本质。马克思说，人的本质是一切社会关系的总和。这个“总和”自然包括父子伦理、夫妇伦理等家庭伦理。没有家庭，人就是一个孤独的个体，家庭不稳定，社会就很难稳定。随着中国的改革开放和人们视野的不断扩大，现代中国人应该以更加理性和多元的方法，来看待近现代以来对“三纲”近乎激进和非理性的情绪式的批判。

三 “三纲”的现代反思

余英时先生指出：“自19世纪中叶以来，中国进入了一个全面变动的历史阶段，传统的价值系统受到了最为严厉的挑战。”① 这个“最严厉的挑战”其实主要表现为对传统儒家伦理价值体系的挑战，集中表现就是对“三纲”的挑战。从文化发生学的角度来说，儒家的“三纲”自其产生之日起就一直受到挑战。其中原因很多，有政治的，有经济的，有文化的，也有挑战者本身的生活经历、教育背景、思维习惯和个性性格等方面的因素。但是，有一点应当明白：儒家的“三纲”本质上是儒家“仁”的精神的体现。这种“仁”的精神就是一种“道统”的精神。但是，历史上的统治者，几乎清一色的都不是儒家，而是法家的继承者，就算是唐代李世民，清代康熙、乾隆，尽管体现出来的儒家色彩比其他的皇帝要浓厚一些，但是依然无法掩盖其专制君主采用法家统治的本质。法家是为专制者量身定做的理论，尽管秦始皇立朝建国不到二世，秦朝就迅速土崩瓦解，但是后继者从秦的失败中领悟到了法家的强大和脆弱，因此当继任者再次登上皇帝宝座的时候，其统治手段就变得十分隐蔽。为了避免法家统治的脆弱的一面，他们往往采取“阳儒阴法”，即“面包”加“大棒”式的刚柔并济的统治策略，但掩盖不了其专制统治的本质。

儒家追求的是修身、齐家、治国、平天下，终极目的是实现天下太平的“大同”社会。《礼记·礼运》篇非常经典地表达了儒家对“大同”社

① 余英时：《中国情怀：余英时散文》，北京大学出版社2012年版，第3页。

会的追求和向往："大道之行也，天下为公。选贤与能，讲信修睦，故人不独亲其亲，不独子其子，使老有所终，壮有所用，幼有所长，矜寡孤独废疾者皆有所养。男有分，女有归。货，恶其弃于地也，不必藏于己；力，恶其不出于身也，不必为己。是故，谋闭而不兴，盗窃乱贼而不作，故外户而不闭，是谓大同。""三纲"本身就是实现"大同"的一种手段和过程，同时，"三纲"本身也包含"仁"的价值内核。因此，儒家强调的"三纲"即君臣、父子、夫妇三伦，本身就不能理解为君主统治臣子、父亲统治儿子、丈夫统治妻子这种简单的"阶级论"。"臣"之所以是臣，是需要册封的。人天生不必然是臣，只有经过一定的"礼仪"册封之后才能称之为臣。[①] 君与臣是以"仁义"相结合的，不是一种天然的关系。《白虎通义·文质》说得非常清楚："臣之事君以义合也。"《晋书·庾纯传》中也说："君臣之交，出自义合。"因此君臣之间，并不是那种"君要臣死，臣不得不死，君要臣亡，臣不得不亡"的统治与被统治、压迫与被压迫的关系。父子一伦是一种"天性"，"爱由自然"（《晋书·庾纯传》）。但是，这并不是说父子关系是父亲对儿子的绝对统治的关系。儿子对父亲的服从也是依据"仁义"，遵循"从道不从父"的原则。对于父辈的错误决定，儿子不是做应声虫，言听计从，而是有自己的选择权和判断力。夫妻之间的聚合，也是一种"仁义"的结合。夫妻之间的关系和君臣关系一样，并不是天然的，而是要经过纳彩、问名、纳吉、纳征、请期、亲迎"六礼"，才能算正式的合法夫妻。妻子听从丈夫的安排，也是以"仁义"为原则的。一旦丈夫寡恩少义，无情无义，妻子是可以主动提出离婚的。所以说，"三纲"中的君臣、父子和夫妇三伦，并不是一种统治与被统治、压迫与被压迫的关系，而是依据儒家"仁义"原则建立的伦理关系。在面对道德选择时，君臣、父子、夫妇之间应当从整体利益出发，依据小我服从大我、个体服从全体的道德原则去行动。

当然，我们反思"三纲"，不是为了"发思古之幽情"，也不是为了否定"五四运动"的历史价值，更不是在为传统儒家伦理"招魂"。马克思说，哲学家的目的不仅仅是解释世界，更是为了改造世界，反思儒家

---

① 甘怀真：《皇权、礼仪与经典诠释：中国古代政治史研究》，华东师范大学出版社 2008 年版，第 151—224 页。

“三纲”是为了更好地建设当今社会。

“三纲”中的君臣、父子和夫妇三伦，君臣一伦不可能在现代社会中出现，因为君主制度已经完成了它的历史使命，在现代社会中如果还提倡君臣一伦，就显得十分迂腐。但是儒家君臣一伦，我们可以改成国家和公民一伦，将君改为国，将臣改为民，形成国民一伦。著名学者何怀宏教授提出“新三纲”，他把旧三纲“君为臣纲、父为子纲、夫为妻纲”，改成“民为政纲、义为人纲、生为物纲”。[①] 我们姑且不论这种“新三纲”是否具有合理性和可操作性，但是这无疑反映了现代中国知识分子，在继承传统文化精神的基础上，提出问题、分析问题和解决问题的努力尝试。

传统文化是活生生的，它本身就生活在现代之中，因此我们不能想当然地隔断历史文化传统，在文化沙漠上去建设中国特色社会主义道德文化大厦。新时期以来，我国的政治、经济和文化建设取得了举世瞩目的成就，中国的面貌已经焕然一新。当前，我们在努力实现中华民族伟大复兴“中国梦”的实践中，在朝着“两个百年梦”的目标奋进过程中，我们的社会道德还是出现了许多问题：一面是物质繁荣，一面是精神饥饿。道德滑坡、青少年犯罪、贪污腐败、环境污染、假冒伪劣、诚信缺失等问题，已经引起了政府和民众的高度关注。因此，我们在治理社会，发展经济，协调人际关系，在进行道德建设、文化建设、家庭建设的时候，国家和民众之间、父辈与子女之间、妻子和丈夫之间仍然是不可绕开的社会关系。如果我们从儒家“三纲”的伦理精神中汲取有益的价值，无疑对我们的国家、社会和家庭的建设和发展是有益的。我们应该抛开单一的思维方式，全面地审视儒家的“三纲”，以便更好地继承传统，发展传统，更好地建设国家、社会和家庭。

（原载《孔子研究》2015年第1期。

作者系贵州师范大学马克思主义学院教授，贵州师范大学阳明文化研究院研究员，云南省道德研究院特约研究员，哲学博士，政治学博士后）

---

① 何怀宏：《新纲常：探讨中国社会的道德根基》，四川出版集团、四川人民出版社2013年版，第95页。

天人合一　绿色发展

——“天人合一”思想在当代中国实践中的价值指向和意义

姚天祥

中国传统文化中蕴含着丰富的生态思想，其中“天人合一”堪称处理人与自然关系的经典命题。“天人合一”思想最初起源于先秦孟子提出的“天人相通”思想，其间经过汉代董仲舒“天人相类”“天人感应”思想的补充，最后由宋代张载综合概括为“天人合一”思想。它主要包括三个方面的内容。第一，“天人合一”所讲的“天”指自然界或自然的总体，宇宙的最高实体；同时，“天”又具有人格化的特征，世界上的万事万物都是天生、天养、天成，天赋予万事万物生长发育的生机和生存的权利和价值。第二，“天人合一”的“合一”，是指天人一体，以天为本。人与自然是一个不可分割的统一体，人来自大自然，是自然界的一部分。同时，天又是至高、至上、至大的万物之本源，所以人本于天，即人性本于天性，人伦本于天理。人类社会的道德法则与自然规律具有内在的统一性或一致性。第三，“天人合一”对人的要求是，对天要有所敬畏，要通过“知天”“畏天”的统一，体现人类对“天”的责任。天道是人道的根据，人道出自天道。人事必须顺应天意，要将天之法则转化为人之准则，克制自己的贪欲，协调好人与自然的关系，和谐相处，共同发展。“天人合一”思想从天人整体观出发，将天道与人道贯通于一体，其本质是人与自然的和谐共生。

一

“天人合一”思想无疑是我们传统文化中最重要的生态智慧。今后二三十年，是我国经济发展的关键时期，同时也是我们环境保护的关键时期，实现工业化的过程不对自身环境和世界环境造成损害，不仅关系到中华民族的繁荣昌盛，而且将影响全世界。践行天人合一，实现绿色发展，昭示着我们将重新审视过往的行为，摒弃以牺牲环境为代价的做法。这不论对于实现以人为本、全面协调可持续发展，还是对于改善生态环境、提高人民生活质量，实现全面建成小康社会的目标，都是至关重要的。

践行天人合一，实现绿色发展，体现了以人为本的价值理念。社会发展的核心是人。人既是推动社会发展的动力，又是衡量社会进步的根本尺度。人类社会的发展和进步总是集中表现在人的发展上，表现在满足人类的生存和发展的需要上。经济发展和社会发展，倘若不能转化为人的发展，那就失去了明确的目标和方向。“以人为本”是科学发展观的核心，促进人的全面发展是建设生态文明的终极价值追求。践行天人合一，实现绿色发展，就是要从解决人民群众最关心、最直接、最现实的利益问题入手，着力解决好群众普遍关注的环境问题。环境问题解决不好，就会使人们生活环境的质量下降，影响人们的生活质量、身体健康和生产活动。严重的污染事件不仅带来健康问题，也会造成社会问题。随着人们生活水平的提高，人们对生活质量提出了更高的要求，对洁净的空气、清洁的饮水和绿色食品等生态条件和良好生态环境的需求越来越迫切。践行天人合一，实现绿色发展，就是要创造一个适合于人的本性的良好生态环境，让人们在优美的环境中工作和生活。

践行天人合一，实现绿色发展，内在地要求转变经济发展方式，推动经济社会又好又快发展。科学发展观的基本要求是全面协调可持续发展。在经济发展领域，它要求经济增长与经济结构优化的统一，经济产出与资源节约的统一，经济效益与生态环境保护的统一，正如党的十八大报告所说，要在经济持续健康发展，转变经济发展方式取得重大进展，在发展平衡性、协调性、可持续性明显增强的基础上，实现国内生产总值和城乡居民人均收入2020年比2010年翻一番。这是从更高层面的经济观来把握的增长。从人与自然关系的视角看，如果经济增长损害了更大的生态圈平衡，则不仅“以人为本”的价值目标难以实现，而且经济资源将在更大的范围内配置失衡，导致更高层次意义上的非经济后果。所以，必须大力推进节能减排，积极发展循环经济，加快建设资源节约型、环境友好型社会。

践行天人合一，实现绿色发展，强调自然环境、社会经济和人的全面发展。在现代化进程中，追求经济的快速增长有其必然性，但把社会发展等同于或简单归结为经济增长就会带来社会生态系统的严重失衡。倘若单纯在经济方面着力，追求数量、速度，而不注重质量效益的提升，不仅资源环境不能承受、生态系统也将面临崩溃。社会主义社会是全面发展的社会，人也应该是全面发展的人，片面发展的结果使得人的多方面多层次的需求得不到满足，全面发展也只能成为一句空话。所以，践行天人合一，实现绿色发展，不是把发展仅仅看成是环境问题、经济问题、社会问题或人的问题，也不是追求其中某个单一系统或领域的最快最好发展，而是考虑在一定背景和条件下相互协调的整体优化发展，这也是科学发展观的精髓所在。质而言之，践行天人合一，实现绿色发展，要求在自然界生态承载力允许的范围内，实现经济社会的持续健康发展和人与自然相和谐，不断开拓生产发展、生活富裕、生态良好的文明发展道路。

践行天人合一，实现绿色发展，唤醒了全民的生态忧患意识。我们的环境保护和生态建设虽然取得了一些成绩，然而不少地方为追求一时的经济增长速度，不惜违背经济规律和自然规律，将GDP视为发展之全部要义，单纯依靠大规模要素投入获取经济增长速度，资源消耗惊人，环境污染严重。经济发展与资源、环境的矛盾已越来越突出。如不切实搞好资源节约和环境保护，用不了多久，我们的发展就将面临难以为继的局面。没有生态安全，中华民族就会陷入最严重的生存危机。善待自然归根结底是善待我们民族自己。践行天人合一，实现绿色发展，有助于人们从另一个方面加深对当前生态环境严峻形势的认识，进而认清生态环境问题的复杂性、长期性和艰巨性，尽最大可能积极主动地节约资源和保护生态环境。

践行天人合一，实现绿色发展，抓住了关系到人类繁衍生息的根本问题。地球哺育了人类，人类只有一个赖以栖身的家园。自然界是人类赖以生存和发展的基础，只有在良好的生态环境中，人类才能长久生存、发展壮大。我们有什么理由不保护好建设好地球这个美丽的家园?！地球的有限性、资源的有限性、环境的有限性决定了它对人类活动的支持能力（承载力）也有一定的限度，人类的活动必须保持在地球承载力的极限之内。人类为了自身的生存与发展，需要利用自然资源，改造自然资源，但人类不能无限制无节制地开发利用自然资源，不能任意用人的需要来牺牲人与自然的和谐关系，靠牺牲环境换取经济发展的结果可能是“自取灭亡”，即最终导致人类自身的毁灭。当前，环境生态问题的严峻现实，应验了恩格斯的忠告：“我们不要过分陶醉于我们人类对自然界的胜利。对于每一次这样的胜利，自然界都对我们进行报复。每一次胜利，起初确实取得了我们预期的结果，但是往后或再往后却发生完全不同的出乎预料的影响，常常把最初的结果又消除了。”① 创造一个良好生态环境，使自然生态过程保持动态平衡和良性循环，比以往任何历史时期都显得更为迫切。践行天人合一，实现绿色发展，对维护全球生态安全、维持人类繁衍生息、拯救我们人类自身具有重要意义。

二

当前及今后一个时期，是我们站在新起点、谋求新发展、实现新跨越的关键阶段。践行天人合一，实现绿色发展，对于加快转变发展方式、破解经济社会深层次矛盾，促进又好又快发展，确保国家生态安全，促进可持续发展，具有十分重要的意义。

第一，践行天人合一，实现绿色发展，是全面建成小康社会的迫切需要。党的十八大报告指出，建设生态文明是关系人民福祉、关乎民族未来的长远大计。在全面建设小康社会的目标任务中，“建设生态文明”既是目标任务之一，也是实现“更高要求”的保障。总的来看，我们物质文明建设成就卓著，城乡人民对经济发展、生活改善是满意的；但对

① 《马克思恩格斯选集》第3卷，人民出版社1972年版，第517页。

环境恶化，则反映相当强烈。在一些地方，呼吸新鲜的空气、饮用清洁卫生的水、消费无公害食品成为可望不可即的事情，以致影响了身体健康，甚至致病早亡。这就不怪有人说，30 年前，做梦也不会想到今天的生活会这样富足；同样，做梦也不会想到今天的环境会如此恶化。环境问题已成为引发社会矛盾、影响社会稳定的一大公害。生态文明作为全面建设小康社会的重要组成部分，必须与其他目标任务同步。然而，同物质文明相比，我们的生态文明建设明显滞后，亟须加大力度，加快步伐。这是全面建设小康社会的战略保障。今后十几年，我们要继续抓住和用好战略机遇期，集中力量全面建设惠及十几亿人口的更高水平的小康社会。在这一过程中，将始终面临资源短缺和生态环境容量限制这两大约束。如果任由传统的付出较大环境资源代价的粗放增长继续，势必会拖全面建设小康社会的后腿，这是应当防止和避免的。

第二，践行天人合一，实现绿色发展，是落实科学发展观的重要行动。科学发展观的核心是以人为本，强调发展的根本目的是不断满足人民群众各方面的需求，提高人民生活的质量和水平，促进人的全面发展，实现经济发展与人口资源环境相协调。如果片面追求经济发展，导致经济发展与能源资源供应矛盾尖锐，导致生态环境受到严重破坏，人们的生活环境恶化和生活质量下降，就背离了科学发展观的要求。践行天人合一，实现绿色发展，是我们深入学习实践科学发展观的具体行动，是实现以人为本、全面协调可持续发展的迫切需要。一方面，经过全国各族人民的共同努力，我国经济社会建设成就显著，为未来加快发展、跨越发展、科学发展奠定了坚实基础；另一方面，发展不快、发展不平衡、发展质量不高的问题还比较突出，生态环境形势依然严峻。随着工业化、城镇化加速发展和人口不断增加，节能减排和环境保护的压力还会进一步加大，面临的困难和问题也会更加突出。推进生态文明建设，不仅关系到全国各族人民的生存发展和国家的长远利益，而且关系到全球的生态安全。因此，践行天人合一，实现绿色发展，实现高起点、高水平发展，加快建设资源节约型和环境友好型社会，就是我们落实科学发展观的一项具体实践。

第三，践行天人合一，实现绿色发展，是构建和谐社会的必然要求。社会主义的发展必须是和谐发展。实现社会和谐，建设幸福美好社会，是人类长期孜孜以求的理想。良好的生态环境和自然禀赋，是最重要的资源和资本，是最珍贵的品牌和形象。通过多年努力，我们在加强生态文明建设方面，已奠定牢固的认识基础、扎实的行动基础和广泛的社会基础。生态兴则文明兴，生态衰则文明衰。在新的历史起点上，全面建成小康社会、实现中华民族的伟大复兴，就必须把良好的生态环境作为生存之本、发展之基。充分利用比较优势与后发优势，走出一条生产发展、生活富裕、生态良好的文明发展道路，是我们加快构建和谐社会的必然要求，也是促进社会和谐的重要内容。社会主义和谐社会包括人与人和谐、人与社会和谐和人与自然和谐，生态文明同物质文明、政治文明、精神文明一道，构成和谐社会不可或缺的物质基础、政治保障、精神支撑和生态条件。如果对自然资源过度索取，对生态环境污染破坏，必然导致人与自然关系的紧张，反过来将破坏人与人、人与社会的和谐。近些年来，一些地方由环境污染导致的群体性事件一再说明了这一点。

第四，践行天人合一，实现绿色发展，是实现可持续发展的迫切需要。明确中国必须走全面协调可持续发展的道路，这是在新的时空和实践背景下中国特色社会主义对人与人、人与社会、人与自然关系的新回答。我国工业化和城市化水平还不高，而工业化和城市化是现代化进程中不可逾越的发展阶段。如果不改变传统发展的思维模式，继续沿袭高投入、高能耗、高排放、低效率的粗放发展方式，环境将不堪重负，资源将难以为继，社会将难以承受。节约资源和保护环境，已成为现实社会对我们可持续发展的根本要求。

第五，践行天人合一，实现绿色发展，有助于利用传统生态价值观调动人们参与保护环境的积极性。“天人合一”思想在中国的影响深远而广泛，作为中国传统文化主干和重要组成部分的儒道释三家，其生态思想从不同侧面发挥着天人和谐的社会功能。儒家倡导人与“天地万物一体”；道家提出“天地与我并生，而万物与我为一”；佛教强调“法界缘起”“依正不二”，都是把天地万物与人类看作一个整体。同时，“一方水土养一方人”；反过来说，“一方人也适应、利用和养护一方水土”。我国各民族通过与各自所处自然环境的互动与调适，早就在水土养人和人适应、利用和养护水土这一人与自然的复杂互动过程中，形成了各具地方与民族特色的生态智慧、生态知识和生态文化，不仅有力地保证了数千年的持续发展，而且极大地丰富了中华民族“天人合一”的文化理念，为中华文明的长期延续做出了独特的贡献。这些生态文化基因过去一直是，今后也应当是我们的一项资产。践行天人合一，实现绿色发展，可以有效激活传统文化中的生态因子，可以让这些古老的思想重焕发出新的生机与活力，这些熔铸于民族血液中的集体无意识一旦被唤醒，将成为我们建立人与自然和谐相处的绿色文明的特有精神动力，将为更好地开展生态道德建设，推进生态文明建设，保护生态环境提供强有力的历史文化支持。

马克思早在150年前就指出：“文明如果是自发地发展，而不是自觉地发展，则留给自己的是荒漠。”① 马克思这句名言精辟地揭示了人类文明与自然环境之间的关系。生态文明是人类在发展物质文明过程中保护和改善生态环境的成果，它表现为人与自然和谐程度的进步和人们生态文明观念的增强。践行天人合一，实现绿色发展，把推进生态文明建设的方略和全国各族人民对美好生活的向往与追求完美地结合在一起，成为人们共同的理想、信念和愿景，也是根本的生存原则。这就从人的本质内涵上诠释了人与自然和谐的根据。人类具有高远境界，环境体现自然规律与人的意志的双重引导，世界才能持续发展，生活才能和谐美好。

（作者系云南省社会科学院哲学所研究员）

---

① 转引自曲格平《曲之求索：中国环境保护方略》，中国环境科学出版社2011年版，第42页。

孔子对人的价值自觉能力的认识

张宇娴

人的价值问题是哲学家所热衷关注的问题。中国先哲孔子对人的认识，强调必从“做人”开始。做人，即获得人格，即立身处世。对此，孔子提出“三知”：“不知命，无以为君子也；不知礼，无以立也；不知言，无以知人也。”（《论语·尧曰》）孔子关心的不是人的生存，而是人应该如何生存；孔子寻求的不是人存在的落脚点，而是人存在的方向；孔子确立的立身处世原则，不是既定的、孤立的生存活动，而是与精神相关联的“人化”活动。这些立身处世原则不仅使人认识自身的价值，还使人认识大众以及宇宙与自我的关联及其意义。重要的是，审察并验证这些意义，将照亮人类存在的价值。

一　天与人关系的认识

（一）“天命”个人化

殷商时期，上帝至高无上，人类的生存依赖天的命令。“帝令雨足年。”（《殷虚书契前编》）“今二月帝不令雨。”（《铁云藏龟》）甲骨文资料显示了“天”或“上帝”在人心中具有唯一至上性。祭祀、征伐、婚嫁、田猎、收成、风雨等，人的日常行为均需要向上天请示，需要“天帝”给予吉凶祸福的启示。为了祈求上天赐福人间，殷商制定了细致的祭祀对象和隆重的祭祀典礼。据陈梦家《殷墟卜辞综述》统计：殷商时期，祭祀的对象主要有：上帝、帝使、帝臣、日、东母、西母、云风雨雪诸神、巫帝、方帝、王帝、土地诸祇、山川诸祇以及列祖列宗等。[1] 徐复观认为：

> 人类文化，都是从宗教开始，中国也不例外。但是文化形成一种明确而合理的观念，因而与人类行为以提高向上的影响力量，则须发展到有某种程度的自觉性。宗教可以诱发人的自觉，但原始宗教，常常是由对天灾人祸的恐怖情绪而来的原始性地对神秘之力的皈依，并不能表示何种自觉的意义。[2]

对神秘之力的皈依意识，牟宗三理解为：

> 皈依便是解消自己的主体，换句话说，就是对自己的存在作彻底的否定，即作一自我否定（Self - negation），然后把自我否定后的自我依存，附托于一个在信仰中的超越存在——上帝那里。如此，由虚无深渊的超拔，恒为宗教上的皈依。[3]

据甲骨文研究发现，占卜和祭祀是殷人精神生活的主要构成部分，反映出当时的人们对外部世界强烈的依赖性，以及对变化无常的现象产生出的恐惧、无助的心理。徐复观认为，原始宗教强调，人要依靠外在的神秘力量来改变所面临的现实处境，此种行为“没有道德评价可言”，是一种“在观念的幽暗世界中的行动”。

周克殷后，周公意识到“天命靡常”，提出“以德配天”的思想，即以“德”解释“天”的意向，“天”唯“德”是辅，以“德”的兴废说明政治的兴衰、国家的枯荣，以及人心的向背。在天人关系中，“德”成为连接天与人的中枢。“明德”与“敬德”成为人普遍的行动和改变命运的准则，更成为“天命”转移的依据。此时，人们对外部世界的迷茫和恐惧逐步减弱成为一种“忧患意识”。《易·系辞上》：“（天地）鼓万物

---

① 转引自罗国杰《中国伦理思想史》上卷，中国人民大学出版社 2008 年版，第 35—36 页。

② 徐复观：《中国人性史论·先秦篇》，九州出版社 2014 年版，第 14 页。

③ 牟宗三：《中国哲学的特质》，吉林出版集团 2010 年版，第 17 页。

不与圣人同忧。"《系辞下》:"《易》之兴也,其于中古乎?作《易》者其有忧患乎?""其出入以度,外内使知惧,又明于忧患故。"徐复观认为"忧患意识"透示着人文精神跃动的迹象,是人的自觉的萌芽显现:

> "忧患"与恐怖、绝望的最大不同之点,在于忧患心理的形成,乃是从当事者对吉凶成败的深思熟虑而来的远见;在这种远见中,主要发现了吉凶成败与当事者行为的密切关系,及当事者在行为上所应负的责任。忧患正是由这种责任感来的要以己力突破困难而尚未突破时的心理状态。所以忧患意识,乃人类精神开始直接对事物发生责任感的表现,也即是精神上开始有了人的自觉的表现。①

在"忧患意识"的提醒下,在"明德"的努力中,人时时警惕自身的行为,规范自己的心理状态,精神更加内敛,最终形成"敬"的精神特质。这种特质类似于宗教的虔敬,但又没有否定自己的主体意识,没有取消自身的能动性。因此,这是一种积极的具有宗教特质的精神。牟宗三说:

> 在中国思想中,天命、天道乃通过忧患意识所生的"敬"而步步下贯,贯注到人的身上,便作为人的主体。因此,在"敬"之中,我们的主体并未投注到上帝那里去,我们所作的不是自我否定,而是自我肯定(Self - affirmation)。仿佛在敬的过程中,天命、天道愈往下贯,我们的主体愈得肯定,所以天命、天道愈往下贯,愈显得自我肯定之有价值。表面说来,是通过敬的作用肯定自己;本质地说,实是在天道、天命的层层下贯而为自己的真正主体中肯定自己。②

随着人的主体意识觉醒,"巫"的权威开始下降,其特殊的地位也摇摇欲坠。据史料显示,殷商时期"巫"是在天与人之间进行上下沟通的

---

① 徐复观:《中国人性史论·先秦篇》,九州出版社2014年版,第20页。

② 牟宗三:《中国哲学的特质》,吉林出版集团2010年版,第18页。

媒介。所谓巫，即“民之精爽不携贰者，而又能齐肃忠正，其智能上下比义，其圣能光远宣朗，其明能光照之，其聪能听彻之，如是则神明降之，在男曰‘觋’，在女曰‘巫’”（《国语·楚语下》）。楚大夫观射父认为，巫（觋）是“民”中精英。天资完备者才可做“巫”，才可获得“神明降之”的荣宠。在长期的历史发展中，巫与王权合流宰制人获得精神觉醒的机会，直到周公“敬德”思想的提出，“天道”与“天命”才从特权中释放到民间。由此余英时写道：

> 《礼记·乐记》曰：“明则有礼乐，幽则有鬼神。”作为“事神致福”的祭祀系统，礼乐自始便是巫的创造，它的设计与执行也一直操纵在巫师集团手中……此时，孔子摒弃了巫的中介权威，提出每个人都可以依靠自力与“天”相通，而不需要假借任何外在的力量，开辟了“天命”个人化的新局。①

（二）“天助”即“自助”

自天命与天道从原始神权中解脱出来后，礼的“事神致福”的祭祀宗教性质逐步减弱，而展现出更多的伦理内涵。无论是最初的祭祀含义之礼，还是孔子提出的具有“仁”的本质的礼，学者刘余莉认为，礼都意味着一个“他者”的存在。也就是说，礼不是孤立存在的，它包含着一种关系或是建立某种关系的过程。礼的内在结构必然是人与人或人与宇宙的关联性。公元前551年，在孔子诞生之前，礼已经被赋予了伦理的意义，人与人之间的关系已经以礼为规范原则，礼的含义从祭祀仪式扩展到了日常生活的礼节，从自然法扩展到了成文的风俗习惯，从行为的道德规则扩展到了思想和情感。② 这一发展倾向，“是继承《诗经》时代宗教坠落以后的必然的发展。代表了中国文化发展的主要方向”③。从中国思想史发展的轨迹看，春秋二百四十二年的历史，“礼”的观念已演进

---

① 余英时：《论天人之际——中国古代思想起源试探》，中华书局2014年版，第42页。

② 刘余莉：《儒家伦理学——规则与美德的统一》，中国社会科学出版社2011年版，第135页。

③ 徐复观：《中国人性史论·先秦篇》，九州出版社2014年版，第42页。

到更高的阶段。

礼，经国家，定社稷，序民人，利后嗣者也。(《左传·隐公十一年》)

夫礼，所以整民也。(《左传·庄公二三年》)

礼，国之干也。(《左传·僖公十一年》)

古之治民者，劝赏而畏刑，恤民不倦。……三者礼之大节也；有礼无败。(《左传·襄公二六年》)

礼，上下之纪，天地之经纬也，民之所以生也。(《左传·昭公二五年》)

礼之可以为国也久矣，与天地并。(《左传·昭公二六年》)

夫礼，所以正民也。(《国语·鲁语上》)

非礼不终年。(《国语·晋语一》)

夫礼，国之纪也。(《国语·晋语四》)

礼以纪政，国之常也。(《国语·晋语四》)①

孔子不仅继承了礼的传统规则意识，更把“仁”的概念贯注其中，使礼具有更深刻的内在本质。他将礼的内在根源诉诸所有个体的“仁心”，上自王侯，下至庶人，无所不包。② 孔子授课讲学，意在激发和培育个人对仁的意识，使人意识到“能救自身者唯恃自身发出的力量”③。钱穆指出，孔子的礼必和仁对说，即“礼仁一体”。礼在外面，仁在里面；礼属行，仁属心，其总纲是仁。

孔子以礼表仁，其本质传达的是伦理，而不是宗教。德国哲学家雅斯贝尔斯在 *The Origin and Goal of History* 一书中评述：

身为能思考的动物，人们第一次作为个人敢于依靠自己。敢于靠个人的力量证明自己能够在内心中与整个宇宙相照映。从自己生

① 徐复观：《中国人性史论·先秦篇》，九州出版社 2014 年版，第 45 页。

② 余英时：《论天人之际——中国古代思想起源试探》，中华书局 2014 年版，第 98 页。

③ 周辅成：《论人和人的解放》，华东师范大学出版社 1998 年版，第 42 页。

命中发现了可以将自我提升到超乎个体和世界之上的内在根源。①

孔子反对不带仁的情感去实践礼，认为这会使礼成为一个空洞的表演。他提出："祭如在，祭神如神在。"（《论语 · 八佾》）一个人必须要发自内心去表达对神明的尊敬之情。如果缺少内在"仁"的情感，则"吾不与祭，如不祭"。孔子的学生林放问及礼的基础时，孔子说："大哉问！礼，与其奢也，宁俭；丧，与其易也，宁戚。"（《论语 · 八佾》）礼作为一种外在规则，目的不在于过度彰显其形式，如缺少仁的支撑，礼将被视为徒有其表的形式和管制人的手段。在进行礼的仪式时，宁愿俭朴但必须诚敬。总而言之，孔子强调礼，其实是在强调礼的本质和内在精神。徐复观认为，孔子以及后世儒家，是以人自身的虔敬仁爱之德，去肯定礼的价值，而礼的目的只是"尽一己之德，并无所求于鬼神"②。他说：

> 人是通过祭祀而把自己的精神，与自己的生之所自来，及自己的生之所由遂联系在一起。此与普通宗教性的祭祀的意义，有本质的不同。这是顺着春秋时代以祭祀表现人文的倾向，而更向前迈了一大步。③

"务民之义，敬鬼神而远之。"（《论语 · 雍也》）"季路问事鬼神。子曰：'未能事人，焉能事鬼？'曰：'敢问死。'曰：'未知生，焉知死？'"（《论语 · 先进》）可以看出，孔子不愿探讨鬼神以及神秘事物。虽然如此，这并不代表孔子没有敬畏之情，恰恰相反的是，他具有更强烈的信仰，需要发自内心去自觉自证，才能体悟"天道"，顺安"天命"，把握其他一切存在。这种情感与"最高的宗教情感，成为同质的精神状态"④。徐复观认为：

---

① 转引自余英时《论天人之际——中国古代思想起源试探》，中华书局 2014 年 7 月版，第 110 页。

② 徐复观：《中国人性论史 · 先秦篇》，九州出版社 2014 年版，第 75—76 页。

③ 同上书，第 75 页。

④ 同上书，第 80—81 页。

这一价值信仰使孔子从自己的生命中开辟出内在的人格世界……一个内在的人格世界的完成，即是人的完成。①

二 人与人关系的认识

（一）“仁”的发扬

孔子成功地把外在的超越世界的“天”移入人的内心，“天”从原始宗教转到人文世界，从巫的手中回到了人的心中。人看到“天”在外部世界的自强不息，也自觉到内心世界的“仁”生生不息。冯友兰说：

在《论语》中可以看出，有时候孔子用“仁”字不光是指某一种特殊德性，而且是指一切德性的总和。在这种情况下“仁”可以译为 perfect virtue（全德）。②

牟宗三认为，孔子之所以重视“仁”的培育，是因为“仁”有一种基本原则和精神，贯注于诸德之中并统摄其他一切德性。“仁”是人的精神生命，它最终将使个人生命与宇宙取得本质上的融合。牟宗三认为：

孔子的仁必已具有一种内向的超越企向，或者说具有一种内在的超越鼓舞，这企向或鼓舞，就是他的对于天命天道的契悟与虔敬。③

牟宗三总结道：

我们可以这样正面地描述“仁”，说“仁以感通为性，以润物为用”。感通是生命（精神方面）的层层扩大，而且扩大的过程没有止境，所以感通必以与宇宙万物为一体为终极，也就是说，以“与天

① 徐复观：《中国人性论史·先秦篇》，九州出版社 2014 年版，第 82 页。

② 冯友兰：《中国哲学简史》，北京大学出版社 2013 年版，第 43 页。

③ 牟宗三：《中国哲学的特质》，吉林出版集团 2010 年版，第 33 页。

地合德、与日月合明、与四时合序、与鬼神合吉凶”为极点。润物是在感通的过程中予人以温暖，并且甚至能够引发他人的生命。这样的润泽作用，正好比甘霖对于草木的润泽。仁的作用既然如此深远广大，我们不妨说仁代表真实的生命；既是真实的生命，必是我们真实的本体（Real Substance）；真实的本体当然又是真正的主体（Real Subject），而真正的主体就是真我（Real Self）。至此，仁的意义与价值已是昭然若揭。孔子建立“仁”这个内在的根以遥契天道，从此性与天道不致挂空或悬空地讲论了。如果挂空地讲，没有内在的根，天道只有高高在上，永远不可亲切近人。因此，孔子的“仁”，实为天命、天道的一个“印证”（Verification）。①

孔子提出的“仁”之学，使得每个人都能在自我的觉醒中去精进、去升华，并由此获致人生最高的理想价值。熊十力说：“《论语》全部，苟得其意，不外言仁。”② 从《论语》各处对“仁”的不同解释中，我们体会到，孔子相信人世间的一切实践必须从“仁”出发，并由“人德”而成就，通过“仁”的实践，人可以获得或接近“天道”，达致这一成就者即为“圣人”，次之则为“君子”。徐复观指出：

使君子小人，可由每一个人自己的努力加以决定，使君子成为每一个努力向上者的标志，而不复是阶级上的压制者。使社会政治上的阶级，不再成为决定人生价值的因素。③

“仁”不仅在“心”更在于“行”。子贡曰：“如有博施于民而能济众，何如？可谓仁乎？”子曰：“何事于仁，必也圣乎！尧舜其犹病诸！夫仁者，己欲立而立人，己欲达而达人。能近取譬，可谓仁之方也已。”（《论语·雍也》）余英时注释：

---

① 牟宗三：《中国哲学的特质》，吉林出版集团 2010 年版，第 35 页。

② 熊十力：《境由心生》，陕西师范大学出版社 2008 年版，第 22 页。

③ 徐复观：《中国人性论史·先秦篇》，九州出版社 2014 年版，第 59 页。

子贡之问不但预设“仁”为社会德性，而且将“仁”的整合功能扩大到极致——“博施济众”。孔子的响应虽然也接受了子贡的预设，却不像弟子那样陈义过高。孔子指出，“博施济众”已超过“仁”，而进入“圣”的领域了。所谓“圣”，指古代在位的“圣王”，如尧、舜。这是因为只有在位的“圣王”才有分配天下资源的权力，而且即使“圣”如尧、舜也未必能做到完美的境地。但“己欲立而立人，己欲达而达人”以下两句则在有意无意之间流露出孔子对于如何培养“仁”的具体指示。首先，从“己欲立而立人，己欲达而达人”二语可知“仁”不同于个人在静坐沉思中独自修养而得的德性。恰好相反，“仁”必须涉及“己”与“人”的关系，因而只能两人或两人以上在日用常行的互动中磨炼出来。[①]

孔子明白“仁”灌注于人心之中，须臾不可离。“君子无终食之间违仁，造次必于是，颠沛必于是。”（《论语·里仁》）一旦离开“仁”，美好的人间秩序将无法实现。正可谓：“人而不仁，如礼何？人而不仁，如乐何？”（《论语·八佾》）徐复观说，仁的自觉的精神状态，即是要求成己同时即是成物的精神状态。[②] 钱穆也说：

孔子的思想不仅能把“人”与“我”的界限打破，“己”与“群”的界限打破，又把“生”与“死”的界限打破……如此，全部人生便进入了自然宇宙境界，如此则又把“人”与“天”的界限打破……不但成就了自己，还成就了大众……什么地方、什么时候，只要有此精神，自然做得无不合宜。[③]

孔子曰：“有国有家者，不患寡而患不均，不患贫而患不安，盖均无贫，和无寡，安无倾。”（《论语·季氏》）余英时分析指出：

---

① 余英时：《论天人之际——中国古代思想起源试探》，中华书局2014年版，第91页。

② 徐复观：《中国人性论史·先秦篇》，九州出版社2014年版，第90页。

③ 钱穆：《中国学术思想十八讲　中国思想史六讲》，九州出版社2014年版，第29、45页。

> “家”是“仁”的社会表现。“家”以外或以上的群体，如“族”、“国”、“天下”都是“家”的扩大，乡党、宗教团体、江湖结社也不例外。维系人和人之间关系的“均”、“安”、“和”的中心价值依然是“仁”。既然“一家人”都维系在“仁”之中，那么，和谐相处应该是办得到的。①

（二）在他人中完成自我

“仁”存在于自身当中，同时也存在于人我关系之中，成为人际互动的准则。“仁”首先存在于五伦关系之中，其中，“父慈子孝”是父子之间“仁爱”的体现。关于“仁”和“孝”的联系，《论语》中遍处可循：

> 宰我问孔子：“三年之丧，期已久矣！君子三年不为礼，礼必坏；三年不为乐，乐必崩。旧谷既没，新谷既升，钻燧改火，期可已矣。”子曰：“食夫稻，衣夫锦，于女安乎？”曰：“安。”“女安则为之！夫君子之居丧，食旨不甘，闻乐不乐，居处不安，故不为也。今女安，则为之！”宰我出，子曰：“予之不仁也！子生三年，然后免于父母之怀。夫三年之丧，天下之通丧也，予也有三年之爱于其父母乎！”（《论语·阳货》）

文中，孔子直接批评了他的学生宰我“不仁”。对此，钱穆认为：“孝”是仁、智、礼、乐合起来的一种心境。“孝”也便是人心“仁”的一面。②“孝”为什么能够把人伦秩序从个体推扩至全人类呢？

首先，天下所有人生而有父有母，所以讲“孝”是与生俱来、人人有份的事情。正是这份无法逃避的情感，使人在其中可以领会到人之为人的根本存在意义，进而才能将其中的内涵扩充到人与人的其他关系中。另外父母生育子女便进入不可逃遁的血缘亲情关系，这对发展人类的情感体系有重要的促进作用。其次，父母的存在也使得子女不断体会“孝”

---

① 余英时：《儒家伦理与商人精神》，中华书局2014年版，第21—23页。

② 钱穆：《中国学术思想十八讲　中国思想史六讲》，九州出版社2014年版，第25页。

的真实意义和现实出处。“孝慈”由此相互交替，循环反复，并作为人之情感的基本状态固定下来，代代相传。另外，孔子对先祖祭祀的重视是对父母“孝”的情感的扩充和延展。祖先可以作为看不到的，但是仍然可以体会到的父母而进入后辈儿孙的意识之中。从这里出发并观照生命，我们才为“命”找到稳固的起源，自身这个“我”才有存在下去的理由和意义，漫长的生命历程才会成为不可或缺的历史书写。有此人伦的依据，人类才能感受到自身生命力量的来源，感受到生命的源头活水在血液中流淌，从而迸发出继承、发扬人类伦理的信念，并把这一信念扩充到所有的人伦关系中，从而达到视天下为一家的情怀。赫舍尔指出：“只有一个自由的人才懂得，人实存的真正意义只有在奉献、在给予。”他认为：“幸福可以被定义为确信被别人需要……人的目的就是为社会或人类服务。因此，一个人的最高价值就取决于他对别人的有用。”① 钱穆也说：

> “我”的生命表现在别人“非我”的身上，这便是“不朽”。我的不朽，即建筑在不是我的那边。孝的意义如此。立德、立功、立言的意义也是如此。全部人生意义只是如此。②

由己及人、由近及远、由具体到抽象、由特殊到普遍，这是孔子及后世儒家对于人与人之间关系的一种认识。总而言之，“自我存在于他人的关系中，也存在于天地万物的关系中”。余英时写道：

> 孔子对人的价值自觉能力的认识，使得中国人对自我的存在深信不疑。由自我推至其他个人，则人伦关系的存在也无可怀疑，如父母兄弟夫妇。人与天地万物为一体，由自我的存在又可推至天地万物的真实不虚。③

这一认识促使孔子从人的小家的伦理规范“孝悌”推演出社会之大

---

① ［美］赫舍尔：《人是谁》，隗仁莲、安希孟译，贵州人民出版社1994年版，第53页。

② 钱穆：《中国学术思想十八讲　中国思想史六讲》，九州出版社2014年版，第26页。

③ 余英时：《儒家伦理与商人精神》，中华书局2014年版，第33页。

家的伦理规范“仁”和“礼”。钱穆说：

> 我必在人之中成一我，我若离了人，便不再见有我。舜与周公之最高德性之完成在其孝。舜与周公之最高品格即成为一孝子……在我的事业与行为上，来完成我的德性与品格，这就成为中国人之所谓礼。亦即是中国人之所谓仁。仁与礼相一，这便是中国观念里所欲完成我之内外两方面。①

三　人对自身的认识

（一）修己成仁

孔子素来强调人格的塑造和个体美德的培养，道德修养是孔子学说中的一个核心重点。这是“人与自己的合一性”，是人“无限融合及向上之机”及“一切价值之源头”。道德修养即是“道德自我的不断改进”。这一改进的目的“仍是自我求取在人伦秩序与宇宙秩序中的和谐”②。

孔子曾说：“见贤思齐焉，见不贤而内自省也。”（《论语·里仁》）又说：“为仁由己。”（《论语·颜渊》）其弟子曾子说：“吾日三省吾身。”（《论语·学而》）“仁”存在于自身之中，但必须要通过自身的修养才能呈现出来。对此，孔子提出“修己以敬”（《论语·宪问》）。据《说文解字》解释，“敬”的古义为“肃”，也就是恭敬、谨慎的态度。子曰：“克己复礼为仁。一日克己复礼，天下归仁焉！”（《论语·颜渊》）徐复观如此注释：

> 通过“克己”的功夫，仁即会当下呈露，天下归仁，是人在自己生命之内所开辟出的内在世界。而人之所以能开辟出此一内在世界，是因为在人的生命之中，本来就具备此一内在世界（仁），其开辟只在一念之克己，更无须外在的条件。③

① 钱穆：《人生十论》，生活·读书·新知三联书店2011年版，第65页。

② 余英时：《儒家伦理与商人精神》，中华书局2014年版，第29页。

③ 徐复观：《中国人性论史·先秦篇》，九州出版社2014年版，第88页。

孔子认为“克己”需要“非礼勿视，非礼勿听，非礼勿言，非礼勿动”（《论语·颜渊》）。道德不仅是思想上的认识，更是行为上的体现。张岱年指出：“道德决不能徒托空言，而必须见之于行动。”[①] 人的道德活动使自己与禽兽区别开来，“是体现人的价值的自觉活动……是仁的自觉精神状态”[②]。徐复观说：“此是一个人努力于学的动机，努力于学的方向，努力于学的目的。”[③]

孔子说：“仁者不忧。”（《论语·宪问》）张岱年认为，仁者随时随地都在反省自己，所以不忧。孔子又说：“仁者先难而后获。”（《论语·雍也》）体验“仁”的精神，必须经过自讼、自省、反思等道德之自觉。这些自觉之要求不是外在的强制，而是人发展的本质需求，是人为了追求平安与幸福的自发的行动。徐复观指出：

> 此种自觉并不能像禅家的电光火石，仅凭一时的照射，而是要继之以切实的内外的实践功夫，才能在自己的生命中开发出来。[④]

孔子认为“修己”是让生活更加平静快乐。他说：“饭疏食饮水，曲肱而枕之，乐亦在其中矣。不义而富且贵，于我如浮云。”（《论语·述而》）周敦颐对此注释为：

> 天地间有至贵至爱可求。至尊者道，至贵者德而已矣。至难得者人，人而至难得者，道德有于身已矣。君子以道充为贵，身安为富，故常泰无不足，而铢视轩冕，尘视金玉，其重无加焉尔。（《通书》）

徐复观写道：

> 世界上、历史上很多文人墨客只能被称为“学者”而不能称为

① 张岱年：《中国伦理思想研究》，中国人民大学出版社 2011 年版，第 185 页。
② 同上书，第 179 页。
③ 徐复观：《中国人性论史·先秦篇》，九州出版社 2014 年版，第 84 页。
④ 同上书，第 64 页。

> "仁者"，其原因就在于，知识只能使人向外在世界延伸与索取，而无法于内在世界生根与发芽。智能只能迫使人永远停留在精神中的一个层级上，而无法自觉使人提升至成己成物浑然一体的境界之中。缺少"仁心"的涵养以及"克己"的实践，是"学者"与"仁者"的分水岭。①

子曰："知及之，仁不能守之，虽得之，必失之。"（《论语 · 卫灵公》）孔子深刻地认识到，道德修养并不仅仅是拥有书本上的知识，更重要的是，要把所学的知识在实践中进行检验，并使自己长期地、一贯地保持道德自律。如果道德没有切身的体验，"没有向自家身上讨道理"，那么所学的一切知识终将无益于自己、他人及社会。

西方哲学家 Herbert Fingarette 在其 *Confucius*：*The Secular as Sacred* 一书中评论道：

> 人被生在这个世界上，具有被塑造成为真正人类形式的潜能，人必将通过自己的努力来使生活充满意义。孔子心目中的理想人格君子已近乎纯粹个人的"我"，其自由的意志更加清晰。②

子曰："君子无终食之间违仁。"（《论语 · 里仁》）作为一个普通人来讲，如果要立志"成仁"，必须用种种克己的修养工夫来激发自身的价值自觉能力，而修养又只有靠自我的艰苦努力才能获得，不是经典或师友的指点所能代替的。这样以依靠自我认知和自律的修养观念不仅深植于中国的知识阶层，也流行于民间。余英时说：

> 孔子修身克己的道德实践观念，使得中国人具有了注重自我修养的特征；使得中国传统社会中的个人比较具有心理的平衡和稳定；使得两三千年来中国社会能维持大体的安定。③

---

① 徐复观：《中国人性论史 · 先秦篇》，九州出版社 2014 年版，第 87—89 页。

② 转引刘余莉《儒家伦理学——规则与美德的统一》，中国社会科学出版社 2011 年版，第 109 页。

③ 余英时：《儒家伦理与商人精神》，中华书局 2014 年版，第 30 页。

(二) 至圣知天

在“成仁”的轨道上，孔子主要着力培养君子人格。在孔子的思想中，君子是人格中最普遍但最关键的一个层次，这是一种现实的、平常人可以达到的理想人格。据萧公权考证，“君子”一词见于《诗》《书》，是周代十分流行的名称。“君子”的称号最初专属于贵族阶层或指居高位之人。余英时指出：

> 由于君子在道德修养方面不断地“反求诸己”，层层向内转，所以，君子从古代专指“位”的旧义中解放出来，而赋予其“德”的新义。(《白虎通义》)“君子”到孔子这里正式成为一种道德人格。此后，时代的儒者都以“道德之称”来界定“君子”。这是古代儒家，特别是孔子对中国文化的伟大贡献之一。①

君子之功在于成德，君子之志在于求道。在君子的精神修养过程中，“知天命”是极其重要的一个环节。孔子曾断言：“不知命，无以为君子也。”(《论语·尧曰》)“知天命”对于孔子来说是一种高尚的道德境界。晚年时期的孔子更加视知、畏“天命”为君子成圣的必要条件。孔子指出“君子有三畏”：“畏天命，畏大人，畏圣人之言。”(《论语·季氏》)对“天命”的认识，是君子识得自己、识得他人、识得天地万物的前提与保障，而认识“天命”，也将最终达成对“天道”的体悟。“子曰：志于道，据于德，依于仁，游于艺。”(《论语·述而》)钱穆如此注释：

> 道，亦称为天道。命，亦称为天命。所以必称为天道与天命者，正见其已深入于一种形上的境界。孔子所指之道，乃一种超越于时代与人群，普泛于时时与世世。因此，亦可谓之为天道。②

孔子受困于匡时说：“文王既没，文不在兹乎？天之将丧斯文也，后

---

① 余英时：《中国思想传统及其现代变迁》，广西师范大学出版社2004年版，第140页。

② 钱穆：《人生十论》，生活·读书·新知三联书店2011年版，第100页。

死者不得与于斯文也。天之未丧斯文也，匡人其如予何？”（《论语·子罕》）钱穆如此注释：

> 在孔子言之，此乃天意之未欲丧斯文。此即是天命也。故子贡称孔子，亦曰乃天命之将圣，将圣即大圣。大圣亦何以异于人，而何以独明具此大道，曰：此天命也。然大道明备于圣人之身。圣人出于天命，则岂此一人之力，遂更胜于天乎？[①]

从注释可知，明道之人非圣人莫属。“圣人”是孔子认为做人的最高价值理想，“圣人”在孔子心中是神圣而不可企及的。子曰：“圣人，吾不得而见之矣；得见君子者，斯可矣。”（《论语·述而》）孔子还说：“所谓圣者，德合于天地，变通无方，穷万事之始终，协庶品之自然，敷其大道，而遂成情性。明并日月，化行若神，下民不知其德，睹者不识其邻。此谓圣人也。”（《孔子家语·五仪解》）

孔子从不曾自命为圣人，他只是评述自己：“七十而从心所欲，不逾矩。”（《论语·为政》）冯友兰认为，晚年的孔子认识到了天命，并且能够顺乎天命。“这意味着，孔子认识了宇宙的‘超道德价值’，代表了圣人发展的最高阶段。”[②] 冯友兰写道：

> 圣人的最高成就是个人与宇宙的同一……他自己以身载道。他要做的事就是修养自己，连续地、一贯地保持无私无我的纯粹经验，使自己能够与宇宙合一。显然这个修养过程不能中断，因为中断就意味着自我复萌，丧失他的宇宙。因此在认识上他永远摸索着，在实践上他永远行动着或尝试着行动，以便使他的心灵能够由变化的世界“转”入永恒的理世界。[③]

为此，钱穆总结道：

---

① 钱穆：《人生十论》，生活·读书·新知三联书店2011年版，第101—102页。

② 冯友兰：《中国哲学简史》，北京大学出版社2013年版，第47—48页。

③ 同上书，第6—10页。

人人都可于人伦中见仁、见善、见中庸、见德行、见道。于人伦中见人道，亦即于人伦中见天道。故中国之文化，最简切扼要言之，乃教人做一好人，即做天地间一完人，为其文化之基本精神者。此种精神，今人则称之曰道德精神。换言之，即是一种伦理精神。①

孔子之学是关于人的价值觉醒之学。孔子的伟大在于他认识到人的价值自觉能力，使人关注自身“做人”的意义；把人的存在同宇宙的意义相关联，把自己的命运与宇宙的命运，把微观的世界与宏观的世界联系在一起。在此，引用赫舍尔的一段话作为文章的结语：

对人的存在的意义的关注构成做人的真理的东西。它的本体论的关联就根源于人的存在……做人就是存在的人化（humanization of being），是改变无声的物理属性。通过做人，人超越纯粹的存在。存在是无名的，它沉默不语。人化是把存在中所固有的意义表达出来。②

（作者系云南大学哲学系伦理学专业硕士研究生）

---

① 钱穆：《人生十论》，生活·读书·新知三联书店2011年4月版，第53—55页。

② 赫舍尔：《人是谁》，贵州人民出版社1995年版，第60—87页。

民族伦理研究

白族家风家规中的优秀伦理道德规范

杨国才

优秀传统文化家风家规家训中凝聚着中华民族自强不息的精神追求和历久弥新的精神财富，是发展社会主义先进文化的深厚基础，是建设中华民族共有精神家园的重要支撑。要全面认识中国传统文化中的家风家规家训，取其精华、去其糟粕，古为今用、推陈出新，坚持保护利用、普及弘扬并重，加强对优秀家风家规家训思想价值的挖掘和阐发，维护民族文化基本元素，使优秀家风家规家训成为新时代鼓舞人们前进的精神力量。

云南作为祖国西南边陲的一个多民族省份，除了拥有得天独厚的自然条件，更拥有丰富多彩的民族文化资源，这其中就包括少数民族家风家规家训中的伦理道德规范。少数民族传统道德中的家风家规家训，是少数民族先民留给我们的一笔弥足珍贵的文化遗产，也是当代社会主义道德建设不可忽视的理论资源。系统挖掘和整理少数民族传统道德中的家风家规家训，在批判继承的基础上弘扬少数民族优秀伦理道德，创造适应新时期的社会主义伦理道德，对于增强各民族之间的团结，边疆安全、稳定，促进民族地区的道德建设，构筑中华民族共有精神家园，均具有十分重要的现实意义及伦理价值。

白族是西南少数民族中的古老民族之一，白族聚居区的许多村落，自唐、宋、元、明时期直到今日，都相继制定过乡规民约、族谱、家风、家规、家训，村民、家族中的人们共同遵守，作为自己的行为准则，保持人与人、人与社会、人与自然的和谐。故白族地区有各式各样的乡规民约碑、家风、家规、家训、民歌，反映出白族对赖以生存的社会与自然生态环境保护的观念。因此，少数民族家庭道德中家风家规家训的内容非常丰富，分析如下。

一　白族家风家规家训中的行为规范

洱海区域的白族宗法大家庭，包括四五代同堂的大家庭，但多数表现为一个宗族有许多小家庭，在大理喜洲、周城等村寨，有的家族包含了两三百家小家庭。每个宗族均有自己的田产，有的宗族有公共墓地，并以宗族的共同血缘为纽带，建有祖宗祠堂。如大理喜洲有 16 村，每一同宗同姓都建有宗祠，遍布各街巷和村落。在喜洲街北栅外就有白语称为“董格次叹”“鸭格次叹”“尹格次叹”，汉译为“董氏宗祠”“杨氏宗祠”“尹氏宗祠”。此外，还有同姓不同宗不同祠堂者，如喜洲城北村就有“上次叹”“西加次叹”。家族中由辈分高年长者任族长，个别也有世袭担任族长的现象。族长权力很大，主持生产生活、祭祀祖先、参加庙会活动以及处理纠纷。此外，白族还流行修宗谱和家谱。早在一千多年前就有《张氏国史》流行于南诏大理国。[①] 宋元以来段氏、高氏及杨、赵、李、董等当时之名家贵族都修有家谱。[②] 于是，至今不同地域之白族仍然保持着完整的宗谱、家谱及聚族而居的特点。因而在白族社区，有时一个村寨往往就是一个大家族，形成了以血缘为核心，以地域为纽带的社会组织。他们从遵从“一切服从氏族组织利益”发展到“维护家族内共同利益”，并靠血缘宗族这一社会组织来加以保证，以修宗庙、祭祖宗、续家谱、订族规家法来增强宗族观念，协调宗族里家庭之间以及人与人之间的关系。现摘录大理喜洲杨氏宗祠族规于后：

> （1）关于修身：凡本族男女老少必须恪遵族规家法，尊重祖宗遗训，循规蹈矩，守法、爱公、敬老、孝友和睦，安分守己；禁止损公利己、奸盗邪淫，犯者轻则宗祠训诫、罚款，重则扭送法办。

---

① 李霖灿：《南诏大理国新资料的综合研究》，《南诏图传》部分 5—6 题记，台湾“中央研究院”民族学研究所 1967 年版。

② 张锡禄：《南诏与白族文化》，华夏出版社 1992 年版，第 2 页。

(2) 关于同居、同炊（从略）。父母凡五十以上者，应早立遗嘱，分配财产继承，经宗祠长亲属作证，方得有效。

(3) 族内婚丧嫁娶，悉依古礼祖制，不得违背。凡族内娶妇，应先遵守族规通知女方，勿破坏；族内嫁女，亦必须请男方原谅，不可犯之。如犯之者，罚衙升白米三石，作宗祠之用；如对方不服，立即解除婚姻。

(4) 族中人与族中人纠葛，必先报请宗祠管事，族长邀请族中长辈调解，族内不能调解或调解无效者，始得经官诉讼，刑事犯罪除外。

(5) 凡族内之人因故变卖房产田地者，必须先报请宗祠管事转知族长，召集族人商议。宗祠及其近亲（直系亲属）有优先购买权，其次族中亲友及同族人有次优先购买权，照市价作值后，应先卖给宗祠近亲或族中人。如上述有优先权和次优先权者中都无承买者，始得向外出卖。否则，同族人及宗祠可阻止其出卖，并不予签字画押作证。

(6) 族中人无子息者，由兄弟子侄过继立嗣。或抚养他姓子，如招婿入赘者，必须改名换姓（一律须改为杨姓并照辈分排行取名)。子孙世代不得变姓，但可长子立嗣，次子归宗（即以次子归婿家姓名)。如有违反族规，族内不予承认，作为绝嗣处理，绝嗣的财产，充归宗祠所有。

(7) 关于公产方面：宗祠产业田地归全族人所有，使用权由族长、管事及指定族人管理，宗祠收入租谷、租金，使用或变卖时须经公议。凡族内大小事务及收支由族内各家推家长一人，组成家长约束会，进行监督，由各家长约束会议，推举年管事二人，办理周年一应大小事务，但须秉承族长之指挥。

(8) 祭祀、扫公墓以及年节日，由家长约束会公议举行。但不得延期或借故不予举行。否则以忘宗背祖看待，全族人得紧急公议惩罚之。

可见，白族的族规是十分严格的。但凡族内个人婚姻、土地纠纷、家庭财产继承与处理、各家庭间人与人之关系、邻里关系等，都受族规的约束，族内任何人都不得违背，否则会受到严厉惩罚。白族地区在推行家庭联产承包责任制以来，事实上还维系着白族传统社会以血缘为纽带而形成的村落家庭关系以及宗族的作用，使传统家庭的宗族关系得以延续。

夫妻关系无论在任何社会或任何民族中，都是家庭关系中的核心，白族也不例外。白族早就普遍实行一夫一妻制，建立了由一对配偶及其子女组成的一夫一妻制家庭。夫妻之间有相互扶持之义务，同时也有互相继承财产的权利，故白族学者艾自新、艾自修兄弟都主张在夫妻关系上要“相敬如宾”，她们认为，古者夫妇如宾，敬德之中和气常流。孝敬父母和爱妻子是可以统一的，孝子重父母，于妻子亦未尝寡恩。[①] 但实际生活中妻子在家庭中的地位普遍较低，白族民间就流行“妇女无喉咙，说话不算数”，“母鸡做不得三牲”等。在传统观念的束缚下，妻子不仅在家庭中地位较低，而且还必须以宗族家法来约束和规范自己的行为。妻子不仅要承担全家人的衣食住行，更重要的还要为家族生儿育女，使自己的一切服从家庭的利益。

另外，在家庭中，妻子应把孝敬公婆、尊重丈夫、抚养孩子，作为自己在家庭生活中应尽的职责，白族俗话说：“媳孝双亲乐，家和万事兴。”故妻子对待老人、丈夫、孩子的态度，是衡量其在家庭生活中的地位与作用的重要尺度。明代白族学者杨南金著有《居家四箴》，其中涉及夫妇、父子、兄弟之间的道德规范，关于夫妇之间，他认为，夫以义为良，妇以顺为令；和乐祯祥来，乖戾祸殃应。白族传统文化受儒家影响，即使丈夫对妻子有许多不尽如人意之处，妻子仍然是丈夫的贤妻益友，日常生活中，她们对丈夫百依百顺，有事同丈夫商量，重大事情请丈夫做主，待人接客由丈夫出面。她们支持丈夫，在儿女中树立丈夫的威信；生活上关怀体贴，饮食起居、烧火烤茶，无微不至；她们忠诚于丈夫，对爱情坚贞不移。

同时，在家庭里，她们又是孩子的严师慈母。她们以生育抚养孩子为己任，以最无私的爱给孩子无比的温暖，还用自己高尚的情操和具体的言行感染教育孩子。因此，白族妇女在家庭生活中具有很强的凝聚力，

---

① 龚友德：《儒学与云南少数民族文化》，云南人民出版社 1993 年版。

能担任不同的角色，协调、融合家庭间的人际关系，对整个家庭的发展，有着天然的他人不能替代的作用。故白族家训中说讨对一个媳妇兴三代，讨错一个媳妇害三代。因此，民俗学者毛星在《白族民间传说故事集·序言》里写道："白族妇女不论在劳动中，在家里，在社会上，都占有重要的地位。在坝子里或山区里，一切主要的吃力劳动，比如下地种田，上山砍柴，妇女和男子干得一样活跃。走在街道上，我们可以看到许多店铺里坐的是女掌柜；走在通往集镇的大道上，我们可以遇到许多背筐挑担的妇女。在家庭里，妇女的地位很高，好多对外的交涉，通常由妇女出头来办理。"①

家庭是人类社会的细胞，也是以婚姻和血缘关系为基础的社会单位，包括夫妇、婆媳、父子、兄弟、妯娌、邻里、亲戚等，家庭各成员间又有直接和间接的互动关系，而婆媳关系是家庭关系中的主要关系之一。白族传统家庭关系中的婆媳关系正是这样。长期以来，以为女、为妻、为母、为媳作为自身天职的白族妇女，由于其生理、心理、角色的特殊性和主客观因素，一直是维系家庭内部情感和家庭发展的轴心。在白族传统家庭中，婆媳不仅是人类再生产的直接承担者，又是生育健康文化的传承者，同时，婆媳也是家庭管理和家务劳动的直接担当者。在家庭生活中，婆媳均是其丈夫精神寄托的对象和孩儿的慈母。因此，婆媳在家庭中具有较强的凝聚力，她们在承担繁重的生产和家务的同时，还担任着家庭中的不同角色，调适、融合家庭成员间的各种关系，对整个家庭的发展和文明程度的提高都有着特殊的作用。

然而，白族传统家庭家风家规家训不仅包括夫妻关系和婆媳关系的规范，更重要的是在这诸多关系基础上形成的家庭传统道德准则及内涵。

二 白族传统家风家规家训中的道德准则

白族传统家风家规家训是在一定社会历史条件下逐步形成和发展的，用以规范、调节、约束家庭生活、家庭关系、家庭成员行为的道德准则。

① 毛星：《白族民间传说故事集·序言》，转引自施立卓《五朵金花的姐妹——记云南大理白族妇女》，见《云岭巾帼谱新章》，云南人民出版社1995年版。

白族先民从氏族部落分化演变成一个个家庭之日起，家风家规家训就随之形成，道德规范也应运而生。白族传统家风家规家训内容丰富，概括起来，主要表现在尊老爱幼、礼貌待人、团结互助等方面。

（一）严格家风家教要求尊老爱幼

在白族的传统文化中，家风是指一家或一族世代相传的道德准则和处世方法。家风如同一个无形的磁场，让人在不知不觉中被其吸引、被其感化。好的家风让人充满正能量，让人自然而然地去遵守一些美德，相反，坏的家风充斥着负能量，让人偏离了道德的轨道。尊老爱幼，是中华民族的传统美德，也是白族家庭的传统道德。白族谚语说："见老要弯腰，见小要抱抱。""见老要敬，见小要亲。"尊敬长辈，爱护幼小，是白族家庭的传统教育内容之一。白族晚辈在村落里路遇长辈，即使是不认识也要主动问候和让路，不得低头而过；当看到长辈在做事情时，年轻人要主动去帮助；逢年过节或红白喜事宴席上，要让长辈或年岁大的人先入席，席间鸡肝、鸡头要敬长辈；过节时全村每户都要向村落里60岁以上的老人送点心；正月初一早上每家10多岁的儿童要给村落里的老年人送乳扇、米花、甜茶和烤茶，老人们要给孩童们压岁钱，并讲一些鼓励学习、热爱劳动等吉祥的祝福话；村落里的孤寡老人，均由全村人轮流给他们砍柴、挑水、洗衣、煮饭，或全村人轮流送饭给孤寡老人。也就是说，年轻人无论任何时间、任何场所，在长辈和老人面前，必须恭敬有礼，说话要和气，不能指手画脚，更不能指着老人说话，这些都是最基本的规范和要求。

其次，不能忘记父母生养、教育的恩情。这种传统的家庭伦理道德的孝道原则和规范，一方面表现在白族的乡规民约、神话传说中，如剑川县沙溪乡蕨市坪村的《乡规碑》记载："敦孝悌以重人伦，孝悌乃仁之本，能孝悌则不口犯上。"[①] 就是要求村民要孝敬父母，敬重兄长；如有对父母兄长不忠不孝者，不仅会遭到道德谴责，还会被处罚。新仁里《乡规碑》如是说："家常父慈子孝，兄友弟恭，兴家

---

① 剑川县民委、县文化局、县本子曲协会编印：《石宝山白曲选》第9辑，第6—7页。

之兆也。凡为子弟者，务须更各务生五里，出恭入敬。倘有不孝子弟，忤逆犯上，被父兄首出申言者，阖村重治。”[①] 强调子孝弟恭，把不恭不孝视为“忤逆犯上”的不道德行为。另一方面还采用白族传统的本子曲教导人们要牢记父母生育的艰辛。现摘录白族传统白曲《生儿育女》于后：

白语唱词	汉语意译
做眼阿妙三欺量，	人生在世莫欺人，
子知乃间女乃间，	生男生女都一样，
后修乃计较。	同样都是人。
汉子汉女虽乃自，	生儿育女事重大，
得务大土达白大，	必须三思而后行，
冒咒儿多自母苦，	人说儿多父母苦，
梅汉计阿妙。	切莫要多生。[②]

因此，牢记父母生养之苦，孝敬父母双亲是白族家庭的传统家规，报答父母养育之恩也是白族晚辈应尽之责，故传统白曲《报答父母恩》中唱道：

白语唱词	汉语意译
一更我劝用梯吼，	一更我劝弟兄们，
爹母恩自拥告报。	报答父母养育恩，
知母身奴十月怒，	十月怀胎千般苦，
受罪皆冒奴。	费尽了艰辛。
样拥计害特某板，	一朝分娩又蒙难，
母眼汝票自命奴。	母亲病痛昏沉沉，
几弄王务介纸仲。	只隔阎王一张纸，
冷牙样山摸。	谁晓其中情。

① 剑川县民委、县文化局、县本子曲协会编印：《石宝山白曲选》第9辑，第13—14页。

② 沙溪乡东富乡禾村段遇春、东岭乡太和村段七九口述，乐夫、瑞鸿记译。

始更我劝用梯吼。	二更我劝弟兄们，
爹母恩自拥告报，	报答父母养育恩，
刹样计害桌彦克，	儿女落地常牵挂，
爹母吼受苦。	费尽了苦心。
干某登自样掺则。	捂干床铺儿女睡。
是害某登母迷奴，	尿温之处归母亲，
吃得阿朵自咒欧，	一口一口亲手喂，
特已马冒奴。	下田背在身。
阿跟阿跟学说董，	牙牙学语逗人爱，
第一某掺样叫母，	喊出妈妈第一声，
打弟打弟自开样，	摇摇摆摆扶学步，
割断绑脚受。	割断绊脚绳。
样病点子利冒怕，	儿病爹妈急心上，
劳生岩安始样药，	求病找药头忙昏，
容怒汉大爹母古，	儿女养大父母老，
受苦趁几学。	亲恩似海深。

在白族地区，儿女不报父母恩，不尊重或赡养老人，被看成是没有家庭教养、缺德之人，会受到社会舆论的抨击。

爱幼，同样也是白族公认的一种家庭传统美德。一般指父母对子女的教育、管教，使之成人。因此，白族小孩从小就在家庭里受父母的言传身教、潜移默化，父母的言行直接影响着小孩的行为规范，如有客人到家，见面时，孩子应首先向客人问好、让座、倒茶递烟；招待客人吃饭时，为客人添饭、夹菜必须用双手，以示礼貌；父母还教育孩子从小不说假话，不乱拿别人的东西，白族俗话说，“人看从小”，“小时偷针，大了偷金”，要求孩子从小养成诚实、忠厚的品德。父亲从小教导男孩5—7岁时跟着放牛马，十多岁跟父亲学犁田、平地，再大一点就要上山砍柴等；母亲对女孩的教育更为细致，幼年时教她们学会挑水、扫地、擦桌子、打猪草、放牛马，8—9岁时学习挑花刺绣、缝制衣服，白族姑娘不会针线活，就会被耻笑甚至嫁不出去。因此，通常白族女孩都有一手熟练的挑花刺绣的手艺。故在白族传统社会，抚养子女成人，教会儿女做人，是家庭中做父母必备的品德，如果父母没有教育好儿女，致使儿女不成器，那也是缺德的行为，社会舆论会加以抨击。长期以来，白族社会中已形成长辈爱晚辈，晚辈敬长辈的传统，尊老爱幼相辅相成，习成传统美德。

可见，家风体现了家庭的价值观，它像一双无形的手，牵着每一位家庭成员，在约定俗成的价值轨道上，年复一年日复一日地运行。洱海区域的家风可以概括为“尊老爱幼、善良守信、勤俭节约、崇尚文化、自力更生”，这些被分解成一条条家训代代传承，受益无穷。

（二）家风规定礼貌待人忠诚厚道

热情好客是白族人民在社会生活中形成的传统风尚和家庭美德。白族是个热情好客的民族，对待来客，无论是陌生人还是熟人，都会热情招待。白族儿女从小就受到家长的严格教育，人们把子女是否会礼貌待人，是否懂交际礼节看成家庭教育是否成功的标志。明代白族学者艾自新、艾自修说待人，“释貌要端恪”，“行事要斟酌”，“情谊要殷隆”，也就是说待人要注意容貌、衣着、体态，不可轻慢。与人交谈，则“言语要谦谨”，“勿大言以矜己之长，轻言以取人之憎，直言以暴人之短，谀言以希人之悦，怨言以招人之尤，巧言以铦人之心”。要求人们待人接物举止言谈一定要讲文明，达礼知书，尊重别人。无论在什么场合，不能恶语伤人，特别是在家里，更不能讲粗话、丑话。家中称谓要准确，儿女对父母不能直呼其名，就连兄妹间、村落里长辈与晚辈间也要称其辈分称谓，否则就是失礼、缺德、没家教，同辈人之间称大哥、大嫂，叔侄之间要称呼“阿大”（意为大爹）、“阿烟”（意为叔叔），不能直呼其名和姓，否则也被看成是没有家教的人。不仅称谓要亲切，而且白族传统家庭教育还要求后代说话要和气。因此，白族人将“宽和、厚道”作为处事待人的一个原则，不懂得这些家庭规范和行为准则，将被人指责为没有家教和缺德。

（三）家风要求人们团结互助

团结互助是白族人民在家庭生活及社会生活中处理人与人、个人与群体的行为准则。尤其是互助原则，可以说是白族社会生活中具有悠久历史的人与人之间最基本的行为规范。白族人民历来把帮助别人看作自己应尽的义务，也把接受别人的帮助看成是一个权利，从而把个人和大家融为一个整体，借以解决生产和生活中的困难。故白族谚语说："一根麦秆编不成一顶草帽。""有花才有蜜，有国才有家。""不怕巨浪再高，只怕划桨不齐。""一根藤容易断，十根藤比铁坚。"在日常家庭和社会生活中，白族人民团结互助的事例随处可见。例如村寨中谁家盖新房，其他人便会主动前往帮助，有力出力，有米拿米；有的家庭或村寨中发生火灾，远近的村民闻讯后，都会主动拿出自家的粮食、衣物、木材等前去帮助受灾的村民；谁家有喜事或丧事，都被看成是大家的事，家人、亲友、村人几乎有钱出钱，有粮出粮，有力出力，使当事人能顺利地把事情办妥；就连村落里谁家生丁添口，其他人都要登门送"红鸡蛋"、鸡、糯米、衣物等营养滋补品以示恭贺。在春耕生产和秋收秋种中，更是体现了白族传统的互助原则。每当春耕生产大忙时，全村人均会互相帮助，有的是几个家庭结合在一起，有的是整个村落分成几个互助协作组，送肥下田，送完一家再送一家，栽插也如此，栽完一丘再栽一丘，直到全部栽完为止。秋收秋种也是如此，至于谁先谁后，事先有安排，谁也不会为此而争吵；对谁家出力多，谁家出力少，也从不计较。尤其对那些体弱多病或家庭中主要劳动力亡故的困难家庭，村落里的人们便会相互邀约一起去帮助其适时播种、栽插、收割。对村落中的孤寡老人，白族传统家庭道德要求对其负有赡养、关心、照顾的责任；如果有人穷困潦倒，白族人一般都会给些帮助；即使外地饥荒者进入白族村落，白族人也不会怠慢，在他们的观念里，"天有不测风云，人有旦夕祸福"，因此，无论遇上什么人，白族人都会给予帮助。故白族家风中团结互助的原则，不仅在于家庭、村落集团内部的互助关系，同时也包含着家庭、村落之间以及整个社会中人与人之间广泛的互助关系。白族人真诚地帮助别人，为他人排忧解难，使他人得到幸福。能够给别人带来幸福的人，自己也才能得到真正的幸福。所以说，白族传统的家风家规家训具有丰富的道德内涵。

家风、家规贯穿着整个家族的生活细节，让一切都变得井然有序，约定而俗成。三坊一照壁、四合五天井的土坯房不华丽，也并不寒酸。

花坛里的月季花月月红艳，水井边种着黄白相间的金银花，院里的石榴、李子、苹果竞相挂果，可是没有人去偷摘。因为家风、家规要求人们：花香不能占为己有，果实要留到中秋，金银花要晒干了泡茶喝，不可能随便占为己有。

三 白族家风家规家训中人与自然和谐的规范

白族在长期的生存和发展中，形成了人与自然和谐发展的价值观念，这种价值观念又通过宗教信仰、乡规民约、族谱、家训、村落组织等形式体现出来。在白族传统文化中，人们素有“靠山吃山，靠海吃海”，“靠山养山，靠海养海”的习俗和观念，并刻石立碑，故在白族中早就有护山碑、护林碑、种松碑等，以此敬告人们遵守规约，以保护山上的一草一木，违者施以重罚。而湖泊、河流等水资源，被白族人认为是自己赖以生存和发展的前提和条件，所以，在白族地区还有水利碑、开河记、重修溪河记、开沟告白等规约以保护水资源。此外，盐井、古桥，被白族视作生存的根本。如云龙盐井中五井之人民，以前靠盐井生活，曾有以井代耕，以井养民，井养万家、久养不穷的实践和经历，故盐井是历代五井之民保护的重点，人们要靠它生存，让盐井造福于子孙后代，养育一方之民。

白族地区有各式各样的乡规民约碑，反映了白族保护其赖以生存的自然生态环境的观念。其中如洱源铁甲村《乡规碑》、剑川蕨市坪村和新仁里《乡规碑》、鹤庆金墩积德屯《岔立乡规碑》《羊龙潭水利碑》《保护公山碑》等，至今仍在白族社区中起到保护生态环境、规范人们行为的作用。至今仍然流行于白族村落中的村规民约，如剑川新生乡的《乡规民约》、黄花村的《村规民约》、石龙村的《村规民约》以及金华镇南门办事处的《街规民约》，洱源三营村公所的《村规民约》、宾川的《革弊碑》等，都对保护山林、水源、道路、水沟、水渠、土地资源、社会秩序、村寨卫生、修桥铺路、捐资建校、振兴教育以及人与人、人与社会、人与自然等诸多关系作了规定，对什么能做，什么不能做，都有约定俗成的规范。而族谱中的《族规》《族法》《家规家训》，包括《禁烟歌》《戒赌歌》、洱源玉泉乡的《洗心泉诫》、明代学者艾自修与艾自新的《教家录》、杨南金的《居家四箴》，都是调整人与人、人与自然之间关系的行为准则和道德规范。通过乡规民约和族谱、家训的形式加以规范，从而使得白族地区山林、水、土以及其他自然资源和生存环境得到了有效保护，使人与自然和谐发展。

总之，应加强少数民族优秀家风家规家训典籍整理与研究，推进少数民族优秀家风家规家训道德文化保护建设，抓好非物质文化遗产保护传承。应深入挖掘少数民族优秀家风家规家训的内涵，广泛开展优秀传统家风家规家训道德文化教育的普及活动。发挥少数民族优秀传统道德在文化传承创新中的基础性作用，增加优秀传统家风家规家训道德文化宣传，加强传统优秀道德文化教学研究基地建设。大力推广和规范使用少数民族优秀道德文化，科学保护各民族优秀家风家规家训，繁荣发展少数民族道德伦理文化，才能共同弘扬中华优秀传统文化。

（作者系云南民族大学人文学院教授，博士生导师；云南省民族伦理学会会长，云南省道德研究院特约研究员）

云南传统乡规民约中道德因素及其作用研究

刘 欣

20 世纪 30 年代，随着乡村建设的开展，对会社、乡约、宗族等乡村基层组织的研究方兴未艾，杨开道、王兰荫、吕著清、王宗培等人对传统乡规民约展开了拓荒性的研究。[①] 新中国成立后相当长一段时间内，史学界对其关注不够；直到 20 世纪 90 年代，乡规民约的研究才又重新兴起。主要包括四个方面：一是对乡规民约历史形态、特点及其功能等的深入阐述[②]；二是把地方社会关系作为研究重点[③]；三是从法学的角度讨论传统乡规民约与国家法律之间的互动关系[④]；四是从古代水利组织、水利纠纷、水利环境等多种新视角切入，使传统乡规民约研究呈现出日渐

---

① 杨开道：《中国乡约制度》，山东乡村训练服务处 1937 年版；吕著清：《中国乡约概要》，《河北学刊》1936 年第 4 期；王兰荫：《明代之乡约与民众教育》，《师大月刊》1935 年 5 月第 21 期。

② 张广修：《村规民约的历史演变》，《洛阳工学院学报》（社会科学版）2000 年第 2 期；牛铭实：《中国历代乡约》，中国社会出版社 2006 年版；卞利：《明清徽州乡（村）规民约论纲》，《中国农史》2004 年第 4 期；张明新：《乡规民约存在形态刍论》，《南京大学学报》（社会科学版）2004 年第 5 期；山本英史：《从长关、斗头到乡保、约地、约练》，载《传统中国的地域形象》，庆应义塾大学出版会 2005 年版。

③ 常建华：《明代徽州的宗族乡约化》，《中国史研究》2003 年第 3 期；陈柯云：《略论明清时期徽州的乡约》，《中国史研究》1990 年第 4 期；汪毅夫：《试论明清时期的闽台乡约》，《中国史研究》2002 年第 2 期。

④ 李朝晖：《民间秩序的重建——从乡规民约的变迁中透视民间秩序与国家秩序的协同趋势》，《学术研究》2001 年第 12 期；卞利：《明清徽州村规民约和国家法之间的冲突与整合》，《华中师范大学学报》（人文社会科学版）2006 年第 1 期。

丰富化和多样化的格局①。

但是，以往乡规民约的研究表现出明显的区域性偏重，其研究多关注于宗法家族较为发达的内陆地区。② 而对边疆地区尤其是多民族聚居地云南的乡规民约少有论及，其主要工作仍限于对乡规民约的收集、整理及汇编等基础工作上。云南传统乡规民约具有独特的地域特征，特别是其中丰富的道德内容，完全可以为今天新农村建设提供有益的历史借鉴。

一　云南传统乡规民约概述

据现有史料，云南成文可考的乡规民约至迟在明代即已出现。宣德年间的《大理府卫关里十八溪共三十五处军民分定水例碑文》是我们找到的云南最早的乡规民约；正德十四年立的《洱源县邓川镇洗心泉诫碑》堪称云南乡规民约的典范，该规约深受宋代《吕氏乡约》的影响，尽显教化乡民之用意。

清代是云南乡规民约发展的巅峰时期。康熙以后，云南各地乡规民约如雨后春笋般出现。整体而言，清代云南乡规民约种类齐全。有综合类乡规民约，即内容包括社会成员生产生活诸方面的规约；有“禁斫伐、禁践踏、禁偷窃”等禁止性规定，涉及教化、山林田地保护、社会风俗改良等方面；也有护林类、水利类乡规民约；以及防抢防盗类乡规民约。甚至还有为具体一事而立的乡规民约。此外，还有移风易俗规约、行规、厂规、家规等乡规民约。

民国时期由于云南相对封闭，其乡规民约基本没有受到民国政府颁布的《地方自治条例》《乡自治制》等规定的影响，在内容和形式上主要是清代的延续。值得一提的是，民国二十三年立的鹤庆县金墩积德屯

---

① 韩茂莉：《近代山陕地区基层水利管理体系探析》，《中国经济史研究》2006 年第 1 期；萧正宏：《历史时期关中地区农田灌溉中的水权问题》，《中国经济史研究》1999 年第 1 期；张俊峰：《清末晋南乡村社会的水利管理与运行——以通利渠为例》，《中国农史》2005 年第 3 期。

② 杨念群：《论 19 世纪岭南乡约的军事化——中英冲突的一个区域性结果》，《清史研究》1993 年第 3 期；汪毅夫：《明清乡约制度与闽台乡土社会》，《台湾研究集刊》2001 年第 13 期；朱鸿林：《明代中期地方社区治安重建理想之展现——山西、河南地区所行乡约之例》，（韩国）《中国学报》1992 年。

《公立乡规碑记》明确其村政大纲“目的在尊重三民主义，促进村中之自治，以期达到化合大同为标准”，明显地受到了当时政治思潮的影响。

总之，从云南传统乡规民约的发展历史看，其形式与其他地区相比，已逐步趋于统一，但在内容上地方特色更加显著，充分展现了云南独特的社会生活。

二 “德业相劝”与“患难相恤”：云南传统乡规民约中的道德要求

（一）“德业相劝”——乡约对血缘与姻缘的要求

传统乡规民约一项重要内容就是将处理家庭内部成员之关系作为自己的首要任务，针对父母与子女、兄弟姐妹之间、夫妻之间以及姑嫂之间等多种纷繁复杂的家庭关系，有针对性地提出了“父慈子孝”“兄友弟恭”“夫义妇顺”“各守本分”等不同的行为规范标准和要求。这在一定程度上体现了传统乡规民约德业相劝的教化理念，其目的就是通过对村民品质的塑造，使其成为符合儒家学说的“新人”。

1. 家庭（族）血缘关系的塑造

父子关系在传统社会中被看成是家庭伦理关系的核心部分，是所有家庭关系中最为亲切的血亲关系。“父慈子孝”则被认为是最理想的父子关系模式。它要求作为父亲要负担起“养不教、父之过”的责任，要管教子弟，使其奉公守法，不可越礼，不可因过分溺爱子女，使其为所欲为。“乡间子弟，父兄各宜严禁非为，心归正路，如不严禁，罪归父兄。”① 乡土社会大多合族而居，同宗同族，长辈不但要负责教育自己的孩子，还有责任规范同姓晚辈族人的行为。“从来风俗之邪正，始自人心，人心之贤愚，半由教育……我有食上村三十余家，同宗合族，支派虽分远近，情谊讵别亲疏，历代以来人心淳朴，无如后生小子不遵家训者，里之不约正道者，有之只缘误入迷途，遂致败坏风俗，愈趋越下，能勿虑乎？爰集父老，议成规戒

① （云龙县）《炼登乡乡规民约碑》，载中国人民政治协商会议云南省云龙县委员会文史资料委员会编《云龙文史资料》第四辑，1990年，第130页。

条约，是不遵者，家法治之，是负因者，合族攻之。”① 子女要孝顺父母、长辈，不但对父母亲在物质上给予保证，更要在心理上给予安慰，在精神上使其得到快乐，方才算是真正尽到了“孝道”，总之，就是不可以逆着父母而是要事事顺其心意。（麒麟区三宝镇）《雅户乡规民约碑》有十条戒律，第一条就是：“一戒忤逆父母。”② 其他类似的有：“为人子者，务要孝顺父母，尊长敬上，不得忤逆父母，欺压街邻。”③ “人生之百行，以孝弟为首，倘子弟有负性愚顽入不孝、出不弟者必究。”④ “为人子者，务要孝顺父母，尊长敬上，不得忤逆父母，欺压街邻。如有违者，以乡规处治，议罚白米市斗一石入寺备用。罚之不服，报官府治罪。”⑤（宜良县）《万户庄乾隆乡规碑（二）》就认为，如果乡里不孝顺长辈的恶习不加以制止，社会风气就会大坏。“窃闻欲厚风俗，当正人心；欲正人心，尤必先除恶习。是所闻者，正如所见者，耳濡目染，童而闻之，庶几向始端而风俗自淳矣。”因此，对不敬长者的行为都要严惩。“一孝父母，如有忤逆者，禀官惩究。二敬长上，如有傲慢欺凌毁骂者，公同禀究同甲长伙头。”⑥ 对于孝顺长辈的行为，乡规民约也会给予表彰与奖励。“孝顺父母、公婆，不搬弄是非，教子成人者，经族人评议，给予表彰。”⑦ 显然，传统乡规民约中所提倡的“父慈子孝”的父子关系中，对为子者应尽孝的要求要远远多于对“父慈”的要求。正是这种有意识的强化，才使“仁之根本”的孝，成为

---

① 巍山彝族回族自治县大仓镇《有食上村村规民约碑》，载国家民委《民族问题五种丛书》编辑委员会、《中国民族问题资料 · 档案集成》编辑委员会编《中国民族问题资料 · 档案集成》第5辑，中国少数民族社会历史调查资料丛刊第83卷《民族问题五种丛书》及其档案汇编，中央民族大学出版社2005年版，第440页。

② 杨寿川主编，云南省社会科学界联合会、云南省文化体制改革和文化产业发展领导小组办公室组织编写：《云南特色文化》，社会科学文献出版社2006年版，第747页。

③ （官渡区阿拉彝族乡）《小麻苴彝族村乡规碑》，载曹善寿主编《云南林业文化碑刻》，德宏民族出版社2005年版，第99页。

④ 巍山彝族回族自治县大仓镇《有食上村村规民约碑》，载《民族问题五种丛书》及其档案汇编，中央民族大学出版社2005年版，第440页。

⑤ （官渡区阿拉彝族乡）《小麻苴彝族村乡规碑》，载曹善寿主编《云南林业文化碑刻》，德宏民族出版社2005年版，第99页。

⑥ （宜良县）《万户庄乾隆乡规碑（二）》，载周恩福主编《宜良碑刻》，云南民族出版社2006年版，第281页。

⑦ （江川县前卫镇上邑村）《李氏族规》，载《江川县志》，云南人民出版社1994年版，第665页。

云南传统乡规民约的基石。

2. 姻缘关系的要求

除了血缘关系，乡土社会姻缘关系中的婚姻关系同样重要，在传统云南的乡规民约中也有不同程度的反映。

在中国传统社会，良好的婚姻关系建立在联合两性、传宗接代这一主要目的之上。婚姻关系的好坏与否不但直接影响到家庭其他关系的续存，更关乎家道的兴衰。中国古代社会十分重视建立良好的夫妻关系。为数众多的传统乡规民约更是将“夫以义为良，妇以顺为令，举案必齐眉，如宾互相敬……”视为最理想的夫妻相处模式加以提倡。云南地处边疆，两性婚姻关系中或多或少地带有少数民族的烙印，自然与儒家正统学说所提倡的夫主妻从、夫制妻顺的关系有所冲突。古代云南婚姻中诸如计聘金、夸妆、兄纳弟媳、弟配兄嫂、同姓为婚等行为（当时被称为“浇风”，即指婚姻中不好的风气），的确造成了较为消极的社会影响。“禁止浇风恶俗，正人心以归淳厚。赏准批示勒石事，照得。男婚女嫁，人之大伦；父命媒妁，占之定理。所以乾健造物，而坤厚载物，体□天地，生生不息之义，而夫妇之道成焉。稽古帝尧以二女妻舜，至圣以兄之子妻南宫，皆娶其贤之有足称耳。岂以韦布而不称吉士，形余而不歌好逑乎？顾盛世之休风既邈，而此际之陋规宜除。如我定远，古号橐州，名虽殊于四界，谊实共境同乡，俊彦代有其人，风俗素称淳美。概自兵燹，一兴婚嫁，罔不达理，始通媒妁，计聘金之虚盈，迨至亲迎，夸妆奁之积累，名则居然婚嫁，迹则显似卖儿。贤媛不入名门，东床悉非佳偶，利端启而廉耻全无，女子骄而瑟琴少合。戒旦之教不先，翁姑罔孝；牝鸡之声远播，父母贻羞。甚至交摘时闻，夫妻反目，罪孽深则疾病夭亡，心肠狠而轻生服毒。可怜完婚之欠债未偿，人命之讼端又起。刀笔吏乘间播弄，两头挑唆；狠心役暗地索财，是非倒置。一则心头爱割寸列肝肠，一则掌上珠沉多方营刺。讵知血汗家资，尽饱奸人囊橐，因而恩情亲戚，俱成不改冤仇。此皆近时浇风，目前陋习，故吾侪所目击心伤，急欲禁革者也。然士民原无政令，而乡党历有条规，爰集多士，议立合同，以为不朽定规，永移一方陋习。”①

① 张方玉主编：《楚雄历代碑刻》，云南民族出版社2005年版，第334—336页。

总之，“父慈子孝”“兄友弟恭”“夫义妇顺”“各守本分”等协调乡土社会成员之间关系的传统乡规民约的制定和执行，使得中华民族传统伦理道德规范中的“礼”“义”“忠”“信”“悌”等深入乡土社会的各个角落，并利用强大的社会舆论对组织内部成员的行为进行有效的监督和约束。一方面，不但保证了乡土社会秩序的和谐稳定，而且也使得优秀的中华民族的传统美德绵延不绝，源远流长，成为中华民族发展延续的强大精神支柱和动力源泉。

（二）“患难相恤”——乡约对村民日常生活合作互助的要求

乡约从诞生之初就十分重视对乡里、乡民的救助职能。北宋《吕氏乡规》第四章“患难相恤”内容最为完整详细，包含：水火、盗贼、疾病、死丧、孤弱、诬枉、贫乏共7条，要求大家在患难时互相帮助。云南传统的乡规民约同样体现了这一宗旨。

1. 对结婚、丧葬乡民日常花费较大的生活事项的互助

乡民在丧葬事务中的互助行为古来有之，但真正将乡民彼此之间的丧葬互助作为一种义务加以具体规定的，却是唐末五代时期的敦煌社邑规约，以及北宋《吕氏乡约》。《吕氏乡约》规定：“凡遗物，婚嫁及庆贺，用币、帛、羊、酒、蜡烛、雉、兔、果实之类，计所直多少，多不过三千，少至一二百。”这证明在民间乡社，婚姻相助之礼已经相当普遍。婚姻、丧葬及其他生活互助规约的制定和执行，可以集中众人的力量应付个人难以承办的事情。“丧事送葬时，不论强弱，谁家不到坟上，罚黄金一两。”[①]“凡民有丧，匍匐救之，乡里之常也。近来积习，于初丧之后与引发之前夜，不分老幼，群聚痛饮，以致趁醉闹丧，殊近夷风。今后不论何家遇丧，来吊者只许烟茶，不许设酒。在家无故不来吊望者罚。”[②] 婚礼随份子钱既是人情又可以减轻主家的负担，“订婚财礼，准定十一二两之数”，“不得贪心倍取”。[③] 也有的乡民婚礼大操大办，为了减

① （香格里拉县）《公众立约》，载香格里拉县人民政府驻昆办事处编《中甸藏文历史档案资料汇编》，云南民族出版社2003年版，第253页。

② 《新仁里乡规碑》，载《民族问题五种丛书》及其档案汇编，中央民族大学出版社2005年版，第493页。

③ （云龙县）《炼登乡乡规民约碑》，载《云龙文史资料》第四辑，1990年，第131页。

轻婚礼负担，滥请乡民，造成了不好的后果。乡规对此也有规定："礼尚往来，古之道也。近来喜事之家，不分老幼，滥请人情，于办事者大难。此后人请客，男六十以上，女七十以上，方许另请人情；年岁以下者，不得妄请妄去。违者重罚。至八十岁以上，步履艰难者，着人送至于家，以明敬老之意。"①

2. 防匪、防盗及防火诸事上的相助

云南乡村中的民居大多为木制房子，加之天干物燥，极易发生火灾。一旦出现火情，就需要八方相救。传统乡规民约对此严规如下："寨内遇有火灾，各家应出水桶一对，挑水相救，不得坐视。违者事后查出，公同议罚。"② 平日里各家各户都要出人出力来预防火灾，一旦火起大家共同救火。"本寨轮流喊火烛。……每年自九月十五日起至次年三月十五日止，计六个月。昼喊六次，夜则长喊。又自三月十五日至九月十五日止，昼喊四次，夜喊六次。设遇火情准相连之五家，搬运物件。其余隔远之家，无论汉夷客籍，除六十岁以上，十八岁以下者准令着家，此外，男则随带斧锄，女则随背水浆，速来互救，不得躲藏。"③ "从今后不论汉夷户口，每十家轮流派一十长，统率十家。设立斧锄三把、绳索三根、水缸三个。着十长各管设立，以期有备……凡遇失火，每户出壮丁一名及十家项下壮丁，大家齐集救护。"④

匪盗之患历来是传统农耕社会之大害。云南地处边疆，大多数乡村位于崇山中，如遇此灾走失牛马、猪羊等大牲畜，对小农之家经济上的打击是致命的。因此，传统乡规民约要求村民互相帮助防盗、防匪，保一方平安。"每遇有粮食之期，必要轮流数人，分为两路，日夜巡查，卡路一夜，不得推诿。若村中被贼偷盗什物，唯查夜人是问。切莫因仇挟害，均谓言之不先也。再计此禁条每年退火头之日，必照火头轮流更退，

① 《新仁里乡规碑》，载《民族问题五种丛书》及其档案汇编，中央民族大学出版社2005年版，第493页。

② （开远市）《白棕棚一同碑》，载曹安定主编《开远文物志》，云南美术出版社2007年版，第116页。

③ （香格里拉县）《甸寨中心属卡汉藏公约》，载香格里拉县人民政府驻昆办事处编《中甸藏文历史档案资料汇编》，云南民族出版社2003年版，第217页。

④ （香格里拉县）《本寨军民防火公约》，载香格里拉县人民政府驻昆办事处编《中甸藏文历史档案资料汇编》，云南民族出版社2003年版，第262页。

不得失落隐藏，若有隐藏，罚钱十千文。”① “寨内遇有黑夜抄抢，拦路劫强之事，准其鸣锣为号，各家一闻锣声，均宜即刻出捕，不能坐视。如有不出协同拿贼者，事后查出公同议罚，违者禀官究治。”② 如果遇到匪徒则不但一村俱上，还要联络附近各村互相联保。（红塔区北城镇）乡规规定：“如遇有事，通报首事会，凡我村屯人等，务须到场，不得推诿，倘遇盗贼，一村喊救，各村应声，同拿同办。即有罚款，归村屯大公，不得争议。”③ 针对小毛贼偷盗村民的牲畜，乡规要求村民与失主一起结伙去找。“寨内有失马牛者，急速报众追赶。不论两日三日，各带吃食，及至寻觅得回，失主应出酒半罐，劳请众人。若拿贼盗，即送官处治，勿许胡行。倘不见牛马，每家出钱伍拾文相（帮）失主，不得加减。”④ “遇有失牛马者，众人各带食用，帮觅三日。若得到，不至者罚银三钱三分入公。”⑤ “遇村里失贼，牛角为号，各家自备盘费，相帮访迹捕盗，不得坐视失主。”⑥

3. 传统乡约中有关公共类事务的规定所体现的救助精神

乡村一些公共事务由于开销大，一家一户是无法负担的，因此，共同承担其费用，同样体现着“患难相恤”的救助精神。乡约首先规定村民要积极参与公共事务，否则罚款。“寨内有事，或大小缓急，或是非曲直，伙头报知候，当速来公议。若传到一二次不来者，罚钱五百文。各宜遵行。”⑦ 公共事务之开销要共同协商，制订好各家各户摊派比例。例如逢年过节，村民喜闻乐见的社戏活动，显然单门独户无法承担，只有

---

① （元谋县新华乡大河边村）《永顺乡规碑》，载曹善寿主编《云南林业文化碑刻》，德宏民族出版社2005年版，第330页。

② （开远市）《白棕棚一同碑》，载曹安定主编《开远文物志》，云南美术出版社2007年版，第116页。

③ 玉溪市北城镇政府编：《北城志》，玉溪印刷厂1988年版，第467页。

④ （开远市）《白打公议寨规永垂》，载云南省开远市地方志编纂委员会编纂《开远市志》，云南人民出版社1996年版，第671页。

⑤ （墨江哈尼族自治县）《团田乡绿叶村乡规民约》，载墨江哈尼族自治县志编纂委员会编纂《墨江哈尼族自治县志》，云南人民出版社2002年版，第924页。

⑥ （云龙县）《长新乡乡规民约碑》，载曹善寿主编《云南林业文化碑刻》，德宏民族出版社2005年版，第334页。

⑦ （开远市）《白打公议寨规永垂》，载云南省开远市地方志编纂委员会编纂《开远市志》，云南人民出版社1996年版，第671页。

轮流承办。“自正月初六日起至初九日，迎神演戏诚善举而兼乐事也。然流传日久，人心易变，以致互相争讼，将有相讼之机。于是合村老幼会同妥议，设立五班会首轮流管办，周而复始，每班帮帖钱二十文。递年班之如里，不得推诿。”① “月十五财神圣诞，合寨聚会庆祝，亦仿春秋社会，……庆祝时各家按轮出来办理，不得有误，误者议罚。”② 至于乡村教育问题，更应当“有钱的出钱，有力的出力”，大家共同协力。(剑川)《新仁里乡规碑》对此作了如下规定：“窃以风俗之厚薄，端在乎人材；而人材之兴起，必资乎教化。……查我邑九姓三甲皆有公项田亩。愿同志君子共矢公正之心，勿怀私小之念。不论何款公项，除香火祭祖外，削去一切妄费，设为义学。有力者，一姓专设一馆；无力者，三姓五姓共设一馆。举首事以经理，延名师而课读，将见礼义文风，蒸蒸日上；人材科甲，在在时新，庶不愧仁里之名焉!”

总之，“患难相恤”的云南传统乡约，以其特有的救助职能既为乡民的日常生活提供了保障，乡约中的救济使民众在感情和理性上更容易接受，又有助于在邻里、乡里形成互助互爱的风气。传统乡约成为协调古代乡村社会关系，维持乡村社会秩序稳定的润滑剂。

三 “过失相规”:云南传统乡规民约中的道德禁忌

相对于乡规中的道德提倡，云南传统乡规民约中也有大量对乡民的不当行为进行约束的规定，对违反乡规民约者，采取一定的惩罚措施，具备明显“罚式”的禁忌规定。传统乡规民约旨在通过惩戒，实现乡村良好社会风气的维持。如以禁赌害、禁斗殴、禁私宰耕牛、禁争讼告状、禁图产争、禁烟害、禁赛会演戏、禁习邪教、禁抢婚恶习、禁拔人勒赎等为内容的乡规民约。这里我们主要以云南传统乡约中禁止乡村赌博、禁偷盗等为例展开。

---

① (大理市海东镇)《乡规碑》，载张奋兴《大理海东风物志续编》，云南民族出版社 2008 年版，第 255 页。

② (开远市)《白棕棚一同碑》，载曹安定主编《开远文物志》，云南美术出版社 2007 年版，第 116 页。

（一）乡约对赌博的禁止

赌博是一种社会陋俗，由此引起的争执、纠纷和犯罪活动不但会破坏乡村社会的风气，甚至会危及社会秩序的稳定。在云南地区就既有乡约、保甲、会社等基层组织订立的专门的禁赌规约，又有宗族组织以宗规形式以及乡里各姓共同订立的禁赌条文。

通观云南传统乡规民约中的相关规定，可以看出乡土社会对赌博危害认识的高度一致性。首先，赌博坏人品质，使淳朴之人易为奸诈之徒；甚者赌博易使家庭不和谐，进而破家、败家。“从来家业之盛，莫盛于农桑；家常之倾，半倾于赌博。此通都大邑，以至穷乡僻壤，伊古以来，大抵然也。”① 即便是乡里红白之事中的要钱娱乐，其害处也不少。“村中有红白二事，类之以偷赌作伴，弄假成真。从来衣食由于勤俭，盗贼出于赌博，古之名言也！”② 其次，赌博会产生大量的民事、刑事案件，严重破坏乡土社会的社会秩序。例如，光绪三十三年武定县万德乡上万纳庄张铺苴被痞棍郑占奎、郑启发、卢玉福等贪心套赌、图财谋命。后来全庄合议共立（武定县）《万德禁赌碑》。其中曰：“惟有地方衣食之家，磋磨罄尽，但凡夷民无知子弟，套场以银钱相戏，我欲图尔之财，尔欲谋我之产。其中多有痞棍，稍不遂意，擅动白刃行凶……刻石立碑，一缅永远遵行，禁止在案该犯等随行贸易往来，永不得仍前聚赌，挟嫌滋事。倘敢故违，将原案重咎处，所属夷汉一体遵照。”③ 因此，云南传统乡约不但有专门的禁赌碑、禁赌文，且几乎所有有关社会规范的乡规民约中都有禁赌之说。

正是充分认识到赌博的危害性，云南传统乡规民约制订了严厉的处罚措施，力图将赌博这一毒瘤从乡土社会根除。传统乡规民约一般的做法是没收赌资并处以罚钱或体罚。“尔后小子士农工商必须各归一业，倘

---

① （云龙县检槽乡）《公议戒赌文》，载云南省云龙县志编纂委员会《云龙县志》，农业出版社1992年版，第580页。

② （大理市下关兴隆村）《永立戒碑碑文》，载《中国少数民族社会历史调查资料丛刊》修订编辑委员会编《大理州彝族社会历史调查》，民族出版社2009年版，第94页。

③ 楚雄彝族自治州博物馆编：《楚雄彝族自治州文物志》，云南民族出版社2008年版，第208页。

不知自爱仍以赌博为悦之境，准受害者报经管事，帖传合族老幼齐集祠内，以家法处置。重责三十板，其财之既散者，分文必须追回；其财之未散者，毫厘不许授受。”① “五禁不得窝（偷）家赌博，输入钱文，……不遵律令者，罚钱伍千文。”② 有的乡规对赌博的处罚十分严厉，或开除族籍、村（寨）籍，或报官处置。“从此禁止之后，亦不得聚众窝赌，并开店之家，希图渔利，胆敢隐匿窝留者，定即抄家，逐出境外，决不稍容。”③ “不论各家子弟，若遇红白二事，不得以偷赌作伴，赶街上路，在村出村，不得三五成群，三文五撮，三百五百，再为偷赌。”④ 如果村民对于上述处罚不服，则送官处置。例如前文所述的《浦贝杨姓家庙戒赌碑》就明文规定：如果对子弟赌博行为的处置不服或不执行的，一概送官，“如其不服，管事族人定即出具公呈，鸣官究处。庶乎先业以保而族谊以敦也，宁非厚幸”⑤。（云龙县检槽乡）《公议戒赌文》则针对设赌局的主谋之人规定如下：“往来强逼开赌者，捆解头目，禀官究办。”⑥

在国家法令特别是传统乡规民约的严厉打击之下，赌博之风得到了一定程度的遏制。

（二）乡约对诉讼、偷盗等行为的禁止

在传统中国农村，乡民之间因财产、土地、山林、水源、坟地、婚姻等方面的利益冲突，而产生争讼。但是历代县以下行政组织没有审判权，县令（知县）既是行政长官，又是司法长官，根本无法处理

① （易门县）《浦贝杨姓家庙戒赌碑》，载中国人民政治协商会议易门县委员会文史资料编辑委员会《易门县文史资料选辑》第七辑，德宏民族出版社 1999 年版，第 253 页。

② （元谋县新华乡大河边村）《永顺乡规碑》，载曹善寿主编《云南林业文化碑刻》，德宏民族出版社 2005 年版，第 330 页。

③ （武定县）《万德禁赌碑》，载楚雄彝族自治州博物馆编《楚雄彝族自治州文物志》，云南民族出版社 2008 年版，第 208 页。

④ （大理市下关兴隆村）《永立戒碑碑文》，载《中国少数民族社会历史调查资料丛刊》修订编辑委员会编《大理州彝族社会历史调查》，民族出版社 2009 年版，第 94 页。

⑤ （易门县）《浦贝杨姓家庙戒赌碑》，载中国人民政治协商会议易门县委员会文史资料编辑委员会《易门县文史资料选辑》第七辑，德宏民族出版社 1999 年版，第 253 页。

⑥ （云龙县检槽乡）《公议戒赌文》，载云南省云龙县志编纂委员会《云龙县志》，农业出版社 1992 年版，第 580 页。

如此繁多的乡间矛盾。而且在统治者看来诉讼之风大盛有违于儒家理想的“无讼”和谐的社会。因此，统治者一方面有限地下放诉讼解决权于乡里社会的同时，又大力提倡罢讼、息讼之举。云南传统乡规民约同样秉承此宗旨，在云南乡土社会提倡无讼思想。“一息争讼。凡乡村之中和气致祥，生端，妄经官府者必究。”① “从来朝廷之立法所以惩不善良而警无良……故古之良民……和乡党以息争讼，训子弟以禁非为，息诬告以全善良，讲律法以警愚顽，……诱愚顽使之各务本业而不失亲睦之风，得优游于太平之世矣乎。”② 因此，许多乡规民约中都明确写有“戒唆讼纷争”“息争讼”等条目。当然，任何社会都不可能没有纷争，如果纠纷出现了，乡规规定对于家庭、邻里间的一些没有触犯法律的鸡毛蒜皮小事，原则上由乡里老人或里正、乡约处置。“凡家庭小节，弟兄纠争，乡里微嫌，以及口角细故，报知乡甲同村众理处查明，理曲者论事之轻重罚跪，如有干犯律条，仍当禀究，不在罚跪之列。”③ 只有这些手段无效时，或者老人处罚不公才走最后一步——报官处置。“寨内有大小□□□分不平者，当先请头目尊长理讲。头目尊长亦不得偏阿情势，护此短长，口共相处和。犹不依劝，然后赴衙听官讯断，不许先为胡行。违者罚钱五百文。各宜信守。”④ “遇地方公事不秉公排解，反受贿扛帮唆讼者，指名禀报。”⑤

偷盗是传统乡村社会的一个大问题，它严重破坏乡民间的和谐、乡土社会的社会风气。因此，云南传统乡规民约对这种乡土社会常见的偷盗行为给予了关注。一般而言，对于村民偷拿他人山林、田地上的收获是要罚款、罚物的。（宜良县）《万户庄乾隆乡规碑（一）》规定：“禁偷窃。树竹、茶果、粪草之类，各有其主。私行偷砍树竹一株，罚银伍钱，贰株罚银壹两，照数升罚；偷取豆麦、谷菜者，罚谷

---

① 《民族问题五种丛书》及其档案汇编，中央民族大学出版社2005年版，第440页。

② （云龙县）《炼登乡乡规民约碑》，载《云龙文史资料》第四辑，1990年，第130页。

③ （呈贡县大王营等七村）《乡规民约碑》，载云南省呈贡县志编纂委员会编《呈贡县志》，山西人民出版社1992年版，第517页。

④ （开远市）《白打公议寨规永垂》，载云南省开远市地方志编纂委员会编纂《开远市志》，云南人民出版社1996年版，第671页。

⑤ （宜良县）《万户庄乾隆乡规碑（二）》，载周恩福主编《宜良碑刻》，云南民族出版社2006年版，第281页。

伍斗；偷取茶果、瓜姜等物者，罚谷伍斗；偷取粪草者，罚钱伍佰文；偷取竹笋壹支者，罚钱壹佰文，照数升罚。”① 对于偷拿他人财物的行为，乡约规定也是罚物、罚跪或罚其游街示众。“男妇人等上街，不可私偷人物，倘有偷藏者，一经查觉，捆绑游街示众。”② 一般而言，云南传统的乡规民约对偷窃行为的处罚并不太重，但也不排除有的乡约规定会报官处置或私刑处罚。“本村田园谷麦瓜菜等物，不得擅动。倘有鼠窃狗偷之辈，暗行偷盗窃取田中等物，拿获报官治罪，仍罚白米市斗一石入寺。”③ 凤庆县《永定乡规民约碑》：“村内犯有放盗田园谷麦者，与砍木砍柴者，如果查实，报明头目公议，罚银五两入公。如有山中焚火烧坏柴山者，罚银五两入公。以上行条规犯（范），重则挖眼，轻则罚银，各宜禀遵，以正风化，为此刻石以垂永久。”④ 碑文中，“重者挖眼”的规定，看似很残酷，但在当时只有重罚，才能制止违约的行为。

总之，云南传统的乡规民约通过制定禁约的形式对赌博、盗窃、诉讼等不端行为加以禁止和打击，它弥补了国家法令无力完全在民间社会执行的缺陷，较好地约束规范了乡民行为，积习成俗，净化了乡土社会的风气。

四 “礼俗相交”：云南传统乡规民约的作用

宋代开始兴起的新儒学尤其注重对道德伦理的倡导，以达到移风易俗规范乡村生活并最终维护封建礼教的目的。通过乡规民约的规定，可以使乡民获得道德教化，再通过道德对乡民的精神情感、性格气质进行潜移默化的塑造，培养出儒家所需要的“新民”。这正是传统乡约中道德

① （宜良县）《万户庄乾隆乡规碑（一）》，载周恩福主编《宜良碑刻》，云南民族出版社2006年版，第278页。

② 《师宗县瓦洛集市规条碑文》，载云南省地方志编纂委员会总纂，云南省工业行政管理局编撰《云南省志》卷9《工商行政管理志》，云南人民出版社1998年版，第262页。

③ （官渡区阿拉彝族乡）《小麻苴彝族村乡规碑》，载曹善寿主编《云南林业文化碑刻》，德宏民族出版社2005年版，第99页。

④ （凤庆县）《永定乡规民约碑》，载曹善寿主编《云南林业文化碑刻》，德宏民族出版社2005年版，第317页。

规定的初衷。

（一）乡约对乡土社会移风易俗的保证

为了保证培养出儒家的“新民”，必须有国家意识对传统的乡规民约从其运作程序和管理制度上强力介入。

首先，从乡规民约的订立来看。创建乡规民约，明确其宗旨和任务，是任何一种乡规民约运作的起点。云南传统的乡规民约其订立都明确承担了移风易俗的目的。著名的《洱源县邓川镇洗心泉诫碑》，由御史杨南金立于正德年间。杨南金是邓川人，他对地方的风俗极为重视，“上官数年，事事颇尽心”，正德十四年他通衢疏导此泉，并重新命名为“洗心泉”。以此警劝同乡“早晚常闻常见此诫”各洗其心，这样对“去恶崇善”是有好处的。碑开头说：“世上以泉水为上，井水次之，河水又次之。”村民得以饮用这泉水，应知道其来之不易，是掘地溯源三余丈，砌石一千余工之多才得来的。碑文进一步讲，这泉水不但是“供饮济渴”，更重要的是可以“涤去旧污，滋长新善”。此说明确了移风易俗的目的。

其次，从组织形式上看。云南的乡规民约主要以地区范围为主、以宗族血缘范围为辅。它遵依原编保甲的原则，虽然其负责人的具体任用标准、人数与办法各有不同，但都有各自负责之人。如元谋县新华乡大河边村《永顺乡规碑》云：“盖闻朝廷立宫长，宜长立头目”，来管理这地处边疆又道路不便之地，“村中一切禁约，报明本年管界乡长”。具体事务如“每遇有粮食之期”，或“村中被贼偷盗什物”都由伙头负责；伙头轮流担任，交接必须清楚。“每年退火头之日，必照火头轮流更退，不得失落隐藏，若有隐藏，罚钱十千文。”禄丰县联保乡规民约规定：“乡约约束一乡，乡保与老人亦必按理公论，勿得徇情武断。”可见除乡保外，一些年高有德、为众所推服的老人也参与乡村的管理。(云县涌宝乡忙亥村)《村规民约石碑》对乡民外出的规定中也可看出乡村组织头目及其作用。“人，意欲出于他方做生理、沽工，先要问明耆长、保甲方准出去，不必告云之东，又更适西，而音问疏，总之一二月回乡，不必去久。或他方异服异言之人经过，进村内乞宿，要问奚自何来，要有荷担方可行宿，若无荷担，不可袒护他乡之人，进村内藉事生端敲磕者，而村内首目之辈，务要齐集商议，即捐派银两，将他捆出送官究治。"[①]

再次，从礼仪形式上看。云南有起源于明清两代的宣讲传统。(宜良县)《万户庄乾隆乡规碑（二)》曰："窃闻欲厚风俗，当正人心；欲正人心，尤必先除恶习。是所闻者，正如所见者，耳濡目染，童而闻之，庶几向始端而风俗自淳矣。当今圣天子化洽尧衢，膏充禹甸，犹虑愚民无知犯法，复颁条律，遍及各省、州、县。每至二六之日讲约，谆谆训谕，□民各生理，无作非为。生等远居乡僻，虽州主德星教化，愈远弥切。勿奈愚顽率由升堂始敬，爰是乡中父老议立乡规，粗鄙简易，俾愚顽共知。"通过宣讲的形式来教育民众，以期达到："以为乡中劝善改过自兴之规，虽未能补圣朝地平天成，行同伦（轮)，书同文，处处见声名之胜。"[②] 著名的《呈贡乡约》不但有固定的宣讲场所，"呈邑东门外大王家营等七村，原有正觉一寺，每一会期祝绅耆宣讲。圣谕化导愚顽，无如聆遵者煌煌，寡遇者寥寥，良由愚顽无知习惯性成，将圣谕教化置若罔闻"。而且针对乡村的特殊性，组织专人定期进行宣讲。"圣谕广训，虽经官为宣讲，但村居僻壤者难以周知，请令各村绅士或事集人，或于朔望之期，逐细宣进，化导愚顽，咸知礼法。若无绅士者，令稍知礼义之人讲解、推广、劝化，俾知遵崇改过自新。"[③]

最后，从对移风易俗的影响和作用上看。云南地处边疆、多民族杂居，当地居民之许多习俗都有违儒家正统学说，被主流道德意识一直所诟病。因此，传统的乡规民约中有许多对风俗方面的规定。针对云南当地居民的一些特有的婚俗习惯，如抢妇、醮妇再婚、兄死弟娶嫂、同族同姓相婚等习俗，因不合儒家礼教而被大力禁止。"同族不得通婚，一经发觉，如听告诫悔婚者，向族人认错，即免予惩处，否则逐出族外不得与族人同姓。""如有同族通奸者，处于用刺条子打着游街示众，逐出族

---

① 中国人民政治协商会议云县委员会文史资料研究委员会编：《云县文史资料》第五辑，1991 年，第 156 页。

② 周恩福主编：《宜良碑刻》，云南民族出版社 2006 年版，第 281 页。

③ 云南省呈贡县志编纂委员会编：《呈贡县志》，山西人民出版社 1992 年版，第 516 页。

外，永不得与族人同姓，以免玷辱祖先。”① “周礼亲亲为大，故绵绵有瓞之歌，同姓不婚，而《关雎》有麟趾之咏，正所以肃名分而别亲疏也。凡属水源，莫我同父，及至代远年湮，迁徙易地，往来甚疏。遂视为异姓，而妄事婚媾，不惟欺祖，亦且无亲。自今以后倘有同姓为婚者，公众议罚。”② 也许是云南乡村娶妇成本高的原因，一些地方存在着兄死弟娶嫂以及抢妇的习俗。有鉴于此，乡约告诫：“弟兄间不幸有悲生棠棣、雁行折翼者，须念手足之情，逾格矜怜，以笃天潢，而厥贞节。如有兄纳弟媳，弟配兄嫂，行同狗彘，大伤风化。有干例禁者，公众鸣官，按律惩办。如有家族明知故纵，通同狗护者，其罪有攸归。”“抢妇。纳宠娶妾，以重禋祀，礼之常也。近世有见人居孀，不自矜怜，反行谋算，不通知父母，不商之本人，伤节败名，擅行聚众口抢者，阖村公首，禀官究治。”③ 醮妇再婚不许向人漫天要价，否则行同卖人。“醮妇再婚，只准翁姑接养膳银，多至拾两，少则陆两，如有明瞒暗索，故违公论者，众议加罚。如男女俱贫，更宜体贴变通成就，不得以此数拘限鳏寡。”④ “妇人再嫁，例所不禁。然必守孝一年方准必嫁，准其夫家接受财礼拾贰千文，针线钱陆千文，纹银手镯耳环各一双，不得勒索多取。”⑤《倮施黑永垂不朽碑》则明确了再婚妇女收彩礼的标准。“头等从（重）婚妇女礼银十二两，二等八两，以下六两。青头妇女吃喜酒钱至一千二百文，过礼钱概行柒千二百文，不准多接。”⑥

祭祀祖先是国之大事也是家族之头等大事。“一崇祀典。凡春祈秋根，以及圣诞佳节，递年轮流，某家承办，各家相助，倘是吝惜钱财，

① （江川县前卫镇上邑村）《李氏族规》，载云南省江川县史志编纂委员会编纂《江川县志》，云南人民出版社 1994 年版，第 665 页。

② （牟定县）《禁止浇风恶俗规约碑》，载张方玉主编《楚雄历代碑刻》，云南民族出版社 2005 年版，第 336 页。

③ 《民族问题五种丛书》及其档案汇编，中央民族大学出版社 2005 年版，第 493 页。

④ （牟定县）《禁止浇风恶俗规约碑》，载张方玉主编《楚雄历代碑刻》，云南民族出版社 2005 年版，第 336 页。

⑤ （开远市）《白棕棚一同碑》，载曹定安主编《开远文物志》，云南美术出版社 2007 年版，第 116 页。

⑥ 同上。

事后推诿者必究。"[①] 祠堂与墓地是先人神明所在，保护好祠堂与墓地同样是乡间大事。"凡各家坟茔不帷风水者，系抑且后绪攸关。嗣后如有割砍坟茔草木以及纵放牛羊践踏，跪香一炷，罚瓦三百块。"[②] "族祠修葺派着小工者，应踊跃参加不得延误。"祖茔墓地的管理方面，提出"公款栽树培风水，每年指派专人查看坟墓。如有坍塌陷落，及时培修"[③]。

（二）传统乡规民约对云南乡土社会小传统的改造

云南传统乡规民约中的道德内容更多地表现为国家主流意识对乡土社会的渗透与整合。这并非指个人在文化教育互动中受到规范，以及文化教育在与个人互动中规范个体使之整合，也不是指两种异质文明或文化之间随机偶然的重新组合与重新发展，而是指在同一社会文化区域中，由一种主流文化（或主流价值观，或所谓集体意识）进行多层次的集体性活动，而达到道德规范的重建。

我们可以看到历经明清两朝改造过的云南传统乡规民约从一开始就接受主流意识的指导。如（官渡区阿拉彝族乡）《小麻苴彝族村乡规碑》有"体圣谕之言"等语，（云龙县）《长新乡乡规民约碑》明确指出："我朝圣谕，上亦有联保甲以弭盗贼，和乡党以息争讼，训子弟以禁非为，息诬告以全善良，讲律法以惊愚顽，笃宗族以昭雍睦等数条者。"而（剑川县）《蕨市坪乡规碑》更为明确："即遵上谕十六条内所宜此地者数条，勒石垂碑，以正人心，以敦风化，共为良民，斯成仁里矣。"此外，（云龙县）《炼登乡乡规民约碑》、（呈贡县大王营等七村）《乡规民约碑》等都是据圣谕制定了若干条乡规民约。甚至于民国二十三年立的（鹤庆县金墩积德屯）《公立乡规碑记》也明确其村政大纲"目的在尊重三民主义，促进村中之自治，以期达到化合大同为标准"。

其次，传统乡规民约具备道德观念层面上鲜明的价值判断，它通过

---

① （巍山彝族回族自治县大仓镇）《有食上村村规民约碑》，载《民族问题五种丛书》及其档案汇编，中央民族大学出版社2005年版，第440页。

② （呈贡县大王营等七村）《乡规民约碑》，载云南省呈贡县志编纂委员会编《呈贡县志》，山西人民出版社1992年版，第517页。

③ （墨江哈尼族自治县）《团田乡绿叶村乡规 民约》，载墨江哈尼族自治县志编纂委员会编纂《墨江哈尼族自治县志》，云南人民出版社2002年版，第924页。

人们的思想、判断、行动等方面的价值倾向性表现出来，如人们对事物或现象的好与坏、善与恶、美与丑等的评判，总是表现了一定的价值取向。这种共享性的观念体系为全社会尤其是乡土社会提供了共同的意义基础，是塑造和确立乡土社会共同理想、形成共同行动的前提。如元江县《风俗改良分会规约》对乡土社会婚礼、丧礼、日常社交活动都有详细要求，力图以新风尚、新道德取代以往奢风陋俗。(牟定县)《禁止浇风恶俗规约碑》其目的就是要改变当地婚姻关系中出现的种种陋习。(开远市)《白棕棚一同碑》其宗旨一如其“一同”之名，就是要一同风俗，用儒家主流正统的各种道德礼仪去规范乡村社会，从而使乡民在社会生活中有了一个共同的标准。例如对待当地丧礼中晚辈不服孝服的现象，规定：“人子居丧，即宜遵制成服。俗有亲戚争要孝帛致令孝子不敢穿孝，违礼背法莫此为甚，应即从严禁革，以正风教。”又如，针对婚礼中的聘礼，乡约明确规定了等第。“庶人婚聘□币之礼，通礼所载用服一称，绢四两，容饰四事；食品四器，不得奢越。今从俗，酌定男家送钱，礼钱捌千文，纹银手镯手环各一双，以从简易，嫁不得勒索多取。倘因勒索议婚不成，再与他姓议婚，他姓违例多与者，败坏乡规，公同议罪。”对于妇人再嫁后家庭财产的处置则更能体现儒家学说中的男尊女卑。“妇人再嫁，例所不禁。然必守孝一年方准必嫁，准其夫家接受财礼拾贰千文，针线钱陆千文，纹银手镯耳环各一双，不得勒索多取。……至故夫田产财物，有翁姑者，应为翁姑；有子者，应归其子。无翁姑及其子者，应归夫之兄弟经理，立继承嗣。……改嫁应由夫家主婚，夫家无亲支主婚，方准母家主婚。”①

最后，传统的乡规民约对云南乡土社会小传统的改造也并非是对原有风俗习惯的一味排斥，而是基于尊重小传统的合理性前提下的互相融合。例如香格里拉汉藏杂居，藏民信奉佛教，严禁杀生。因此，当地乡规民约在红、白事时亦尊重这一民族宗教习俗。“现经教方、民方共同协议，所有官民强弱贫富人等，不论谁家丧事、请小孩周岁客，一律禁止

① (开远市)《白棕棚一同碑》，载曹定安主编《开远文物志》，云南美术出版社 2007 年版，第 115—116 页。

杀生，在灵前不准供奉鲜肉祭品；白事三天后上坟，亦不准杀生供奉。”①

道德作为社会习惯在我们的社会中一直起着不可磨灭的作用。它以社会群体的习惯心理为基础并通过舆论压力保证其实施，因而具有强大的力量。云南传统的乡规民约将道德规范转化为具体的道德行为规则，使纲常礼教通过乡约的形式发挥其作用。这种经过改造后的乡约规范承担着协调人际关系、稳定社会秩序、巩固等级名分的社会职能，最终实现了对云南乡土社会的改造而拥有经久不衰的效力。

（作者系云南省社会科学院历史、文献所副所长，博士，研究员）

① （香格里拉县）《公众立约》，载香格里拉县人民政府驻昆办事处编《中甸藏文历史档案资料汇编》，云南民族出版社2003年版，第254页。

哈尼族传统家庭养老方式的现代恢复与发展

王清华

清人王思训说哈尼族“上下相接皆有礼”（《滇南杂志》卷三三），道出了哈尼族处理人际关系的原则。这一原则不仅体现在哈尼族邻里关系、村寨关系、与其他民族及更广阔的人际关系中，更集中地体现在血浓于水的哈尼族家庭关系中。它维系了哈尼族和睦融洽的家庭生活和世世代代的生存繁衍，维系了红河哈尼梯田的长期存在和发展。

在传统的哈尼族社会和家庭关系中，老年生活或养老从来就不是个问题，少有哺育、老有所养不仅是正常的，而且是天经地义的。然而，自20世纪80年代始，由于红河南岸哈尼族青壮年大量外出打工，使很多家庭只有老少留守，甚至成为“空巢”，这不仅极大地破损了哈尼族家庭结构和秩序，威胁着梯田农业的正常进行，而且使哈尼族家庭养老突变成严峻问题。

其实这个问题是目前中国农村普遍面临的问题。对此，政府和一些有识之士曾提出对策和建议，诸如“农村养老保险”“农村养老院”“社会多样化养老”“集体养老”“制定养老法”等。① 因为这些措施强调的都是外力援助，有的收效甚微，有的根本无法实施，不能从根本上解决问题。笔者在对哈尼族家庭长期调查的基础上，以发现传统、激活传统为理念，对哈尼族家庭及养老问题，提出对策建议，并给中国农村养老问题提供案例参考。

---

① 邱梅芬：《中国农村养老问题研究文献综述》，https：//www. baidu. com/s？word = 中国农村养老。

一　哈尼族传统家庭及养老方式

云南红河南岸的哈尼族是一个历史悠久、文化丰厚、具有强烈内聚力和向心力的民族。在家庭中表现为上下相接，亲情融融，生死相依。

（一）哈尼族的传统家庭

哈尼族在家庭观念上，奉行着“树大分枝”的原则。哈尼族男子一经结婚生子，一般都要与父母分家，建立独立的小家庭。一般情况，最小的儿子留在父母身边，继承父母的那一份田产和祖宅。因此，哈尼族家庭尽管树大分枝，但主干仍存。分出若干小家庭后，最后小儿子仍然和父母组成一个较大家庭，小儿子一旦生子，这个家庭就成为三代同堂的大家庭，以后还可能成为四代五代同堂的大家庭。

另外，值得注意的是，在个别地区，哈尼族社会还存在着大家族制度。例如哀牢山区红河县垤玛一带哈尼族是长期保持大家族制的典型地区，他们的生产由父亲或长子负责，家务由母亲或长媳安排，实行大家族整体经济，统一生产粮食和饲养家禽、家畜，统一安排全家族成员的消费，不存在小家庭的独立经济。这一地区的哈尼族总喜欢同家族人紧靠在一起修建住房。如果大家族人口自然增加后仍不分家，就在原房址侧边扩建同样规模和格局的房屋，这就避免了因住房好坏不一而造成成员之间的不和，这实际上是原始平均主义思想的反映。①

在哈尼族传统社会中，小家庭、大家庭、大家族的内部都是融洽和睦的。每一个人在家庭中都有一定的位置和职责，都认真地履行着尊长护幼、“上下相接皆有礼”这一原则。

在哈尼族家庭中，父亲的地位最高，其职责是负责安排全家的劳动生产，管理经济收支。一个父亲，必须为家庭的前途、儿女的成长负全责。他的为人、他一辈子的劳动必须为儿女们作表率，他积累的知识和从事梯田劳作的技艺必须在儿女成年前全部传授给他们，一句话，他的言行举止必须符合哈尼族的规矩，为子女作出榜样。当然，与家庭有关

---

① 《哈尼族简史》编写组编：《哈尼族简史》，民族出版社 1985 年版，第 104 页。

的一切大事也由他主宰。

母亲，在哈尼族社会中是受到人们崇敬的，特别是经过艰辛的生活，从媳妇熬成婆婆的老年母亲更受到极大的尊重。在社会上，她们和男性长者（父亲）一样是勤劳、智慧的象征。在家庭中，她们是生活的当然权威，她们指导媳妇管理家政、纺纱织布、染布缝衣、培养儿孙。对于家庭的和睦、健康和发展，她们负有重大的责任，与此相关的一切大事，她们都亲自到场，亲自动手。例如，盖房子是哈尼族家庭的大事，此事直接关系到家庭的安定和兴旺发展。男人们选定地基后，家庭中的老母亲、老婆婆要亲手用丝线量其方圆，然后才能破土动工。有些地区的哈尼族住宅的房顶是用山茅草覆盖，第一把草也必须由老母亲来割，据说只有这样，神灵才会保佑其家庭安居乐业。在梯田农业生产方面，开秧门这天，这家的母亲先拔出第一捆秧，这捆秧被称为“母亲秧”。栽秧前，这位母亲拿着这第一捆秧，绕田一周后，等候在旁的穿着崭新衣服的媳妇、女儿就蜂拥下田栽插。哈尼族认为，此“秧”如同“出嫁的新娘”，它的成活、成长，不仅意味着农业丰收，而且意味着子孙满堂。

哈尼族母亲每天必须早起，她的第一件事情就是生火做早饭和煮猪食，如果她是一位婆婆的话，这件事情就由媳妇与她一起干。饭做好后，老公、儿子和媳妇先吃，她去喂猪。同时将孙儿孙女从床上叫起来穿戴。饭后，是学生的孙儿去学堂，其他孙儿就跟她到附近的山中摘猪菜。回来后，她有时到菜园里弄弄蔬菜，有时在屋子的晒台上织织布，抱抱孙子。在干这些细碎活计的过程中，给孙儿们讲故事是她的天然职责。在哀牢山中，家庭的老祖母是儿童的第一个启蒙老师，很多哈尼族的风情传说、历史掌故、生活习俗、农业知识，主要是由她传授给新的一代。哈尼族的儿歌，数量难以尽数，内容包罗万象，代代延续不衰，得力于老祖母们的传袭。

总之在哀牢山，哈尼族的母亲、婆婆的一天是奉献的一天，哈尼族的母亲、婆婆的一生是奉献的一生。对于社会细胞——家庭的奉献，使哈尼族母亲获得了全家、全社会的尊敬。

儿子在哈尼族社会和家庭中是宝贵的。“养儿防老”是哈尼族的观念，但并不是完全为“养老”而设。儿子的重要不仅因为他将是哈尼族梯田农业的劳动者，更因为是父系制家庭财产和血缘的继承者。作为大的儿子，生育儿女后，他分家另过，成为一个小家庭的一家之主，成为一个父亲，这时他必须负起家庭的责任、父亲的责任。作为小的儿子，他与父母、子女一起生活，将逐步成为这个三代同堂大家庭的主要劳动力和家庭的支柱，他有侍候父母、养育儿女、继承祖宅田产、管理家政的义务和权利。

女儿在哈尼族家庭中是备受疼爱的。尽管过去哈尼族社会重男轻女，但在家庭中女儿依然宝贵，家庭所有成员对其仍然是无微不至地关怀、爱护而无一丝歧视。哈尼族女儿自小就参加生产劳动。在童年时期就帮助母亲洗菜、背水、煮饭、做家务。同时，学习纺纱织布、缝制衣物，并伙同寨中女伴上山背柴。在农业生产中，女儿也是重要的劳动者，拔秧、栽秧、薅秧、收割、背谷入仓等是她们的主要农活。另外，大的女儿帮母亲照顾弟弟妹妹是其应尽的义务和职责。

儿媳，在哈尼族家庭中是个重要角色。在分家另过的小家庭中，她是当然的妻子、主妇和母亲，管理着家政。在几代同堂的大家庭中，上有公婆，下有儿女，她和丈夫具有家庭的支柱性质，而她在家中更是举足轻重。哈尼族人常说："大树离不开根，家庭离不开女人。"哈尼族家庭大权归男人，而实际上家庭的财产、家务、消费等一般都由女人掌管，而这个掌管"财政大权"的女人大多就是儿媳妇。一个好媳妇从农田里的活计，到挑花绣朵、背水做饭、伺候公婆、哺育后代都得是把好手。对于好媳妇，哈尼人称为"聪葵然咪"，意为聪明、贤惠、能干的女人。新媳妇进入夫家，不仅成为这个家庭中的掌家人，而且为这个家庭增加了一个强有力的劳动力。家里有个好媳妇，是一家人莫大的幸运和幸福。她不仅为父系制的哈尼族家庭生儿育女、传宗接代、延续香火，而且给家庭带来生机和温暖。

当然作为一个家庭，必然还有兄弟姐妹之间、嫂叔之间、姑嫂之间、连襟之间、妯娌之间、同辈的堂兄弟姐妹及表兄弟姐妹、异辈的外祖父母与外孙等一系列家庭亲戚关系。但是作为一个家庭，作为一个经济单位意义上的家庭，它的家庭关系主要是横向的夫妻关系和纵向的父子关系、婆媳关系及祖孙关系。

（二）哈尼族的养老方式

哈尼族人的一生都是在劳动中度过的。似乎不存在养老之说，养老对哈尼族而言只是从梯田劳动转为家庭劳动而已。

一个哈尼族男人，一旦有了儿子，他的梯田农业劳动技艺和生活经验就有了传人，他的家庭血缘和财产就有了继承者，他死后有人抬头(哈尼族男人死时，儿子要抬他的头入棺)，这是极其重要的事情。这个有儿子的人，心里舒坦平衡，在社会上也就扬眉吐气了。一旦他有了孙子成了祖父，可以说他的一生已经基本成功，可以心安理得地安度晚年了。哈尼族男人有了孙子，一满 50 岁，就算完成了人生任务，他不用再到梯田里干农活了（除非他自己仍然愿意下田），而是在家里休息，做些家务：喂猪、种菜园、带孙儿。其中，带孙儿是他晚年的一大乐事和义务。哈尼族祖父对孙子有着特殊的感情，哈尼族说这叫“隔代亲”。祖父对孙子爱护有加，处处顺从。平时，儿女们留给父亲的好食物，他总是又留给了孙子；晚上睡觉，他总是和孙子同床。哈尼族孙子对祖父也有着特殊的感情。在孙辈的心目中，祖父母不仅是自己的亲人，而且是爱的源泉和智慧、神灵的化身。

这就是哈尼族人传统的晚年生活。这种生活是劳动的生活，亲情的生活，自然而然的老有所养的生活。这也就是哈尼族的养老方式。这种方式是和哈尼族传统家庭结构和关系紧密结合在一起的。

二　哈尼族传统家庭及养老面临的危机

从 20 世纪 80 年代始，随着地域开放和外来文化的影响，哈尼族，特别是青年一代哈尼族的劳动价值观发生了巨大变化。内地和边疆的差别、城市和乡村的差别、农业和非农业的差别，特别是内含其中的劳动价值的差别，改变了哈尼族年轻一代的世界观、人生观，乃至审美观的走向，使青壮年劳力大量外出打工。用哈尼族青年的话说：“全家干梯田一年的收入，还不如我在城里打工两个月的收入。”据调查，红河县农村 95% 以上的中青年在外打工；据哀牢山区各地反映，更普遍的情况是村寨中有 1/3 的人在外打工，他们基本都是中青年。村寨人口本来是由老年人、中青年和少年儿童组成，但中青年的外出打工，实际上使村寨和家庭缺失了一代人（或可说是两代人：中年和青年）。

大量中青年人口外流造成了哈尼族社会的极大危机：一是梯田农业

后继无人，二是文化传承后继无人，三是传统家庭的破损，出现“空巢”现象。于是传统家庭生活发生变异，其传统的自然的变梯田农业劳动为家庭家务劳动的老年生活也发生了变化，老有所养的哈尼族家庭养老方式出现了严重的危机。由于家庭失去了劳动力，很多老年人又重新回到了梯田劳动中。元阳县洞浦村的朱小和就是一例。朱小和一家6口，女儿在城里工作已嫁人，儿子儿媳在外打工，家中只剩他、老伴和一个两岁的孙女。朱家有田3.5亩，2013年笔者到朱小和家拜访时，家中只有老伴，76岁的朱小和还在田里干活。按照哈尼族传统，朱小和应在26年前就“退休”在家从事家务劳动，开始养老。然而，由于儿女外出打工，家中缺失了年轻一代的劳动力，朱小和只得继续承担梯田劳动。实际上，他失去了哈尼族亲情相融的养老生活。朱小和的情况在哀牢山区哈尼族社会中非常普遍，农忙时节很多老人在梯田里干犁地、铲埂这样的强劳力活，可以说哈尼族家庭正在失去传统的代代相袭的养老方式。

三 哈尼族传统家庭养老的恢复与发展

这个危机引起了哈尼族社会的极大焦虑，也引起了政府和有识之士的极大关注，曾采取过诸如免除农业税、农业补贴、老年人补贴、“低保”乃至“农村医疗保险”“农村养老保险”等政策措施，但都没有改变家庭破损老人失养的现状。其实，历史上哈尼族有着良好的家庭制度和养老方式，在采用了大量现代方式，使用外部力量努力改善这一状况的今天，我们应当努力发现传统，激活传统，以服务于今天。

（一）发现传统：支持文化自觉

哈尼族强烈的家庭观念使哈尼族较早地意识到了这个危机的到来，20世纪90年代就有人反映青壮年越来越多地离开村寨到城里打工的现象，于是，这些先知先觉者面对人口流失的危机，在家庭中采取的措施是兄弟姐妹几个必须有一个在家，其余的可以出去打工。例如，元阳县全福庄村的卢朝贵有两个儿子一个女儿，在全村青壮年几乎都到城里打工时，他的大儿子卢金华被留在家中娶妻生子，二儿子卢生和女儿卢丽则到城里打工。如今，卢家不但像所有外出打工的人家一样盖起了大房子，而且一家三代居住在一起，大儿子继承了农业生产，大儿媳管家，两个孙子由老伴马木娓带，二儿子和小女儿在梯田旅游公司从事旅游服务，60 多岁的卢朝贵则在农村从事着他年轻时候就喜欢的民族文化事业。他的家庭既保持了传统，又进入了现代生活。一家人其乐融融，没有人为养老操心。

这个典型情况说明只有实现家庭的完整，家庭养老才能恢复和实现。其实，哀牢山区的绝大多数哈尼族人家都是有条件这样做的。要鼓励这样的做法。这就是发现传统、继承传统、发展传统。

（二）世界文化遗产带来的机遇

2013 年 6 月 22 日，“红河哈尼梯田”入选世界文化遗产名录，这给予哈尼族传统家庭及其养老方式以恢复和发展的契机。

1. 激活传统伦理观

入选世界文化遗产名录，对哈尼族来说意义是无与伦比的，其中最大的意义就是对哈尼族文化价值和劳动价值的世界性肯定。这将对哈尼族梯田的文化传承带来根本性改变，同时将使梯田的劳动产品得到升值，当哈尼族梯田劳动收入达到和超过在外打工的收入时，哈尼族外流的中青年劳动力将回归故土。

实际上，这种情况正在出现。再以朱小和家为例，2014 年，朱小和的儿子朱勇从城里打工回来，表示不再外出打工，要在家里种田了。问起原因他说，父母老了需要人管，其实外面打工也不容易，常常想家日子难过。虽然他不喜欢种田，但是家里的田不能闲着，总得有人种。在这里我们看到，尽管朱勇这一代年轻人的人生观、价值观有了很大改变，向往城里的生活，但千百年积淀的传统伦理观却还坚固地扎根脑中，不会在短时期内改变。在现阶段哈尼族青年大多外出，但当问及家乡和未来打算时，回答都是共同的：“如果我老了，我愿意回到我们家的田边上，守着我们家的田，不愁吃穿。”这是哈尼族传统的价值观及伦理观的展现，是对梯田农业的怀念和对家乡的眷念。哈尼族青年无论走到哪里都没有忘记祖先传下来的文化财富，他们每一个人内心当中都流露出对传统的赞美。正是传统造就了今天的哈尼族。我们应当激活哈尼族传统的“上下相接皆有礼”的人际关系原则和传之千年的传统伦理观。今天，哈尼族青年正在回归故里，这是“红河哈尼梯田”这一世界文化遗产带来的最重要的信息，是哈尼梯田正在恢复活力和哈尼族传统家庭得到恢复的一线曙光，也是趋势。对于此，要大张旗鼓地鼓励。

2. 恢复发展哈尼梯田传统农业

哈尼梯田之所以成为世界文化遗产，是因为哈尼族梯田农业是山地农耕的杰作，是山区传统农业的最高典范。

红河南岸地区自古就是无公害优质稻米、亚热带经济作物、热带亚热带水果的重要产区。从 20 世纪六七十年代以来，此地和全国一样一直在推广化肥化、农药化等科技，产量虽大幅增长，但污染随之而来。我们应当在此地恢复其传统农业生产方式，建立无公害农业食品生产基地。这不仅使其农产品在现代社会价值倍增，而且也为其旅游业的兴起奠定了基础。

2013 年，红河哈尼族彝族自治州制定《红河州南部山区综合扶贫开发规划（2013—2017）》（征求意见稿），提出在红河南岸积极培育壮大山区特色优势产业，重点发展“六个百万亩”（即培育橡胶带、梯田红米带、香料产业带、水果产业带、棕榈产业带、商品林产业带各百万亩）。“六个百万亩”的提出是针对红河南部山区扶贫综合开发的重要措施，但在笔者看来更是对恢复和发展红河南岸哀牢山区绿色农业生产地的重要措施。特别是“百万亩红米”（六个百万亩之一）更是意味着红河南岸哀牢山区将全面恢复哈尼梯田的传统种植。红米种植的全面恢复，就是对哈尼族传统农业的恢复，就是对哈尼族传统农业的肯定，而哈尼族传统家庭就是建立在梯田传统农业之上的。

哈尼山区的综合开发，将巩固绿色农业，将优化产业结构，将接受更多的农业就业，将使更多的中青年回归故里。

3. 提升传统梯田产品价值

《红河州南部山区综合扶贫开发规划（2013—2017）》指出：“依托绿春、金平、河口、元阳、屏边等地海拔在 800—1600 米之间的最适宜区，发展红河牌稻系列产品，到 2017 年建成梯田红米产业带 92 万亩。[①] 哈尼梯田主产红米，长期享誉滇南。

---

① 红河哈尼族彝族自治州人民政府：《红河州南部山区综合扶贫开发规划（2013—2017）》（征求意见稿），2013 年。

2013 年，依托哈尼梯田这一世界级品牌优势，元阳、红河、绿春、金平都在重点建立发展哈尼梯田特色稻生产基地。按照“龙头企业 + 专业合作社 + 基地”的种植生产模式，元阳县建立了哈尼梯田有机红米专业合作社，带动 3360 户社员种植哈尼梯田特色稻 2.35 万亩，总产量达 0.94 万吨，实现产值 8640 万元，与以往种植的品种相比每亩增收 800—1000 元以上，取得显著的经济和社会效益。同年，元阳县粮食购销有限公司与北京中信集团总公司、云南世博集团分别签订销售订单，与养慕中国组委会合作开发了系列中国高端家庭食用米——哈尼梯田原生态红米（原基因、原产地、原生态、原手工、原营养），实现大企业间联销联售，市场前景十分广阔。2013 年 12 月，红河哈尼梯田红米以其不可复制的独特品质，荣登中央电视台第七频道“2013 年度中国十大魅力农产品”光荣榜，成为唯一入选的大米品牌。①

哈尼梯田入选世界文化遗产名录后，梯田红米价值一路飙升，在元阳县市场上卖到 1 公斤 8 块钱，而杂交稻只能卖 3 块钱左右。在广州市场上，传统的“梯田红米”卖到 1 公斤 30 块钱。梯田红米的市场价格体现了梯田农业的价值。红米是梯田的主产，梯田的其他农副产品还很多，如梯田养鱼、梯田林业都是梯田的大产业，它们的价值也像红米一样正在提升，这正是对梯田劳动和劳动价值的肯定。很显然，恢复梯田多样化生产和梯田农产品价值的提升，将吸引更多外出打工的哈尼族中青年回归故里从事传统的梯田农业，这对于哈尼族传统家庭的恢复有着极为重要的意义。

4. 促进文化产业发展

自古以来，哀牢山哈尼族地区一直从事着传统的梯田农业。2013 年 6 月 22 日哈尼梯田入选世界文化遗产名录后，梯田旅游业迅速兴起，这是哈尼族破天荒的一个新产业，这一产业不仅促进了梯田产业发展和产品的升值，而且带动了哀牢山哈尼族旅游服务行业的大发展。短短几年，在哈尼族村寨中兴起了各式各样的客栈、旅店、饭馆、农家乐，受过良好教育的青年一代很多进入了旅游行业。值得注意的是，旅游业促使哈

---

① 《让红米“走红”国内外市场——红米产业发展成果及展示》，http：//news. xinhuanet. com/city/2014—06/06/c_ 126582980. htm。

尼族其他文化产业的出现和发展。例如，最近几年，哈尼族村寨的各种文艺团体像雨后春笋一样出现，到2016年3月，仅元阳县就有乡村文艺队352个。哈尼族诗歌（哈巴、阿欺枯、阿米车）、舞蹈（乐作舞、棕扇舞、铓鼓舞等）、音乐（多声部合唱）等文艺，不仅在梯田旅游的景点演出，而且走出深山登上了世界的舞台。2015年5月1日，哈尼族原汁原味的传统艺术《哈尼哈巴》《哈尼多声部：劳动生产歌》《乐作舞》《棕扇舞》登上了意大利米兰世界博览会的国际大舞台。这是原生态民族艺术的现代闪光，这是哈尼族传统文化和文艺的魅力。这一现象说明旅游业激发了哈尼族传统文化的复活，文化产业也悄然在梯田农业中成长。传统梯田农业之上的新兴产业的发展，需要大量的服务性人员。这些产业的经济效益深深地吸引着当地人和外出打工的哈尼族青壮年，随着旅游业和其他文化产业的发展，将有大量的外出者回归故里。

总之，发现并支持哈尼族对传统家庭关系的坚守，鼓励并激活哈尼族传统伦理的活力，利用世界遗产对哈尼族劳动价值、文化价值的肯定和所带来的旅游业及文化产业兴起之机，稳定和回归流失的人口，就必将恢复和发展哈尼族传统家庭及养老方式。哈尼族的家庭有着强大的伦理支撑，它是家庭和社会发展的动力源；而且，当今红河哈尼梯田成为世界遗产又给予哈尼族社会发展以新的定位与动力。因此，笔者认为解决哈尼族家庭及养老问题的理念是：发现传统，激活传统，将传统的活力融入现代生活和发展中。

（该文原载《云南社会科学》2016年第6期。
作者系云南省社会科学院民族学所研究员）

从家谱文化看回族对儒家传统道德的继承与发扬

——以云南昭通《下坝马氏族谱》为例

马　超

回族作为中华民族的重要一员，自古以来始终继承并发扬中华民族的优秀传统文化。“盛世修志，家兴续谱”，回族家族向来重视家谱修纂。全国各地但凡有回族世居的地方，图书馆和民间社会都保存有大量回族家谱文献，其中很大一部分至今依然在回族家族中代代相传。遍观回族家谱文化精神，可以说处处体现着回族对中华民族传统道德，尤其是儒家忠孝节义道德的领悟和传承。忠者，敬心尽力也；孝者，善事父母也；节者，操守有信也；义者，道理相宜也。回族家谱精神，尽在这四字之间。云南昭通，作为国内回族最为聚居的地区之一，家谱文化源远流长，据史料记载，昭通世居回族共计108姓，其中马姓同姓不同宗者，就多达十余种。下坝马氏即为其中之一宗。笔者作为下坝马氏后人，自幼受家谱文化耳濡目染，被要求熟记家族源流掌故、字辈排行、家规家训等内容。本文就以《下坝马氏族谱》原文为主线，逐一呈现回族家谱文化蕴含的中国传统忠孝节义思想。

一　中国家谱文化之脉络

章学诚《文史通义》有云：“家乘谱牒，一家之史也。”“夫家之有谱，州之有志，国之有史，其义一也。”家谱，顾名思义，即家族之谱牒，又称宗谱、族谱、家乘等，是一种以表谱形式，记载一个以血缘关系为纽带的家族世系之共同记忆的历史文献载体。按照古人的观点：家谱、方志、国史，从小到大，由内及外，共同构成一个国家一个民族共同的历史记忆。

中国古代家谱文化源远流长，殷墟甲骨卜辞中，就已存在关于姓氏和家世的内容。先秦文献《世本》，由于分门别类系统记录古代帝王、诸侯、卿大夫的世系顺序，被认为是中国最早的家谱范本。司马迁则最先将谱牒文化纳入历史的范畴之中："维三代尚矣，年纪不可考，盖取之谱牒旧闻，本于兹，于是略推，作《三代世表》第一。"（《史记·太史公自序》）三代世系，历史久远，当时由于缺乏足够的文献和实物证据，因此很难一一确证，于是司马迁只好援引各种旧传谱牒——这其中自然包括《世本》，互相对照加以考订，从而完成《三代世表》的编纂工作。由此我们不难看出，中国谱牒文化之源头，实出于对历史史料之记录和保存，以"信"字为第一要务。这类谱牒，均由官方主持修订，其所记录的家族世系，也都为帝王将相家世。民间私人家世，当时并未进入历史的视野当中。这种官修谱牒的传统延续千年。民间私家修谱，直至宋代才开始出现。

如果说官方谱牒的意义偏重于历史世系之记录和考辨的话，那么后世的私家谱牒传统，则在记录之外更多地富含了追本溯源、道德训诫和礼仪教化的意义。正本清源之思想，可以追溯到孔子那里，孔子主张凡事必先"正名"，"名不正则言不顺，言不顺则事不成"（《论语·子路》）。正名者，辩证名分也。随着历史发展，官方之外的民间社会不断丰富壮大，民间私家世族不断生息繁衍，有的逐渐成为一时一地之名门望族。对祖辈渊源的"正名"需求，也开始变得迫切起来。如汉代"举孝廉"之制度下，儒生除自身饱读诗书、品行端正外，还需要证明自己世系之"清白"，即祖辈为官者世代清廉仁厚，为学者长守忠孝节义，唯有如此，才能获得举荐机会。显然，类似的"正名"除了口口相传外，更多地只有到宗族谱牒中去寻找证据。

宋元时期，中国家谱文化蓬勃发展，家谱从内容至形式，与先前官方谱牒相比，开始发生显著变化。由于私修谱牒之禁忌被逐步打破，民间私修家谱的风气便兴盛起来。这一时期的家谱，内容大致包括三个部分：第一部分是世系图，若想知道谱中某人世系所承、属于何代、其父何人，看图便即一目了然。第二部分是家谱正文，按世系图中所列各人先后次序编定，分别介绍各人字号、父讳、行次、时代、职官、封爵、享年、卒日、谥号、姻配等，这类似于一个人物小传，使后人对先祖有更多了解，而世系表也因此更加丰富完整。第三部分为附录，记载家规祖训、艺文著述、墓志碑刻等所有与世系相关的内容。

至明代中后期，中国传统家谱体例逐渐稳定下来。一般而言，一份传统的家谱至少包括序跋、世系、规约三部分的内容。序跋记载姓氏之起源，家族之兴起、繁衍、迁徙，历次修谱续谱之基本情况等重要历史信息。世系记载一个家族之子孙世系顺序、字辈排行、分支传承等情况，同时还会包括列祖列宗之简要传记。规约则记载祖辈对于后人的道德训诫，以及家族订立的合族恪守的规范条目等。除上述基本内容之外，一些名门大姓的家谱，还会包括家族历代之事略、传记、艺文、行状、荣典、碑文等内容。如万历《殷氏宗谱》“始为谱，其大凡有姓氏、本原、世系三考”，后有“世德、规范、训典、文献、宅第、丘墓、遗文、遗迹、里社九考”，几乎囊括了与宗族相关的所有内容。与宋元家谱相比较，明代家谱形制体例更加丰富完整，其新增的内容主要包括家规家训、祠产族产等与宗族制度密切相关的内容，这也正是明代家族社会较前有所发展的一个反映。无怪乎学者对谱牒之历史意义如此看重：“谱者，普也，普载祖宗远近、姓名、讳字、年号；谱者，布也，敷布远近，百世之纲纪，万代之宗派源流。”（方孝孺《逊志斋集》）要而言之，家谱之意义就在于两个方面，一为记录，二为教化，所谓“辨昭穆，别亲疏，俾其后裔起尊祖敬宗之念，敦孝友雍睦之行”（王禧《常州董墅王氏宗谱序》）是也。

二 《下坝马氏族谱》之修纂与忠孝节义道德

回族家谱体例，与中国古代传统家谱并无二致，同样沿袭了序跋、世系、规约这一基本形制。而云南昭通回族世家修谱之风，也与中原地区同步或略晚，始于明代后期。

据昭通《马家屯马姓族史资料》记载，该族先祖于明天启元年（1621 年）为家族立谱，排行十辈，这是目前已知的昭通地区有关回族修谱的最早记载，可谓昭通回族家谱之滥觞。而下坝马氏族谱之修订，则几乎同时开始，并经历了一个漫长的历史过程。

据《下坝马氏族谱》[①] 记载：

> 天启二年（公元1622年），下坝马氏旧谱毁于火灾，仅剩洪武年间先祖受封碑刻两块，此碑刻成为下坝马氏后世历次修谱之基础。
>
> 康熙五十六年（1717年），下坝族人马骧“致仕还乡，查据历代嗣传，邀合族公议，整顿重修族谱，其卷止一”。
>
> 雍正九年（1731年），家谱于族人马士林家中因匪乱遗失。
>
> 乾隆三年（1738年），族人马驯将遗失家谱寻归，并召合族商议，将寻归家谱整理考订，“依其来脉，扩而彰之”，这是昭通回族史上的首次“续谱”。
>
> 乾隆三十年（1765年），族人马安麟由广东归籍，“邀合族老幼，宰牲致席，同立牌坊一座”，“将赐太师马名号及合族老幼名讳族谱支派勒坊铭刻永垂”，这是昭通回族史上首次将族谱刻石保存。
>
> 嘉庆八年（1803年），族人马廷儒续修家谱。
>
> 咸丰十一年（1862年），族人马文荣、马文开、马周兴、马忠林抄存公祖议叙，定二十辈排行。此字辈排行为后人长期恪守，沿用至今。
>
> 公元1985年，族人马明聪、马永和、马永志等搜集散佚民间各地的多份族谱抄本，“遍查祖籍碑志，取其精华，去其偏误，走访族老，补以不足”，修成今之《下坝马氏族谱》定本一卷。

从上述《下坝马氏族谱》的修纂历史中我们不难发现，国泰则民安，国盛则家兴，国家兴衰与家族命运往往紧密相连。但凡国家民族安定团结之日，便是家族兴旺和睦之时，而一旦国势不振，社会动荡，则家族命运也同样坎坷多舛，家谱也会随之散失零落。

下坝马氏家族合族同庆修谱续谱，主要集中在康熙乾隆年间。康熙二十年，清政府平定三藩之乱，国家逐渐步入正轨，迎来康乾盛世，国

---

① 本文所引《下坝马氏族谱》内容，以1985年新谱为底本，同时参考民间流传之各抄本，对明显讹误文字进行了校订，至于各版莫衷一是、难以辨别的文字，则一一标出存疑。

势兴旺，社会安定，回族群众同样从中受益，得以安居乐业，有诗书可读，有良田可作，自然有余力修纂家谱。而咸丰以后，下坝马氏再未大规模合族续谱，这与咸丰以后清代国势渐衰、内忧外患、变乱纷起的时局正好暗中吻合，尤其咸丰同治年间云南各地不断发生大规模反对清朝封建统治的农民起义，史称“咸同之变”，各族群众颠沛流离，饱受战乱之苦，家谱作为一种社会文化从客观条件和思想传承两个方面自然受到严重影响，不再能够顺利延续。直至新中国成立改革开放以后，我们才看到下坝马氏于 1985 年重修家谱，这事实上正好也印证了 80 年代以来中国国泰民安、传统文化繁荣发展的大好历史局面。

另外，考察部分昭通地方史志和下坝马氏先祖小传，我们发现自有家谱记载以来，明清两代，下坝马氏族人一向秉持忠孝节义之传统道德，涌现了大量为国敬心、为民尽力的文人和武将。他们中有洪武年间随傅友德进军云南的先祖，战争结束后即解甲归田，屯垦戍边。有康熙年间为国戍边的将士，扎根边陲，落籍乌撒，下坝子弟在雍正年间改土归流运动中又继续挺身而出为国效命。其官职上至总镇、参将、游击，下至千总、把总，乃至士兵，其足迹遍布广东、四川、贵州、云南各地，为国家的统一和民族的团结付出了巨大努力。这显然是将家运与国运紧密结合，舍小我而成全天下的忠孝节义之传统道德。

综上所述，中国传统文化中“修身、齐家、治国、平天下”的家国同源之道，以及“身修、家齐、国治、天下平”的家国天下理想，在《下坝马氏族谱》修纂历史中以忠孝节义之纽带世代相传，同样也以历史现实和思想传承两个维度生动呈现。这充分证明了回族文化与中国传统文化的融入和汇通。

三　《下坝马氏族谱》之序言与忠孝节义道德

据历史传述，下坝马氏历次修谱均有序言一篇，然无奈历经晚清刀兵纷乱，旧谱序言未曾得到完整保存。今日所见之新序，为 1985 年重修家谱时搜集旧时家谱残篇整理而成。故其内容并不完整，在一些史实之表述上，也尚有待考证。但无论如何，我们仍可以从谱序的字里行间，体会到回族对于中国传统文化的继承和发扬。

> 谱者一本之源，分嗣之流，由一本而流为百世，总百世而归于一本。志议曰：水有源头树有根，夫渊远而流长，故溯流必求源，本固而叶茂，循支以究本。此木本水源之喻，为宗时代之伏脉也。

序言开宗明义，以木本水源之喻，阐明家谱穷根溯源之理。上至国家下至家族，欲流长则需源远，欲叶茂则需本固，追本溯源，其理一也。“伏脉”，本为中医脉象一种，后引申为古代文学伏笔连环之技法，脂砚斋评《石头记》即有“草蛇灰线，伏脉千里”一说。家谱之本源，早已为后世时代变迁埋下了不变之精神伏笔。

> 溯我族由来，原居西域国。贵圣在位，兴教劝化。唐贞观元年，唐王因感悟遣钦差大臣，诣西域国，延请贵圣驾下葛师巴巴来中国。随车来者，盖三千焉。敕奉安居于陕西西安府长安县。官护国太师马姓之号，于城内仓门口建清真寺。迨后流派繁衍。分迁于各方各地甚多。

和所有中国传统家谱一样，谱序开头部分，总会追溯本家姓氏及先祖之渊源由来。类似于汉族家谱都喜欢追溯至山西洪洞大槐树，回族家谱，不仅下坝马氏，还包括全国各地回族姓氏，往往都喜欢追溯至西域或者西方。据明代回族先贤刘智《天方至圣实录》记载：唐贞观年间，恰逢伊斯兰教先知穆罕默德在阿拉伯半岛兴业传道，某夜唐太宗夜梦西方世界有圣贤，便差钦差使节前往阿拉伯世界以求交好，穆罕默德圣人于是差遣三位圣门弟子随大唐钦差前往长安，随行而来者还有三千阿拉伯工匠和士兵。圣门弟子和这些工匠士兵，起初都落籍长安，之后安家立业、生息繁衍，逐渐分布到全国各地。①

刘智这一表述，部分内容有文献和文物可考。据《旧唐书 · 大食传》记载：从唐永徽二年（651 年）至贞元十四年（789 年），阿拉伯帝国到大唐首都长安交好的使团多达三十余次，平均每四年一次，来往之密切，

---

① 转引自杨兆均主编《云南回族史》，云南民族出版社 1994 年版，第 2 页。

古代外交史上罕有。来使和商人为表示对大唐皇帝的敬意，常携来大量名贵方物（特产），如香料、犀角、珍珠、龙脑、乳香等，受到皇宫贵族的普遍欢迎。[①] 当时唐代长安、广州、泉州等地，有大量大食商人和波斯商人往来经商或定居生活，史称“藩客”，这些“藩客”，后来都逐渐融入中国社会之中。北京牛街清真寺和广州先贤清真寺，也都有“先贤墓”保存至今，来华先贤之一即《下坝马氏族谱》所提到的“噶师巴巴”。可见当时唐代与阿拉伯世界的交往已经非常密切。“我族西来”似乎有迹可循。然而，刘智之说也有部分内容无从考证，如唐太宗夜梦西方圣贤派遣钦差前往交好等，这显然是一个美好的传说。

另外，回回一词始见于北宋沈括《梦溪笔谈》卷五：“旗队浑如锦绣堆，银装背嵬打回回，先教尽扫安西路，待向河源饮马来。”[②] 此处“回回”，指古代西域少数民族回鹘，并非今日意义之回族。史学界公认的回族，形成于元代，所以唐代“藩客”大概并非下坝马氏之先祖。而家谱所谓祖居“西域国”，更是一个模糊的表述，无法定论。

> 吾太始祖公讳无稽，于大明洪武二年受补乌撒卫千总。自陕西西安府长安县奉委升迁贵州大定府，补任乌撒卫钦护守军门，遂选乌撒卫建宅茔于城北外下坝狮子马金等山。

此处是《下坝马氏族谱》中首次出现明确的时间和地点，以及下坝名称之由来。明初，随着明朝对云南用兵，中原回族进入云南。乌撒即今贵州威宁，地处川滇黔三省交界，是兵家必争之地。早在元代，中央政府设置乌撒、乌蒙宣慰司，主管乌撒、乌蒙两地的军事政治和屯田事务，驻地就在今日威宁。洪武十四年（1381 年），明太祖朱元璋任命傅友德为征南将军，率左副将兰玉、右副将沐英，领大军三十余万，从四川永宁进军云南，与云南右丞实卜（土官）战于威宁，明军大胜，实卜投降，明朝即以威宁为据点，左控乌蒙、芒部，右制水西、顺元诸部，并

---

① 转引自杨兆均主编《云南回族史》，云南民族出版社 1994 年版，第 2 页。

② 同上书，第 1 页。

筑城乌撒。[①] 战争结束后，明朝又决定戍兵屯田：“傅友德命其子为屯田长，屯垦北关至下坝一带；监军王绳武屯垦大桥一带；管成屯垦乌木屯一带；费诗屯垦二屯一带。”[②]

据此可以推断，族谱记载下坝马氏先祖随傅友德远征云南，此后落籍乌撒，并在乌撒卫任职，确有史实，所言不虚，但时间应为傅友德入滇之洪武十四年而非洪武二年，此处应该是记载之疏漏。而威宁城北下坝之狮子山金马山，则至今犹存，下坝马氏祖墓，就坐落于此。整个明代，下坝马氏族人均在威宁安居乐业。

至明末清初，下坝马氏家族之境况，也随时局变化而发生着变化。

> 敕奉钦命镇守贵州乌撒等处总镇都督府钦加三级代管教门。马大人讳忠，特授乌撒卫镇标。为我族有谱记载之太始祖也。马忠生二子，名定泰、定和，吾始祖兄也。后有大清接统，辞归故里。仍回陕西西安府长安县耕读，子孙稠密，分散陕甘二省。康熙年间查前朝忠臣之后出外管辖兵民。有四世祖马承璋升任贵州乌撒卫中营游击，又有马文德任乌撒卫守府。与族同营酌议，俱落业于城北门外，仍选宅茔于下坝狮子马金等山。今文武科第，兰桂腾方，人烟广众，子孙兴盛。

上述文字记录了明末清初下坝马氏家族的发展繁衍情况，乌撒卫镇标为明代乌撒地区最高军事长官，可见有文字记载之太始祖马忠为明末将领。清朝取代明朝之后，下坝族人回到长安“耕读”，直至康熙年间再次来到乌撒。

康熙年间寻访前朝忠臣后裔一事，无文献可考。所以下坝族人如何由长安再次回到乌撒已经无从考证。康熙二十年，清军平定云南，三迄大地百废待兴，清政府采取休养生息政策，云南地方生产生活方才逐步发展。雍正四年（1726年），清政府在乌蒙、芒部实行改土归流，以满汉流官制度代替土司制度，引起当地土司不满，遂起兵变。时任云贵总督

① 转引自杨兆均主编《云南回族史》，云南民族出版社1994年版，第65页。

② 同上。

鄂尔泰派遣时任乌撒中军游击的河北回族将领哈元生，协同中军刘起元进剿乌蒙、芒部两地土司，清军大获全胜。哈元生部下将领和士兵几乎全为乌撒本地各家回族子弟。下坝马氏族人同因军功受到封赏，四世祖马承璋和马承伯即受封“武翼大夫”，今有墓志为证。下坝马氏族人此后生息繁衍，逐渐成为乌撒世家大族。至于部分族人迁居昭通，形成今日昭通下坝马氏家族，则是清代中后期的事情了。

以上即为《下坝马氏族谱》序之大致脉络。它既涵盖了姓氏起源和先祖由来的掌故传说，也包括了合族生息繁衍发展壮大的历史史实。其历史跨度涵盖唐、宋、元、明、清数个朝代。对其传说，我们认为它蕴含了后人对往圣先贤的追思与向往；对于史实，我们从中看到家族发展的不易与艰辛。无论传说还是史实，它都展现了下坝马氏族人将家族与天下紧密相连的忠孝节义的精神面貌和为国担当的身体力行。这种精神，为今日合族之发展壮大奠定了坚实基础。

四 《下坝马氏族谱》之规约与忠孝节义道德

《下坝马氏族谱》第二部分为世系表，目前共排四十辈世系。每两辈设一“字罩”。字罩取古人诗句“东壁图书府，西园翰墨林。忠孝传家远，经书世泽长”共二十字。其寓意在于期待并敦促后人知书达理、忠孝节义。此处不再赘述。《下坝马氏族谱》第三部分为宗族规约，分为族教论、族长论、家规正条三个部分。此三部分，高度凝练了回族传统家谱文化。

（一）族教论

《下坝马氏族谱》族教论有云：

> 论清真则有认礼斋课朝，论礼教则有耕读与安分。故宗支既明，并酌定族议规款，以范围合族子弟后生。有所戒惩，无敢逾越。耕读为衣食之源，耕不力，则衣食无资，不免冻饿；不知读，则胸腹固陋，而道理不明；不安本份，则任意妄行，不畏王章；不遵仁让，则混争暴乱，而身陷法网。故为族长，必据下列十件清真正条，各

教之大道，时以训戒子弟，以儆顽惰、以化蠢愚。于士，可作国家之祯，于农，可作盛世之民。斯不负我太师之根，踵先人之文墨，裕子孙之后程。爵禄簪缨，世间有之，诗书顶戴，族不乏人。尤异将来，桂枝兰芳，继发幽香，以垂不朽。

族教者，即先祖对后世子弟的道德教诲，它事实上也是先祖对子孙的期待与训诫。归纳起来，此族教论大致表达了两个层面的意思：一方面，于身心修养上恪守清真古教；另一方面，于礼教世事上安守耕读本分。

先说“恪守清真古教”。回族群众世代信奉伊斯兰教，在中国古代传统文化中，伊斯兰教被称为“清真教”或者“回回教”。先贤们以“清真”二字意译“伊斯兰”，可谓匠心独具。中国古代文化，“清真”一词源远流长。道家最早用“清真”来表达“幽静高洁”“纯真朴素”之意，《世说新语》有云：“清真寡欲，万物不能移也”，形容一个人的心境质朴纯真，毫无杂念，不为外物所搅扰。唐代李白更有“圣代复元古，垂衣贵清真”的诗句，用以赞颂古圣先贤清静无为、纯真自然的治国之道。明清以来，回族先贤们为了更好地翻译和传达伊斯兰精神，借用了中国文化的“清真”一词，取其“清静无染”和“真实不虚”之意。伊斯兰信仰之要义“万物非主，唯有真主，穆罕默德，主之使者”被称为“清真言”，在回族群众中代代相传。而回族所建朝拜真主之殿堂，也被称为“清真寺”。可以说，“清真”二字，道尽了回族信仰之精华。

清真古教之身体力行，包含“认、礼、斋、课、朝”五项功修，简称“五功”，此“五功”者，是回族毕生修行之根本所在。“认”即“认主独一”：回族信仰真主是世界独一的造物主，除真主外，再无其他神灵。“认主独一”又包含三个层次的含义：其一，真主独一无二，是世界唯一的主宰；其二，回族只敬拜真主，而非其他任何神灵；其三，真主至仁至慈，具有完美的尊名与德性，任何人与物都无法与其进行比较。“认主独一”，此乃“恪守清真”之第一要务，与孔子“不语怪力乱神”颇有异曲同工之妙。“礼”即礼拜真主，每日晨、晌、晡、昏、宵五次礼拜，孔子“日三省乎己”，而回族则要求“日五省乎己”。“斋”，即每年希吉来历九月持守斋戒，自日出至日落不吃不饮无恶言无杂念。清心寡欲，反身而诚。“课”即回族家庭每年财富累计达到九十克黄金的价值就应拿出至少净财富百分之二点五的份额施济穷人，是为“天课”。“朝”即条件允许者一生中应当前往圣地麦加朝觐。

回族信仰之呈现，明代陆容在《菽园杂记》中有过这样的描述：“回回教门，异于中国者，不供佛，不祭神，不拜尸，所尊敬者惟一天字，天之外，最敬孔圣人。故其言之‘僧言佛子在西空，道说蓬莱住海东，惟有孔门真实事，眼前无日不春风。’”此话道出了中国古人对于回回信仰最为直观的印象：除敬拜唯一之“天”外，回族信仰不再包含其他任何形式的神仙鬼怪。因此中国古代文人普遍认为回回教门最接近于儒家之道。

恪守清真古教，事实上就是忠孝节义美德之表现。忠于天道，才能忠于国家，才能孝亲睦邻，才能宅心仁厚，才能遵守王法。若上不畏天命，下不理世事，那忠孝节义则无从谈起。

再说安守耕读本分。本分第一在于耕读。

中国古代圣贤关于耕读关系之思考，可追溯至春秋战国时期。耕即务农劳作，读即读书致仕。孔子把耕读分开来看，得出“君子谋道不谋食，耕也，馁在其中矣；学也，禄在其中矣”（《论语·子路》）的认识。为此荷条丈人说笑讽刺儒生们四体不勤，五谷不分。孟子也同样主张“劳心者治人，劳力者治于人”（《孟子·滕文公上》）。那时的儒家，对耕读的认识尚不深入。唯有墨家和农家比较重视农事，农家许行就曾提出“贤者与民并耕而食，饔飧而治”（《孟子·滕文公上》）的主张，算是为耕读文化开了个头。此后《吕氏春秋》更为重视农事：“夫稼，为之者人也，生之者地也，养之者天也。”《淮南子》也曾提出：“上因天时，下尽地才，中用人力，是以群生遂长，五谷蕃殖。”而贾思勰在《齐民要术》中指出，“顺天时量地力，用力少而成功多；任情返道，劳而无获”，更是强调了农事与天道之关系。

南北朝以后，耕读并举成为社会之共识，为民间世家所传承下来。《颜氏家训》提出“当稿而食，桑麻而衣”；《训子语》里则说“读而废耕，饥寒交至；耕而废读，礼仪遂亡”，可见二者不可偏废。耕读甚至成为中国古代读书人的一种情怀，陶渊明《归园田居》《归去来兮辞》等诗作充分表达了读书人对于自由耕读生活的美好向往。而曾国藩更是有

“古朴厚重，耕读传家”的训诫。

中国古代耕读文化，可以说是一个家族安身立命、稳定发展的物质基础和精神归宿。唯有自食其力，方可为国敬心，为亲尽孝，所谓“仓廪实而知礼节，衣食足而知荣辱”是也。反过来，唯有经过读书礼仪之教化熏习，也才不负农事之艰辛。可以说耕读文化与忠孝节义美德相辅相成，互为表里。

本分第二在于守法。

法者，大而言之，天下之大道，国家之法度，小而言之，家族之规约，个人之修行也。守法是为人之根本，是国民之天职，自古以来便是如此。所谓“家有家规，国有国法”，守法者，上安于天道大化，中安守王章国法，下秉持身心修养，这也是忠孝节义精神之生动呈现。《老子》有云：“人法地，地法天，天法道，道法自然。”天地万物皆有法度，唯遵守法度者为有德之人。此乃上天之法。《管子》有云：“有生法，有守法，有法于法。生法者，君也；守法者，臣也；法于法者，民也。”家国天下，君臣长幼，父子兄弟，同样有个法度。此法度与天道一以贯之，更是马虎不得。此乃国家之法。《黄帝内经》有云，“法于阴阳，合于术数，食饮有节，起居有常，不妄作劳”，身心合于天道，此乃身心之法。《下坝马氏族谱》在讲恪守清真古教之后，还要对子弟安分守法谆谆教诲，表达了先祖对后人的殷切期望。

总之，从上述下坝马氏先祖对后人的教诲中，我们可以看到忠孝节义道德的生动传承。回族子弟，唯有于身心修养上恪守清真古教，于礼教世事上安守耕读本分，方才可以上不负天命，下不负良知。于国敬心尽力，于家孝亲睦邻。也唯有如此，才不负先祖之名。

（二）族长论

下坝马氏族人，每一字辈，都会推举德高望重、为国有功、知书达理者一人为族长，以主持族内大小事务。族长设立之首要目的，在于调解族内纠纷。

族者，众也。惟众也，则有尊卑之分，长幼之别。而其间，则有贤愚之不同，强弱之不等也。夫人情好胜则争，好骄则辨，争辩而有不平，便起事端。是族枝繁人众，族长不可不立也。

族长之责任，更在于把持合族前进方向。

族之有长，如库之有戟，持戟必得其人，而行武不乱；如舟之有楫，骖楫必持其准，而舟行不恐。

族长之品德，在于正心诚意。内正其心，外端其行。

故为族长者，必先内正其心，外端其行。族中有事，是非原无两立之理，需先绝其偏循之心。细查其起事之由，会合其大方之词，熟筹其剖断之路。

族长之操守，在于不偏不倚。如果族长缺乏公心，则合族深受其害。

若执己之见，而不知变通，循私情偏用而乖戾拗执。或暗贪私贿而不顾正理，或隐词游说而两面取好，则以之为族害，又有何贵乎。

总之，一族之长，犹如群龙之首，是合族之良心，处事之天平。设立族长，为合族调解纠纷，排忧解难，主持公道，把持方向，唯有如此，道统方才稳固，斯文方才传承。其意义可谓深远流长。

（三）族规正条

下坝马氏家风传承，本忠孝节义而立教，合修齐治平以为人。此家传精神，在现实世事中自上而下，由内而外，在道德教化和日常塑造的基础上，还逐步外化为成文的宗族规约。此规约共计十条，抄录如下：

一、族中子弟，不得以小犯上。若有忤逆犯上者，族长照犯过大小，依法处治。

二、族中子弟，不准擅入邪门。若有故入邪门者，依法处治，子弟认罚，父兄从重，以警其余。

三、族中子弟，不准附和匪人，拦路抢劫。若阳奉阴违，务须认真查拿，送官处治。

四、族中子弟，宜安分守己，不准借故生端。若三五成群，借故敲磕于人，族中查拿，送官处治。

五、族中子弟，不准奸淫邪盗。通婚估娶抗违者，送官处治。

六、族中子弟，受人过分欺侮，当齐族理论。但需先礼后从，勿持众妄为。

七、族中子弟，不准占势欺人，以大压小，以富欺贫，违者依法处治。

八、族中子弟，不准酗酒滋事，若有违者，以教规处治。

九、族中子弟，务须以礼为本，指从正路。若有不肖，送官处治。

十、族中子弟，当念经耕读，恪守本分。

族规，即在王章国法之外由先祖议定的需合族遵守的伦常责任、社会公德、家庭规范、个人品德。《下坝马氏族谱》族规，以国家法律、传统道德、清真教义为基础，既体现了敬畏天命，严守王法，命人行善，止人作恶之精神，又在具体的细节上做出明文强调，是家族精神在思想与现实上的有机统一。清朝时期，威宁、昭通等地地处偏远，山高水长，民风彪悍，回族子弟与其他民族子弟一样，同样受到不少不良习气之影响，作奸犯科之事时有发生。于是在以族教劝导教化的同时，族规又对具体行为规范做出了详细规定。偷盗、抢劫、奸淫等所有传统社会所严禁的罪行，在族规中都有条目严厉禁止。一旦子弟触犯王章国法，族规都明确规定“依法处治”“送官处治”，绝不姑息。而王章国法没有具体规定的民事事务，如合族评理，则讲求以理服人，以德服人，如吃酒闹事，则按教规处治。如果说族教论和族长论是一种宏观的道德教诲，那么族规正条则是一种微观的家法制度。它为国法做出了严肃的强调和细致的补充。族人违法，有国法则依国法，无国法则依家法。这在多个层面上保证了族人对于传统道德与伦常的恪守和敬畏。家法规约之裨益可谓泽被至今。

举例而言，族规第一条“不得以小犯上”，事实上，该条目既是对传统道德之遵循，也是对王章国法之恪守。就道德来说，《论语》有云：“其为人也孝弟，而好犯上者，鲜矣；不好犯上，而好作乱者，未之有也。君子务本，本立而道生。孝弟也者，其为仁之本与。”一个人之为人，如果他孝敬父母友爱兄弟，那就不太可能以小犯上，如果不喜欢以小犯上，那就更不可能为非作歹。孝弟诸事，看似简单，实则君子为人之根本，有此根本，大道自然生发出来。我们甚至可以说，孝弟这样一些“具体”的道德纲目，事实上构成了“仁”之终极关怀的基础，若缺乏具体实践，终极关怀只可能是镜花水月，模糊缥缈。反之亦然，若于孝弟上漫不经心，马虎敷衍，那结果轻则以小犯上，重则为非作歹。那也就不再仅仅是道德问题，更是触犯王章国法。所以需要时时警醒、防微杜渐。就国法来说，“以小犯上”之“上”，既可以指前辈和尊长，也可以指国家和王法，“以小犯上”“以下犯上”，犯之于亲，尚且可以道义谴责、民事调解，犯之于国，则自古以来都是不可饶恕之头等大罪，历代律条都有严加惩处之具体规定。总之，族规正条之订立，既是对族内子弟道德伦常和行为准则的规范，更是对王章国法之神圣性和严肃性的强调。它在道德和法律两个层面共同保障了家族内部忠孝节义精神的传承和发扬。

综上所述，我们按照《下坝马氏族谱》序言、世系、规约之原文顺序，进行了详细考辨和梳理。不难发现，中国传统忠孝节义之道德一以贯之于下坝马氏家谱文化之中。作为回族世家的一个分支，下坝马氏家谱文化，在某种程度上同样代表了整个回族家谱文化。忠孝节义，它既是中国古代文化精神之凝练和精华，也是回族家谱文化之主线和伏脉。从中我们可以看到回族文化于天命之敬畏，于天道之执着，于国家之敬心，于民族之尽力，于亲友之慈睦，于自我之本分。在大力弘扬中国传统道德的今天，以一个回族世家家谱为个案，去探究其所蕴含的巨大的文化价值，不失为一种历史与精神相融会的路径。这也许便是“一沙一世界，一花一天堂”的奥妙所在。

（作者系云南省社会科学院哲学所副研究员）

他留文化构筑的诗性德性建设功能体系研究

唐嘉荣

一 文化建设体现诗性德性建设的历史价值和现代意义

中华传统文化创建的诗教 + 乐教 + 礼教体系和以诗书养德性、以诗乐教化育民的形式以及寓教于诗乐的文化传承形式等，体现人的诗性 + 德性①建设所铸造的诗乐礼仪文明，文明礼仪之邦，树立了在世界文化、文明史上的地位；创立并提供了文化反映美学和道德价值，文化建设与人类的诗性 + 德性建设融为一体的之于人类与自然、社会和谐共生、健康发展的和谐社会建设范式；文化建设关怀人之于诗性 + 德性体的特征和需要，文化体系、形式的建构体现人的诗性 + 德性建设的功能之于文明礼仪之邦、精神文明建设的文明社会建设范式。于此，中华传统文化文明在理论与实践两个层面，验证并明示了文化体系、形式与人的诗性 + 德性建设及其与文明礼仪之邦建设的逻辑链接和双重功能关系；提供了文化体系的建构体现物质文明建设则不具有体现精神文明建设的价值和意义，文化形式本身并非具有创建或体现文明之邦的功能作用，而必须作用于人，在人的诗性德 + 性建设中体现其不可或缺的功能作用的经验古训和实践指南。

---

① 诗性和德性是人所具有的区别于动物性、物质性的精神性特征。亦指人在审美 + 信仰体验中逐渐养成的追求和体现真善美的精神性特质。其中，诗性亦指人在审美体验中逐渐养成的追求和体现美、善的精神性特质。德性亦指人在信仰体验中逐渐养成的追求和体现真、善的精神性特质。简而言之，诗性指美、善品质；德性指真、善品质。

因为，人作为精神体（诗性 + 德性体即审美 + 信仰体）与物质体（自然 + 日常 + 社会体）必然反映与之对应的特征、需要和心理需求。而后者，即人的精神与物质心理需求是与人的精神与物质体对应的特征和需要得到不断强化和满足的过程中所形成的。综上表明，人，不但具有形下需求——追逐物质生活满足吃穿住行、工作学习、社会角色、财富地位等物质需要；追逐日常性 + 社会性体验满足身心快乐、人生自豪的物质心理需求，而且还具有形上需求——追求精神生活满足审美 + 信仰等精神需要；追求诗性 + 德性体验满足心灵自由愉悦、灵魂自由幸福的精神心理需求。基于此，人类建构的社会不仅要关怀人的物质体之于自然 + 日常 + 社会体的特征和需要，还必须关怀人的精神体之于诗性 + 德性体的特征和需要。

又因为，满足精神与物质心理需求的渠道、手段不同，因而决定其心理趋向，以致行为趋向存在差异，显现于现实层面，表现为追求诗性、德性体验与追逐日常性、社会性体验的不同，于此在价值取向上就显现出了差别，表现于行动或外在表象上显现追求真、善、美、爱与追逐吃喝玩乐、功名利禄、社会身份、财富地位等的差别。这即是人们常说的所谓精神的人与物质的人的区别。这就决定了人的诗性 + 德性品质（追求和体现真善美的品质）并非自然生成，也绝非通过日常和社会性体验能够养成，而是在人追求精神生活满足精神需要，追求诗性 + 德性体验，满足精神心理需求的过程中逐渐培育或涵养出来的。这就意味着，人如果偏重物质需要有碍于人涵养真善美的品质，人如果偏废精神需要则必然在追逐物质需要的过程中遭遇精神与物质心理需求失衡的问题，而人的心理需求失衡是导致道德危机引发社会问题的病根儿①。基于此，文化建设必须对应于人之于精神体的特征和需要，建构满足精神需要的形式和通道，以保障人拥有诗性 + 德性体验，涵养真善美品质的手段和渠道。

这一要求还基于目前我们面临亟待解决的现实问题。例如显现于城市乡村广场舞盛行，棋牌、麻将、茶馆遍地，高档会所林立；远看有宾馆近看有商场，抬头是餐馆低头是商贩的景象以及奢靡生活、奢华消费成时尚，养嘴养生、娱乐游玩成潮流的现状，实证了当代人单一追逐物

① 参见唐嘉荣《铲除腐败病根》，《社会主义论坛》2016 年第 1 期。

质生活满足物质需要，当代文化偏重物质文明建设的特征和趋势。问题在于，如果人丧失了精神生活，文化建设缺乏满足人的精神需要的形式，文化诱导人过度追逐物质需要，则必然导致人的精神与物质心理需求失衡，反之亦然。问题还在于，人的心理需求失衡必然导致道德危机引发社会问题，这一逻辑关系人类通过自身的实践活动已经提供了普遍的例证。一方面，引导国民追逐物质需要兑现幸福、幸福生活的命题、口号和实践活动并不鲜见。问题在于，以追逐物质需要为手段兑现幸福、幸福生活，存在实践结果与所指目的不对称的问题，这是由于满足物质与精神需要的手段、渠道不同，决定物质体验与精神体验的手段和渠道不同，因而以追逐物质需要为手段，其实践后果不但不能兑现幸福反而会遭遇心理需求失衡的问题。问题还在于，民众对如是命题、口号深信不疑，因而如是实践活动仍在继续。另一方面，现实反映，如今满足物质需要的形式花样翻新、层出不穷，物质文化生活丰富多彩、日新月异，然而，事实上却塑造并强化了“仓廪实而不知礼节，衣食足而不知荣辱”，“人心不足蛇吞象”的文化人格，呈现了人仅在物质世界拼搏奋斗、沉醉游荡必然导致心理需求失衡的因果关系。

问题的严重性在于，心理需求失衡的人，具有依赖外物寻求解脱的心理动机和由之形成的追逐占有外物寻求解脱的心理需要。然而，以追逐占有外物为手段不但不能解脱反而具有加剧心理需求失衡的能动性功能。因而心理需求失衡的人，在追逐解脱的心理动机和需要的驱使下不断追逐占有外物，因而陷入心理需求严重失衡——加剧追逐物质需要——心理需求畸形的恶性循环中，培育了占有性人格和“饿狼心理”——疯狂追逐物质占有，加速心理需求畸形，以致形成“占有症”①即“饿狼症”——追逐占有、破坏体验，享受占有性、破坏性快感、自豪感——追逐偷盗诈骗、贪污腐败、行凶抢劫、暴恐犯罪……这一逻辑怪圈明示了上述系列问题难以根治的缘由。这一逻辑关联、因果关系在“盗贼越抓越多”“贪官层出不穷”“暴恐愈演愈烈”等国际通病、世界难题中已然得到了实证。据此而论，如果国人普遍追逐物质需要，又缺

① 关于“占有症”的概念及解说参见［美］E. 弗罗姆《生存还是占有》，关山译，生活·读书·新知三联书店1989年版，第8页。

乏满足精神需要的形式、通道，则必然丧失满足诗性 + 德性体验的手段、渠道，于此则必然造成满足精神心理需求的手段和渠道的缺失而导致群体心理需求失衡，实际上就为世界制造了大批具有占有性人格和饿狼心理的人。

据此而论，如果国人普遍追逐物质需要，又缺乏满足精神需要的形式、通道，则必然丧失满足诗性 + 德性体验的手段、渠道，于此则必然造成满足精神心理需求的手段和渠道的缺失而导致群体心理需求失衡，实际上就为世界制造了大批具有占有性人格和饿狼心理的人。

还因为，人的精神与物质体在应对社会道德规范以及社会巨变时，其心理体验存在差别，因而其心理反应、行为表象和人格特征等，显现于内在自觉性与外在约束性；内在与外在一致性与对立性，相容性与对抗性；外化内不化与内随外变而化及稳定性与多变性的不同，这就意味着，人的精神体弱化而物质体强化则明显不利于自觉遵守社会道德规范，主动顺应社会的发展变化，这也就意味着，不利于人与社会建立和谐共生的关系。基于此，人必须加强自身的诗性 + 德性建设；文化建设必须关怀国民的诗性 + 德性建设。这就从人与社会的需要两方面，强调了加强国民的诗性 + 德性建设之于人与社会健康发展的必要性和重要性。

云南少数民族秉承文化体系的建构体现诗性 + 德性建设的功能，文化生活形式反映美学 + 道德价值的传统经验，例如他留①文化，建构了满足人之于精神体的精神需要的功能体系，体现了满足族群审美和信仰需要，享受诗性 + 德性体验，释放真善美爱的精神力量的功能和价值，因而他留族群在坚守人与人、自然、社会和谐共生，维护边疆和谐稳定，促进人与社会健康发展等方面发挥了现代性力量。

综上显现，人的诗性德性建设，之于中华文明礼仪之邦的建设，之于当代精神文明、和谐社会的建设显得尤为关键；而文化建设，之于人的诗性德性建设则显得极为重要。

---

① 他留人，是居住在丽江永胜六德乡他留山上的族群，隶属彝族支系。他们自称“他鲁苏”。

二 他留传统文化形式显现满足族群诗性 + 德性体验的功能和特质

反映他留传统文化特质的节庆文化、朵系文化、山歌调子、慢舞打跳等形式以及传统文化生活、文化习俗和文化传承等形式，显现了满足族群获得和享受诗性 + 德性体验的功能特质，因而在实践层面，显现了满足诗性体的审美需要使之获得和享受心灵自由愉悦；满足德性体的信仰需要使之获得和享受灵魂自由幸福的功能和特质，从而在现实层面显现了满足诗性 + 德性体享受真善美爱的体验，释放体现真善美爱的诗性和德性力量的功能和价值，于此，体现了使人的诗性德性健全、丰满，使人本身成为追求和体现真、善、美、爱的精神主体的功能和价值。

（一）节庆文化凸显满足族群获得诗性 + 德性体验的功能特质

他留人最重要的节日凸显了他留传统节庆文化的特征，主要有下列三种，其名称形式、具体要求、活动地点和相关内容等简述如下：

1. 粑粑节

粑粑节是他留文化特有的，亦是最隆重的祭祀祖先的传统盛大节日。所有族人（在外地的必须赶回）一律着孝服（他留人手工特制的火麻素衣）手捧各家各户特制的塔形粑粑，在古墓坟林列队，举行祭拜天地自然；敬拜祖宗先人的祭祀活动。祭祀祭祖大典由朵系[①]主持；敬献仪式由朵系带领。待族人围绕他留坟林缅怀吟唱，为每一座坟茔献上他留粑粑的敬献仪式完成后，由酋长（如今也由村主任）主持，举行慢舞打跳、山歌对唱以及乐器、歌舞、摔跤比赛等节庆活动。节庆活动的最末一天在全体族人围着篝火，跳着欢快、热烈的快舞打跳中结束。

2. 春节

他留人的春节与汉族以家为单位过春节的方式不同，在形式和内容

---

① 朵系即祭司。相关研究用“铎系”“多系”而本文采用他留古墓碑刻所显现的“朵系”一词。

上也有差异。他留人的春节显现了族群活动的特色，比如，一是全体族人必须着孝服在坟林参加传统祭祀祭祖活动，二是参加以村里专门组织的传统歌舞打跳、山歌、器乐比赛，马术、摔跤竞技、篝火晚会等节庆活动。

3. 清明节

清明节作为传承孝文化的形式，是他留人比较重视的节日。一般以户为单位，家人着孝服在坟林举行祭祖扫墓、叩头祈祷、缅怀吟唱、敬献祭品等活动。

综上可知，他留节庆文化凸显了祭祀性、缅怀性的孝文化特征，肃穆庄严的美学风格和富有“悲情”意味的审美特质①，因而具有满足诗性＋德性体之于信仰和审美需要的功能，所以当人参与其中，亲临其境，便自然而然地获得诗性＋德性体验。他留人的节日形式、节庆活动形式以及服饰形式等，特别是敬献仪式、祭祀祭祖形式、缅怀先人的形式等，凸显了感恩天地、自然，缅怀祖先、先人以及艺术审美、传承孝文化的功能和特质，因而族群通过亲临参与，即可满足审美和信仰体的精神需要，满足诗性＋德性体享受心灵自由愉悦、灵魂自由幸福的心理体验。综上判断，他留节庆文化体现了满足族群获得和享受诗性＋德性体验的功能和特质，因而显现了培育追求和体现真善美爱的精神主体的功能和价值，于此凸显了他留文化体现族群诗性＋德性建设的功能特质和价值意义。

（二）朵系文化显现于族群德性建设和精神文化建设的功能和特质

朵系文化显现他留族群德性建设和精神文化建设的功能特质，这是基于朵系、朵系文化形式与他留族群、他留传统文化生活、文化习俗和孝文化传承形式等的契合关系以及在其中所体现的功能作用而显现的。主要体现在以下几个方面。

1. 朵系承载着族群德性建构、德行评价、德性品质验证确定族人归属的职能职责

朵系与他留人和他留文化所建立的关系而言，一方面就宗教文化形

① 参见唐嘉荣《他留文化的“悲情”意味》，《永胜文艺》2014年第1期。

式的层面考察，主要拥有主持他留祭祀大典、敬献仪式、实施祭祖活动的权利；另一方面从习俗文化形式层面考察，拥有以祖先沟通确认族人归属以确定“归林人”① 资格的权利，还拥有对“闯关人”② 进行德性验证、评价，确定姻缘关系的权利。从文化传承形式上看，拥有培养和确定朵系传承人的权利，其中拥有家族传承，掌握传身教的形式以及传授朵系文化知识、技艺技术；掌握言传身教的形式以及传承朵系文化精髓的绝对权利。从这些形式所体现的功能以及责权范围上看，朵系、朵系文化形式，不仅承载着传承朵系文化的职责职能，因而体现了传承他留传统文化的功能，而且承载着族群德性建构、德行评价、族人归属的职责职能，因而体现了德性建设和精神文化建设的功能和特质。

2. 朵系文化显现了满足族群精神生活、德性体验，传承他留孝文化的功能特质

朵系文化显现了满足他留人精神生活、满足族群德性体验，传承他留孝文化的功能特质是基于朵系掌握朵系文字符号所体现的职能和权利以及拥有建构他留族群之于信仰体的德性建设的职责和职能而确立的。

第一，朵系文字符号与他留语言文字的功能性差别。朵系文字符号是专属朵系掌握的祭祀符号，是专门用于从事祭祀、与祖先沟通以验证逝者归属等宗教活动的工具。与他留族群使用的语言、文字比较（他留族群有自己的语言——他留话，没有他留文字，书面语言文字用汉字）一方面在功能上显现祭祀工具与思维、交流工具的区别。另一方面，由于朵系文字符号适用于宗教领域，用其传递的是宗教信息，因而显现了形而上的精神性功能特质。与之不同，他留话及他们使用的书面文字适用于族群日常、劳作、学习、交际领域，用其传递的一般是日常交流、公共交际和社会交往的信息，因而显现了形而下的物质性即日常性和社会性功能特质。据此，在以上两个层面上说，朵系使用的文字符号与他

① 归入他留坟林的人。朵系首先举行与祖先沟通的仪式获取能否认祖归宗的信息，接着以朵系文字符号显现的形式在两块特制木板上书写这些信息，然后以解读祖宗评价的形式，对逝者进行德行评价、德性品质验证，以此确定其是否有资格与祖宗“见面”——进入他留古墓群，归入他留坟林。

② 他留青年男女在结婚前须闯过七道关口，因而适婚青年男女决定寻求结婚对象之前得请引路人、牵线人为自己举行成人礼以确认其闯关资格，确定闯关身份之后，即可成为“闯关人”。

留人使用的语言文字存在功能性差别。

第二，朵系掌握朵系文字符号所体现的职能和权利。由于朵系文字符号是专属祭司朵系所掌握的行驶宗教活动的宗教符号，执掌宗教仪式的祭祀工具，传递祖先信息、传承朵系文化的工具，（朵系文字符号随着朵系主持祭祖大典、祭祀活动于20世纪50年代中后期被禁止而禁用，于80年代中期得以恢复使用）因而其符号、工具形式及其功能在现实层面得以运用和体现，就意味着朵系与之相关联的权利、责任以及职能作用随即得以体现。于此，从朵系与朵系文字符号的关系层面看，朵系拥有掌握朵系文字符号的权利，实际上就掌握了与他留祖先沟通的职能和权利，实质上就拥有了执掌朵系祭祀仪式，传承朵系文化的权利。

第三，朵系拥有建构他留族群之于信仰体的德性建设的权利。由于朵系掌握朵系文字符号所体现在与他留祖先沟通职能和权利，执掌祭祀、祭祖大典、主持敬拜仪式、敬献仪式等的职能和权利等，在现实层面，就拥有了建构他留族群之于信仰体的德性建设的职责、职能和权利，并通过如上所述的族群德性建构、德行评价、德性品质验证、确定族人归属等文化形式具体体现朵系的职责、职能和权利。

第四，朵系文化显现了满足他留人精神生活，满足族群德性体验，传承他留孝文化的功能特质。基于朵系拥有建构他留族群之于信仰体的德性建设的职责和职能以及体现族群德性建构、德行评价、德性品质验证、确定族人归属等文化形式，确定了朵系、朵系文化形式与他留人追求精神生活满足精神需要即信仰需要以及传承敬拜天地、感恩自然、感恩祖先、孝敬父母的中华美德和传承孝文化的现实需要达成了契合关系，于此与他留人就建立了满足族群德性体验，传承他留孝文化的功能关系，基于以上两个层面，朵系文化形式，显现了满足族群精神生活、精神需要的功能和特质；朵系文化，显现了满足族群德性体验，传承他留孝文化的功能和特质。

3. 朵系文化与族群德性建设、精神文化建设，和谐边疆的文化、社会治理达成契合关系所体现的功能和价值

基于上述权利和功能关系的确定，朵系的职能之于他留文化和他留族群而言，不仅承载着传承他留传统文化所包含的朵系文化的职责和职能，而且承载着他留族群道德建设、人性建构、行为规范的职责和职能。

在此层面上说，朵系、朵系文化形式与他留族群、他留文化的契合建构了满足族群德性建设、传承他留精神文化的功能关系。于此，在现实层面，朵系文化与族群道德建设、精神文明建设，促进边疆和谐稳定健康发展的文化、社会治理达成了契合关系。

如是关系的确定，第一方面，是居于他留族群秉持传统德性建设形式实施道德建设、精神文明建设的重要性的认知和实际需要；第二方面，是居于他留族群保持传统文化传承体系和族群传统生活方式的完整性以及之于云南民族文化活态传承的时代需要；第三方面，是居于他留族群满足精神需要即满足人之于德性体的信仰需要的特征和需求；第四方面，是居于国家层面尊重和顺应民族文化和少数民族的特征、需要和选择给予的关怀和认同而确立的。

综上所述，朵系和朵系文化形式，显现于他留族群精神文化生活、传统习俗形式，他留孝文化的传承等方面所承载的关于族群德性建构、德行评价、德性品质验证、确定族人归属等职责职能，所体现的满足族群追求精神生活、满足精神需要，享受德性体验的功能和特质；显现于族群德性建设、精神文明建设以及促进边疆和谐稳定健康发展的文化、社会治理达成契合所体现的满足族群德性建设、传承他留精神文化、实施精神文化建设的功能和特质，总体上凸显了朵系文化体现族群德性建设、精神文化建设的功能和价值，反映了民族精神文化的建设与社会的健康发展，与当代精神文明建设、和谐边疆建设紧密结合所体现的现实意义和当代价值。

（三）山歌调子、慢舞打跳形式显现诗性＋德性建设的功能和特质

1. 山歌调子这一文化形式显现了满足族群享受诗性＋德性体验的功能特质

他留山歌调子，格调舒缓、灵动、静雅，风格婉约、凄美、肃穆，充满了高峰体验式的“悲情”意味，凸显了祭祀性缅怀性的孝文化特色构筑的美学风格，这就决定了他留人的山歌调子，之于学习、传唱、表演形式，不但具有习得日常生活、生产劳作的知识的功能，而且还具有祭祀祖先缅怀先人的功能；不但具有传承孝文化的功能，而且显现了满足族人获得审美体验、享受审美愉悦的功能；还具有培育艺术审美能力，

涵养诗意生活方式的功能，充分显现了传统文化形式体现诗性＋德性建设的功能和特质。

关于山歌调子的学习和传承形式，除了传统的族群式、家族式，现在还出现了新的传承形式。比如以村为单位设有专门负责传、帮、带的传承人，有培育他留歌舞表演人才，培养新的传承人等多种形式，于此体现了传承他留传统文化的功能和特质。

2. 慢舞打跳这一文化形式显现了满足族群享受诗性＋德性体验的功能特质

他留人特有的慢舞打跳，与云南其他少数民族的打跳所显现的热烈奔放不同。一群身穿白色火麻布衣，黑裙黑裤，女戴他留帽男裹黑头巾的他留人，在一只葫芦笙的伴奏下，由领舞人带领手拉着手单列延伸、缓缓绕行。其舞姿舒缓、轻盈，犹如云鹤慢步，静雅、贵气；其氛围似祭奠活动又像尽孝仪式，透着高峰体验式的肃穆与庄严，随之整个他留山弥漫着宗教式的神秘与虔诚。身临其境，无论是他留人还是外来游客的内心世界自然而然地被感染、熏陶，内心随之安静下来，或许属于德性体的灵魂自由、精神幸福，就可以在宗教式的神秘与虔诚中得到体验、滋养；或许属于诗性体的心灵高贵、审美愉悦，就可以在高峰体验式的肃穆与静雅中得到体验、滋润。

这种赋予精神体的形上体验，并非是时下流行的诸如广场舞的形式所能及的。因为身在其中，所获得的无非是满足物质体追逐娱乐或健身获得快乐或健康的形下体验，于此显示了两者之于满足精神需要的审美形式与满足物质需要的娱乐形式的不同，所以在功能上，显现于精神体之于诗性＋德性体获得并享受心灵自由愉悦，灵魂自由幸福与物质体之于日常体获得并享受身心快乐的功能性差别。

他留人的慢舞打跳形式，一方面，显现了祭祀祖先缅怀先人的功能，因而不但具有传承孝文化的功能，还具有培育敬拜天地、感恩自然，敬拜祖先、感恩父母的传统价值观念的功能，而且还具有满足族群获得德性体验的功能，于此体现了德性建设的功能和特质；另一方面，显现了艺术审美的功能，因而不但具有满足族群获得审美体验的功能，而且还具有培育族群艺术审美能力，提升美学素养、涵养族群诗意生活方式的功能，于此体现了诗性建设的功能和特质。

综上显现，他留山歌调子、慢舞打跳等文化形式具有满足族群精神需要获得和享受诗性＋德性体验的功能和特质，因而凸显了文化形式体现诗性＋德性建设的功能和特质。

（四）乐器制作、演奏的传承形式显现诗性建设的功能和特质

他留人的器乐，主要有葫芦笙、笛子、唢呐、三弦、口弦等。在他留传统文化中，制作和演奏的传承形式主要有父传子、母传女的家庭式，代代相传的家族式等。现在还设有专门的传承人而形成以村为单位的族群传承式。学习乐器演奏、制作一般可挑选自己喜欢的一至两种，但要求是，必须在举行成人礼之前学会。其中，演奏，他留男女都必学必会；制作，他留男子必学必会。而葫芦笙、三弦为男子必备，笛子、口弦为女子必备。

他留人的器乐，作为传承义化的载体，其特别之处在于，不仅是他留人传承文化和竞技表演必须掌握、展现的技艺，而且是青年男女谈情说爱不可或缺的工具。比如是“闯关人”在“闯七关”（他留婚恋习俗文化特有的闯关成婚形式）中必须展示的技能。

综上可知，他留人的乐器，既是传承文化的形式，也是族群诗性建设的载体，在传承族群文化、培养艺术审美能力、提升美学素养、培育诗意生活方式以及婚恋习俗形式的建构中发挥了不可或缺的功能作用，于此凸显了文化传承形式体现诗性建设的功能和特质。

由于他留传统文化形式显现了满足族群获得并享受灵魂自由幸福和心灵自由愉悦的心理体验的功能和特质，因而，在实践层面，具有使人主动追求诗性＋德性体验的心理自觉——追求体验和释放诗性＋德性力量的人的自觉——坚守传统文化形式的文化自觉的能动性功能，于此，显现了培育族群追求真善美爱的族群自觉——坚守传统文化习俗、传统文化生活和传统文化传承形式的文化自觉——坚守他留传统文化的文化自信的能动性功能，于此凸显了文化形式体现族群的诗性＋德性建设的功能特质和价值意义。

三 他留文化构筑的诗性＋德性建设体系及其建构特征

他留传统文化，在体系的建构上不只是一味地关怀人作为物质体的

特征和需要，而是基于自然体 + 日常体 + 社会体具有追逐物质需要满足物质心理需求的特征，构筑了满足族群劳作、学习、生活、娱乐以及社会交往等物质生活体系，在满足族群追逐物质需要，获得生存与发展的物质条件，满足享受心身快乐、人生自豪的物质心理需求的前提下，围绕人作为精神体之于诗性体 + 德性体的特征和需要，构筑了满足族群的信仰，艺术审美等精神生活体系，于此构筑的诗性 + 德性建设体系，不但使族群拥有了追求精神生活满足精神需要，追求诗性德性体验，满足享受灵魂幸福、心灵愉悦的精神心理需求的形式和通道，体现了防治人偏重物质需要、偏废精神需要导致心理需求失衡的功能，而且使族群拥有了享受诗性 + 德性体验，涵养和释放真善美爱的力量的手段和渠道，体现了培育追求真善美爱的精神主体的功能，总体上凸显了文化体系的建构与族群诗性 + 德性建设融为一体的建构特征。

（一）他留文化构筑了形式丰富功能完备，系统成熟发达的诗性 + 德性建设体系

他留传统文化凸显着敬畏自然、感恩天地、祭拜祖先、缅怀先人的文化基因，贯穿族群信仰，艺术审美和劳作、学习、生活、娱乐三体系①以及他留文化体系和文化传承体系的建构之中，因而赋予了他留文化祭祀性缅怀性的孝文化特质，并在他留朵系文化、坟茔文化、婚姻文化、服饰文化以及祭祀大典、敬献仪式、婚恋形式等习俗文化及其传承形式等方面体现了这一特质。于此，他留文化体系居于人的特征、需要及其与自然的关系，族群文化生活与中华传统美德的关系，在以下四个层面，一是建构了满足族群精神与物质需要的生活体系；二是，基于一，建构了关怀族群诗性 + 德性修养满足诗性德性体之于审美与信仰需要的诗性德性建设体系；三是建构敬畏自然、感恩天地、祭拜祖先、缅怀先人的孝文化传承体系；四是，基于三，构筑了秉承中华传统美德、培育与天地自然和谐共生的价值观念的文化建设体系。综上可知，一方面四体系皆显现了诗性 + 德性建设的功能；另一方面在这四个体系的纵向层面，

① 参见唐嘉荣《他留文化的美学意味及当代价值》，全国马列文艺论著研究会编著《全国马列文艺论著研究论文集》，海天出版社 2014 年版。

建构了一系列相应的形式，而这些形式，如前所述，总体上体现了诗性+德性建设的功能和特质，因而作用于族群诗性+德性建设的文化体系、形式，呈现了立体纵横、交汇互联、融会贯通的建构特征，综上显现，他留传统文化所构筑的诗性+德性建设体系，凸显了形式丰富、功能完备、系统成熟发达的建构特征。

（二）他留文化凸显诗性德性建设的功能价值、目的意义贯穿整个体系的建构特征

如上所述，一方面，他留文化凸显了文化体系的建构，与族群的诗性+德性建设融为一体的特征；另一方面，上述四个体系皆体现了诗性德性建设的功能，这就在实施层面构筑了反映族群诗性+德性建设的四体系，又因为这四个体系是从人与自然、社会和谐共生的二个关系层面构筑的，所以在三方面，即，一是族群的公共文化生活及其形式的建构，体现了满足人的精神需要，反映传统道德价值的功能；二是文化习俗形式的建构，体现了培育人与天地、自然和谐共存的文化意识，尊重自然法则的价值观念的功能；三是文化传承形式的建构，凸显祭祀祖先、敬拜父母的孝文化特质，体现了传承中华传统美德的功能这三个方面，明确了实施诗性+德性建设的功能目的和价值意义。

在此，他留文化，一方面凸显了体系建构体现三大功能的建构特征；另一方面，显现了诗性德性+建设的功能、价值、目的、意义，贯穿整个文化体系的建构特征。

（三）他留文化凸显了以文化形式构筑道德建设形式的建构特征

由于他留文化体系的建构具有与族群的诗性德性建设融为一体的特征，于此他留人的文化习俗形式、文化传承形式以及文化生活形式的建构反映了这一特征，凸显了文化建设体现美学+道德价值的功能和特质。具体体现在以下三个方面。

第一方面，从他留人建构的反映族群信仰的文化生活、习俗形式和文化传承形式而言，他留文化建构了满足德性体的精神需要享受心灵幸福的通道和形式；第二方面，从他留人建构的族群的艺术审美生活及其传承形式而言，他留文化建构了满足诗性体的审美需要享受审美愉悦的

文化通道和形式；第三方面，从他留人建构的秉承中华传统美德、传承孝文化的文化生活、文化习俗形式和文化传承形式而言，就建构了反映传统道德价值的公共文化生活体系和形式。于此他留文化习俗形式、生活形式、传承形式就从三个方面建构了满足族群追求精神需要，秉承中华传统美德，传承感恩自然、拜祭祖先、缅怀先人的孝文化的功能，凸显了他留文化以文化形式建构道德建设形式的建构特征。

综上所述，凸显了文化形式的建构与族群的诗性 + 德性建设融为一体的建构特征。

四　他留文化凸显了传承中华美德反映传统道德价值的功能

他留文化构筑了体现族群诗性 + 德性建设的功能体系，因而赋予他留文化体现传承中华传统美德、反映传统道德价值的功能。

（一）他留文化体现传承中华传统美德、反映传统道德价值的功能

他留文化体系围绕着朵系文化及其传承他留传统文化的功能，建构了感恩自然、拜祭祖先、缅怀先人等系列公共文化生活形式和传承孝文化的形式，建构了满足他留人追求信仰需要、满足德性体获得德性体验享受灵魂幸福的心理体验的形式；围绕着祭祀性缅怀性的孝文化特征创造了他留歌舞、音乐、雕刻、工艺、祭文碑刻等艺术样式、形式及其传承形式，建构了满足族群追求审美需要、满足诗性体获得诗性体验享受心灵愉悦的心理体验的形式，于此建构了满足族群追求精神需要满足的精神心理需求的形式；围绕着人的精神需要与天地自然；族群文化与中华传统文化；族群信仰与中华传统美德的关系，建构了祭祖大典、粑粑节、坟茔祭祀、朵系评价仪式以及追思吟唱、悲情歌舞等孝文化生活、孝文化传承形式等，以此建构了反映美学 + 道德价值的族群公共文化生活和文化传承形式。

综上所述，他留传统文化，从朵系文化传承形式、祭祀文化传承形式、具有“悲情意味”的艺术审美传承形式、孝文化传承形式以及传承传统文化的公共文化生活形式等方面，建构了传承中华传统美德、传

承传统孝文化的功能体系，于此赋予了他留文化体现传承中华传统美德，反映感恩天地、敬拜祖先、敬畏自然、孝敬父母等传统道德价值的功能。

他留人无须拥有哲学家的思辨而只是通过传统的文化传承形式就拥有了这样的后现代哲学智慧——他们没有把过去的事物都当作迷信而加以抛弃，也没有一味地想通过对自然的技术统治来增加人们的物质欲望、强化人们追逐物质享受的现代高消费欲求；他们通过传统的文化传承形式，便自然而然地传达着这样的后现代哲学观念：如果抛弃了一个民族最深层的精神追求，单靠现代技术增加人们的物质欲望，那么就不可能拥有一个安宁幸福、有道德秩序的世界。①

（二）他留文化培育了文化系统同自然系统，人与自然与农业之间共生互补的关系

他留传统文化凸显了祭祀性缅怀性的孝文化特征，显现了高峰体验式的“悲情”意味，这种文化特质使得他留文化，蕴含着敬畏自然、感恩天地万物的传统文化基因，这种文化基因，贯穿在他留人的生产、劳作及日常生活中，从而培育了高尚的道德价值观、高贵的审美观和朴素的生活观，因而培育了他留人与天地万物和谐共生的文化意识和价值观念，进而培育了他留文化系统同自然系统之间的共生或互补关系。②

这种祭祀性缅怀性孝文化特质及其所形成的凸显“悲情”意味的美学风格，蕴含着他留人对天地、自然、祖先的感恩之情，以此坚守着他们的祭祀性缅怀性孝文化传统和敬拜天地、自然、祖先的精神文化，从而培养了农业同自然系统之间的共生或互补关系，这就意味着在价值基础上践行着一种观念：农业的首要任务不是生产财富，而是更关心劳作和生活的意义，更关心所有生命的神圣和可持续发展给后代人保留的资源以及他们的生存体系的完整与和谐性。因此他们自然而然地追求土地的健康价值、人类与土地融合关系的价值、人类和非

---

① 参见唐嘉荣《他留文化的当代价值》，《社会主义论坛》2014 年第 4 期。

② 参见唐嘉荣《云南民族文化建设体现了中华民族的精神追求》，《中国民族报》理论版 2016 年 12 月 9 日。

人类生命之间的公正价值、劳作和生活关系中的意义价值,[①] 于此坚守着传统价值观念赋予他们使自然体系变得更完整、美丽、和谐、健康的追求。

五　他留文化关怀诗性 + 德性体的特征和需要培育了追求真善美爱的精神主体

（一）培育了追求德性体验，涵养真、善品质，释放德性力量的主体

生活于城市的人大多显现情绪失控易怒化、人情冷漠世故化，价值观紊乱变异化的通病和精神空虚、灵魂不安的通症，这无不与工作紧张程序化、知识爆炸碎片化、生活忙碌物质化、人际关系复杂交易化的生存境遇和娱乐消遣立体化、畸形消费多元化的物质文化诱因有着直接的关联。以上所呈现的精神生活荒芜化的困境说明，城市偏重物质文化建设却并未关怀人的诗性德性特征而建构满足人的精神需要的形式，导致城市人普遍缺乏满足精神体追求和体验真善美爱的条件，从而普遍缺失享受灵魂自由幸福的手段。

生活在深山老林的他留人，至今仍然坚守着他留传统文化所构筑的族群的信仰和艺术审美及劳作、学习、生活、娱乐三体系，于此仍然能够在简单、淳朴的传统生活方式中，享受着醇厚的精神喜乐、纯粹的审美愉悦以及殷实的快乐生活。这一切并非得益于深山老林的阻隔，也并非取决于优越的地理环境、丰厚的物质条件，而关键决定于他留族群具有坚守着体现和满足人的诗性 + 德性特征和需要的传统文化习俗、传统文化生活形式和传统文化传承形式的文化自信与文化自觉，这又得益于他留文化所构筑的诗性 + 德性建设体系，具有满足族群享受和体现真善美爱的功能。因此，他留人至今坚守着敬拜天地、感恩自然，敬拜祖先、感恩父母的孝文化传统。

这一精神文化传统赋予了他留人坚守人与人亲善和睦、人与自然和

---

① 参见唐嘉荣《他留文化的美学意味及当代价值》，载全国马列文艺论著研究会编著《全国马列文艺论著研究论文集》，海天出版社 2014 年版。

谐共处的传统价值观念，因而，即使遭遇物欲膨胀、物流横飞、物求爆炸的时代潮流冲击，历经光怪陆离的物质文化生活，奇形怪状的消费形式的诱惑，他留人却仍然能够坚守着传统精神生活赋予他们的信仰体验所获得的对真善美爱的感知，坚守精神文化传统赋予他们涵养和释放德性力量的体验所获得的对幸福的单纯认知，因而能在简单、淳朴的生活方式中，享受着醇厚的精神喜乐。充分体现了他留文化体系的建构反映满足人的德性特征和需要的功能，在如何培养人追求精神生活，享受德性体验、涵养真、善品质，使之成为释放德性力量的主体方面，为城市偏重物质文化建设提供了启迪和警示。

（二）培育了追求诗性体验，涵养美、善品质，释放诗性力量的主体

他留族群与抛弃了精神文化生活，偏重于追逐物质享乐、全民娱乐的当代人比较，在审美经验方面，显现了传统与现代审美观念存在的天壤之别。例如，面对一个审美对象我们习惯价值评判之后选择“喜欢”的，而他留人养成了回避评判的“享受”。因为不存在有关享受的否定性的对立面，所以也不存在有关恐怖、狂热、焦虑或者绝望的肯定性的对立面。① 即是说，在当代人偏重追逐物质需要，诸如拼命追逐财富名利、荣耀名望、社会符号、公共角色等物质需要，因而陷入奋斗不止争斗不休、精神空虚、心神不宁的困境即恐怖、狂热、焦虑或者绝望的心理困境，以致使人丧失了享受诗意的生活、享受审美体验从而丧失了享受心灵自由愉悦的能力之际，他留人仍然坚守着满足诗性体享受审美体验，体现人的诗性建设的传统文化生活形式所赋予他们“享受”的能力，因而既能在简单、淳朴的生活方式中享受审美生活，又能在单纯诗意的审美生活中，享受着纯粹的审美愉悦。这一切得益于他们并未丧失“享受”的能力，而这无不与他留文化体系的建构关怀人的诗性特征和需要，建构了满足族群审美需要获得和享受诗性体验的一系列精神文化生活形式有着直接的关联。

于此，在如何辨析娱乐和审美的差别，如何享受诗意的审美生活、享受审美体验进而培育享受心灵自由愉悦的审美能力，如何培养人追求

---

① 参见［德］莫里茨·盖格尔《艺术的意味》，艾彦译，华夏出版社1999年版，第81页。

诗性体验，享受审美愉悦，涵养美、善品质，使之成为释放诗性力量的主体等方面，特别是如何治疗当代人奋斗不止争斗不休、精神空虚心神不宁的通病，如何解决大众追逐奢侈品、高消费或追逐棋牌麻将、跳广场舞以及养嘴养生等形下体验（仅能满足物质体追逐物质享乐或心身快乐的物质体验而偏废了满足诗性体的审美体验）从而丧失了享受心灵自由愉悦的认知和能力等现实问题，就为当代人提供了可借鉴的途径和方法，也为文化建设提供了可借鉴的现实经验。

（三）养育了人与人、自然、社会亲善友爱、和睦共处、和谐共生的主体

他留文化诗性 + 德性建设体系，构筑了文化反映传统道德价值的传统，建构了人与自然和谐共生的传统价值观念，养育了他留族群朴实、敦厚、包容、自信的文化性格。又由于他留传统文化形式显现了满足族群获得并享受灵魂幸福和心灵愉悦的功能和特质，因而，在实践层面，具有使人主动追求诗性德性体验的心理自觉——追求体验和释放诗性德性力量的人的自觉——坚守传统文化形式的文化自觉的能动性功能，于此，显现了培育族群追求真、善、美、爱的族群自觉——坚守传统文化习俗、传统文化生活和传统文化传承形式的文化自觉——坚守他留传统文化的文化自信的能动性功能，于此他留人至今坚守着敬拜天地、感恩自然，敬拜祖先、感恩父母的孝文化传统。

因而他留族群所坚守的这一精神文化传统，给予了他们更广泛的和谐观念，使他们既关心人与人之间的和谐，也关注社会与自然之间的和谐，因而他们坚守着他们的宗教习俗、孝文化传统，但同时并不排斥其他民族拥有自己的宗教习俗，并认为保持本民族文化的完整性是支持边疆和谐这一景象的潜在源泉。于此，他留族群与生活于周边的汉族以及彝族、傈僳族等少数民族秉承相互欣赏其文化价值、尊重其文化观念、遵守其文化习俗的传统，彼此建立了互相尊敬、相互学习，和谐友爱、共谋发展的关系，协同推进了边疆和谐稳定，人与社会的健康发展。

六 他留文化作用于族群诗性+德性建设所体现的现实意义和当代价值

（一）体现了防治人的心理需求失衡导致道德危机引发社会问题的功能和价值

他留传统文化在人与天地、社会的关系建构，生产生活、工作学习、劳作娱乐的体系建构，公共文化生活、文化习俗和文化传承形式的建构等方面，不只是一味地关怀人作为物质体的特征和需要，而是基于自然+日常+社会体具有追逐物质需要满足物质心理需求的特征，在满足这些需要、需求的前提下，围绕人作为精神体之于诗性+德性体的特征和需要，构筑了满足族群的精神需要体现族群诗性+德性建设的功能体系，因而他留人拥有了追求诗性、德性体验享受心灵高贵愉悦、灵魂自由幸福的通道和手段，于此培育了族群“享受”的能力，因而他留人至今能够在简单、淳朴的传统生活方式中，享受着醇厚的精神幸福、纯粹的审美愉悦以及殷实的快乐生活。

这与城市人普遍缺乏“满足”和“享受”的手段，以致丧失了“认知”幸福、审美的能力，因而普遍以追逐物质需要为手段追求幸福、幸福生活，反而导致心理需求失衡的实践结果不同。

因为心理需求失衡是导致道德危机引发诸多社会问题这一后果的前因，因此以上两种手段得到的两种结果以及导致不同后果的实践活动足以表明，他留文化构筑的诗性+德性建设体系，显示了防治人的心理需求失衡导致道德危机引发社会问题的功能和价值。

（二）体现了使人的诗性德性健全丰满，主动追求和体现真善美爱的功能和价值

他留文化生活体系、公共文化生活形式、文化习俗形式和文化传承形式的建构，关怀人之于精神体的诗性德性特征和需要，显现了满足族群获得并享受灵魂幸福和心灵愉悦的功能和特质，因而，在实践层面，具有使人主动追求诗性德性体验的心理自觉——追求体验和释放诗性德性力量的人的自觉——坚守传统文化形式的文化自觉的能动性功能，于此，

显现了培育族群追求真、善、美、爱的族群自觉——坚守传统文化习俗、传统文化生活和传统文化传承形式的文化自觉——坚守他留传统文化的文化自信的能动性功能，于此，反映在现实层面，具有引导人追求真善美爱的精神体验，满足诗性体的审美需要，享受心灵自由愉悦；满足德性体的信仰需要，享受灵魂自由幸福的功能和价值，从而具有使人的诗性德性健全、丰满，使人本身成为追求和体现真、善、美、爱的主体的功能价值。

他留族群坚守着反映美学、道德价值，体现诗性、德性建设的传统文化生活形式，传统文化传承形式以及传统文化习俗形式，因而他留人在简单朴素的生活方式中却实实在在地获得了享受幸福和愉悦的能力。于此，他留文化朴素地、自然而然地告示这样一个现代现象：秉持中华民族的精神追求，秉承中华传统美德，怀着感恩天地的情愫，遵循自然法则，与人、天地、社会和睦共处，在简单、淳朴的生活方式中，追求真善美爱的精神体验，满足德性体的信仰需要，享受灵魂自由幸福；满足诗性体的审美需要，享受心灵自由愉悦，从而使精神体的诗性德性健全、丰满，使人本身成为追求和体现真、善、美、爱的主体，当代人是可以做到的。于此，充分显现了文化建设作用于人本身，体现人的诗性 + 德性建设所呈现的功能价值和现代意义。

（三）培育了族群坚守中华传统美德、传统价值观念的文化自信，促进了边疆和谐稳定健康发展

他留文化诗性 + 德性建设体系体现了文化建设关怀人之于精神体的特征和需要，满足族群追求信仰和审美生活，享受诗性德性体验，获得灵魂幸福、心灵愉悦的功能和价值，因而具有使精神主体主动追求诗性德性体验的心理自觉所显现的能动性功能，在现实层面，培育了他留族群坚守体现诗性德性建设的传统文化习俗、传统文化生活和传统文化传承形式的文化自信与文化自觉。

于此，他留人至今坚守传统文化形式赋予他们敬拜天地、感恩自然，敬拜祖先、孝敬父母的传统美德，坚守着人与自然和谐共生的传统价值观念及其养育的包容、自信的文化性格，因而他留族群仍然坚守着人与自然、人与社会和谐共生的关系；至今与生活于周边的汉族以及彝族、

傈僳族等少数民族保持着互敬互爱、和谐友爱、睦邻友好、共谋发展的关系，这一切构筑了推进少数民族地区文化多元繁荣、民族团结进步、边疆和谐稳定、社会健康发展的重要支撑，充分显现了他留文化作用于族群诗性+德性建设所体现的现代性力量。

七 结语

他留文化所构筑的满足人的精神心理需求，体现诗性+德性建设的功能体系，在现实层面，培育了追求真善美爱的精神主体，该主体在道德建设、精神文明、和谐边疆建设中发挥了现代性力量，显现了文化建设体现诗性+德性建设的现实意义和当代价值。在实践层面，构筑了防治和解决人的心理需求失衡的功能体系，这就为如何解决城市建设偏重物质文化建设，当代人偏重物质需要偏废精神需要的问题；如何加强人的诗性德性建设，体现文化建设作用于人的功能和价值；如何防治和解决人心理需求失衡导致道德危机引发社会问题等方面，提供了可借鉴的现实经验以及解决问题路径和方法。

（本文系2016年国家社会科学基金西部项目“他留人‘考婚’‘验婚’模式及其当代价值研究”（16XMZ031）的阶段性成果。
作者系云南省社会科学院哲学所研究员、锡文化研究所副所长）

比较伦理研究

大同、共同体、正义

——马克思与先秦儒家正义思想之会通

张兆民

马克思致力于建构的是一个促进人的自由全面发展的共同体，这个社会共同体的中心价值原则是正义。在其中每个人对于积极自由的条件的平等权利得到承认并实现。作为社会关系的最全面实现形式的正义是作为个人的最全面实现的自由的条件。这揭示了马克思社会实在理论中个体和共同体之间深层的本体论联系。儒家大同思想追求的是整个天下人类的共同发展和进步，在大同社会中，政治上讲求选贤与能，经济上追求共同发展，人们之间彼此和睦相处，尽职尽能，整个社会安定祥和。儒家的大同思想与共同体之间具有“天下为公”的价值共识，贯穿着“公平正义”的治理理念，蕴含着“和而不同”的文化理念。继承发扬儒家的大同思想，同时融合马克思人类共同体理想，展示以儒学为核心的中华文化的自信，也承载马克思对人类命运的现实思考，它对于解决当今世界发展问题，推进人类的和平进步，具有重要意义。

一　大同、共同体理想社会秩序的含义

“大同”世界与“共同体”分别是先秦儒家和马克思对未来理想社会的构想。尽管其提出的时空相差遥远，并且存在着许多区别与对立，但它们都是为了解决现实世界的弊端而提出的理想社会模式，在一定程度上都反映了人类与社会的必然要求。尽管从论证方式和其特征上来看，这两种社会模式有所不同，但它们之间存在着许多相通的地方。其一，两种理想社会模式有着相似的价值目标：天下为公。“天下为公”的理想

社会目标首先出现在《礼记·礼运》中。它的构想是，整个社会秩序井然，没有阶级、没有剥削、没有战争，即“谋闭而不兴，盗窃乱贼而不作，故外户而不闭”的理想社会。天下是天下人的天下，也就是“还天下于天下人”。大同社会中一切权利公有，国家由从全天下选拔出来的贤人来管理，而选拔者也是天下人。起初，对管理权肯定有争夺，而最后那些符合天意与民意的人被选出，担任国家最高领导。然后，最高管理者选出贤能之人，在退位前，将王位传给他，而这个人一定是合乎天意与民意的。“天下为公，谓天子位也，为公谓揖让而授圣德，不私传子孙，即废朱、均而用舜、禹也。”这表明，王在选拔人才时，一定不能将王位看作个人私有的东西而传给子孙，而是要让给真正贤能的人。国家管理者是由天意与民意共同选出的，以仁行政，实行王道。孟子讲：“得道多助，失道寡助。多助之至，天下顺之。”（《孟子·公孙丑下》）这里的道指的就是王道，就是顺应民意、得百姓拥护的道。与之相对的是霸道。“道之以政，齐之以刑，民免而无耻。道之以德，齐之以礼，有耻且格。”（《论语·为政》）这句话明确说出王道和霸道的区别及优劣。用德行和礼制规范和教育人民，与制度和刑法相比要更有效果。采用王道统治，不仅要求统治者本身有好的德行，而且要求国家制度也要遵“礼”，并且将“仁”与“礼”从统治者到百姓一以贯之。儒家并非反对采用法制，但是其原则是先礼后法、德主刑辅。当仁与礼不能全面实现时，王道也不复存在，只有仁与礼的全面落实，领导者也只需维持社会必不可少的公共事务的运行，王道才可实现。必不可少的公共事务包括诸如全民教育、对物的统一管理与分配等，而对人则无须管理。这一点与马克思所设想的“自由人联合体”之共产主义社会有相通之处。马克思从生产资料私有制与生产产品社会化的矛盾，考察资本主义社会无法解决的矛盾，来探讨未来的理想社会，即解决资本主义矛盾的那种社会，就是公有制社会。在这样的社会里，生产资料归全体劳动者所有，“国家已经完全消亡”。可以看出，他们都是集体主义者，主张天下为公。

其二，两种理想社会的分配方式也相似：按需分配。《礼记·礼运》中指出，“壮有所用”“男有分”和“力，恶其不出于身也，不必为己”，都强调了充分发挥每个人的能力，与共产主义社会的“各尽所能”“劳动是人们的第一需要”有一致性。“老有所终”“幼有所长”“矜寡孤独废疾者皆有所养”及“女有所归”等思想，都是按需分配的具体措施。在孟子那里，国家将土地划成许多小块，每块一百亩，九块一组，排列成井字形。在一组中，中间一块为公田，其余八块为私田，授予八家农民使用。八家农民合力耕种中间的公田，收入归土地的所有者，其私田的收入，农民自己可以享用。但在天下归王个人私有之背景下，这种看似公平可行的方法，其中却有些值得关注的问题：一是在国家的土地有限而人口不断增长的情况下，每家农民有一百亩的田地，显然是不可能的；二是如何保证土地的质量是均等的，也是问题；三是由于分配的土地质量的不平等以及数量与家庭人口的不对等，分到贫瘠土地且家庭人数众多的人家为了养活家庭，会到土地肥沃、家庭劳动力少的人家劳作以获得供全家生存的生活资料，由此衍生出不同的阶级以及社会的贫富差距。

其三，对理想社会的论证方式相似。理性主义儒家和马克思都是从理性主义的立场出发来论述和构想理想社会的，都试图在此岸而不是彼岸建立起自己的理想世界。子路问孔子关于事鬼神的方法时，他说：“未能事人，焉能事鬼?”对于死的看法，他答道：“未知生，焉知死!”[①] 这显然体现出儒家重视现世生活，不讲彼岸世界，不谈来生来世，而要求在现世实现大同理想的观念。马克思延续了西方理性主义的传统，揭示资本主义社会的固有矛盾，力图在劳动者的实践中加以解决，主张理想世界的此岸性。正是由于这两个文化系统的思想相通性，中国人在心理上很容易认同并接受马克思主义，马克思主义也才最终发展成为我国的主流意识形态。张岱年曾指出：“中国人特别是知识分子接受马克思主义，与中国传统文化也有密切关系。中国文化中本有着悠久的唯物论、无神论、辩证法的传统，有民主主义、人道主义思想的传统，有许多历史唯物主义的思想因素，有大同的社会理想，如此等等，因而马克思主义很容易在中国的土壤里生根。”[②]

尽管如此，儒家“大同”世界与马克思社会理想模式也有许多差异

① 杨伯峻译注：《论语译注》，中华书局 1980 年版，第 113 页。

② 张岱年：《中国文化与文化争论》，中国人民大学出版社 1990 年版，第 186 页。

性。一是，两种理想社会的本质不同：儒家的大同理想带有空想性，它既缺乏事实判断也没有理论根据，唯有从道德上论证，仅仅从价值判断本身的内源性、本身自足性出发，对社会理想的认识囿于目的论的框架而不是因果论的框架。对于儒家而言，人类社会要走向大同世界，是因为大同世界是和谐、有序、美好的，在这样的社会里，人们能安居乐业，所以就应该实现，不需要科学分析和逻辑的论证。而马克思的社会理想模式是建立在科学基础之上的。它以唯物史观和剩余价值理论为指导，立足于现实，从人民群众的实践出发，从全部人类社会的发展史发现人类社会运动的最一般规律，揭示出生产关系必须适应生产力发展的客观规律。所以，当资本主义的私有制不再适应生产力发展的水平时，资本主义的灭亡和社会主义的胜利不可避免。到那时，共产主义的公有制就会应运而生。这是人类社会运动的必然结果。

二是，两种理想社会的实现途径不同：儒家是从仁爱的观点出发来建立一个和谐的人与人之间互爱的大同世界，因而主张“克己复礼”（《论语·颜渊》）。希望通过提高人们的道德素养来克制自身的各种欲望，消灭邪恶，抵制外界的各种诱惑，从而结束礼崩乐坏的混乱之世，实现“老者安之，少者怀之，朋友信之”[①] 这样一个理想社会。可见，儒家的“大同”世界是建立在道德基础之上，是想通过人们的道德实践来实现。而马克思则通过对人类社会运动的规律的总结以及对无产阶级和资产阶级斗争实践的研究，发现实现未来社会的理想，其根本途径是生产力的发展和社会生产关系的变革。

二 作为政治秩序原则的正义

马克思把正义看成是在“共同体”中达到自我实现的自由。只有自由的实现才能被以属人的方式称作善。对马克思来说，道德的善是自由的实现。自由并不意味着不被任何方式所妨碍，而是意味着不妨碍事物本质的发展。事物本质的实现就是事物的善。因为在对资本主义社会的历史批判、拜物教批判、资本的内在逻辑批判和资本主义社

---

① 杨伯峻译注：《论语译注：公冶长》，中华书局 1980 年版，第 52 页。

会经济结构的批判中，马克思揭示了在生产资料资本家占有的情况下，劳动过程展现了资本主义社会自由和平等的虚伪。剥削和劳动产品的分配之所以不正义是由于它们不能形成“自由人联合体”的伦理目的，从而导致整个经济结构的不正义。整个社会基本经济结构并不能实现全人类的自由和解放，人类的类本质也不可能展现和形成。整个资本主义制度系统并不能培养人的自由和联合，它们只是利用人的自私潜能。至少可以说，资本主义制度没有培养人的类本质和向善的能力。自由只是部分人的自由。资本主义社会只是资本家追求私利的聚合体。从以社会伦理正义为内在目的的“自由人联合体”的历史视角，在分析资本主义社会经济结构不正义之原因的基础上，马克思提出了共产主义社会正义理论。它主要包括作为生产前提的生产资料社会共有、劳动过程自由和民主、劳动产品的差异性平等分配、劳动者主权的自治政府和国家等四个方面的理论。生产资料公有制保证了每一个社会成员的资格平等，劳动过程的民主保证了共产主义社会成员的主体地位的实现。生产条件的配置和劳动过程决定共产主义社会的劳动产品分配。劳动产品分配的差异性平等为所有的社会成员创造了个性发展和实现潜能的同等条件。这些实质性的社会正义制度在马克思看来使得人人既是自由人又能相互联合成为可能，或者说形成自由人联合体是可能的。

马克思的社会正义思想和罗尔斯正义思想的联合也是可能的，或者说形成自由人联合体是可能的。它以生产资料公有制、劳动自由、劳动生产民主和劳动产品分配的多样性平等为主要内容。它们构成了共产主义社会的基本经济结构。生产资料公有制确立了每个人的社会成员资格平等和共同体意识，劳动过程的自由和民主培养了人们的社会主体意识、主动承担劳动义务的意识和他者意识。生产民主和联合消解了生产使用价值和价值、劳动者和监督者、劳动者和占有者、劳动者和消费者等在资本主义生产方式中所存在的对立和矛盾，克服了孤立个人的生产和再生产。生产技术的进步和公有制、劳动产品按需分配将使每一个成员的个性和潜能的全面发展成为可能。随着劳动者主体意识的确立，他们通过选举确立劳动者主权的自治政府和国家，把国家政权变成社会本身的力量。随着阶级的消亡以及共产主义社会经济和政治结构的完善，社会成员对生产方式的认同感和共同体归属感也得到培养。这种情感将促进人们从内心遵守社会义务，从而消除私人和公民之间的内在冲突，人成为完整的人。这就是人人过上内外和谐、表里如一的伦理生活的自由人联合体，在这里“每个人的自由发展是一切人的自由发展的条件”[①]，这也就是马克思所指出的“自我实现”，也即非道德的善。因此，共产主义社会正义是实质性的。

而在儒学那里正义被理解为一种优秀政治秩序的主要标准，也被看作共同体成员所必须具有或发展的德性。虽然在儒家哲学发展脉络上来说，有关保障正义的社会实践到孟、荀时期才出现，但在孔子的人道主义氛围中，亦没有忽略对正义问题的思考。儒家思想起源甚古，而作为一学术流派畅行于天下则源于孔子，孟子、荀子等人的发展代表了儒家的奠基期，汉董仲舒援阴阳五行思想入儒家而形而上学化，中经魏晋玄学大行其道，唐末儒家重新崛起，其成果汇聚于宋明理学，至清则以考据为业，无大成。唐君毅在论述中国传统文化时指出：“儒家骨髓，实唯是上所谓‘融宗教于人文，合天人之道而知其同为仁道，乃以人承天，而使人知人德可同于天德，人性即天命，而皆至善，于人之仁心与善性，见天心神性之所存，人至诚而皆可成圣如神如帝’之人文宗教也。”[②] 由此可知，儒家中漫溢着人文情怀，而这种情怀又发端于家庭伦理，由儒家抽象升华而为天下大行之道，其中的孝、仁、义、和、诚、敬等道德修养观是个人之成，而礼则是规范个人与个人之关系，和则是规范共同体内部之关系，义利观则是调节个人与社群之关系，此一切与共同体主义都有可相汇通之处。

儒家思想与共同体既有“通”，更有“异”，儒家思想由道、天而推演出来，天、道观体现在制度设计中便是阳尊阴卑、男尊女卑的等级观，虽也有学者把天道观解读成天生烝民无不平等，但等级思想却是统治古代中国的主流思想。等级观在家族中的表现便是夫为妻纲、父为子纲及孝道观，孝道和夫为妻纲、父为子纲观念教育下的中国人的道德世界是一个等级制的世界，在此世界中也伴有温暖的情意。而共同体主义的道

① 马克思：《马克思恩格斯文集》第 2 卷，人民出版社 2009 年版，第 53 页。

② 唐君毅：《中国文化之精神价值》，江苏教育出版社 2006 年版，第 53 页。

德观则以平等为基础，与中国传统规范中的朋友观相类似，它以人格平等为前提，以个人自由为基石。在社会规范上，中国传统社会重视礼制，中国古代的礼具有国家权力的象征，违反了礼，不但要受到舆论、道德等的谴责，还会受到国家强制力的制裁。礼的功能在于“分”与“和”，但礼更重“分”，“分”是对社会等级的有序区别，“和”是社会等级性的和谐，礼的功能是与中国社会的等级区分相适应的，礼作为中国古代社会的价值目标，在本质上是一种等级秩序，它所追求的是等级和谐，而不是普遍的平等与正义。而社群主义把调节社会关系的职责赋予了正义，正义指给人其所应得，它以平等为原则，以法律为依托。社群主义反对自由主义把正义原则视为个人理性契约的产物，认为正义的论证归因于善，为正义原则寻找到了一个形而上依据，但在现实的社会调节中社群主义仍然重视正义的重要价值，同时主张个人对正义原则尊重基础上的遵守，这与中国传统社会的等级性的礼制有着天壤之别。中国传统文化中崇公抑私，公被赋予了伦理上的崇高价值，私则被认为是罪恶的，这种公私观抑制了个人的独立发展。此外，崇公抑私表现在行为上便成为崇公灭私，为了公可以牺牲个人的一切，个人只有付出的义务，而无享有的权利。尽管在传统社会中倡导崇公抑私，但中国人的公德心并不高，其根由在于“公”不是真正的全民，“公”是皇帝、政府、官僚机构、家族的代称，崇公就是要把皇家、政府、家族的利益放在第一位，放在其他社会成员的权利之上。一个社会成员权利缺失的社会，公益能否实现是值得怀疑的，因为在这个社会中权力是独断的，利益是独占的，无权者则是一无所有的。而共同体主义虽然批判了自由主义的权利优先，但共同体主义并不主张取消权利，它反对的是自由主义的消极权利而倡导公民的积极权利。社群主义并不否认公民个人的权利，而主张公民对社会负有责任，因为社会公共利益才是个人实现个人利益的前提。

马克思共同体主义作为西方现代文化下的产物，之所以能与儒家思想有如此众多的共通点，是因为共同体主义本身侧重向后看，它重视传统的价值，希图从传统中寻找解决现代社会问题的灵丹妙药。但共同体主义毕竟是自由主义发展到极端的一次反动，它的理论不可避免地带着西方现代文化的痕迹。作为东方文化成果的儒家思想在借助社群主义进行自我解剖的同时，必须从自身的民族性、文化特殊性出发，辩证地看待已有的思想成果，既借鉴其先进之处又不妄自菲薄而自我迷失，如此，共同体主义与儒家思想的关联性解读方才具有其历史价值。

三　作为政治秩序原则的正义的终极目标

马克思通过对资本主义私有制的多维剖析，揭示了它不能克服的内在矛盾，得出实现“真实正义”的目标。依据唯物史观，随着生产力的发展，人类历史必将过渡到一个消除对抗性矛盾、消除旧式分工的社会，即共产主义社会。“而在共产主义社会里，任何人都没有特定的活动范围，每个人都可以在任何部门内发展，社会调节着整个生产，因而使我有可能随我自己的心愿今天干这事，明天干那事，上午打猎，下午捕鱼，傍晚从事畜牧，晚饭后从事批判，但并不因此就使我成为一个猎人、渔夫、牧人或批判者。”① 当然，劳动性分工不管在哪一个社会形态里都不会绝迹；但社会性分工有所不同：如果是在阶级社会里，分工必定是不平等的、旧式的，因为，分担着各种各样劳动的人群，其阶级地位的悬殊非常之大。而在生产资料上享有极大优势的阶级就会利用自己的特权借助分工来实现和获得自己的专权和既得利益。与此相反，被剥削阶级就因同样的分工而遭遇身体消耗和精神折磨。恩格斯曾经指出，农奴、手工业者哪怕是奴隶，还会因某些意外的原因感受到自己还是“人”，但在资本主义社会里，工人却“像其他任何货物一样，也是商品”②。共产主义就是要消灭这种分工。

在未来社会共同体——共产主义社会中，也不是要废除一般意义上的财产所有制，要废除的只是资产阶级私有制。因为，现代资本主义私有制是立足于阶级对抗的基础上，也即一部分人对另一部分人剥削基础上的生产和产品占有方式的最后而又最完备的表现。“从这个意义上说，共产党人可以把自己的理论用一句话表示出来：消灭私有制。”③ 正义最终目标在于每个人的自由发展。从终极价值目的上说，共产党人可以把自己的奋斗目

① 《马克思恩格斯选集》第 1 卷，人民出版社 1995 年版，第 85 页。

② 同上书，第 279 页。

③ 同上书，第 286 页。

标概括为：实现“每一个人的自由发展”。恩格斯1894年1月9日应两位意大利记者来信约请，为新创办的《新纪元》周刊题词。记者要求恩格斯“用简短的字句来表述未来的社会主义纪元的基本思想，以别于但丁曾说的‘一些人统治，另一些人受苦难’的旧纪元”。恩格斯的题词是：“代替那存在着阶级和阶级对立的资产阶级旧社会的，将是这样一个联合体，在那里，每个人的自由发展是一切人的自由发展的条件。”[①] 这表明，恩格斯也把每个人的自由发展看成是共产主义的核心目标，是人类解放的最终目的。“‘每个人的自由发展是一切人的自由发展的条件’这一高度浓缩的命题，不仅鲜明地表达了马克思‘以人为本’思想的特征，而且准确地揭示了马克思人类解放思想的全部内涵。因此，若要给‘人类解放的学说’寻找一个替代的说法，则‘关于人的自由而全面发展的学说’就是现在的答案，因为人的解放与人的自由而全面发展本来就是可以相互替代的同义语。”[②] 把“每个人的自由发展”总结为人类解放的核心是符合马克思本真思想的，要达到“每个人的自由发展”这个目标必须通过阶级斗争、无产阶级掌握政权、消灭私有制等手段。消灭私有制即“同传统的所有制关系实行最彻底的决裂”是至关重要的一步，没有这一步的实现，每一个人的自由与全面发展的物质条件就无法达到。按照马克思的设想，在共产主义社会里，“把资本变为公共的、属于社会全体成员的财产，这并不是把个人财产变为社会财产。这里所改变的只是财产的社会性质。它将失掉它的阶级性质”[③]。马克思指出了共产主义社会的一个重要特征：人人平等，或者说，不再有剥削和压迫。而这皆是由于私有财产的根除与废除。在那时，“所有的人都拥有平等获得和使用社会生产资料的平等权利；所有的人都拥有与其他人一起共同参与到制定经济计划的公开而民主的决策中去的平等权利；所有的人都应平等地分担那些任何人都不想去承担的必要工作，如果存在这类工作的话。因此，对这些物品的分配是正义的，如果我们认为平等是正义的话”[④]。

---

① 《马克思恩格斯选集》第4卷，人民出版社1995年版，第730—731页。

② 刘同舫：《人类解放的进程与社会形态的嬗变》，《中国社会科学》2008年第3期。

③ 《马克思恩格斯选集》第1卷，人民出版社1995年版，第287页。

④ ［美］罗尔斯：《政治哲学史讲义》，杨通进、李丽丽、林航译，中国社会科学出版社2011年版，第384—385页。

儒家所欲建立的“正义的社会”即实现了“道”的社会。《礼记·礼运》中“大道之行也，天下为公”的理想世界是儒家的正义价值的实现，也是追求以人为本的价值所欲实现的“善”。孔子从对周文的肯定出发，高度期待重建“全面安排人间秩序”，以重建人文价值为目的为切入点论述正义问题。儒家的教化与论述，正好是依循这样的价值取向。孔子所创立的儒学，以仁为基础，以合礼为原则，以伦理结构的正名达成的稳定秩序为手段，追求建立一个道德性、理想性社会。孔子在对人性的看法上实现了对于此前“生之谓性”即将自然本性视为人之本质的传统的革命。他明确指出：“君子无终食之间违仁；造次必于是，颠沛必于是。”（《论语·里仁》）认为君子离开了“仁”就不成其为君子。同样，人们践履礼乐制度只有凸显出“仁”的品质，才可能不徒具其表：“人而不仁，如礼何？人而不仁，如乐何？”（《论语·八佾》）这就为周公以来的礼乐制度找到了依据——“仁”，即以由对自我生命的肯定而生发出的爱护他人的情感作为礼乐规范背后的根据，从而开启了儒学从作为社会性之一的道德性来看待人性的基本精神方向。此后，孟子进一步沿着孔子开辟的路向对儒家人性论做了新的拓展。孟子人性论的一个基本特点，就是紧扣“人之所以异于禽兽者”即人禽之别来展开讨论。孟子将人生而具有的道德性认作人之所以为人而异于禽兽的本质属性。这种道德属性集中体现在人所具有的仁、义、礼、智四德上。四德则在“人皆有之”的四种道德情感或曰“四端之心”中得到了最为集中亦最为本真的表现：“恻隐之心，人皆有之；羞恶之心，人皆有之；恭敬之心，人皆有之；是非之心，人皆有之。恻隐之心，仁也；羞恶之心，义也；恭敬之心，礼也；是非之心，智也。”（《孟子·告子上》）正是“根于心”的仁义礼智构成了君子的本性。由此孟子明确宣称人“性善”（《孟子·告子上》）。概括而言，这里所谓“性善”，是指一个人归根结底具有不断增进自我之德性与德行的动力与能力，能够通过自觉自主地修身进德，不仅做到“修己以敬”“修己以安人”与“修己以安百姓”（《论语·宪问》），而且臻至“仁民而爱物”（《孟子·尽心上》）之境，以成圣成贤亦即成就自我的德性生命。孔孟之后，强调人性善成为儒家人性论的基本理论立场。在儒家思想发展演进的过程中，在人性论问题上虽也出现过其他一些不尽相同的主张，但并不影响儒家人性论之基本意旨。这其中最具典型意义的就是同样作为先秦儒学大家的荀子所提出的“性恶论”。荀子从人生而有的“饥而欲饱，寒而欲暖，劳而欲休”（《荀子·性恶》）的本能欲望出发来看待人性，认为顺从人的本性必然陷入争夺与纷乱，因而人性是“恶”的。但他又不安于听任恶的人性的自然发展，而是要以道德性来范导人的行为。为此，他强调要以人“心生而有知”（《荀子·解蔽》）的灵明之心去契会古圣先王所制作的礼义之统，通过后天的道德教化而达到德性的自觉并进而自觉规范自我的行为，以最终达致“涂之人可以为禹”（《荀子·性恶》），亦即普通人都可以成为大禹那样的圣人的理想目标。可见，荀子论性的出发点虽然是人的自然本性，但其落脚点则一如其他儒者一样，是人的社会性或道德性，在人的终极价值就是成圣成贤这一点上，他与孟子保持了高度的一致。正因如此，荀子和孟子不仅都是先秦儒家的代表人物，而且相反相成地分别发展了孔子思想的“内在”面向与“外在”面向，在孔子思想的基础上共同确立了儒家人性论思想基本的学理指向。进而言之，如何才能成就自己的德性生命呢?整体而言，儒家思想展现了内与外或纵向与横向双重进路，这就是“尽心知性以知天”和“修身齐家治国平天下”。

总之，无论是儒家“大同”世界还是马克思“共同体”社会理想模式，对现在的人类来说，都有其合理的内核。但是，二者之间存在着本质上的不同，儒家的“大同”世界是一种空想，在现实世界绝无实现的可能性，而马克思主义的“共同体”社会是一种科学的预测，揭示的是人类社会发展的必然性，当生产力和其他条件成熟的时候，就会可能实现。因此，绝不能将二者简单地黏合和叠加，但也并不意味着否定二者之间的会通。我们只有将马克思的思想和儒学的精华融合起来，才能处理好二者在现代社会的冲突与碰撞，从而为社会主义建设和构建人类命运共同体服务。

（作者系云南省社会科学院哲学所副研究员，哲学博士）

《资本论》商品论中的道德伦理维度探析

邵　然

马克思在《资本论》中对资本主义社会的道德伦理问题进行过十分深刻的分析和批判。概言之，他通过对以剩余价值为中心的各种资本主义经济范畴以及资本运动逻辑的科学揭示，论证了资本主义社会中人们所处的异化或物化的生存状态，揭露了人自身被贬低为与其自由本性相违背的异己存在物的特殊状况，展示了工人阶级被资本压迫、剥削和奴役的残酷现实，从而表明了他对资本主义社会的道德伦理进行彻底拒斥的理论立场及其追求人向人的自由本性复归的价值诉求。这正如美国当代著名左翼学者麦卡锡所言："《资本论》成为这些关于异化扭曲了的主体性、阶级矛盾、经济剥削、物化了的社会关系、自然权利传统合法性的丧失以及社会经济畸形发展的不合理性的批判的一个虽然零乱但是漂亮的蒙太奇组合。然而通过这一分析，规范批判、内在批判和拜物教批判的核心道德成分呈现了出来。"① 麦卡锡主张，一种"元伦理学的批判"应该成为《资本论》的理论基础，因为马克思始终致力于攻击政治经济学这一实证科学所包含的各种"异己的客观性"，并试图借此建构出一个独立于资本主义价值观之外的客观社会。因此，对《资本论》所呈现并极力批判的资本主义道德伦理问题进行探析，便应该成为当代学界研究马克思哲学思想的一项重要理论任务，如果缺失了这一元伦理学批判的视域，那么，《资本论》将很有可能只是被当作一部纯粹的政治经济学著作而为人阅读，同时，马克思追求人类解放的理论旨趣及其对解放的现实道路所做出的艰苦探索也将遭到人们的

① ［美］麦卡锡：《马克思与古人》，王文扬译，华东师范大学出版社2011年版，第330页。

忽视。

问题在于，《资本论》对资本主义社会的整体道德伦理问题所展开的分析和批判必然有其出发点，这个出发点在哪里呢？或者借用麦卡锡本人的说法，那种对作为《资本论》理论基础的元伦理学批判的建构，应该从哪里切入呢？众所周知，《资本论》是以“商品”为出发点而展开的对资本主义整体所进行的批判，对此，卢卡奇在《物化与无产阶级意识》一文的开篇就指出：“马克思描述整个资本主义社会并揭示其基本性质的两部伟大成熟著作，都从分析商品开始，这绝非偶然。因为在人类的这一发展阶段上，没有一个问题不最终追溯到商品这个问题，没有一个问题的解答不能在商品结构之谜的解答中找到。”① 马克思以商品作为《资本论》的开端或出发点，原因在于在这种看似简单、平凡的社会财富的元素形式中，潜藏着资本主义社会的存在根基，表征着资本自我运动的雏形，蕴含着资本在后来进行生产、流通和分配时的各种秘密，只有以商品概念的结构分析为开端，才能够更有效地理解和把握“资本主义社会一切对象性形式和与此相适应的一切主体性形式和原形”②。因此，欲探讨《资本论》所批判和揭示的资本主义社会的道德伦理问题，就必须首先对马克思倾注在商品概念中的道德伦理诉求进行探析，就是说，必须首先对马克思商品论中的道德伦理维度进行探析，而后者恰恰是前者进行整体性批判的一个必然性环节。

一　“哥白尼转向”：商品的价值形式论

然而问题依然存在：为什么《资本论》开篇的商品论中竟然会有道德伦理的维度呢？更具体地说，为什么表现为社会财富的元素形式的“商品”这种“简单而平凡的东西”，亦即“一个外界的对象，一个靠自己的属性来满足人的某种需要的物”，竟然会蕴藏着形而上的道德性或伦理性呢？这正如马克思所说：“最初一看，商品好像是一种简单而平凡的

① ［匈］卢卡奇：《历史与阶级意识》，杜章智、任立、燕宏远译，商务印书馆1999年版，第148页。

② 同上。

东西。对商品的分析表明，它却是一种很古怪的东西，充满形而上学的微妙和神学的怪诞。”① 马克思以桌子为例，认为当桌子作为人类劳动的产品，从而通过自己的属性来满足人的需要时，它并没有什么神秘之处；“但是桌子一旦作为商品出现，就转化为一个可感觉而又超感觉的物。它不仅用它的脚站在地上，而且在对其他一切商品的关系上用头倒立着，从它的木头脑袋里生出比它自动跳舞还奇怪得多的狂想”②。在马克思看来，资本主义社会中的道德伦理维度理应从那种“形而上学的微妙和神学的怪诞”中产生，只不过这种从“木头脑袋里生出狂想”的形而上学和神学又是如何进入政治经济学中，从而成为一种“经济学的宗教”（麦卡锡）并遭到马克思的强烈批判的呢？日本当代左翼批判理论最重要的代表人物柄谷行人关于《资本论》的“哥白尼转向”的相关论述，为我们解答这个问题提供了重要的启迪和线索。

柄谷行人在其代表性著作《跨越性批判——康德与马克思》中指出，马克思在《资本论》中“引入价值形态论时放弃了以往的思考。在此有一个巨大的转变。这正可以称之为‘哥白尼转向’的，其意义绝不仅仅局限于经济学上的问题”③。他认为在《资本论》中关于商品的“价值形式论”或“价值形态论”之提出，在整个马克思思想的发展历程中都具有“哥白尼转向”的重大意义。在柄谷行人看来，马克思在讨论商品时不只是关注商品作为价值实体及其作为一种“物”所本有的价值量，而是更重视其“价值形式”。可以说，这种看法是完全符合马克思原意的，在《资本论》第一版序言中，马克思就明确指出：“以货币形式为完成形态的价值形式，是极无内容和极其简单的。然而，两千多年来人类智慧对这种形式进行探讨的努力，并未得到什么结果，而对更有内容和更复杂的形式的分析，却至少已接近于成功。”④ 古典政治经济学几乎已成功阐释了那些“更有内容和更复杂的”资本主义社会的经济现象，但是，他们对这种“极无内容和极其简单”的价值形式，却几乎没有做出过任

① 马克思：《资本论》第一卷，人民出版社 2004 年版，第 47、88 页。

② 同上书，第 88 页。

③ ［日］柄谷行人：《跨越性批判——康德与马克思》，赵京华译，中央编译出版社 2011 年版，第 163 页。

④ 马克思：《资本论》第一卷，人民出版社 2004 年版，第 7—8 页。

何有价值的理解和判断，马克思随后指出："对资产阶级社会来说，劳动产品的商品形式，或者商品的价值形式，就是经济的细胞形式。在浅薄的人看来，分析这种形式好像是斤斤于一些琐事。这的确是琐事，但这是显微解剖学所要做的那种琐事。"① 正是在古典政治经济学认为只是"一些琐事"因而把其忽略掉的地方，马克思确立起自己研究的真正出发点。具体而言，马克思认为古典政治经济学的一个根本缺点就是它在过分注重劳动价值论的情况下，始终只是分析商品作为物或作为价值实体与其他商品实体的价值量之间的关系；可是它始终不能从对商品价值量的分析中，发现使商品的价值成为交换价值的那种"价值形式"；恰恰是李嘉图和斯密这些古典政治经济学的最优秀代表人物，把价值形式看成是一种完全不重要的东西而排斥于商品的本性之外。在《资本论》中，马克思在把劳动价值论作为一个基本前提而悬置起来的条件下，成功阐明了以下这一关键点，即作为固定充当一般等价物的商品的货币，其之所以具有一般购买力，所依赖的正是使价值成为交换价值的那个"价值形式"。换言之，马克思在不考虑劳动价值论的情况下，于商品的价值形式（相对价值形式和等价形式）中，寻找到了那种使某物成为商品和货币的东西。

据此，柄谷行人评价说，《资本论》中"价值形式论"的提出为马克思分析资本主义生产方式提供了一个绝佳的切入点，它不仅证明了马克思已经超越了古典政治经济学研究的基本视域，而且还标志着马克思思想的一场转向。为了进一步说明这种转变，柄谷行人运用现代语言学来比附马克思的价值形式论：相对于传统的语言学只是把具有物理性的声音作为研究对象而言，现代语言学力图找到那种使声音之为声音的"条件"或"原材料形式"，即"音韵"，并把"音韵"作为研究对象加以明确化："例如，语言学中声音和音韵是被区别开来的。声音是物理性的，而音韵则是符号即意义作用的'原材料形式'。"② 与此相应，马克思也把具有物理性的"具体商品"作为古典政治经济学的研究对象而暂时悬

① 马克思：《资本论》第一卷，人民出版社2004年版，第8页。

② ［日］柄谷行人：《跨越性批判——康德与马克思》，赵京华译，中央编译出版社2011年版，第164页。

置起来，而把研究的重点放在古典政治经济学没有关注过的“价值形式”，亦即使某物成为商品或货币的“符号即意义作用”的“形式”之上。具体而言，某物之所以是商品，那是因为它被置于了相对价值形式或等价形式之上；而某物之所以是货币，那是因为它被置于了作为一般等价物形式的货币形式之上。因此，“在这个意义上可以说，马克思在引入了价值形态以后，他所追溯的不是商品和货币，而是这些成为商品和货币的语言形式”①。那么，这种“语言形式”、这种“符号即意义作用的原材料形式”，亦即这种使某物成为商品或货币的“价值形式”，究竟指的是什么？柄谷行人进入马克思思想史的形成中对这个问题进行了回答。

柄谷行人指出，马克思在《资本论》中之所以会引入价值形式论，正在于他受到了萨缪尔·贝利观点的冲击，而后者对李嘉图曾经进行过激烈的批判。根据李嘉图的劳动价值论观点，一切商品所具有的内在价值都是由生产该商品的劳动时间决定的，在这种情况下，作为金的货币，其价值也是由生产金所需要的内在的劳动时间而决定的。但是贝利认为，商品的价值并不是由生产商品的内在劳动时间表现出来的，而是由该商品与其他商品的使用价值相比较而相对地表现出来的。柄谷行人在这里引用贝利的原话，指出“价值并不表示什么绝对的内在的东西，不过是作为两个对象可以交换的商品而构成相互的关系”，“价值表示两者之间的一种关系，不论什么商品……如果与其他商品不构成关系的话则无法表述”，“价值即同时代的各种商品之间的关系。因为，只有这些商品才能够相互得到交换”。② 这就意味着，各种商品之间构成了一种共时性的“关系体系”，“毋庸置疑，马克思受到了这种批判的震撼。实际上，他在《资本论》中没有立刻把各商品的价值还原到劳动价值，而是试图从与其他商品的关系中来考察的”③。因此，在柄谷行人看来，《资本论》价值形式论的提出，更多的是受到了贝利的影响：商品要具有价值形式，就必须要和其他商品发生交换关系，只有从商品的交换价值或交换关系出

① ［日］柄谷行人：《跨越性批判——康德与马克思》，赵京华译，中央编译出版社 2011 年版，第 164 页。

② 同上书，第 162 页。

③ 同上。

发，才能探索到隐藏在商品中的价值。贝利的这种观点对于马克思商品价值形式论的形成是本质重要的，但是在马克思那里，更为重要的是，商品的交换并不只是单纯的作为物的商品之间彼此发生关系，商品的拥有者也必须作为拥有独立意志的主体而彼此发生关系，也就是说，由商品价值形式所开显的交换关系实际上表征的是以物与物的关系为外观的人与人的关系。对此，马克思解释道："在商品生产者的社会里，一般的社会生产关系是这样的：生产者把他们的产品当做商品，从而当做价值来对待，而且通过这种物的形式，把他们的私人劳动当做等同的人类劳动来互相发生关系。"①

正是在这个意义上，马克思批判性地继承和发展了贝利的商品价值理论并提出了自己的商品价值形式论；也正是在这个意义上，柄谷行人清晰地揭示了《资本论》的价值形式论这一"哥白尼转向"的意义，"因此，资本论对价值形态的导入，乃是马克思划时代的态度转变……马克思的态度转变意味着，不是物，而是把物所处的关系的场域放到优先的位置上"②。"物所处的关系的场域"就是指商品之间的交换关系，亦即商品的价值形式；而商品的价值形式最终指向的是商品交换背后的社会关系。因此，马克思提出商品价值形式论，其本质目的就是为了揭示物与物的关系掩盖下的人与人之间的关系；或者也可以说，《资本论》所实现的"哥白尼转向"，其本质目的就是对资本主义的商品拜物教及其秘密进行揭示。因为在马克思看来，所谓资本主义的"拜物教"，就是指人与人之间的关系被掩盖成物与物之间的关系的那种社会现实状况，这种状况可以从商品的价值形式的秘密中被发现，"商品形式的奥秘不过在于：商品形式在人们面前把人们本身劳动的社会性质反映成劳动产品本身的物的性质，反映成这些物的天然的社会属性，从而把生产者同总劳动的社会关系反映成存在于生产者之外的物与物之间的社会关系"③。可见，《资本论》的价值形式论实质上就是对于资本主义社会生产关系的分析，它揭示的是资本主义社会中人与人之间的关系，而既然这种"哥白

---

① 马克思：《资本论》第一卷，人民出版社2004年版，第97页。

② ［日］柄谷行人：《跨越性批判——康德与马克思》，赵京华译，中央编译出版社2011年版，第165页。

③ 马克思：《资本论》第一卷，人民出版社2004年版，第89页。

尼转向”目的在于揭示人与人之间的关系，那么商品论中所蕴含的道德性和伦理性的维度便也可以由此而合乎逻辑地得到展开了。

二　“物神崇拜”：商品价值形式论中的非对称性关系

既然商品的价值形式论或《资本论》的“哥白尼转向”所反映和表述的本质内容是关于资本主义的拜物教问题，那么在这里就还有必要对后者进行一番更为深入的探索，以期对商品论中的道德伦理维度有更好的理解和把握。关于商品拜物教，马克思还说过这样一句名言，他说，商品的价值形式从本质上来看“只是人们自己的一定的社会关系，但它在人们面前采取了物与物的关系的虚幻形式。因此，要找一个比喻，我们就得逃到宗教世界的幻境中去。在那里，人脑的产物表现为赋有生命的、彼此发生关系并同人发生关系的独立存在的东西。在商品世界里，人手的产物也是这样。我把这叫作拜物教”①。在这里更值得注意的是，古典政治经济学家所忽视的商品经济所具有的“神学”性格被马克思在商品拜物教中发现了。对此，麦卡锡指出，马克思的拜物教批判攻击的是那种在政治经济学的实证科学中已经被自然化和永恒化了的资本主义的意识形态②，“这是对直接转变进入经济学的宗教的一种批判……此批判是从伊壁鸠鲁批判神话学和自然法则以及从希伯来先知批判偶像崇拜和虚假诸神中发展起来的”③。把马克思的拜物教批判理解为“直接转变进入经济学的宗教的一种批判”，即把马克思的宗教批判和政治经济学批判直接联系起来，并把后者视为前者的延伸，这种观点是有着深厚的思想史根据的。早在青年马克思写作《黑格尔法哲学批判》的年代，他就把宗教看成是一种“颠倒的世界意识”和“颠倒的世界”，因为在宗教

① 马克思：《资本论》第一卷，人民出版社 2004 年版，第 90 页。

② 古典政治经济学把资本主义的经济范畴看成是抽象的、直接的、非历史的，而把资本主义的生产方式理解为一切生产的自然的永恒不变的方式，它们看不到这些经济范畴和生产方式只是暂时的因而是历史的东西。可以说，古典政治经济学对于资本主义的各种经济范畴及其生产方式的这种理解为后来的资产阶级的意识形态奠定了理论基础。

③ ［美］麦卡锡：《马克思与古人》，王文扬译，华东师范大学出版社 2011 年版，第 332 页。

中，人彻底丧失了主体性和自由，而上帝则成为历史和世界的绝对主体和创造者，并因此成为永恒的真理；在宗教中，人对上帝这一崇高“神圣形象”的无限崇拜和极度信仰构成了“神学的性格”，人在这一“神圣形象”的统治中自我异化了。然而，马克思发现，对宗教的批判虽然通过启蒙运动就已告结束，但是这种神学的性格仍然可以在现代货币经济中被找到，这是因为在现代资本主义社会中，个人仍受一种“抽象”的统治，而这种“抽象或观念，无非是那些统治个人的物质关系的理论表现”①；在后来的《共产党宣言》中，马克思和恩格斯把“资本”看作这种“抽象或观念”在现代社会进行统治的真正的实体和主体，“在资产阶级社会里，资本具有独立性和个性，而活动着的个人却没有独立性和个性”②。这就是说，在现代资产阶级社会里，人在“资本”这一“非神圣形象”的统治中自我异化了，资本作为实体—主体统治着整个现实世界，而人对于“资本”的无限崇拜和极度信仰构成了货币经济中的“现世的宗教”，从而也构成了资本主义社会的最现实的普遍性。

我认为，如果根据麦卡锡把马克思的政治经济学批判视为其宗教批判之延伸的相关观点，进一步把现世宗教中资本所构筑的非神圣形象称为“物神”的话，那么，也就可以把现代社会中人对“资本”的无限崇拜和极度信仰的普遍状态称为“物神崇拜”；因而，《资本论》拜物教理论的重点就不只是揭示出资本主义的社会关系，即揭示出那种物与物的关系掩盖下的人与人之间的关系，它更是一种揭露现代资本主义条件下的“物神崇拜”状况并对此进行深入批判的理论。马克思在《1844年经济学哲学手稿》中对货币的神秘性进行探讨的时候，曾引用莎士比亚的话对货币或资本这种“物神”的特性进行过形象的描述③：“莎士比亚特别强调了货币的两个特性：（1）它是有形的神明，它使一切人的和自然

---

①《马克思恩格斯全集》第30卷，人民出版社1995年版，第114页。

②《马克思恩格斯文集》第2卷，人民出版社2009年版，第46页。

③ 马克思在《资本论》中对“作为货币的货币”与“作为资本的货币”进行过区分，对于货币与资本的关系，关键点在于二者有量的不同，而没有质的区别（二者都是货币），马克思指出，当货币改变了自己的价值量，加上一个剩余价值，或者说增殖了，货币就转化为了资本。简单地说，货币只要实现自我增殖就可以被称为资本，而没有实现增殖的货币，就仍旧是货币。参见《资本论》第一卷，人民出版社2004年版，第176页。

的特性变成它们的对立物，使事物普遍混淆和颠倒；它能使冰炭化为胶漆。(2) 它是人尽可夫的娼妇，是人们和各民族的普遍牵线人。"① 一方面，作为"物神"的货币或资本可以使"一切人的和自然的"性质颠倒和混淆，"物神"的神力使人自我异化和物化，也就是说，人与人之间的关系被异化或外化为物与物之间的关系；另一方面，但凡人凭自己的本质力量所不能做到的事情，凭借"物神"都能做到，"物神"因此成为"人们和各民族的普遍牵线人"，成为统治一切的力量，而作为"普照的光"和"特殊的以太"的"物神"也就被人们信仰和膜拜。在《资本论》中，马克思当然没有用这种诗化或文学化的语言来进一步描述资本主义的"物神崇拜"现象，而是采用更为冷静和客观的科学化语言来表达之；但毋庸置疑的是，不管他以怎样的形式来表述，其核心内容并没有发生过变化，即在资本主义社会中，人们的社会关系始终被披上了物，物之间的交换关系的神秘外衣，此时人们崇拜和信仰"物神"；所以，有必要通过对这种"物神"的现实批判使人的真实本质回归人自身，而回归的过程也就是人的现实的自我解放过程。从这个意义上讲，断言"马克思的政治经济学批判是其宗教批判的延伸"就是正确的，而在这一点上，是不存在阿尔都塞的所谓"认识论断裂"的。

可见，资本主义的拜物教问题一方面反映出了人之间的社会关系被物之间的交换关系所掩盖的客观状况，另一方面又揭示出了资本主义所特有的人被异化或物化的"物神崇拜"现象；而正是后一方面的内容预示着人与物、人与人之间处在了一种不平等、非正义或"非对称"的社会关系当中。柄谷行人把这种不平等、非正义或非对称的社会关系称为"商品价值形式论中的非对称性关系"。然而，这种"非对称性关系"只不过是对资本主义"物神崇拜"的另一种更为科学化和实证化的表述形式罢了。

在柄谷行人看来，斯密关于"货币起源于物物交换"的观点同其"货币是存在于商品中的劳动价值的一般表示"的观点相比较，两者是一致的。"可是，这种看法隐藏了存在于商品和货币交换中的关系之非对称性。站在货币形态上和站在商品形态上的两者，其关系不是对称的。而

① 《马克思恩格斯文集》第 1 卷，人民出版社 2009 年版，第 245 页。

这种非对称性明确显露出来，是在产业资本主义的阶段。即，这是只拥有劳动力这一商品的人（雇佣劳动者）和拥有购买此种商品之货币的人（资本家）两者之间的关系。他们相互具有自由买卖的法律契约关系，因而并非封建的支配关系。”① 柄谷行人在这里使用了“非对称性”这一远离褒贬的中性概念来描述资本主义的交换关系，大概是想同马克思在《资本论》中所使用的那些实证化、科学化了的经济范畴相呼应；但是，他在这里仍然表明了交换双方在资本关系中的不平等和非正义。在商品关系中，资本家通过与雇佣劳动者订立契约的方式把货币（工资）支付给后者，而雇佣工人则通过出卖劳动力商品的方式在劳动过程中逐步补偿资本家。在这种看似对称和平等的商品交换（劳动力与货币的交换）背后，其实隐含着资本主义雇佣劳动制度的极大的非对称和不公平，因为雇佣劳动制度用货币关系掩盖了雇佣工人的无代价劳动②，它用看似对称和平等的物与物之间的交换掩盖了人与人之间的实质上不平等和非对称的社会关系。具体地说，工人由订立契约所获得的工资的价值，并不是工人一天劳动所获得的全部价值，而只是由工人在一个工作日的必要劳动时间内所创造的价值，在这之后，由工人的剩余劳动或无酬劳动所创造的全部剩余价值则会被资本家无偿占有。资本主义的雇佣劳动制度用工资的形式掩盖了工人被资本家剥削的事实，因而资本家和工人的社会关系必然是一种不平等、非正义以及非对称的社会关系。马克思在《资本论》中对这种关系进行过形象的描绘：“原来的货币占有者作为资本家，昂首前行；劳动力占有者作为他的工人，尾随于后。一个笑容满面，雄心勃勃；一个战战兢兢，畏缩不前，像在市场上出卖了自己的皮一样，只有一个前途——让人家来鞣。”③

对此，柄谷行人进一步指出：“但是，产业资本主义经济中的阶级关

① ［日］柄谷行人：《跨越性批判——康德与马克思》，赵京华译，中央编译出版社 2011 年版，第 166 页。

② 所谓无代价劳动，就是指工人创造剩余价值的剩余劳动或无酬劳动，这一部分劳动被资本家无偿占有，并通过延长工作日、增加劳动强度、发展劳动生产力等方式不断加强，从而使资本家获得更多的剩余价值，而工人本身则由于自身劳动力的持续消耗而变得愈发衰弱和萎缩，工人的寿命因此被缩短。

③ 马克思：《资本论》第一卷，人民出版社 2004 年版，第 204 页。

系，正是通过卖与买、商品与货币（资本）的非对称关系才得以形成的”；“资本主义经济中的阶级关系来自商品和货币的关系”。[①] 这也就是说，“劳动力占有者”（工人）和“货币占有者”（资本家）之间的这种非对称关系（阶级关系）正是来源于商品价值形式中的非对称性关系；而资本主义中人与人的社会关系正是来自商品和货币的物与物的关系。因而，在柄谷行人看来，工人（阶级）和资本家（阶级）在这种商品和货币的关系中无法成为现实的主体，他们都只是被资本所异化了的现实的客体，而现实的主体恰恰是那个创造出商品和货币的关系、从而创造出资本主义社会关系的“物神”（资本）。所以，商品价值形式中的非对称性关系及其所衍生出来的一系列不平等、非正义以及非对称的社会关系，无非就是对“物神崇拜”的另一套系统化和科学化的表述。可以说，柄谷行人对于马克思思想的这种解读是基本符合马克思原意的，马克思在《资本论》第一版序言中就说过：“为了避免可能产生的误解，要说明一下。我绝不用玫瑰色描绘资本家和地主的面貌。不过这里涉及的人，只是经济范畴的人格化，是一定的阶级关系和利益的承担者……不管个人在主观上怎样超脱各种关系，他在社会意义上总是这些关系的产物。”[②] 在后来的具体阐释中，马克思多次把资本家称为“人格化的资本”或“资本的人格化”并把工人称为“人格化的劳动时间”，这与其把资本视为现实社会之主体并对之加以无情批判的理论预设是分不开的。总而言之，不管是资本主义的“物神崇拜”，还是商品价值形式论中的非对称性关系，两者在本质上表达的都是同一个东西，即表达那种在资本主义的社会关系中，人被资本所异化和统治的社会现实。伴随着资本对工人的剥削和压迫的不断深入，人在资本这一“物神”中的自我异化达到了顶点，人与人之间的不平等关系遭到最全面、最具体的揭露；如果站在精神层面的角度来考察这个问题，那么资本主义社会的道德失范问题将凸显出来，而《资本论》的商品论对这种道德失范的分析和批判，则预示着它从道德伦理的维度构建起了一种批判资本主义的元伦理学。

---

① ［日］柄谷行人：《跨越性批判——康德与马克思》，赵京华译，中央编译出版社 2011 年版，第 166、169 页。

② 马克思：《资本论》第一卷，人民出版社 2004 年版，第 10 页。

三 批判“欲望”的元伦理学：从“物神崇拜”批判中衍生出的对资本主义道德的批判

由上述分析可以看出，商品价值形式的非对称性关系在本质上就是表征雇佣劳动者和资本家在资本主义生产方式中的一系列不平等和非正义的关系，亦即表征资本主义条件下人与人之间的不平等和非正义的社会关系。在《资本论》中，这种非对称性关系之产生的一个前提性条件就是劳动力成为商品[①]，从而货币占有者（资本家）有条件通过具体的生产过程和流通过程，剥夺和攫取劳动力商品（雇佣工人）所创造的剩余价值。从精神层面上看，资本主义社会所特有的这种对剩余价值的无止境的剥夺和攫取，反映出人们对以货币或资本为实体（主体）的那个“物神”的无限崇拜和向往，它是资本主义社会中人们致富欲和求金欲在现实社会关系中的具体体现。因而，“物神崇拜”在精神层面使“欲望”成为资本主义社会的普遍精神状态，它使人们对于“金钱”这一“物神”产生出一种无休无止的追求与渴望。也正因如此，《资本论》的商品论就通过对“物神崇拜”或对商品价值形式论中的非对称性关系进行分析和批判，成功构建出了一种对资本主义“欲望”进行批判的元伦理学。

之所以可以称之为元伦理学而不仅仅只是伦理学，正在于马克思抓住了使资本主义社会产生出道德伦理并产生出一系列不平等、非正义的道德失范现象（利己主义、个人主义、享乐主义、重利忘义、权钱交易等）的最直接的根据、标准和尺度，即资本主义条件下的“欲望”。也就是说，撇开物质生产关系及其具体经济运动规律不说，单从精神层面看，资本主义社会中的“欲望”是它的各种道德现象和道德失范

① 马克思认为，劳动力是一种特殊的商品，是一种能够创造价值的商品，资本只有获得了雇佣劳动的劳动力这一商品，才能真正实现自身的增殖。具体而言，资本正是通过攫取和剥夺作为劳动力商品的工人所创造的超过其必要价值（工资）的剩余价值，才实现了自身增殖，而剩余价值是由工人的无酬劳动所创造的。这也就是说，资本的自我增殖过程也就是资本过对工人进行剥削的过程。参见《资本论》第一卷，人民出版社 2004 年版，第 217—231 页。

现象产生的根据、标准和尺度。[①] 也正因如此，王庆丰教授把以“资本”作为时代表征的形而上学称为“欲望形而上学”，把《资本论》所具有的“形上意义”称为“欲望形而上学批判”，他指出：“我们的时代被称为‘资本的时代’，那么作为我们这个时代理论表征的形而上学又是一种什么样的形而上学呢？我们可以明确地将之称为‘欲望形而上学’”；“资本就是欲望，欲望就是资本。欲望形而上学构成了现代社会的形上本性”；他进一步指出：“资本主义社会的欲望形而上学逻辑把现代人整个都卷入到了对欲望的追逐当中，人的本质完全被物化了，人所具有的‘神性’的本质消失殆尽。我们很难看到‘崇高’、‘自由’和‘诗意’，充斥着这个世界的是‘卑污’、‘催逼’和‘算计’。”[②] 从构成规范人们全部思想和行为的根据、标准和尺度的立场出发，把资本所具有的类似于传统形而上学的“本体”地位规定为“资本形而上学”或“欲望形而上学”，并使资本同黑格尔意义上的“绝对精神”相比附，这是王庆丰教授对马克思思想以及马克思同黑格尔思想之传承关系的准确把握。因为这种理解一方面强调了资本在现代社会中所具有的形上本性和主体地位，即资本作为“占统治地位的生产方式”和“支配一切的经济权力”，构成了现代资本主义社会的“普照的光”或“特殊的以太”；另一方面又表明了这种作为“普照的光”或“特殊的以太”的“非神圣形象”所固有的非理性的特性，即资本通过一种非理性的逻辑使整个社会处于被欲望控制的癫狂之中，它将所有人都置于自己求金欲和致富欲的控制之下，一旦人类社会完全堕入资本的“物神崇拜”的幻境中去，“等待人类社会的将不仅仅是所有的一切完全沉浸到金钱的冰水中去，连现代社会的最后一丝先验的道德规范都将荡然无存”[③]。

---

① 根据唯物史观的看法，这种“欲望”的产生当然是资本主义的物质生活关系长期发展的产物和结果，前者“根源”于后者。“物质生活的生产方式制约着整个社会生活、政治生活和精神生活的过程。不是人们的意识决定人们的存在，相反，是人们的社会存在决定人们的意识。”参见《马克思恩格斯全集》第31卷，人民出版社1998年版，第412页。然而，这里的看法和唯物史观并不矛盾，因为在马克思看来，单就精神层面的道德伦理维度而言，人们对于资本或金钱的欲望成为现代人唯一的真正需要，因而也可以把欲望作为解释资本主义各种道德伦理现象（而非现实的物质生活及其关系）的直接的根据、标准和尺度。

② 王庆丰：《〈资本论〉的再现》，中央编译出版社2016年版，第124、128、132—133页。

③ 同上书，第133页。

然而，王庆丰教授没有强调而在这里更需要突出的内容是，这种“资本形而上学”或“欲望形而上学”更是一种“资本的元伦理学”或“欲望的元伦理学”；而批判资本或批判“欲望”的《资本论》也就可以被看成是马克思构建的元伦理学著作。诚然，《资本论》的商品论中并没有直接给出一套道德理论来建立其对资本及其欲望的批判；但是，马克思通过对货币以及由货币和资本所带来的资本主义“致富欲”所进行的各种分析表明，站在元伦理学上批判资本及其所导致的欲望，一直以来都是他从未变换过的主题。早在《论犹太人问题》中，马克思就对犹太人在经商牟利中表现出来的唯利是图、追逐金钱的“犹太精神”进行过揭露：“犹太人的世俗基础是什么呢？实际需要，自私自利。犹太人的世俗礼拜是什么呢？经商牟利。他们的世俗的神是什么呢？金钱。”① 金钱作为一切事物的普遍的、独立自在的价值，即作为犹太人的世俗的神，剥夺了人的固有的价值，使人对其顶礼膜拜，因此，犹太人对神的崇拜就是对金钱的渴望。在《1844 年经济学哲学手稿》中，马克思指明，现代社会中人们所有的欲望都可以转化为对金钱和财富的欲望，即致富欲，因为拥有了金钱，就拥有了一切。“货币的力量多大，我的力量就多大。货币的特征就是我的——货币占有者的——特性和本质力量。因此，我是什么和我能够做什么，绝不是由我个人特征决定的。我是丑的，但我能给我买到最美的女人。可见，我并不丑，因为丑的作用，丑的吓人的力量，被货币化为乌有了。”② 在《1857—58 年经济学手稿》中，马克思对这种致富欲进行了更为深刻的描绘，他说：“货币不仅是致富欲望的一个对象，而且是致富欲望的唯一对象。这种欲望本质上就是万恶的求金欲。致富欲望本身是一种特殊形式的欲望，也就是说，它不同于追求特殊财富的欲望，例如追求服装、武器、首饰、女人、美酒等等的欲望，它……只有在货币设定它的第三种规定上的时候，才可能发生。”③ 这里所谓货币的“第三种规定”，就是指货币作为资本。只有当货币作为资本来实现自身增殖，致富欲才会真正的发生，而此时货币不仅是财富欲的

---

① 《马克思恩格斯文集》第 1 卷，人民出版社 2009 年版，第 49 页。

② 同上书，第 244 页。

③ 《马克思恩格斯全集》第 30 卷，人民出版社 1995 年版，第 174 页。

对象，同时也是财富欲的源泉。所以，正是由于资本主义社会普遍存在的致富欲，使人类欲望的无止境和无限度成为可能，从而使资本主义的各种道德现象和道德失范现象不断产生出来，资本主义的欲望真正成为整个社会的普遍精神状态，而资本主义的致富欲则真正成为资本主义各种道德现象的基础以及道德失范现象背后的本质。在这种财富欲的控制之下，工人和资本家一样，也想得到更多的金钱，但即使工人的工资提高了，他仍旧被异化劳动所奴役；同样，资本家即使获得了更多的剩余价值从而获得更多资本，作为人格化的资本，他仍旧被后者所奴役而不得不屈服于自己的致富欲或求金欲。

在《资本论》的商品论中，马克思的确没有用一套系统化和体系化的道德理论来直接批判这种资本主义的致富欲或求金欲，但这并不表示《资本论》的商品论中就缺失了元伦理学的维度。麦卡锡认为，《资本论》的商品论“只有从一个更全面的背景中，即从他的批判认识论、他的辩证方法以及其著作中的伦理基础来加以理解之时，他的价值规律的本质才会变得更为清晰”①。确实，《资本论》对商品价值规律的本质把握并没有注重古典政治经济学关于劳动创造价值的学说，而是把探讨的焦点放在了那种使商品成为商品或使货币成为货币的价值形式论之中，商品的价值形式论成为《资本论》对商品价值规律及其本质进行探讨的重要理论依据。根据前面的分析我们已经看到，商品价值形式论的最重要内容在于揭示出资本主义社会中物与物的关系掩盖下的人与人之间的不平等和非对称的社会关系，从而表明资本主义社会所特有的“物神崇拜”状况，“物神崇拜”在精神层面会使“欲望”成为资本主义社会的普遍精神状态，此时，人们对于“物神”就会产生出一种无休止的追寻与渴望，而这种关于“欲望”的形而上学就构成了资本主义社会中各种道德现象和道德失范现象产生的根据、标准和尺度。因此，可以说，《资本论》的商品价值形式论一开始就潜藏着马克思对资本主义欲望进行批判的元伦理学的理论诉求。然而，如果撇开商品的价值形式论不说，我们依然可以从商品论的其他方面推论出马克思批判资本主义致富欲或求金欲的道德伦理诉求。譬如，马克思在《资本论》的开篇部分就对商品的二因素，

---

① ［美］麦卡锡：《马克思与古人》，王文扬译，华东师范大学出版社2011年版，第273页。

即对使用价值和交换价值作出了区分，他指出，使用价值和交换价值是商品的最基本的两个要素规定，但资本主义生产的根本特征就在于，它不以使用价值为目的，而是以交换价值为目的，确切地说，是以交换价值形式下的剩余价值的生产为目的。因此，“绝不能把使用价值看作资本家的直接目的。他的目的也不是取得一次利润，而是谋取利润的无休止的运动”，而“自从有可能把商品当作交换价值来保持，或把交换价值当作商品来保持以来，求金欲就产生了”。[①] 马克思把“谋求利润的无休止的运动”称为“绝对的致富欲”或“价值追逐狂”，这就间接地证明了他在对商品概念进行客观而冷静分析的背后仍然蕴含着一种对其进行道德伦理批判的维度。

总而言之，《资本论》的商品论赋予了商品范畴以全新的元伦理学的内涵，使其依托经济外壳诉说着现代人各种道德现象和道德失范现象背后的本质原因，它是关于人本身的存在论、道德论、价值论等多维度的学说，而不是仅仅关于“物”的理论。伴随着对商品价值形式、对商品二重性及其所蕴含的劳动的二重性的分析，马克思深入资本主义生产方式的内在矛盾中，找到了资本运动的逻辑，揭示了隐藏在资本主义财富积累背后的社会关系的对抗性和阶级性。这无疑为人类历史的发展指明了方向，为人类解放的现实道路奠定了坚实的理论基础。

（作者系云南省社会科学院哲学研究所助理研究员，哲学博士）

① 马克思：《资本论》第一卷，人民出版社2004年版，第179、154页。

康德批判哲学的问题意识探源

熊馥译

西方现代哲学史[①]上，康德身处“蓄水池”[②] 这样的特殊关节[③]。与同时代的前哲们都有所不同，无论是笛卡尔、莱布尼茨、斯宾诺莎，还是培根、洛克、休谟。诸位前哲各执己见建立起或大或小的体系，但康德却看到了这些纷杂林立的诸多体系背后所隐含的问题。在《纯粹理性批判》（第1版）的前言中，他把这些问题历史性[④]地描述为由专制的独断论者与无政府状态的怀疑论者（AIX）[⑤] 所构成的“无休无止的争吵战场”（AVII）。这些争吵的本质乃是在形而上学上，亦即理性的“自我认识”（AXII）问题上，理性的“缜密性”（AVII）的丧失。

一 康德批判哲学问题意识的历史性

如何解决这些问题呢？康德认为只能通过“批判”。他宣称：“我们

---

① Modern Philosophy，特指从笛卡尔开始到黑格尔结束的这段西方哲学历史，用于对应“现代性”建立的历史时期。

② 参见安培能成《康德实践哲学》，于凤梧等译，福建人民出版社1984年版。

③ 陈康说：“《纯粹理性批判》在西洋哲学研究区域里仿佛一座关隘……”与安培能成的断语颇为契合。参见柏拉图《巴曼尼得斯篇》，陈康译注，商务印书馆1982年版，第6页。

④ “历史性”在此有三层含义：一是康德对当时状况的描述本质上是一种历史描述；二是这种哲学历史描述与他的哲学观相关；三是在他同时代的人当中，他所体现出的历史意识是“历史性的”，前所未有的。

⑤ 《康德著作全集》第3卷《纯粹理性批判》，李秋零译，中国人民大学出版社2005年版，第6页。后引同书不再标出中译本页码，直接标出科学院原版页码。

的时代是真正的批判时代，一切都必须经受这种批判。”（AXII）[①] 所以他的几部重要著作都是以“批判”为题：以纯粹的理论理性为批判对象的《纯粹理性批判》，以不纯粹的实践理性为批判对象的《实践理性批判》，论及审美能力的《判断力批判》。康德把批判作为其哲学的基本出发点，从而掀起了一场哲学革命。

从词源上讲，康德使用的 Kritik（批判）一词对应的拉丁语 Criticus，最早出现于 16 世纪[②]，特指一门叫作文本批判（Textual Criticism[③]）的学科。这门学科最早产生于 14 世纪，源于人文主义学者对新旧文献的历史比较的方法。最有名的成就是瓦拉从文献风格和词汇入手，辨伪《君士坦丁堡赠礼》。[④] 当“Textual Criticism”一词在 16 世纪文艺复兴时期最终出现的时候，指的是运用校勘的方法，对比现存文献的手抄本和印刷本，尽力恢复古代著作原貌的一门学科。虽然当时校勘的对象也包括西塞罗等古希腊、古罗马作家的著作，但这个学科创立的初衷是对《圣经新约》的研究，也就是现在所说的“经文鉴别学”。

康德在使用“批判”这个词的时候，在多大意义上与“经文鉴别学”的特殊意义相关联？必须承认，我们还没有从文献中找到实际的历史联系。然而，重要的是康德的批判（Kritik）与经文的鉴别（Textual Criticism）都使用了对比、勘校、甄别的方法。更为重要的是，这种方法背后

---

① 《康德著作全集》第 3 卷《纯粹理性批判》，李秋零译，中国人民大学出版社 2005 年版，第 7 页注释①。

② 哈德（Hoad，T. F.）编：《牛津英语词源词典》，上海外语教育出版社 2000 年版，第 105 页。

③ 在中国文化里，这门学问叫作“校雠学”。西汉成帝时，刘向《别录》云：“雠校，一人读书，校其上下，得谬误为校；一人持本，一人读书，若冤家相对，故曰雠也。”（转引自孙钦善《中国古文献学》，北京大学出版社 2006 年版，第 116 页。）《说文解字》：“雠，犹譍也。”（许慎：《说文解字》，中华书局 1963 年版，第 5 页下。）段玉裁注：“心部应当也。雠者，以言对之。”（《说文解字注》，中州古籍出版社 2006 年版，第 90 页上。）也即后之校勘学，今之文献学。

④ 现在，这门学科作为当代西方文献学（philology）的一个分支，专指校勘《圣经新约》的这门学科。参见 James Turner，Philology：The Forgatten Drigins of the Modern Humanities，Princeton University Press，2014。维基百科：https：//en. wikipedia. org/wiki/Textual. criticism. 在中国，这门学科被翻译成“经文鉴别学”。参见黄锡木《新约经文鉴别学概论》，1997 年。

都隐含着相同的历史逻辑，那就是——“是否真的能够有一种以上的哲学”。[①] 在基督教经文鉴别学那里，这种历史逻辑是要找到真福音与真信仰[②]；在康德那里，这种历史逻辑就是“断言在批判哲学出现以前还根本不曾有过任何哲学”。[③] 这种只存在唯一一种真信仰的观念，在基督教历史逻辑中，关乎人类救赎历史的一致性。而这种只存在唯一一种哲学的观念，在康德的哲学逻辑中，关乎人类理性的一致性。最终，通过这种对比、勘校、甄别的“批判”方法，也都导向了相同的结果，那就是找到某种“唯一的真观念”。

由此可见，批判对于康德来说，不仅仅是其哲学的基本出发点，还是其哲学的根本方法。这一点在他对自己哲学的核心问题：“先天综合判断何以可能?”的论述中更为明显。这个命题中有两个主题词应给予关注：先天、综合[④]。当康德在谈论综合判断与分析判断的时候，很大程度上他是从判断结果上进行区分：综合判断是可以增加内容的判断，而分析判断则并不为判断增加新的内容。所以，延续由概念构成的判断最终形成确定知识的现代哲学传统，能提供逻辑必然且内容为新的判断就是先天综合判断。换言之，这种先天综合判断就是康德要找的真观念。其后，他找到了数学、科学作为这种真观念的代表，然后他要找出形而上学中的真观念。

在这里，我们不再讨论康德找到了哪些形而上学的真观念，而是回过头来，对康德的问题意识提出一个问题：“什么是先天综合判断?”，这个问题与康德的哲学问题“先天综合判断何以可能?”是不同的。如果说康德的问题是一个“何以可能?”（How?）的问题，那么我们的问题就是

---

① 《康德著作全集》第 6 卷《道德形而上学（1797）》，李秋零译，中国人民大学出版社 2007 年版，第 215 页。

② 参见胡斯托·冈萨雷斯《基督教史（上卷）》，赵城艺译，上海三联书店 2016 年版，第 444 页。

③ 《康德著作全集》第 6 卷《道德形而上学（1797）》，李秋零译，中国人民大学出版社 2007 年版，第 214 页。

④ 实际上，“判断”也是康德所考虑的一个重要因素。在他看来，判断与知识的关系不仅可以追溯到亚里士多德的形式逻辑，在现代认识论中讨论的也比较多。特别是休谟对判断形成是否构成知识的论述，对康德冲击很大。但是，因为此篇论文的重点不在于此，所以，不再展开论述。在这里，就从不严格的意义上认为：在用法上，判断和知识可同义使用。

一个“为什么?”(Why?)的问题。“何以可能?”谈的是康德的问题意识,“为什么?”则是康德的问题意识探源。我们要对康德问题的发问是:为什么康德要以先天和后天、综合与分析的方式来理解知识、寻找知识?

在康德之前的哲学家们在谈论先天判断的时候,大多会把这种判断天然划分到分析判断里。因为“先天”(a priori)这个词,在亚里士多德和中世纪逻辑,指的是一种从原因到结果的论证方法。这种方法,区别于从结果追溯原因的后天论证。安瑟伦对上帝存在的本体论证明中,就使用了这种方法。在他的论证中,上帝作为存在的原因,是可以从其概念本身中分析出来的。[①] 而关于上帝存在证明的后天判断,则有典型的托马斯·阿奎那以确定经验(结果)为基础的“五路”上升路线。[②] 这种路线与归纳演绎的综合方法有逻辑上的相似之处。如果从亚里士多德和中世纪的逻辑传统上看“先天综合判断”,那么这个问题就要么是矛盾的,要么是重复的。

但是,康德大幅度改造了这些既有概念,把逻辑和事实,推理和结果区分开了。在谈论原因和结果的关系时,他更多地在休谟对事实知识与观念知识的意义上进行分类,而把原因和结果作为一对共存的概念挪到别的地方去了[③]。他不再在作为其哲学起点的地方谈论因果关系,而只是对判断本身做出一种“描述性”分类:这种判断是关于事实的,还是关于观念的?因而,虽然他谈的是经验,但是他谈的是对经验的划界,是以知识来源为根据的知识划界问题。从而,这种内容上的规定性,就在不涉及经验的前提下对判断的内容进行了规定。相应地,先天和后天的内涵就与分析和综合区别开了。形式逻辑中,分析判断的谓词包含于主词中,不提供新内容;而综合判断则提供了新的内容。这样,分析和综合为真知识提供了一种形式上的规定性。

这种内容和形式的双重规定不是凭空出现的,而是康德对笛卡尔、

---

① 参见安瑟伦《信仰寻求理解——安瑟伦著作选》,溥林译,中国人民大学出版社 2005 年版,第 197 页。

② 参见托马斯·阿奎那《神学大全》第 1 卷,段德智译,商务印书馆 2013 年版,第 33—37 页。

③ 具体说是挪到知性范畴表里面去了,让“原因性与结果性”“依附性与实体性”“交互性”共同构成了关系范畴。

洛克、莱布尼茨、斯宾诺莎、休谟、托马斯·里德等人的哲学进行历史分析和系统归纳的结果。当他讨论先天与后天的时候，能够看到莱布尼茨对先天真理和后天真理的区分的影子；也能看到休谟对事实知识与观念关系间知识区分的影子。当他讨论分析判断的自明性的时候，似乎是笛卡尔在说话；当他讨论综合判断的时候，似乎是用托马斯·里德的常识观念来驳斥休谟滑向怀疑论的彻底经验主义。最终，他对以往哲学形成了一种二分化的历史理解。所以，当他把自己的批判哲学核心归结为一个问题："先天综合判断何以可能？"的时候，他对比、批判，从而吸收、改造了自现代科学诞生以来的诸多哲学；也因此重新理解了由这些哲学所构成的哲学史，① 也就是在《纯粹理性批判》（第 1 版）的前言中，他所描述的由专制的独断论者与无政府状态的怀疑论者（AIX）所构成的哲学历史。而这种问题意识背后的历史性及其背后的方法论，是他之前的哲学家所不具备的。②

二　康德批判哲学问题意识的体系性

康德哲学的前提批判和历史意识，最终给其哲学带来了另外一个特点：体系形式。对此，康德本人曾数次做出论述，其中最常被引用的是《纯粹理性批判》中的"1. 我能够知道什么？2. 我应当做什么？3. 我可以希望什么？"（B833）③

应该说，康德把哲学归结为一组问题的这种方式在现代西方哲学史上不是首创。笛卡尔的哲学沉思也是从一个问题开始的："我怎么能否认这两只手和这个身体是属于我的呢？"④ 从而，他以"我思"作为"我们

① 中国学界传统中，对此有一个容易引起负面评价印象的词："调和"。如果我们能够摆脱非此即彼的"路线斗争"思维模式，那么就容易接受"调和"并不是立场不明，而是一种综合创新。

② 黑格尔历史意识的起源恐怕也正在于此。

③ 《康德著作全集》第 3 卷《纯粹理性批判》（第 2 版），李秋零译，中国人民大学出版社 2004 年版，第 514 页。

④ 笛卡尔：《第一哲学沉思集：反驳和答辩》，庞景仁译，商务印书馆 1986 年版，第 15—16 页。

的心灵……形成确凿、真实的判断”[①] 的起点。这个起点“不是某些别人的看法，也不是我们自己的推测，而是我们能够从中清楚而明显地直观出什么，或者说，从中确定无疑地演绎出什么”[②]。

但是，对比一下笛卡尔的问题与其哲学的关系，就能看出不同。与笛卡尔从对“我”的提问和怀疑的“我思”出发，继而恢复“我”的实体性，最后恢复上帝存在不同，康德从他的一组问题出发，阐释了对认识论、道德哲学、宗教哲学的一整套计划。而这个计划最终演化成一个涵盖诸多学科分支的庞大体系。

从历史上看，经过1770年到1781年十年的酝酿期，在1781年5月《纯粹理性批判》第1版出版。2年后，作为《纯粹理性批判》第1版的简写版《任何一种能够作为科学出现的未来形而上学导论》出版[③]。到了1787年《纯粹理性批判》的第2版出版。所以，如果我们把《纯粹理性批判》看作康德批判哲学的总纲；那么也不能忘记，从历史事实上看，《纯粹理性批判》绝对不是指一本书[④]，而是由三本书共同构成的一个前后连贯的系统。其中的差异和变化，正是揭示康德思想的关键。这种差异和变化对于其哲学的历史考察来说至关重要。

在这一系列作品中，《导论》是最受欢迎的版本。1781年《批判》（1版）出版以后，大多数人读不懂。为了普及自己的批判哲学，康德于1783年出版了《导论》。在《导论》里，康德用一套比较通俗的语言对《批判》进行简写，重新提出了一组问题：纯粹数学如何可能？纯粹自然科学如何可能？一般形而上学如何可能？同时三个分问题对应着一个总问题：作为科学的形而上学如何可能？对比《导论》所提出的一组问题和《批判》所提出的问题，可以很直观地得出一个结论：《导论》并不是《批判》的单纯简写，《导论》集中讨论了《批判》中所提的三个问题的第一个问题。也就是康德所说的“在万事之前首先提出‘像形而上学这

① 笛卡尔：《探术真理的指导原则》，管震湖译，商务印书馆1991年版，第1页。

② 同上书，第8页。

③ 以下为叙述方便，分别简称为《批判》（1版），《批判》（2版），《导论》。

④ 虽然现在国际通行的《批判》单行本的发行方法都是以2版为基准，把两版编排在一起。如两版有异，或标脚注，或附于前后。

种东西是否在某个地方是可能的’这一问题，是绝对必要的”。[①] 在这里，把《导论》作为对《批判》首要问题——也就是认识论问题的简写是恰当的。但如果把《导论》当作完整阐释《批判》对康德批判哲学事业全部计划的简写本，就很成问题。如果不能把这两组问题的关系捋清的话，就会产生一些严重的误解，似乎康德有两套研究计划。这在没有充分理解《批判》全部意图的前提下，很容易产生可以用《导论》问题代替《批判》问题的导向。[②]

那么，康德对自己的哲学有两套计划吗？通过对比两版《批判》就可以知道，不是这样的。《批判》（2 版）在不少地方对《批判》（1 版）进行了重新删改、增订。在“先验要素论”中，康德特别针对当时人们对他是贝克莱主义的误解进行了修订，不但重写了“知性演绎”，也增加了“对唯心论的驳斥”等。但是在“先验方法论”部分，他基本上没有进行太大的改动。这就说明在这个部分，他的立场是一以贯之的。康德认为：“我把先验的方法论理解为对一个完备纯粹理性体系的形式条件的规定。我们怀着这一意图将探讨纯粹理性的训练、法规、建筑术，最后还有其历史，……”（B736）[③] 也就是，如果说康德对其哲学有什么整体计划的话，那就是在这个部分。随后，他明确地把自己的“理性的全部旨趣”归结为要回答如下几个问题：“1. 我能够知道什么？2. 我应当做什么？3. 我可以希望什么？”（B833）对于第一个问题，康德认为是一个纯粹思辨的问题，也就是一个关乎理论理性的问题。他认为在这个问题上，可以乐观地认为：“已经穷尽了对这一问题的所有可能回答……”而第二个问题是纯然实践的，也就是一个关乎纯粹实践理性的问题。他认为这个问题“虽然归属纯粹理性，但在这种情况下却毕竟不是先验的，而是道德的，因而我们的批判就自身而言并不研究它”。最后是第三个问题：“如果我如今做我应当做的，那么我在这种情况下可以希望什么？它

① 《康德著作全集》第 4 卷《任何一种能够作为科学出现的未来形而上学导论》，李秋零译，中国人民大学出版社 2005 年版，第 256 页。

② 但是在中国学界，甚至是康德研究的英语学界，有过把康德的批判哲学简化为三大批判，从而进一步简化为认识论的观念。

③ 《康德著作全集》第 3 卷《纯粹理性批判》（第 2 版），李秋零译，中国人民大学出版社 2004 年版，第 456 页。

既是实践的又同时是理论的，……因为一切希望都是指向幸福的，而且希望在实践的东西和道德法则方面，恰恰就是知识和自然规律在事物的理论知识方面所说的同一个东西。”（B833）[①] 在这里，康德用“希望”（等同于“幸福”）来归结既包含着理论理性，又包含着实践理性的那些问题。

在 1788 年出版的《实践理性批判》中，康德又对第三个问题做出进一步补充，细化了对“幸福”的区分：“在我们的实践理性的评判中，……就我们作为感性存在者的本性而言，一切都取决于我们的幸福，……他的理性当然在感性方面有一个不可拒绝的使命，即照顾感性的利益，并给自己制定实践的准则，哪怕是为了此生的幸福，可能的话也为了来生的幸福。”[②]也就是康德区分了以理性为基础的幸福论和以感性为基础的幸福论；同时，也区分了来生幸福与此生幸福。

最后到 1793 年 5 月 4 日，康德给卡尔 · 司徒林的信中把自己的研究计划归结为由形而上学问题、道德问题、宗教问题这三个分问题，最后回答一个问题：人是什么？就这样，康德哲学的问题意识从始至终，最直观地表现在其哲学体系的组织形式被建构为：由通过解决三个问题，最终解决一个问题的结构。

三　康德批判哲学问题意识的现实性

如前所述，在《批判》中，康德认为自己在形而上学领域已经获得了成功，也就是理论理性批判事业已经获得了成功。但是，实践理性批判事业却还没有成功。如何实现纯粹的实践理性？康德对此也已经有了计划。

1793 年 5 月 4 日，康德给卡尔 · 司徒林的信中说道：“很久以来，在纯粹哲学的领域里，我给自己提出的研究计划，就是要解决以下 3 个问题：1. 我能够知道什么？（形而上学）；2. 我应该做什么？（道德）；3.

---

① 《康德著作全集》第 3 卷《纯粹理性批判》（第 2 版），李秋零译，中国人民大学出版社 2004 年版，第 514 页。

② 《康德著作全集》第 5 卷《实践理性批判》，李秋零译，中国人民大学出版社 2007 年版，第 66 页。

我可以希望什么？（宗教）；接着是第 4 个也是最后一个问题：人是什么？……在现在给您的著作《纯然理性界限内的宗教》中，我试图实现这个计划的第 3 部分。”[①] 这是在 1787 年《纯粹理性批判》出版以后，康德用更为清晰的分类阐释自己的哲学体系。同时，他对自己这本关于宗教问题，也即是他哲学体系的第三个问题的著作抱持着充分的信心，他在这封信中写道：“基督教与最纯粹的实践理性的结合是可能的，我要开诚布公地发表自己的意见。”[②]

值得注意的是，从马丁 · 路德在德国引发宗教改革开始，德国的宗教氛围一直以来就与残酷和反复的政治斗争和宗教战争相关联。所以，康德想着力解决的“第三个问题”，不仅是一个宗教问题，更是一个现实问题。这里的“宗教”不只是一种学理和哲学，更是一种历史和现实。

就在《实践理性批判》出版的 1788 年，国王在 7 月和 12 月连发两道宗教敕令，进行严格的书报审查。1792 年 3 月，国王再次下发更严格的宗教敕令。[③] 这一年，《纯然理性限度内的宗教》出版。1794 年《纯然理性限度内的宗教》再版后不久，康德就受到了国王的申斥。自此康德不再对宗教问题发言。直到 1798 年出版的《学科之争》中，康德才公布了国王的批示。在批示里，国王认为康德“滥用您的哲学来歪曲和贬低《圣经》和基督教的一些主要的和基本的学说”，并要求康德“今后不要再犯这样的错误”。[④] 康德在答辩中说自己“在学术讲演中从未掺入也不可能掺入对《圣经》和基督教的评判”。自己的宗教哲学著作“《纯然理性限度内的宗教》绝对没有损害公共的国家宗教；……只是专业学者们之间的一种商榷”。但是，虽然主观上无意冒犯，但为了避嫌，康德决定“在这位陛下有生之年，放弃我在这种宗教事务上作出判断的自由”。这样，对于宗教问题的阐述必须终止。

但是，对于第三个问题的阐述却没有终止。康德在《实践理性批判》

---

① 《康德书信百封》，李秋零编译，上海人民出版社 2006 年版，第 199 页。

② 同上书，第 199 页。

③ 参见曼弗雷德 · 库恩《康德传》中的《康德生平与著作年表》，黄添盛译，上海人民出版社 2008 年版，第 27—28 页。

④ 《康德著作全集》第 7 卷《学科之争》，李秋零译，中国人民大学出版社 2007 年版，第 6 页。

中本身就对“幸福”问题做出了区分。他区分了形而上学意义上的理性幸福论和现实意义上的感性幸福论；同时，也区分了来生幸福与此生幸福。这种区分说明他自己本身就有两套实现纯粹实践理性的计划：一套理性幸福论，一套感性幸福论。现在他在关于理性幸福论和来生幸福的宗教问题上不能发言，从而在以后的研究中转向了现实政治问题和历史问题研究。具体就表现在1795年出版的阐释世界公民和永久和平理想的《论永久和平》，也表现在1797年出版的论述法权思想和德性论思想的《道德形而上学》。

正是对现实幸福论的关注，使康德哲学体现出了一种与其时代紧密相关的现实意识；同时，在现实情况的逼迫下，康德完善了自己关于现实政治与历史问题的研究。

结　语

现代西方哲学史上，康德用他的批判哲学全面重塑了哲学，不仅包括形而上学，还包括道德哲学、宗教哲学、历史哲学、政治哲学等。其批判哲学的历史意识、体系意识、现实意识为其后学（包括费希特、谢林，特别是黑格尔）所继承和发扬。他的根本方法在于批判——是用一个哲学史上的全新问题来概括理性自我认识（即形而上学）的争论。在把这些争论整理、梳理为独断论与怀疑论这两类哲学的背后，隐藏着康德用认识论问题统一两者的历史企图和哲学历史意识。其批判的结果，是用论证问题合理性的方式来重新解释哲学史，从而重塑了哲学。

因而，虽然康德最终建立起了从总体体量到逻辑缜密、再到历史意识这三方面总体超越同时代前哲们的体系，但是其体系的出发点在于他的问题意识。其问题意识的基本逻辑是：通过理解哲学史来建构自己的问题，再通过这些问题来整合前人哲学，建构自己的哲学。而这种问题意识是康德哲学的逻辑起点，体现出康德哲学问题意识的历史性，决定了康德哲学问题意识的体系性，最后也体现出康德哲学问题意识的现实性。

就这样，康德的问题意识最终构成了康德哲学的根本，从而也为其后来者们提出了一个永远也绕不开的问题。这个问题可以追溯到苏格拉底时的德尔菲神庙，同样也直逼每个生命个体的当下，那就是——“人是什么?”

（作者系云南省社会科学院哲学所助理研究员）

当代道德建设

中国传统俭约思想与当代家风建设

杨　晶

"俭约"作为中华民族的传统美德，具有悠久的文化传统和丰富的道德内涵。俭，就是节省，不浪费；约，就是限制，约束。俭约的精神和传统是中国人立身、立家、立业、立国之根本。历览中国传统文化，俭约美德始终被古人所称颂和推崇，俭约的精神，早已深深熔铸在中华民族的精神血脉之中。众多的古圣先贤、仁人志士从不同的角度提出的俭约主张，为我们今天弘扬俭约美德和传承俭约文化，积累了宝贵的思想文化资源，培育了肥沃的文化土壤。

在中国文化基因中，家是至关重要的一环。家庭作为社会的细胞，是"国家发展、民族进步、社会和谐的重要基点"。家风是家族子孙代代恪守家训、家规而长期形成的，体现家族成员精神风貌、道德品质、审美格调和整体气质的家庭文化和精神风尚，是一个家族最宝贵的财产。"家风好，就能家道兴盛、和顺美满；家风差，难免殃及子孙、贻害社会。"[①] 家风是社会风气的重要组成部分。习近平总书记强调，不论时代发生多大变化，不论生活格局发生多大变化，我们都要重视家庭建设，注重家庭、注重家教、注重家风。"俭约"作为中国传统文化中的一种精神和基本道德准则，是当代家风建设的重要内容和必要条件。传承、弘扬中国传统文化中的俭约思想，对当代家风建设具有重要的意义和借鉴作用。

---

① 习近平：《家庭和睦则社会安定——在会见第一届全国文明家庭代表时的讲话》，新华网，2016 年 12 月 12 日。

一　中国传统俭约思想的主要内容

1. “俭约”是传统“修身”之道的重要内容

“俭约”是中华民族传统道德的重要内容，它的生命力在于其和勤劳、仁爱、善待自然等众多美好德行紧密相关。从个人修养来看，践行俭约的精神不仅能提升人的道德修养，还有利于养成良好的行为习惯。在中国社会发展的各个时期，艰苦朴素、勤俭节约作为一种被社会普遍认同的传统美德，始终被倡导、传承和弘扬。

春秋战国时期，思想领域虽学派林立、百家争鸣，但勤俭节约思想则是各学派共有的伦理主张。老子、孔子、孟子、荀子、韩非子、墨子等人都将俭约作为一条重要的道德规范。儒家的“以俭德避难”思想、墨家的“俭昌淫亡”思想、道家的“俭故能广”思想、法家的“俭不伤事，侈不伤货”思想……古人把节俭与人的道德修养联系在一起，认为俭约节欲有助于正心养性，有助于防患于未然、防止奢靡腐化等行为；而过分地追求物质消费和感官享受则会导致失去理智，迷失志向，毁损人格。

“林放问礼之本。子曰：‘大哉问！礼，与其奢也，宁俭；丧，与其易也，宁戚。’”之所以如此，是因为“奢则不孙，俭则固。与其不孙也，宁固”（《论语·八佾》）。君子之德即“温、良、恭、俭、让”，主张俭约而反对奢靡。南怀瑾先生在《论语别裁》中这样解释：“温”是绝对温和的，用现代的语汇来讲就是平和的；“良”是善良的、道德的；“恭”是恭敬的，也就是严肃的；“俭”是不浪费的；“让”是一切都是谦让友好的、理性的、把自己放在最后的。[①] 孔子十分赞赏颜回那种安贫乐道、不图享受、朴素节用的优秀品德和精神。《论语·雍也》中说：“子曰：‘贤哉，回也！一箪食，一瓢饮，在陋巷，人不堪其忧，回也不改其乐。贤哉，回也！’”孟子说：“养心莫善于寡欲。”（《孟子·尽心下》）修养心性的最好方法是清心寡欲，其中寡欲就意味着节俭杜侈，节俭有助于良好品德的培养。荀子则更明确地提出了反对纵欲，提倡俭德的观点。

① 南怀瑾：《论语别裁》（上册），复旦大学出版社2010年版，第38页。

他主张用理智去节制人的过分的感官享受，约束人对物质消费的过分要求。他说："制礼义以分之，以养人之欲，给人之求，使欲必不穷乎物，物必不屈于欲。两者相持而长。"（《荀子·礼论》）并且，先秦儒家认为社会成员不论是贵富，还是贫贱，其消费观念、消费行为、消费方式都必须遵循"礼"的要求，做到节用、宁俭。《论语·子罕》中说："衣弊缊袍，与衣狐貉者立，而不耻者，其由也与?"孔子对仲由衣着俭朴而不以为耻表示了肯定：麻冕，礼也。今也纯，俭，吾从众。

老子也崇尚"俭"，他提出为人处世的"三宝"，"一曰慈，二曰俭，三曰不敢为天下先"，把"俭"作为必不可少的一"宝"。而"俭，故能广"（《老子·六十七章》）。道家的基本原则是"少私寡欲"。求道者法自然，淡泊无欲，"是以圣人去甚，去奢，去泰"（《老子·二十九章》）。河上公解释道："甚谓贪淫声音，奢谓服饰饮食，泰谓宫室台榭。"可以说，甚、奢、泰都是"过"，都是由"贪"引起的。因而要力戒"贪""过"，要心怀俭德，事有适当，以"道"为本。人若不能"见素抱朴，少私寡欲"，结果往往是"五色令人目盲；五音令人耳聋；五味令人口爽；驰骋畋猎，令人心发狂；难得之货，令人行妨"（《老子·十二章》）。故而老子主张："绝圣弃智，民利百倍；绝仁弃义，民复孝慈；绝巧弃利，盗贼无有。此三者以为文，不足。"（《老子·十九章》）庄子继承老子"知止可以不殆"的思想，进一步提出"知止其所不知，至矣"，认为天下大乱是因为"天下皆知求其所不知而莫知求其所已知者，皆知非其所不善而莫知非其所已善者"（《庄子·胠箧》）。人必须了解自己的极限，经常反思自己的言行，应"无迁令，无劝成，过度，益也。迁令、劝成，殆事。美成在久，恶成不及改，可不慎与!"（《庄子·人间世》）知止知足，方能返璞归真。

墨家比较接近下层劳动人民，民用和民利是墨子节俭思想的终极关怀，因此主张"节用""节葬""俭"。墨子认为："圣人之所俭节也，小人之所淫佚也；俭节则昌，淫佚则亡。"（《墨子·辞过》）意思是说节俭是圣人所为，而淫佚是小人所为。因而，墨家提出节俭衣服、节俭饮食、节俭宫室、节俭舟车、节俭男女、节俭葬礼等一系列主张。

法家也提倡俭德："故适身行义，俭约恭敬，其唯无福，祸亦不来矣。骄傲侈泰，离度绝理，其唯无祸，福亦不至矣。"（《管子·禁藏》）

即认为俭约以致福，纵侈会招祸。

纵观中国历史上下五千年，无数有识之士无不把勤俭节约视为修身之道和人生准则。《左传》中说：“俭，德之共也；侈，恶之大也”；《宋史·范纯仁列传》也提到“惟俭可以助廉，惟恕可以成德”；宋朝大思想家司马光明确提出俭约是美德的标志：“俭约，所以彰其美也。”（《资治通鉴·梁纪》）的确，崇尚节俭，反对奢侈，是中华民族自古提倡的美德，是传统“修身”之道的重要内容。

2. “俭约”是古人“齐家”的主要方面

家庭是社会的细胞和重要组成部分。中华民族自古以来就特别重视家庭。中国作为一个传统的农业国家，以家庭为基本单位的生产组织形式延续了数千年。同时，古代中国是一种家国同构式的以血缘关系为纽带的封建等级专制国家，“国家”成为中华民族特有的概念。国由家组成，有国才有家；家是国的细胞，家和万事兴，家庭成为连接个人与国家之间的桥梁和纽带。

家规家训是一个家族或家庭成员共同的价值观和行为规范，家风体现了一个家族和家庭成员的精神风尚和家庭美德。依规依训治家是中华民族的优秀传统文化。清代学者金缨说：“勤俭，治家之本；和顺，齐家之本；谨慎，保家之本；诗书，起家之本；忠孝，传家之本。”（《格言联璧》）人无俭不立，家无俭不旺。“兴家两字曰俭与勤。”“勤与俭治生之道也。不勤则寡入，不俭则妄费。”[①] 古往今来，绝大多数家庭都倡行勤俭节约的原则。“俭约”作为我国传统家庭美德，经常出现在古代家规家训中，成为优良的家风。

诸葛亮在《诫子书》中提出：“夫君子之行，静以修身，俭以养德，非淡泊无以明志，非宁静无以致远。”“俭”本来就是一种美德，其中的“德”则是指高尚的人格，远大的志向，崇高的精神境界。司马光为教育儿子司马康所作的《训俭示康》中把俭约看成是高尚的品德，把奢侈当作恶行。“由俭入奢易，由奢入俭难”，他告诫儿子“俭则寡欲”，“可以直道而行”；“侈则多欲”，“贪慕富贵”，则会“枉道速祸”。

《颜氏家训》是汉民族历史上第一部内容丰富、体系宏大的家训，是

---

① 王长金：《传统家训思想通论》，吉林人民出版社 2006 年版，第 122 页。

我国古代家庭伦理教育宝库中的一份珍贵遗产。《颜氏家训》认为节俭可以持家，其《治家篇》中引用孔子“奢则不孙，俭则固，与其不孙也，宁固”（《论语·述而》）；又说“如有周公之才之美，使骄且吝，其余不足观也已”（《论语·泰伯》），“然则可俭而不可吝已。俭者，省约为礼之谓也；吝者，穷急不恤之谓也。今有施则奢，俭则吝；如能施而不奢，俭而不吝，可矣”。

《女论语》是唐代贞元年间宋若莘、宋若昭姐妹所撰的一部女子训诫书籍。其中《营家》一章就曾训诫：“营家之女，惟俭惟勤。勤则家起，懒则家倾；俭则家富，奢则家贫。”意思是妇女经营家庭的方法是要勤俭。

被称为“郑义门”的浙江省浦江县郑氏家族，因其孝义治家的大家庭模式和传世家训《郑氏规范》，奠定了它在中国传统家训教化史上的重要地位。明开国文臣宋濂甚至以此为蓝本，制定明朝治国法典。郑氏的祖先们深知“成由勤俭败由奢”的道理。168 条家规中，有关戒奢的就有 17 条之多。郑氏家规规定，子孙年未满二十五岁，除棉衣可用绢帛外，其余只能用粗布制衣。路程在三十里以内，一律徒步，不可搭乘车马。第一百三十条明确提出：“家业之成，难如升天，当以俭素是绳是准。唯酒器用银外，子孙不得别造，以败我家。”《郑氏规范》被誉为中国传统家训的重要里程碑。其事载入《宋史》《元史》《明史》。2015 年 5 月，中纪委官网头条推出“中国传统中的家规”专栏，首期特别推荐了《郑义门：孝义传家九百年》，《郑氏家规》被中纪委选为宣传蓝本。①

明末清初的大教育家朱柏庐在《治家格言》中指出“一粥一饭，当思来之不易；半丝半缕，恒念物力维艰”，“自奉必须俭约，宴客切勿流连”，教育人们勤俭治家，不能轻易浪费。清代学者石成金在《传家宝》中从“养德”“养寿”“养神”“养心”四个方面归纳了“俭”对自我修养方面的作用，他说：“俭有四益：凡贪淫之过未有不生于奢侈者，俭则不贪不淫，是俭可养德也；人之爱用自有剂量，省啬淡泊有长久之理，是俭可养寿也；醉浓饱鲜，昏人神志，若蔬食菜羹，则肠胃清虚，无滓无秽，是俭可养神也；奢者妄取苟求，志气卑辱，一从俭约，则于人无

① 《郑义门：孝义传家九百年》，中央纪委监察部网站，2015 年 5 月 22 日。

求，于己无愧，是俭又可养心也。”（《传家宝 · 留心集》）

克勤克俭的治家伦理思想及传统在曾国藩那里达到了顶峰，他曾留下十六字箴言家风：“家俭则兴，人勤则健；能勤能俭，永不贫贱。”“历览有国有家之兴，皆由克勤克俭所致，其衰也，则反是。”① 曾国藩要求自己以及家人都要遵循“俭”的生活准则，把勤俭作为齐家的重要内容。他在家书中不厌其烦地告诫家人要节俭，认为：“由俭入奢易，由奢返俭难……无论大家小家，士农工商，勤苦俭约，未有不兴，骄奢倦怠，未有不败。”②“欲为先人留遗泽，为后人惜余福，除却勤俭二字，别无做法。”③ 曾国藩认为治家比为官更为重要，而勤俭作为持家之美德，主要体现在对待一丝一物上，积少成多，就会变废为宝。清末学者严复也说过：“治家者，勤劳操作矣，又必节食省衣，量入为出，夫而后仓有余粮之积，门无索逋之呼。至于因浪费而举债贷赀，则其家道苦矣！”

俭约是贯穿我们民族节用美德的一条思想脉络。“克勤克俭，无怠无荒。”俭约家风中包含了朴素的核心价值观，包含了崇德向善的美好愿望。家庭成员价值观的形成和行为习惯的养成，是潜移默化的，当前的家风建设，可以从大力弘扬并积极倡导勤俭节约的风尚开始。

3. “俭约”是古代君王“治国”“平天下”的重要手段

俭约的文化传统在中国源远流长，从国家兴亡来看，崇尚俭约，则可富国裕民。在古代自然经济条件下，生产力水平低下，社会物质财富匮乏，倡导俭约有利于缓解社会消费需求和物资短缺的矛盾，可保证社会安定和发展。因而，许多思想家不仅把节俭看成是关系一人一家兴衰的大事，更看成是影响国家安定存亡的大事。俭约以治国、平天下，体现着俭约精神的重要性。

据典籍所载，商初大臣伊尹曾对刚继位的太甲提出“慎乃俭德，惟怀永图”（《尚书》）的建议，强调要重视节俭之德，怀有长远的谋划，才能永久地维持王业，从而将慎守俭德与国家的长治久安联系了起来。到了西周，辅国名臣周公总结汲取商纣奢靡败国的历史教训，告诫周成

① 唐浩明：《唐浩明评点曾国藩家书》，岳麓书社 2015 年版，第 347 页。

② 同上书，第 117 页。

③ 曾国藩：《曾国藩治家全书》，岳麓书社 1996 年版，第 47 页。

王要杜骄奢，绝淫侈。周公死后，周成王“戒尔卿士……位不期骄，禄不期侈，恭俭唯德”（《尚书》），把“恭俭”作为人们应当奉行的美德。《易经·节卦》说：“天地节而四时成。节以制度，不伤财，不害民。”认为以制定节制财政支出，才能不伤害国家财政和人民的生活。荒淫无度，奢侈浪费，则会加剧社会矛盾，不利于社会稳定。

《左传·庄公二十四年》记载，鲁庄公命人在庙堂的柱子上涂红漆，在椽子上雕花纹，这都是奢侈而不合礼法的事情。大夫御孙劝谏他时指出：“俭，德之共也；侈，恶之大也。”春秋时期齐国的晏婴，身居高位，生活却从不追求高标准，极尽节省，保持着俭朴作风。

隋文帝杨坚崇尚节约俭朴，带头不穿华丽的衣服，不摆豪华陈设，受灾之年，他不食酒肉。建国不久，隋朝即国库充实，出现了繁荣的景象。然而他的儿子隋炀帝则骄奢淫逸，搜刮民财，结果很快断送了江山。因而，欧阳修在撰写《伶官传》时，发出了“忧劳可以兴国，逸豫可以亡身”的感叹。

即使是在富裕的唐朝，节俭也被人所重视。李商隐在《咏史》中总结道：“历览前贤国与家，成由勤俭破由奢。”杜甫在《送户十四弟侍御护韦尚书灵榇归上都》诗中说：“俭约前王体，风流后代希。”希望代宗如汉文帝一样“讲殿辟书帷”（《夔府书怀四十韵》），力修君德。司马光在《资治通鉴》中记载“取之有度，用之有节，则常足”，这是唐朝的陆贽给皇帝上书中的话，不但强调节俭的意义，还指出了要有计划、有理有节地消费。

唐代史学家吴兢在其所著《贞观政要》卷六《论俭约》中说，“自古帝王凡有兴造，必须贵顺物情”，阐述了唐太宗的治国策略，提倡“抑奢侈、宏俭约、戒奢欲”的作风。太宗把奢侈纵欲视为王朝败亡的重要原因，因此厉行俭约，坚持贯彻“自王公以下，第宅、车服、婚嫁、丧葬，准品秩不合服用者，宜一切禁断”的主张。唐朝名臣桓范在其《政要论》一书中也说：“历观有家有国，其得之也，莫不阶于俭约；其失之也，莫不由于奢侈。”（《群书治要·政要论》）

宋太祖赵匡胤着力改变五代以来的奢靡风气，不仅养成了克勤克俭、惜衣惜食的俭朴之风，还开创了一代“简朴之世”。南宋李焘在《续资治通鉴长编》中，将宋太祖勤俭兴邦的垂范之举上升到“躬履俭约”的高度。朱熹对“节用而爱人”加以发挥说：“先圣之言，治国而有节用、爱人之说。盖国家财用，皆出于民，如有不节而用度有缺，则横赋暴敛必将有及于民者，虽有爱人之心，而民不被其泽矣。是以将爱人必先节用，此不易之理也。”（《朱子大全·己西拟上封事》）朱熹主张“以养民为本”，“撙节财用”。大理学家邵雍说：“侈不可极，奢不可穷，极则有祸，穷则有凶。”《宋史·范纯仁列传》指出：“惟俭可以助廉。”南宋诗人陆游的家训“天下之事常成于困约，而败于奢靡”，更是深刻地揭示了俭奢是治国安邦成败的关键。

千百年来，崇尚俭约、反对奢靡成为中华民族的优良传统和美德，对中华文明的繁荣发展起了重要的作用；同时，也为我们今天的家风建设，积累了宝贵的思想文化资源，培育了肥沃的文化土壤，值得我们学习继承、发扬光大！

二　中国传统俭约思想对于当代家风建设的重要意义

传统俭约思想包含着丰富的道德智慧，是中华民族宝贵的精神财富，在中华民族的历史进程中发挥了积极作用。古往今来，“俭约”始终被人们视作为人之理、兴业之基、持家之宝、治国之道，而大力提倡。当前，在全社会倡导艰苦奋斗、勤俭节约的精神风尚，积极建设和弘扬俭约的优良家风，既是建设社会主义精神文明的重要内容，又是建设社会主义文化强国的必然要求，尤其对于公民道德建设、良好社会风尚和社会良序的形成、优良家风家教的弘扬，以及加强党风廉政建设等方面具有重要的理论价值和现实意义。

党的十八大以来，习近平总书记曾多次在不同场合强调家风的作用，他指出，中华民族历来重视家庭，中华民族传统家庭美德铭记在中国人的心灵中，融入中国人的血脉中，是支撑中华民族生生不息、薪火相传的重要精神力量，是家庭文明建设的宝贵精神财富。无论时代如何变化，无论经济社会如何发展，对一个社会来说，家庭的生活依托都不可替代，家庭的社会功能都不可替代，家庭的文明作用都不可替代。要特别注重家庭、注重家教、注重家风。传统俭约思想为我们今天的家风建设，积累了宝贵的思想文化资源，有利于提升家庭成员的道德素养，形成积极向上的精神风貌；有助于形成正确的消费观和理性的生活态度；有利于弘扬并形成良好的家风家训，创新推进家庭文明建设；丰富了当代家庭教育的内容，提供了倡导及践行“俭约”的方式方法；有助于党员领导干部廉洁齐家，形成廉洁的家风。

第一，有利于提升家庭成员的道德素养，形成积极向上的精神风貌。

家庭由个体组成，每个家庭成员的道德修养关乎着整个家庭的精神风貌和道德风尚。“俭，德之共也；侈，恶之大也。”人都是有欲望的，但过分的欲望往往会导致欲壑难填，甚至道德沦丧。奢侈，是人类的一大恶习。一个人、一个家庭如果过于奢侈，沉溺于享乐，就会引发更多的贪欲。古圣先贤们把“俭约”与人的道德修养相联系，并倡导把崇高的精神追求放在首位，积极倡导用俭朴的德行抑制过度的欲望，从而提升人的道德素养。《慎子》中说：“奢者富不足，俭者贫有余；奢者心常贫，俭者心常富。”“俭约”对于正心养性、提升个人的道德素养和人生境界具有积极意义。“俭约”有助于抑制贪欲，纯洁心灵，排除心中的物欲干扰，从而坚定远大的志向；“俭约”有助于个人养成自律的人格，不断提升道德境界。“俭以养德”更深层的含义就是，通过理智来淡化人的物质欲望，节制人对物质享受的过分追求，使这种追求合于道德，合于情理，合于礼义，使人把对远大美好的理想、志向、人格的追求作为人生的第一目标，增加生活中的幸福感。“饭疏食饮水，曲肱而枕之，乐亦在其中矣；不义而富且贵，于我如浮云。”（《论语·述而》）“具膳餐饭，适口充肠。饱饫烹宰，饥厌糟糠。”（《千字文》）。尚俭约之美，担俭约之责，通过内心宁静涵养其心灵，通过俭约培养其品德，让“小俭约”变成“大风尚”，首先就要从家庭成员个体开始。

历史和经验告诉我们：一个不懂得俭约的家庭，难以兴旺和睦；一个不倡导俭约的社会，难以长治久安；一个不践行俭约的国家，难以繁荣昌盛。奢靡之风会在潜移默化中，影响家庭成员的思想意识和行为习惯，进而败坏门风，影响社会风气，侵蚀社会资源。如果家庭成员过多地停留于物质享乐，把财富占有和挥霍视为最高的人生目标，那么，往往会因感到无聊空虚而陷入精神危机中，严重的甚至会放纵物欲、丧失理智，最终成为物欲的奴隶。倡导“俭约”，无论物质生活是否丰富，每个家庭成员都能勤俭节约，艰苦奋斗，严格自律，自觉有效地抵制各种腐朽思想的侵蚀和毒害，必然能够振奋精神，使整个家庭形成积极向上的精神风貌和道德风尚。

第二，有利于应对消费社会的挑战，引导家庭成员形成正确的消费观和理性的生活态度。

消费社会的到来，对传统的俭约观念形成了冲击，对于现代家风建设也带来了挑战。消费作为家庭生活的重要内容，一方面受到经济规律的调节，另一方面也受到家庭传统观念和消费方式的影响。对于传统俭约思想的传承和弘扬，有利于应对消费社会的挑战，引导家庭成员形成正确的消费观。“俭”是俭朴，是一种道德、德行；“约”是节制而又适度，既不放纵又不过分苛刻。节俭有助于家庭财富的积累，奢侈则很容易导致家庭贫困，俭约是家庭的道德规范，也是家庭的经济法则。消费社会背景下，“俭约”倡导的是一种合理支出，适度、理性、文明的消费方式，这种消费方式与盲目的、挥霍无度的、炫耀性的消费是根本对立的，它是有节制的、有益于人身心健康的消费，体现着人类的道德自律精神，有利于家庭成员形成正确的消费观和理性的生活态度。俭约的生活态度是对资源有限性、稀缺性的观照，并不是让人们再回到“缝缝补补又三年”的经济短缺的岁月。对传统俭约思想进行创造性转化和创新性发展，倡导健康理性的消费观念和消费方式，是现代家风建设的题中之意。“今天重新强调消费文化中的节俭与节约，目的是告诉人们各种消费应量力而行，自觉关注资源的有限性，是一种有别于从前的、更高层次的、体现现代社会人文精神的道德观念。强调消费道德的本质，旨在说明当下的消费必须具备可持续性，必须是一种体现代际公平的消费。”① 通过家风传承和家庭教育，引导家庭成员树立以俭治家的理念，树立健康理性、积极向上的消费观念，坚持“合理”“适度”的消费原则，努力使整个家庭的消费和收入相符合，和家庭成员的物质需求和精神文化需求相适应。通过一代又一代人的共同努力，弘扬勤俭为荣、贪奢为耻的家庭美德和

① 吴井泉：《消费文化的道德规约》，《北方论丛》2016 年第 6 期。

优秀传统，养成健康文明理性的生活方式，这是应对消费社会挑战、推进现代家风建设的必由之路。

发扬勤俭节约传统和合理消费有机结合起来，不仅是合乎道德的最佳行为，更是保证经济持续发展的最好选择。“俭约”让家庭收支更有计划，经济更宽裕，家庭生活也更稳定，是家庭增强风险意识、抵御社会风险的一大法宝。不论是社会、集体还是家庭，在消费水平上，要量入而出，把消费增长幅度控制在生产、收入增长的幅度之内；在消费内容上，应着重在身心健康、知识学习等方面增加开支。总之，“俭约”有助于营造合理消费、杜绝浪费的家庭氛围，有助于建立和睦亲密的家庭关系，形成良好的家风。因而，要积极倡导俭约的消费观念、建立俭约的消费体制机制，坚决制止和杜绝庸俗低级的消费行为，倡导俭约的价值取向、精神状态和生活方式，引导、教育家庭成员形成正确的消费观和理性的生活态度。

第三，有利于弘扬并形成良好的家风家训、创新推进现代家庭文明建设。

家风是家族子孙代代恪守家训、家规而长期形成的具有鲜明家族特征的家庭文化，是一个家族最宝贵的财产。习近平总书记强调，不论时代发生多大变化，不论生活格局发生多大变化，我们都要重视家庭建设，注重家庭、注重家教、注重家风。努力使千千万万个家庭成为国家发展、民族进步、社会和谐的重要基点，成为人们梦想起航的地方。

“俭约”的传统和家风是我们立世做人的风范，是民风社风的一大根基，是社会和谐的重要基础。倡导“俭约”的家训是家庭的主要价值观，是对子孙立身处世、持家治业的教诲，是古人传承修身齐家、为人处世道理的基本方法，也是我国古代长期延续下来的家长教育子女的基本形式。“俭约”是贯穿我们民族节用美德的一条思想脉络，“俭约”家风中包含了朴素的核心价值观，包含了崇德向善的美好愿望。对传统“俭约”思想的弘扬和传承，有利于培育和弘扬良好的家风家训、创新推进现代家庭文明建设。家风好，就能家道兴盛、和顺美满；家风差，难免殃及子孙、贻害社会。传统家训中尚勤贬惰、倡俭抑奢的言论，充满着生活的智慧和人生的哲理，反映了中华民族的价值追求和价值取向，有利于弘扬并形成当代良好的家风家训，有利于动员社会各界广泛参与家庭文明建设，推动形成爱国爱家、相亲相爱、向上向善、共建共享的社会主义家庭文明新风尚。

第四，丰富了当代家庭教育的内容，提供了倡导及践行俭约思想的方式方法。

家庭是人生的第一所学校，承担着家庭成员道德品行的培养教育、生产和生活知识的学习积累等责任。俭约思想与道德传统是古代家庭教育的重要内容，通过对“俭约”文化的挖掘、传承和弘扬，不仅可以丰富当代家庭教育的内容，还可以借鉴有益的方式方法，更好地践行“俭约”道德传统，推进当代家风建设。

如前所述，就家庭教育的内容来说，家训家规中包含了很多“俭约”思想，例如，《颜氏家训》倡导在家庭教育中培养“施而不奢，俭而不吝”的品格；《郑氏规范》以“孝义”为宗旨，融道德修养、行为规范、生产管理、生活学习等制度及奖惩措施为一体，汇聚了郑氏家族数代人思想道德素质的精华和家庭管理规范，其中当然也包含着“俭约”教育的内容和方法等。同时，俭约意味着对艰辛劳动的尊重，加强“俭约”教育，会让子孙后代更懂得珍惜生活，从而自力更生，奋发图强。

就倡导及践行“俭约”的方式方法而言，古人尤其强调以身作则，身教示范。正如颜之推所说：“夫同言而信，信其所亲；同命而行，行其所服。”（《颜氏家训》）也就是说，同样的一句话，人们总是相信亲近的人；同样一个命令，人们总是听从所敬佩的人。家长以自己的亲身经历和亲身感受来教育子女，这无形中起到了一种榜样的示范作用。此外，古人通过家庭礼仪的规范来践行俭约道德，倡导节约费用、控制消费，使家庭成员接近满足而不放纵，这种教育方式同样值得学习和借鉴。

第五，有助于党员领导干部廉洁齐家，形成廉洁的家风。

家风的“家”，是家庭的“家”，也是国家的“家”。对于为政者而言，倡俭戒奢才能做到为政清廉。晏婴辅政五十余年，始终严于律己，奉行节俭，并坚持“国奢示之以俭”，对齐国风气产生了积极影响，“齐地汉以后尚俭、倡廉，与晏子移俗不无关系”。当下，传统俭约思想和道德传统同样有助于新时期的官德建设，有助于党员领导干部廉洁齐家，形成廉洁的家风。

党的十八大以来，习近平总书记多次强调家风建设，尤其看重家风对于全社会的教化和熏陶作用。“家风”说的是“小家”，着眼的是“大家”。同时，好家风事关好干部的培育，党员干部的家风，是反映党风和社会风气的一个重要“窗口”，也是党风廉政建设的“晴雨表”。习总书记在十八届中央纪委第六次全体会议上强调，抓作风建设要返璞归真、固本培元，在加强党性修养的同时，弘扬中华优秀传统文化。习总书记始终把崇尚并践行“俭约”作为修身、从政的一种价值追求和行为自觉。他曾写道：“父亲的节俭几近苛刻。家教的严格，也是众所周知的。我们从小就是在父亲的这种教育下，养成勤俭持家习惯的。这是一个堪称楷模的老布尔什维克和共产党人的家风。这样的好家风应世代相传。”①

习近平总书记将他从家庭中传承的廉洁俭朴、实事求是等好家风，贯彻到治国理政之中，不仅用来要求自己，也用来要求广大党员领导干部。《中国共产党廉洁自律准则》第八条明确规定，党员领导干部要“廉洁齐家，自觉带头树立良好家风”。大力弘扬传统俭约思想和道德传统，不断加强当代官德建设，必将有助于党员领导干部廉洁齐家，形成廉洁的家风。每一个党员领导干部的家风正，则党风必正，政风必正，最终社会风气必正。

（作者系云南省社会科学院哲学所副研究员、副所长）

① 《〈习仲勋传〉精选：家风之严“不近人情”》，人民网。

认同、批判与重构：当代家风研究的问题与出路

刘　林

自 2014 年央视新闻联播推出家风家规节目以来，家风随之成为社会高度关注的热点，学界的研究也随之兴起。现在，虽然研究的热度有所降低，却正是审视家风研究得失的良机。总体而言，当前的家风研究在取得值得肯定的成果和引起学界广泛关注的同时，缺乏理论的深度，后续深入研究的路径不明是问题之所在。

一　认　同

以家风作为关键词通过中国知网进行检索和对文献的浏览，可以大致总结出当前家风研究值得肯定的几个方面，主要有：道德关怀；家风在伦理学中性质的界定；家风范式中的实践智慧。下面分而论之。

（一）道德关怀

可以大胆地说，不管关注和研究家风的学者在道德问题上持有何种观点或立场，也不论彼此的分歧有多大，他们都不是道德虚无主义者。因为这些作者都表现出了强烈的道德关怀。这本身就是对当前社会上到处充斥的道德滑坡现象的一个有力反击。尽管以知识分子的研究作为观察社会的镜子肯定有严重的不足，但知识分子道德关怀上的一致却也说明也许我们对当前的道德状况有误解——不是人们不再关心价值或善，也并非当下社会形塑的人性与从前相比出现了根本性的差异，而是善的一般意愿缺乏在陌生人社会中有效的实践途径或机制。

1. 对德性的肯定

人性不管有多么复杂，欲望对行为的驱动不管多么有力或直接，德性仍然在人性中占有重要的地位。家风，尤其是古人的家风是家言、家规、家教三位一体的源流中表现出的稳定的伦理风范。岁月流逝，随着作为立法者的祖先的逝世、子孙繁衍及支庶的流迁、家族环境或情势的变化，如果不是德性在人性中占有的深刻和重要的地位，那么仅靠祖先崇拜、爵禄诱惑、明哲保身等外在范畴是无法在人的心灵中刻画并筑牢一堵坚实的道德之墙的。这在廉吏这个特殊群体的人格特质中表现得最为明显。苑秀丽、刘廷舒以心理学的有关理论资源对此做了很好的研究。① 弗洛伊德的人格心理学部分如今已成为通识。个体的人格是由本我、自我和超我三个部分组成的，本我是人的本能的表达，涉及深层的潜意识和无意识；超我则主要负责个体和社会的协调，是道德化的自我；自我则负责与现实接触，既监督本我又满足超我。廉吏的与众不同就在于一般人都是自我人格主导型的，而他们则是超我人格主导型的，换句话说，廉吏是德性充盈的人格，本我和自我被超我内化的社会道德极大压抑。由此之故，廉吏才能在行动的各种具体环境中都稳定地一致地表现出德性，普通人在道德规范和道德实践之间的鸿沟几乎完全被填平了，在所有具体状况中都要无条件地实践先在的道德命令。廉吏对道德规范的无条件实践与自身在马斯洛需求层次理论意义上的生理、安全、社交等低级需求并没有满足的事实形成了强烈对比。正因如此，普通人基于具体的实践状况对道德命令的执行打了折扣，得到的是世俗的快乐和粗鄙的幸福，失去的则是廉吏的那种特殊的“高峰体验”——对本我和自我的极度压抑基础上形成的超我人格在无条件的道德实践中自由意志得以淋漓尽致的释放。廉吏的存在不是证明了诸如家风这样的道德宣教和道德建设的成功，而是失败。但它反证了家风有能力对人性有深刻的洞察和有效的把握，剩下的就是为德性创造落地生根的实践条件。历史上多次社会解体皆是由于德性的实践条件被无情地摧毁，而非德性的泯灭。家风作为德性传承的一条社会通道，是低效、无力的，却也是连绵不绝的。廉吏稀缺却历代皆有就是最好的证据。

---

① 苑秀丽、刘廷舒：《中国古代廉吏伦理人格的心理学解读》，《东方论坛》2014 年第 2 期。

2. 道德建设的社会自觉和全民动员

无须浏览所有的家风文献，只是粗浅的涉猎，即可得出这一印象：从《颜氏家训》《朱子治家格言》到《曾国藩家书》，作为社会精英的士大夫群体在道德建设上是自觉的立法者。立法是全面的，不仅有读经修身之道德心理和人格培育的准则及方法，还有道德实践的日常行为规范和家规家法对潜在失范者的威慑。家风不只是士大夫个人的道德自觉，还同时是对家族中所有人的道德动员。以曾国藩为例，作为理学家的他不仅是儒家道德自觉的卫道士，而且通过1400多封家书对诸子弟和族中子弟的读书修身未尝稍有提点和监察之松懈，曾氏族人多有俊秀卓异之士，其源有自。①

宗法制度和家国同构是理解和认识家风的两个关键词。家庭和家族是个人出生和成长的地方，对于不入仕不经商的大多数人来说，也是其终老的地方。家族的重要性要求一种和谐的秩序来协调和规范成员的关系。太古的先民对哲学和宗教是缺乏热情和系统思考的，由此家族秩序不可能建立在以自然法或人格化的上帝教义演绎出的外在规范基础上，人生的目的没有被决定，而只能在家庭和家族的世俗生活经验中逐渐试验和探索之后形成。秩序的此种路径为精英阶层通过道德立法建构家族伦理秩序提供了天然的土壤，家庭对个人生存发展无所不包的功能和家长的权威使得规范的实效能够得到保障。社会结构是由家族和国家两个单元组成的，士大夫阶层则是家族和国家的唯一连接中介。士大夫阶层如果不能在社会秩序的建构上表现出道德的自觉和动员能力，那么他们就没有资格充当百姓的代表与朝廷对话和接洽，从而或早或晚个人就将直接暴露在朝廷的道德教化和征召面前。而如果士大夫阶层表现出这样的能力，那么通过家风的道德宣教和建设不仅保障了社会秩序的和谐及稳定，而且还节省了朝廷的精神和气力。这从北宋开始最为明显。北宋特殊的文官共治体制为士大夫提供了异常宽松的环境，也正因如此士大夫的道德自觉是空前的，家风也与魏晋时期的聚敛奢靡玄虚清谈大为不同。这一时期，在理学的影响

① 刘绪义：《曾国藩家风的独特内涵及其哲学基础》，《湖南人文科技学院学报》2014年第4期。

下，士大夫以天下为己任的自觉担当和豪言壮语比任何一个朝代都多。不言而喻，任何一个社会，如果有一个道德自觉的社会阶层并通过家风将道德自觉和实践能力推广到全社会，那么无论如何它不会是一个礼崩乐坏的社会，尽管它在功利上可能并非是一个能为多数人创造福利的社会。

（二）家风在伦理学中的性质

当今的伦理学有享乐主义、义务论、功利主义、契约论、美德伦理学等多个流派，那么家风能够归入哪个流派之中？“家风家规既是一种德性伦理文化，又是一种规范伦理文化。……德性伦理注重品德、人格的修炼，认为人只要具备高尚的道德情操和良好的品行，就能辨清是非，做出符合道德的选择和行为，而规范伦理注重义务的履行和规则的遵守，认为人们不能简单靠良知和直觉来判断是非曲直，而是要根据已经设定的道德规范来判断。……家风家规的伦理精神，就是典型的德性伦理与规范伦理契合的代表。”① 作者使用规范伦理这一概念是有些粗心的。规范伦理学是相对于用逻辑和语言学方法研究道德概念意义的元伦理学而言的，在此之前规范伦理学是西方的主流，包括美德伦理学在内的主要流派都在其外延之内。如果意义是行为的道德规则，那么应是伦理规范才对。不过，就美德伦理学注重德性在人的个性特征中的表现而言，似乎作者意指康德伦理学意义上的定言命令。瑕不掩瑜，笔者认为作者将家风纳入美德伦理学的范围之内，是十分准确的。享乐主义以利己主义为假设，尽管对快乐或幸福的判断也可能在行为层面因认为利他的某种牺牲是为了更好地满足自己，但家风范式中，不论是从家言、家规、家法，还是从家教来看，几乎见不到享乐的意旨，连先秦儒家的“脍不厌精”“束脩”也都消失了。义务论就中国伦理文化的不足而言是最需要的，但正因如此家风不在它的范围之内。古今有多少道德君子在行动之前检查过行为准则的可普遍化问题？义务论的道德哲学中自由意志和理性是两个必要的假设，家风固然要培养道德人格，却谈不上培养具有自由意志的理性个体。尽管不同家族的家风中完全可能表现出相似性，但

① 田旭明：《家正国清：优良家风的伦理价值探索》，《武陵学刊》2014 年第 5 期。

却不是普遍性，而是生活条件和生活方式相似相同基础上的共同性。功利主义似乎是可争论的。“不管是为了实现‘立大功，致大化、振大名’的士人理想，还是‘不辱家声、光大族望、存续家族’宗族愿望，必须具有良好的道德修养和坚韧不拔的毅力。为此，对子弟进行精神涵养、品格塑造和气质培育，成为世族家族文化传递的第一要义。”[①] 家风陶冶的目的指向了家声族望大功大名，由此似乎它本身并非一种终极善，而是其他价值的实现手段。当家风与政治联系起来看，似乎更是如此。修齐治平的纲领中，修身的指向是非常明确的。忠孝伦理关系中孝也是为了出忠臣于孝子之门。尽管有这些可疑之处，但总体而言家风仍然属于美德的范畴。经验层面，道德是行为者在行动时表现出的特质，道德行为产生的结果也自然可能有事功，也应该如此。即使义务论者被公认为属于非结果主义者，但善良意志通过道德行为产生的正义结果本身就是最好的福利。比如经正当程序的司法审判产生的公平正义的判决。契约论的理论假设和思维方法与中国文化的差异非常明显，家风是不能归入其中的。所以，将家风准确地归入美德伦理学之中，为今后的进一步研究奠定了理论基础，是值得肯定的。

（三）实践智慧

无论是古人还是今人的家风倡导和建设，均表现出一种深厚的实践智慧。家族中率先自觉躬行德教的往往是杰出之士，但在做家训时却没有将重心放在立言上，而是置于日常生活的言行举止。教化从大处着眼、小处入手，通过日常生活的读书、言谈、交友、礼仪、饮食、起居等点点滴滴，潜移默化地将儒家的仁义礼智信等在实践中表现出来，刻刻自省、日日践道，逐渐形成稳定一致的道德心理和人格。曾国藩是这方面的典型，作为理学家的他，既有理论，也有大功业，但他的曾氏家训却是“书蔬鱼猪早扫考宝”的八字真经，十分朴实。[②] 书即读书。曾家富贵之后欧阳夫人曾有光耀门楣的愿望，曾国藩修建了一座宏伟的藏书楼来

---

① 周春辉：《论家风的文化内涵与历史嬗变》，《中州学刊》2014 年第 8 期。

② 刘绪义：《曾国藩家风的独特内涵及其哲学基础》，《湖南人文科技学院学报》2014 年第 4 期。

满足她，但本意却是为了使族中子弟沐浴在书香的氛围当中陶冶心性。蔬鱼猪是要求子弟躬行其事的，道亦在其中矣。早即早起，戒睡懒觉；考是祭祀祖先，巩固认同；宝是亲睦邻里。《颜氏家训》在序文中表达了相同的主旨。“夫同言而信，信其所亲；同命而行，行其所服。禁童子之暴道，则师友之诫，不如傅婢之指挥，止凡人之斗阋，则尧舜之道，不如寡妻之诲谕。……吾家风教，素为整密，昔在龆龀，便蒙诱诲。每从两兄，晓夕温清，规行矩步，安辞定色，锵锵翼翼，若朝严君焉。赐以优言，问所好尚，励短引长，莫不恳笃。年始九岁，便丁荼蓼，家涂离散，百口索然。慈兄鞠养，苦辛备至，有仁无威，导示不切。虽读《礼》、《传》，微爱属文，颇为凡人之所陶染。……追思平昔之指，铭肌镂骨；非徒古书之诫，经目过耳也。故留此二十篇，以为汝曹后车耳。”① 此种朴实的智慧，一言以蔽之，就是化德入俗。德性不是通过填鸭式教育将各种神圣经典灌输进人的心灵中，而是通过日常生活的方方面面有意塑造而不自觉地形成的。习惯一旦养成在行为机制上是自我实施和自我强化的，此种修身路径对于美德的稳定、一致和统一自然极有意义。伦理一词，在古希腊的语义为习俗，在我国则为秩序。由此可知，曾氏家风深谙古人智慧之道。尽管几乎所有家风研究者皆注意到此种化德入俗的实践智慧，但笔者还是想说，由于挖掘不深，没有回归到美德伦理学中进行理论升华，所以在古今家庭功能变异、旧式家长权威不再和个人日趋原子化的当下，家风对当前的道德问题有何真正价值，就说不出所以然了。比如朱丽霞和张洋的论文就是如此。“传统的家风在新的环境下似乎不再适用。……家庭一直被视为社会伦理道德教育的主要承担者，但随着家庭结构和关系的变化，其道德教育功能被不断削弱。……一些领导干部以权谋私，将不良作风带入家庭……针对当前社会道德失范的问题，必须加强以家风建设为基础的社会主义公民道德教育。其中，领导干部的家风建设起着非常关键的作用。”②

① 《颜氏家训·序致篇》，中华书局 2016 年版，第 2—4 页。

② 朱丽霞、张洋：《马克思主义家庭观视野下领导干部的家风培育》，《理论月刊》2014 年第 4 期。

二 对当前家风研究的批判

央视的家风系列之后，关于家风的研究掀起了一个高潮，最近好像淡了下来，也许是反思的好机会。在中国这样的家庭或家族本位的社会中家风是一个源远流长的问题，也早就为学者所注意，在历史学社会学等学科和国民性的讨论中是重要的主题。当前这一轮的家风研究，总体而言是跟风追潮的，缺乏理论的深度，一些研究主旨不明，纯粹是为了研究而研究。当前的家风研究中有几个突出的问题值得一论：德性和德行关系的简化；忽视服从和自由意志问题；可普遍化问题；对家风和政风关系的论述乏力。下面一一讨论之。

（一）德性和德行关系的简化

在建构理论时，有理由对人性中德性的光辉加以肯定和褒扬，并以此作为假设和起点，这当然是完全说得通的。但德性和德行的关系则不能简化处理，德性未必在各种具体的实践状况中都能充分表现出来，能够坚定不移无条件服从德性表现出美德的只是极少数人，就如廉吏这一具有特殊的道德心理人格的人们。这种具有超我人格的群体从道德哲学的角度看，其世界观似乎是决定论的，以圣人自许绝非狂妄，将神圣的伦理教义神化之后形成一种预定的内圣外王的人生观，才在实践中听从神意而表现出无条件性。家风的教化之功并不能将大多数人的世界观都塑造为决定论。更何况家风主要是士大夫这一阶层的道德自觉和道义担当的产物，沐风之人在社会上毕竟是少数。这可从士大夫的精英主义得到反证，这一群体并不指望普通百姓也像他们一样存天理灭人欲，加入到修齐治平的队伍当中来。因此，对于那些将德性直接和德行画上等号的家风研究者就不能不加以批评了，这在他们的研究方法上表现为摘录些许家训教义格言或标出教化的伦理规范之后就似乎有充足理由可以安心期待被教者的德性了。“以廉洁著称，执法严峻，不畏权贵的包拯，在杀了贪赃枉法的侄儿包冕以后，立一家规：不忠不孝不义之子不得埋入祖坟。包氏家族遂以‘清风’著称于世。《东周列国》第六十五回赞扬了我国春秋时代史家伯、仲、叔、季四弟兄为维护史家据事直书、不畏死而畏溺职的崇高品质。他们秉承父兄之志，忠于史家职守的诚实美德万古流传。‘史家直风’遂成为千秋佳话。”[①] 家风果真对子弟的德行有莫大之功，还应该列举出果真有德的包氏和史家后人的名单才是，懒惰可能不是故意的，而是方法论上的过度简化。如果不能以后人的德行加以证明，家风是传统美德之类的观点又怎么站得住脚？下文也有同样的问题。“古往今来，家风就像各种风俗一样在中国大地得到不断的传承。明代郑板桥所言：‘咬完几句有用书，可充饮食；养成数竿新生竹，直似儿孙。’这便是古代名人志士的持家之道，他们也为我们现代人在对待家风方面提供了榜样。放眼现在社会，习家‘家风’：勤俭节约，讲情义。毛家‘家风’：低调做人、清廉。陈云家风：身教重于言教。由此可见，家风祖训家训不会因时间的流逝而退化，相反作为一种优秀的中华民族传统美德，家风只会历久弥新，以其强大的生命力指引着后代人前行，为世间提供源源不断的正能量。”[②] 如果说郑板桥后人的事迹不容易找到，那么习毛陈的后人事迹则不难找到，源于方法论的简化，无须实证了。

（二）服从和自由意志

在“是和应当”这一休谟断头台面前有很多家风研究者都栽了跟头，不少人甚至根本没有这方面的意识，似乎只要交代出应该怎么进行美德教育，就心安理得了。正因如此，陈词滥调多而真正新颖的东西很少。现代道德哲学家一般认为从是中不能直接推导出应当，但每一个应当中则包含是。[③] 这后一方面前面已经讨论了，就是缺乏证据证明的问题；前一个方面的问题是伦理学中不易把握的深刻问题。家族长辈对晚辈苦心孤诣的教化是事实，教化能够培养出一些有德行的子弟也是事实，可从伦理学的角度看，要定义什么是美德，为什么应该做一个有德性的人则是一个困难得多的问题。休谟断头台问题在家风研究中就是要回答家族子弟为什么应该听从长辈教诲做一个有德之人的问题。前面引用的所有

---

① 卞桂兰：《简论中国传统伦理生活中的家教与家风》，《学术交流》1991 年第 6 期。

② 孙风青、张旭：《从思想政治教育的角度“探析”家风教育》，《创新教育》2014 年第 6 期。

③ ［美］唐纳德·帕尔玛：《为什么做个好人很难?：伦理学导论》，黄少婷译，上海社会科学院出版社 2011 年版，第 262 页。

研究者都没有回应这个问题，我怀疑这些作者可能没有意识到问题所在，他们似乎理所当然地认为受教者会服从长辈的教化并立志做一个有德之人，但这远不是不证自明的。

服从是道德哲学中的深刻问题。如果不能解决对道德律的服从问题，个体的实践行为就会出现义务和责任问题，感情的诱惑、情欲的冲动、利益的冲突等都能轻易诱发道德失范。伦理学研究者不能像自然科学家那样做一个客观冷静的旁观者，观察和描述事实就够了，他或她必须有最低限度的代入，从被研究对象的内部来观照其伦理实践。对于个体来说，服从是一枚硬币的一面，另一面是自由意志。除非是亚里士多德式的目的论形而上学或诸如天主教神学的决定论哲学，其他的道德理论都要面对自由意志问题。不管主体是否意识到这一问题，也不管其主观感觉是什么，实践中很少是完全没有其他行为选择的。为什么要选择做 X 而不是 Y 呢？如果 X 能同时满足道德和利益需要，那当然好了，但如果选择 X 不能令道德律得到实现却可利益最大化，选择 Y 则在获得道德满足的同时只能获得与 X 相比较少或很少的利益，那最终的决定是什么？家风研究者如果不讨论服从和自由意志，那就不知作者是否意识到了道德教化和道德说教的潜在矛盾。当然可以反驳说古代士大夫的家风本就不在于培养具有自由意志的独立人格。但正因如此，最初的优良家风在岁月的流逝中就不可避免地朝着空洞的道德说教演化，否则，应该不难在宗族谱牒或家族志之类的文献中发现其时代延续的明确证据。

忽视服从和自由意志的问题在方法论上有多严重，后面这个问题就可立即检验出来。很多家风研究者都不假思索地说，今天要继承优良家风，乍一看没任何问题。但在理论上却有严重的同义反复之嫌。什么是优良家风？呃，优良家风就是那些伦理教化成功的家族的家风，说得更直白一些，就是教化优良的家族的家风。之所以如此，是因为当在理论上试图定义家风之时，就会发现很难在“是”的后面将对受教者道德状况的描述排除之余还可得到一个有意义的综合命题。显而易见，就家风和美德的关系而言，在美德伦理学的范围内对美德定义将更加困难。

（三）可普遍化问题

这又是一个伦理学中的重要问题，但家风研究者却沉默了，好像是无意识的。家风研究者中的一个共同现象是引用古代文献资料。阅读这些研究文献，恍惚之间觉得既然似乎所有的衣冠家族都戮力于优良家风，那么古代社会应该是一片王道乐土了。这当然是错觉。家风研究者尽管研究的对象是家族成员的道德状况，方法却是方法论个人主义的，家族成员之间还有所论及（基本限于家长和教化对象的纵向关系），家族之间的伦理关系就略而不论了。就古代甚至包括当今中国的社会结构而言，无数家族的总和加上一个政权系统组成了中国社会。家风研究中不讨论家族之间的道德关系是社会观的缺位。由此引出了理论上的难题，就是尽管研究者可以放心地假设诸如颜家、朱家、范家、曾家等家族在优良家风的熏染之下道德上的卓越，但却不能据此评估社会的整体道德状况。方法论个人主义并不当然导致这一难题，更直接的原因是道德观点或理由没有做出可普遍化的处理。

要是继续追问古人的家训中为什么不如此的话，那么不难同时发现家风的社会背景和其整体上失败的深刻原因。如果深刻的要求是一种苛刻的罪过的话，那么浅尝辄止者对当下的道德问题是没有分析价值的，再怎么厚实的大部头家风专著其意义都不过是仅限于对研究者的职称和名利有益而已。费孝通刻画出了以自我为圆心、被相互之间距离越来越远的多个同心圆周围而成的传统儒家伦理形塑的国人形象。① 就此种形象的社会含义而言，不同家族之间的家训尽管可能不乏共同性，但伦理规范在家族间则是断裂的，并不能为个体在不同家族之间的交往提供同一的媒介。想象一幅两个都受到各自优良家风熏陶平时德行不错的人遭遇时却并不愉快的图景，并不令人吃惊。“人敬我一尺，我敬人一丈”，沐浴此种家风的人不能算是坏人，但秉持此种格言人生观的两个陌生人遭遇时，在缺乏可凸显②的同一性普遍规范的社交背景下，是多么容易在静等对方先表敬意的耐心耗尽之前就因误会而陷入论拳脚的囚徒困境，一边包扎伤口一边聊天才发现其实大家都是明理之人。普遍性伦理规范的缺乏造成的问题沉重而深远，一个碎片化的社会足以令这样那样的优良

① 费孝通：《乡土中国 生育制度》，北京大学出版社 1998 年版，第 27 页。

② 假如让两个陌生中国人约定在北京的某一地方会面，要会面成功，他们设定的一定要是同一地点，在信息极度缺乏的条件下，他们并不十分困难就一致地将约会地点设定为天安门广场，这并非因为他们的聪明，而是同一事物在他们心灵中的凸显。

家风彻底失去意义。它的当代意义绝不是"要继承优良传统家风"，而只是证明了中国人不论经历过什么，人性中都承载有德性的光辉，有做个有德之人的愿望和可开发的道德潜力。

（四）对家风和政风关系的论述乏力

"只要人人都献出一点儿爱，世界将变成美好的明天"，韦唯的那首《爱的奉献》中这一句是最令笔者印象深刻的。作为诗意的表达，这句话当然毫无问题，但如果作为一个伦理学命题，则问题不小。从单个人的德行假设出发，在没有引入他者观点并令两造相互交流的条件下，就得出一个关涉主体间性的观点，中间出现了逻辑跳跃。国人的思维中，从个体情况出发，以"总和"不经意地过渡一下，直接就推论到对社会整体情况的评估，似乎是相当普遍的，或许是"修齐治平"长期影响之下造成的。不少家风研究者在讨论家风和社风、家风和政风的关系时就表现出这一特点。"部分学者认为，弘扬良好家风，是向全社会传播正能量、净化社会风气的有效途径。中国婚姻家庭研究会秘书长樊爱国认为，好家风就是一种正能量。家风是社风的涓涓细流，如果一个个家庭家风不振、家规颓败，想要形成良好向上的社会风气，基本上是不可能的。那些违背社会公德、践踏国家法律的犯罪分子，绝大部分都有家风不正的背景。所以重视家风培育，就是重视社风建设，就是为社风向好向上向善打下坚实的基础。"① 尽管这段引文中包含诸多含义模糊的词语和正确得掉渣的车轱辘话，如前所述的逻辑上的跳跃还是能够看出来。顺便说一句，笔者的同事唐嘉荣教授认为，一般来说国人的生活是缺乏诗意的。观此专业社科期刊上的引文之后，不知她是否仍做如是之想？

对于家风和政风的关系，能够意识到两者可能有冲突的不多，有些从优良家风直接就推出良好政风的研究者，简直简单得粗暴。"领导干部是国家政权运行的重要载体，良好的家风对领导干部权力的正确行使有着重要的影响。很多腐败案件带给我们的教训之一：家风不正是现代领导干部腐败的重要根源，领导干部的家风建设不可小视。……（因此要）加强家属廉政教育。领导干部要对配偶和子女经

---

① 胡强、杨娜：《弘扬良好家风 传承中华文明》，《北京教育·德育》2014 年第 4 期。

常进行党风廉政教育。……将领导干部家风考评纳入绩效考评机制，作为干部提拔使用、晋级、奖惩的重要依据。"① 不客气地说这种关于领导干部家风的观念可一点儿也不科学，真得佩服作者大胆的想象力。"'家是最小国，国是千万家'，家风清则国正，只有从小就接受文明家风与严格家规的陶冶及教化，形成正确价值判断，……才能自觉将国家富强、人民幸福与个人发展紧密联系在一起，养成践行社会主义核心价值观道德要求的习惯，真正使核心价值观的影响像空气一样无处不在、无时不有。"② 方法论的过度简化，难免令之无视大量的反例。王莽和王祥都是孝子，但皆非忠臣。卧冰求鲤的故事家喻户晓，但王祥的政治品德连王莽也不如。王莽是端刘家的碗，吃自家的饭，而王祥则是端曹家的碗，喂司马家吃饭。严嵩严世藩父慈子孝。嵩工青词，藩善揣摩圣心，故嵩总能在圣意无常的不确定环境中，在正确的时间正确的地点献上嘉靖祭祀需要的青词，父子以此把持朝政二十年。舜之父、后母和同父异母弟皆不贤，几次设计陷害，欲夺其命，但舜莅君位之后以德报怨，故后世皆慕高风而尊为二十四孝之首。据说有人怀疑舜之处理方式的妥当性，求教于孟子，孟子勃然变色，曰：舜之视君位如弃弊履。王安石和司马光的私德当时士林皆称其高，尤其是王安石坚持不纳妾，更受赞誉，猜想二人之家风皆属优良，但这两个人的政风皆不好。前者急功利而亲小人，宽仁吏僚以致民受新法之弊；后者名保守而实激进，甫一上台，即将新法全盘打倒。相反之例也有。观巫蛊之祸中皇后、太子的遭遇，刘彻之家风不能说优良，然为雄主。李世民对待建成元吉及其子女是狠毒的，但却是如今国人觉得最拿得出手的皇帝。这些反例、反反例足以说明家风政风的关系是不确定的，既无直接因果关系，也有矛盾之可能，那些将优良家风等于优良政风的研究者，处理得太粗糙了，其观点自然缺乏说服力。

三 范式重构

对于前述批判的诸问题，概而言之，就是范式不明。这主要是由于

① 吴根平：《领导干部的家风建设不可小视》，《领导科学》2014 年第 1 期。

② 田旭明：《家正国清：优良家风的伦理价值探索》，《武陵学刊》2014 年第 5 期。

对家风这一核心概念缺乏定义，即使偶有作者定义也含义暧昧。[①] 范式不明集中表现在大量家风研究限于一事一议，对案例中经验事实的抽象不足，未能将之装入恰适的概念之中，一旦文本离手，读者再怎么努力也难对其主要概念留下什么深刻印象，更不用说长久之后以概念来回溯事实了。以此之故，除了就事论事之外，这些作者的研究文献并不能产生新知识，纵使继续制造再多的此类家风文献，也难令混沌状况有任何之改善。有鉴于此，笔者不揣浅陋甘冒奇险给家风下一个理论研究上的操作定义，以期抛砖引玉，稍有裨益于范式之成熟。

家风是一定社会之中道德自觉的精英所倡导的道德理念和规范，被其影响力范围内的自治社群成员习惯性地践行的一种礼俗之善。下面对这个尝试性定义中的重要概念一一解释。笔者使用道德自觉这个概念，意在对德性的肯定。虽然精英人士的德行不一定良善，但对道德觉悟要比一般人敏锐。“仗义每多屠狗辈，负心多是读书人”的谴责也是从读书人口中说出的。据说原济南市委书记王敏阅览一些先烈的光辉事迹之时常泪流满面，而惊于某些贪官之无耻时也愤而拍案，然转身就可接受贿赂。即使像王敏这样德行不良之人，也仍比一般人更敏锐。古之士大夫群体，虽然在官场上的表现整体而言德行不良，但他们却都想有或实际上差不多也有优良家风。精英比一般人要更有理想，志气更高，板荡之时，更自膺挽救世道人心之任。

就像家风研究所表明的，古之士大夫、家族长等社会精英是自觉的道德立法者。齐桓公的“毋使妇人与国事”、赵匡胤的“不得杀士大夫与上书言事者”也是自觉的祖宗家法。雅典的公民、古罗马的专制家长、中世纪的庄园领主、天主教的红衣主教、佛罗伦萨共和国的梅第奇家族、股份公司的股东、江湖帮派的掌门人、旧上海的青帮老大和当今的邪教教主，所有这些古今中外的精英都是自觉的立法者。没有任何一个人类群体在丧失道德维度之后还能继续维持而不解体，精英的敏感和自觉令其成为天生的立法者。反之，如果一个社会齐平化到只有各种既得利益者和权势者而没有精英的程度，那么无论统治力量多么强大，也不能阻

---

① 在研究文献或宣传资料中当然并不缺乏“家风是××的表述”，但并非理论研究上的操作定义。

止它成为一个不讲规矩和道理的盛行丛林法则的社会。自商鞅变法之后，中国社会就一直朝着齐平化的方向不可逆地演进。黑格尔对中国式平等的嘲讽就是因为社会太齐平。

真正的精英需要以自治的各种小型共同体的存在为必要条件。秦晖有一篇论及大共同体本位与中国传统社会的杰出长文。秦文中的大共同体指的是国家，小共同体指的是家族、村社、行会、公社、城市、大学、教会等基本上不受国家权力渗透和控制的自治社群，这些类型描述的是西方的中世纪社会，近代强大的民族国家出现之后传统的小型共同体基本上解体了，但中央集权的专制国家转向自由民主的宪政国家之后，代之而起的是与传统相比的大型自愿结社的社群，表征着公民社会的存在和活力。[①] 传统精英——领主、骑士、商人、教士等活跃在传统的各种小型共同体中，现代精英——政治家、富商、明星、社会活动家、学者等则活跃在政党、商会、工会、基金会、公民论坛、智库、大学等自愿团体当中。中国与之不同。商鞅变法之后，宗法被严重破坏，国家一极独大，精英无脱身之处。西汉虽承秦制，然宗法开始恢复，到东汉中后期已经强大到国家无力控制的地步。文化上宗谱郡望正兴起于宗族强大的魏晋时期。到北宋这一真正的家国同构时段才是中国式精英的黄金时代。北宋到明清，专制集权的倾向日趋严重，权力的渗透和控制无处不在，家族的自治受到致命威胁，更不用说村社了，家族长的权威仅限于窝里横，所有人都直接暴露在任性的权力面前。精英又一次失去生存土壤，与前次不同，这次的进程彻底且不可逆。自精英的视角看，费孝通刻画的同心圆模型，丧失了外围的大片领地，能够影响的人数大大下降，家族的墙幕倒塌了，专制政治的不义之风却吹了进来。家风和伦理的败坏也就可想而知。

也许有人对这一观点有怀疑。我想说的是，不是说自北宋开始，就没有一个大家族和优良家风存在，家风的转变和伦理的败坏是整体上的。家族缩小、专制权力空前强大、精英无处存身的大背景下，与从前相比，一方面个体的道德感中有了更多的政治成分，另一方面家族长的权威下降，自发性的道德秩序越来越向外生性道德秩序转变，家风由此开始明

---

① 秦晖：《传统十论》，复旦大学出版社 2005 年版，第 62—123 页。

显变异。这集中表现在私德未必继续持守的同时公德悬崖式下降。失去家族的遮蔽之后，个人和小家庭的无力感越来越强，考虑到自由意志和美德的关系，谁还敢说，此后的中国小农道德越来越高尚呢？从前大家族家风陶冶的道德虽然也属私德，但当家族成员数量维持在超过当今核心家庭规模的较大程度之上这一条件能够满足时，内生伦理秩序的维持中就会有一个成员间的内群体规范压力机制，以此个人在伦理生活中对他人的观照无时不在，交通能力也非小农可与之相比。概言之，大家族的私德中公德心的成分与小农只有私德而无公德不可同日而语。

宋后当然还继续有家族家庭家风，但所有人伦理上已经开始向越来越缺乏公德的小农式伦理转变。宋儒的豪言壮语可能给人一个道德高尚的错觉。它与官场中的拉帮结派和因循苟且的政风形成鲜明对比。政治是社会的镜子。如果不是家风的深刻变异致使官僚士大夫私德泛滥公德缺失且商谈能力同时下降，那么在帝王本就忌讳臣子拉山头的背景下，士大夫是不需要在官场上结党的。君子不党。春秋的君子在封建背景下，每一个都是如今西方社会中的一个政党，故而他们之间就不需要结党了。君子的经济社会军事基础一一消失之后，就成了朝堂上的孤魂野鬼，结党成为一种内在的需要。北宋的官僚士大夫就是没有基础却还在道德上自认为是君子的群体。殊不知社会的巨大变迁遮蔽了君子道德从公德向私德的变异。官僚的私心换来的是帝王更大的私心。北宋中后期的“三冗”是客观存在的社会问题，可在人人都是一肚子私心杂念的背景下，就如奥尔森的集体行动困境理论所揭示的，所有人都是个体理性的，坐等他人先付出多付出以搭便车，导致需要集体行动才能解决的“三冗”问题，因无法达成共识与合力，坐等局势继续恶化，终致靖康之祸。这岂非最大的不义，最明显的伦理败坏？

道德规范的遵守在小型共同体中主要表现为习惯性履行。家训中道德规范的实施虽然有家长的权威和官府对家长的支持因素，但优良家风主要还是因为家庭成员在长期的共同生活中将规范内化之后才形成的。因为对家长的过度依赖，不仅将引起监督效率和制裁效力的问题，还可能引起家长自身从身教向说教的形象变异，造成其权威的根本性削弱。家族长的权威限于以道德领导的方式行使才更有利于优良家风的养成。家族尤其是大家族人口较多，秩序的和谐是第一位。对于普通人而言，儒家伦理既提供了简明的概念，更通过一套细密的礼仪为每种角色界定了规则，由此每个人的位置角色和形式方式是清晰的。家族成员紧密的共同体生活内容当然不限于道德，宗教、迷信、礼仪、习俗、法律、功利等多种规范紧密交织在一起，伦理上的越轨可能同时触犯其他一种或多种规范，后者可能不是试图越轨者所意图违反的等。由此，多种规范的紧密交织对同一行为的同时要求成为一种强大的伦理实施机制。另一种强大的机制是内群体规范压力。家族之类的小型共同体的亲密关系使得每个人都同时生活在多个伙伴的密切注视之下，这对潜在的伦理越轨者是一种强大的心理压力，另一方面在每个人的位置角色都得以清晰界定但又关系套关系的背景下，对一个人的道德冒犯就存在着同时触犯其他多个成员的可能性，这可能违反其初衷。这两种道德规范实施机制和家长的权威以及一定条件下国家权力介入的可能性，使得每个人都得服服帖帖地演好预定的角色，最初可能不甘心，但生活的一言一行都成为规训对象的背景下，也就逐渐向习惯性的服从演变。习焉不察，习惯性的服从是一种非常强大的力量，一些家族的优良家风由此而来。此种伦理秩序对个体而言，自由意志显然并不是德行的驱动力量（只有廉吏之类的个别例外），习惯成自然后，服从仅仅出于自然的习惯而已。一旦到陌生环境生活，义务和责任的问题就彻底暴露出来。这是不管多么优良的家风都会产生的副产品。

礼俗之善表达的是一种保守主义政治和道德哲学的价值观。它认为礼俗本身就是一种值得追求的终极价值，不是实现其他善的手段。家风就是这样一种善。我们是在当下研究家风的，但家风和当下中国的关系，不是说出“要继承传统优良家风”这种陈词滥调的浅尝辄止者所认为的那样简单和直接。正因如此，笔者才从保守主义的角度将之界定为一种礼俗之善。西方在进入近代之后，包括家族在内的各种传统小型共同体纷纷解体，个人从中解放出来，个性得以张扬，个人主义文化开始产生发展和壮大。从伦理学的角度看，个人主义文化对个性和独立的强调，解决了服从从传统的习惯性机制向自由意志和责任匹配的转型问题。这是事后的观察。有一个时期，在各种小型共同体纷纷解体、公民社会没有成型和中央集权的民族国家尚未民主化的阶段，伦埋失序即便被夸大，也是一种普遍的直觉，传统小型共同体的和谐又被重新认识和解读为一种值得向往的善，文学上则有了田园风光式的诗情画意。不过此后的历史进程使得小型共同体并没有重生，因为旧魂魄在现实中已经找不到任何可还之“尸”。不过幸运的是，在一个多世纪的动荡之后，新型的大型自愿社团纷纷出现并整合为强大的公民社会，由此成为政治民主化的压力和动力，民主化之后国家和社会的和谐有了必要的前提。现在，诸如美国这样的社会，中产阶层的每个成年人都具有多个社团的多重成员身份，这一众所周知的事实在伦理的意义是，个人在童年、青少年和成年的不同阶段，分别从家庭、同辈群体、学校、俱乐部和社团中通过社会化过程在自主张扬的同时养成了义务和责任的观念，习得了实践理性。把家的含义引申一下，就可看出，西方传统的小型共同体家风在现代转型为自愿结社的新家风，道德滑坡或失范在转型间歇期爆发过，现在则基本没有大问题。

之所以要比照西方，就是要思考当下中国新家风的存身之处这一关键问题。即使那些最漫不经心的家风研究者，也都发现古今家庭结构和功能的大转型。当今的核心家庭对成员的道德教化能力是十分有限的。小家庭岂能抵御大气候？所以，如果不能为家风找到在当今社会的容身之所，就算传统家风培育的是旧道德，那也要失去了，而新道德还没有确立，当下人们容易发出道德滑坡和失范的感慨，其源有自。核心家庭不能算是真正的托身之地，那该到哪儿找地方呢？这个问题要从政治学的视角来回答。商鞅变法之后，君主专制政体形成了。商鞅变法对秦国当时的社会结构和风俗的破坏是众所周知的，结果就是仁义廉耻在秦国无尺寸容身之地。汉承秦制，仅从编户制度就可看出国家对社会表现出的强大的渗透、控制和资源吸取能力。如果不是因为农业社会条件下，国家统治能力在交通、通讯、规模、生产力等方面受到的巨大限制，那么从汉代开始家风就要面临无容身之地的绝境了。家风在家族、村社找到根据地不是出于统治者政治观念和道德上的自觉。礼俗之善，不是统治者要自觉维护的价值，而是能力不足，如果有能力，都是要移风易俗的。“致君尧舜上，再使风俗淳”，在一个保守主义者看来，方向刚好反了，难道在杜甫所存之时及之后政治上还有将皇帝转化为尧舜的可能性？正是根本不存在这种可能性，所以自秦至清两千年间，一种独具特色的中国式改革就诞生了。它的特点是，以工具理性的智力凭借将改革方案设计为“不见道而只有术”的一揽子工程，以移风易俗的雄心壮志试图对全社会进行一场化腐朽为神奇的政治外科手术，以自认为可靠可控的官僚队伍为治病救人的天使，以总是拒绝、拖延先进行政治改革的条件下试图实现有效的社会改革。屡次改革的效果是众所周知的。权力的强大和恣意催生出这种屡见不鲜的中国式改革，其背后是政治思想上的激进主义。激进的对立面是保守，保守的根基是自然形成的礼俗。

当下的人民共和国与历史上各王朝相比，国家能力空前强大。这就更要求只有把家风本身当作一种善，当作终极目的，而不是有利于优化党风政风的工具，家风才可能在当下中国社会中找到托身之所。价值观的转变还需要保守主义政治思想和道德的支持。保守主义反感权力的无限和恣意，明白国家能力的限度，尊重人民的历史主体地位，要求社会有最低限度的自治。笔者理解的这种保守主义与马克思主义并无冲突，但当下中国的有识之士——知识分子、社论作者、专业人士、富商巨贾等，有太多的人患上了那种方向错误的“杜甫病”。当然，这完全可能是笔者的误解。果真如此，那么家风的转型和新家风存身之地的答案就明确了。在核心家庭之外，当下中国的各种经济社会中介，从公司、事务所、合作社、集体经济组织到工会、商会、行业协会，再到各种学会、职业协会、慈善组织、公益组织等，都可以在权力克制和自治得到保障的条件下成为培育继承传统私德的同时成为以公德为主的新家风的温床。

综上所述，笔者认为，这个对家风的尝试性定义有初步的范式建构意义。它可以有以下几个方面的功能：1. 对传统家风的再认识；2. 对传统家风产生的社会和政治背景的再认识；3. 对传统家风和新家风的理论嫁接提供了渠道；4. 该范式还可以用来分析伦理主题之外的一些社会、政治事件或现象。

（作者系云南省社科院哲学所助理研究员，博士）

也谈"中国式信仰"

——兼论公共道德建设之症结

熊馥译

改革开放以来，我国经济体量不断增大，国民人均收入日益增多。在不断增长的物质财富刺激下，人们对精神财富的需求也更加强烈。然而随着经济的发展，由市场不规范等原因引发的问题（比如：毒奶粉、地沟油等）较以往日益增多。在以上两个原因的共同作用下，人们对精神财富的短缺愈发敏感，甚至把社会发展的所有问题都归结为精神层面的因素。这就是很长一段时间以来反复听闻的"道德滑坡论"或"道德失范论"。这种论调认为，随着市场经济的发展，在道德领域发生了一些退化的现象，比如注重享乐而轻视节俭，注重自我而轻视集体，注重经济效益而抛却道德底线。而这种道德退化正是毒奶粉、地沟油的原因。

近日，笔者在《南方周末》读到曾博伟先生的《建构中国式信仰》一文，文章称当前中国"伴随经济的快速发展，由于信仰缺失引发的精神危机却越发突出"，必须用"新思维和新方法"来"正视危机，树立信仰"。① 这个论断，虽名为"信仰缺失论"，实与"道德滑坡论""道德示范论"同质，它们都把社会问题归因于精神层面的危机。在曾先生的"信仰缺失论"中，就体现为两个因果关系：一是因为缺乏信仰，所以导致了精神危机；二是树立中国式信仰，就能解决精神危机。

---

① 曾博伟：《建构中国式信仰》，《南方周末》2014 年 10 月 9 日 C19 版。

一　缺乏信仰是精神危机的原因吗?

第一个因果判断中，原因是“缺乏信仰”，结果是“精神危机”。但是，从逻辑上看，这种把经济快速发展下的精神危机归因于信仰危机的思路至少犯了四个错误：

一是以小概念解释大概念的逻辑错误。“精神危机”是一个在内涵上更宽泛的大概念；这个大概念可以但不一定包含诸如道德危机、信仰危机等一系列非物质方面的危机。如果把精神危机归结为信仰危机，这就使被解释的概念内涵缩小了。把精神危机这样的大问题归结到信仰危机这样相对具体的问题上，就犯了一个以小概念解释大概念的逻辑错误。精神危机可以表现为但并不一定表现为信仰危机。信仰危机是一种独特的精神危机，或者说是精神危机的一种特定的表现形式。所以，对于没有（严格的教义、教规、教主意义上的）宗教信仰的中国人而言，根本不用生造出一个“信仰”问题，然后再来生搬硬套中国传统文化，构建某种“非宗教信仰”。这样的“新信仰”或者“新思路”，恐怕只是新瓶装老酒。

此前，这个新瓶子还以当代中国人“道德失范”的方式出现过。把毒奶粉、地沟油的问题归结到当代中国人没有道德上面，而认为树立起道德就能杜绝这些丑恶现象。现在，又把社会问题归因到“信仰缺失”上面，认为只要树立起信仰，一切问题又都能迎刃而解。殊不知这又犯了第二个逻辑错误：把预估目的错当成现实效果，也就是把可能性等同于现实性。这种理论认为建立起道德、树立起信仰，就能使人们行为有则，心有底线，从而就不会做出危害社会的事，不会出现毒奶粉、地沟油。但“不会做出危害社会的事”是一个预估目的，这一切都有待道德建立、信仰树立。道德能够建立起来，信仰能够树立起来，当然所有问题就都解决了。然而其中的关键问题并不是道德需不需要建立、信仰需不需要树立，而是道德建不建立得起来、信仰树不树立得起来的问题。

这就涉及了这种思路的第三个错误：缺乏主体意识。

道德建不建立得起来、信仰树不树立得起来这个问题在实际操作上最终落脚到两个基本问题上：道德、信仰的主体问题和道德、信仰的内容问题。也就是由谁来树立道德、信仰？树立什么样的道德、信仰？

很多谈及建立道德、树立信仰的理论都只关注了第二个问题，也就是道德、信仰的内容问题。古今中外遍寻道德、信仰资源，论证其合理性，却忽视了一个更为根本的道德、信仰的主体问题。举个例子，恐怕没有人会在理论上反对在公交车上给老弱病残让座，但出于各种原因，实际生活中确实有人会不给老弱病残让座。一旦脱离主体问题而谈道德、信仰，问题就来了。对于一般意义上的何为道德，人们不大会有异议，然而能不能够在具体实践中统一认识、践行道德却是存疑的。对于更为个人化的信仰问题就更是如此。在此意义上，道德、信仰主体优先于道德、信仰内容，因为道德、信仰的成立在于能够实践其的个人。

而道德、信仰的主体问题“由谁来树立道德、信仰？”其实隐含着两个对应的主体：由谁来倡导道德、信仰？由谁来实践道德、信仰？按照《建构》一文，自然是要由大众来实践道德、信仰。但是“由谁来倡导”这个问题却未被提出。是由某个先贤（以当代代言人的形式）或者个别道德模范来倡导？还是动用国家的公权力来推行？其实按照以前的实践来看，这几方面的倡导者都不缺乏，但是，实际的效果恐怕并不尽如人意。对于一般具有某种信仰的民众而言，信仰的建立可能是家庭因素，可能是朋友影响，甚至可能是某种旁人无法认知的神秘体验等。这些需要宗教社会学庞大的社会调查和数据支撑，笔者手中并无这些数据。但是就常识而言，信仰的建立恐怕不可能从居高临下的说教中建立起来。所以，对于一般民众，正是社会改革家们想要改造的这些人，恐怕对这些说教也就是姑且听之，甚至不以为然。这不是因为这个倡导的内容不合适，而是道德在根本上是一种自律，是不可能强加的，而信仰就更不可能强加。

认识到这一点，再回过头去看道德、信仰的内容就更加清楚了：某些道德、信仰的确具普世意义，但维系人们日常生活的道德、信仰则更多的是生活环境、文化传统，甚至是偶然契机下的个人选择。至于信仰问题，因为很多民族和个人本身并没有特别的信仰，也有很多民族和个人有特定的信仰，无论是在公众层面上倡导哪种类型的信仰，恐怕都忽视了信仰主体的复杂性。

而曾先生把之前用来当作道德倡导的一些古今中外的可用资源拿来

作为所谓“新信仰”的资源，可能是看中了在同样的内容上，如果把其当作信仰对个人的约束力肯定比道德的约束力更大一些。比如一个把孝顺当作道德义务的人和把儒家孝道当作信仰的人，孝顺对其的意义肯定是不同的，在实践上也会有轻重缓急的区分。但其实无论在公众层面上倡导的是道德还是信仰，其思路是一样的；而这种思路在实践上很难有实际效果，甚至还会涉嫌侵犯个人的私权利。

随之而来的第四个逻辑错误就是错置因果：如果（同时也请注意“如果”二字）存在“信仰危机”的话，那也是因为它是精神危机的一个表现，所以，从这个意义上说，信仰危机是精神危机的原因就无从说起。而这种错置因果会导致问题意识的错位。诸多社会改造家，提出如此之多的社会改造理论和计划，到底是因为有这样一种表述，所以就盲从解读，生搬硬套，来论证这个表述的合理性？还是这个表述的合理性正是源自现实和当下普通民众的日常生活中？

再宽泛一点，一个概念、一个命题，乃至一种观念，其合理性和现实性是矛盾的吗？就上面的分析来看，确实存在休谟所言的“是”与“应该”之间的巨大鸿沟。那么，到底是一个事物“其应所是”，所以按照“其应所是”的样子来改造；还是一个事物“其所是”，所以按“其所是”来理解和解释？这是一个特别根本的问题：一种理论的现实可操作性和实践依据在哪里？

特别是针对“信仰”这样的问题，这个问题就显得尤其重要。是把信仰当作一种存在于历史和现实中的现象来理解和解释？还是当作一种理想化工具来操作？如果把信仰理解为一种现象，那么我们就只能本着客观的态度，对其进行实际的描述。如果把信仰当作一种工具，那么确实可以各种逻辑进行合乎其纵横逻辑的创造和建构。由此可见，理解信仰，还是建构信仰？——这是两种完完全全不同的思路。

二　树立中国式信仰能否解决精神危机?

退一步说，如果精神危机的原因确实是信仰危机，那么树立起其中国式信仰能不能解决精神危机呢？这就要看“精神危机”表现在哪些方面？据文中所言，就是“大量民众因为没有信仰，找不到人生的意义，退，无法心安自守，在物欲横流中，很难自得其乐；进，缺乏精神动力，难以在自我超越中改变个体命运”①。

能不能在“物欲横流中心安自守”，先不说这个要求提得合不合适，能不能“自守”其实是个人的问题。就人生进取来讲，对于普通民众而言，“难以在自我超越中改变个体命运”恐怕大多并非因为“缺乏精神动力”，而是面对现实的无力。几年前“拼爹”一词的流行不仅只是对权力寻租的揶揄，更是对公权力失范的不满。权力寻租、职能错位等公权力腐败和不作为引发的社会不公已经严重影响了整个社会的良性运转，形成一种不相信个人凭自身能力出人头地，而需要找关系、有门路、拼爹乃至于要拼干爹的不良风气。人们并不反对于权力寻租，只是愤恨于自己没有权力寻租，从而需要努力寻找权力寻租的可能。

为什么会出现全社会的寻租意识？按照古典政治经济学的理解——这种理解不但出现在亚当·斯密的学说中，同时也出现在马克思的著作中——这是因为社会中的每个人都是理性经济人，都在追求自身利益的最大化。中学政治课本上马克思的一句话经常被引用：“如果有 10% 的利润，资本就保证到处被使用；有 20% 的利润，资本就活跃起来；有 50% 的利润，资本就铤而走险；为了 100% 的利润，资本就敢践踏一切人间法律；有 300% 的利润，资本就敢犯任何罪行，甚至冒绞首的危险。”这段话恐怕不只适用于描述黑心的资本家，同样也适用于任何没有权力限制的人。因为追求自身利益最大化是经济人的本性，或者说至少是在市场上交易的每个彼此陌生的人必须具备的基本意识。比如张三、李四同时去竞标，张三贿赂了王二处长而中标；第二次还是这个招标方，还是张三和李四去竞同一个标，李四这次会不会“学乖”了呢？就是这一次次的“学乖”，一次次的“吃一堑长一智”，这个行业的运行规则也逐渐扭曲了。李四为了生存而不得不去寻租。各行有各行的规矩，各行有各行的潜规则，而弥漫在各行业的这些潜规则直接导致了全社会的寻租意识。孩子上学、生病住院……必须用不正当手段才能在竞争中获胜的寻租意识弥漫在生活的各个方面，有时可能甚至是关乎人们最基本的衣食住行等基本生存权利的方面。这也就回答了文章作者为什么人们无法在“物

① 曾博伟：《建构中国式信仰》，《南方周末》2014 年 10 月 9 日 C19 版。

欲横流中心安自守”。因为如果在人人都在疏通关节的当下，还被要求心安自守的话，这不能不说是强人所难。

但是从整体上看，这种全社会的寻租其实是一种非常短视的行为。因为规则定下来，其实是为了让所有这个游戏的参与者有据可依。“有据可依”对一个游戏来说太重要了。这个游戏开展得好不好，赢得是否合情合理，输得是否心服口服，以后还玩不玩得下去——全靠这个游戏规则。根据定好游戏规则，游戏参与者形成自己的心理预期，加入这个游戏。如果面对的是一个需要打通游戏组织者的关节才能赢得的游戏，对于参与游戏的人而言就是一种双重负担。因为游戏参与者既要符合规则（即使是貌似符合）完成游戏，同时又要努力投游戏组织者所好。相对于单纯只需要遵守既定规则参与游戏的人而言，这样的游戏者面对的是两个不确定因素，两个变量。拿张三李四竞标的事例来讲，对于参与竞标的人而言，就算是一直靠贿赂王二处长而得以中标的张三，也有一种朝不保夕的惶恐心理——万一王二处长调离了呢？万一王二处长东窗事发了呢？万一哪一天别人给王二处长送的更多呢？这种不确定性即使对于受益者而言也是一种巨大的威胁，所以就不难解释为什么会出现所谓的裸官、裸商。那些配偶、子女都已经移居国外、境外的国家工作人员们；那些在中国赚取高额利润，但自己家人并不在国内生活的商人们——这些在人们眼中的既得利益者，应该是对既定规则最有安全感的群体，毕竟他们以此功成名就，以此发家致富。然而他们似乎对自身已然获取的利益并没有多少的安全感。这种既得利益者在利益与安全感之间两面选择的悖谬，似乎最有力地说明了这种规则的不确定性和不可持续性。①

伴随着这种弥漫全社会各阶层的寻租意识，产生了弥漫全社会的资源不断错配，从而造成了全社会资源的巨大浪费。最终表现出来的就是整个社会资源运行的不畅、迟滞、停顿，甚至于崩溃；具体就表现在不断涌现的诸多社会问题，毒奶粉、地沟油……落到日常，常可听闻坊间诸人品叹世事，就连每日一饮一食也要倍加小心，不禁感叹“这些歹人为何如此胆大，良心全无？”末了一句：“中国人就是没信仰。”于是一切

---

① 吴敬琏先生把这种经济现象称为“权贵资本主义”。参见吴敬琏《呼唤法治的市场经济》，生活·读书·新知三联书店2007年版。

世间的问题都隐没在这个看似由华夏数千年文明证明了的无可奈何之中。但殊不知，虽然“由于信仰缺失引发精神危机”之言可以说由来已久，且具有广泛的群众基础，但是其中有好多问题都无关“信仰”，不管是宗教信仰，还是道德坚守。毒奶粉、地沟油，这诸多问题并不是中国人道德观念意识淡薄的问题，也不是中国人没有宗教信仰的问题。落到实处，仔细审视，其实有的是违法成本过低问题，有的是职能部门监管力度不够的问题，有的根本就是触犯法律。这些问题都绝非道德问题，更与信仰问题无关。因而我们看到、听到、归因于精神性的问题，其实是社会治理的问题；我们产生的文化焦虑问题，其实是生存焦虑问题。

所以如何理解“中国式信仰”这个命题？这是一个跨越了两个话语体系的复合式命题。

从信仰的社会效应上来讲，信仰确实能给人以安身立命之所。但绝对不是因为应有安身立命之处而要求人去信仰；同时无人有资格，也无人有能力去让一个不信的人去信。如果非要在个人的人生进取而不得的问题上谈信仰问题的话，也不是宗教信仰或者道德信念（也就是上文作者说的非宗教信仰）的问题，而是对整个经济秩序、社会运行规则信不信的问题，也即支撑、维持这个社会运行的规则是否具备公信力的问题。因而也就不能将这些问题归结为普通民众有没有精神动力的问题，而是社会是否为个人提供了一个公平竞争的平台的问题。

而对于历史和现实中存在的中国式信仰，当然就是宗教学、哲学、社会学、历史学等学科的研究对象，也就是这些学科试图努力理解和解释的一种现象。这种现象，恐怕不是一种现成可得的理想化体系，而是需要历史考证、哲学论证、社会考察等多种手段进行综合分析的一种现象。

是建构信仰？还是理解信仰？——恐怕需要小心区分这两个话语体系。不要让所谓的文化焦虑掩盖了真实的生存焦虑，不要让空泛的国民性问题掩盖了实际的社会治理问题，否则只能沦为一种空谈，近乎乡愿。

三　当前我国公共道德建设的理念问题

“道德滑坡论”“信仰缺失论”所表现出来的文化焦虑，其实质包含着一些关乎社会的整体性问题，或者说是一些大问题——社会秩序及其层次。

一个社会要和谐发展需要有三个层级的秩序建设：一是对应于社会治理的法治建设层次；这是社会最基本的秩序，涵盖了社会规范的底线。二是对应于意识形态及社会舆论引导与公民自治共同构建的道德建设层次；这是社会最现实的秩序，表达了社会规范的当下愿景。三是对应于公民自主的信仰建设层次；这是个人的行事准则和伦理底线，表达了社会规范的私人体验。

在这三个层次中，第一个层次的法治建设层次，是国家长治久安的保障，它是一个国家和社会最基本的框架性层次。这个层次的工作绝大多数应当由法学家和法律工作者来执行、完善。而就第三个层次而言，党和国家一直充分尊重公民的信仰自由，因而信仰是一种比较私密的个人的自主选择。所以，中间层次的道德建设问题，特别是公共道德建设就至关重要。这个层次是发挥意识形态力量，推动舆论引导最有可能有所作为的地方。而面对当前纷繁复杂的道德问题，首当其冲的是公共道德建设的理念问题，同时也既是公共道德建设的导向问题。

一是理解公共道德建设与社会法治建设的关系问题，树立以法治建设带动、引导和促进公共道德建设的全新理念。

作为社会规范的两个方面，法治建设和道德建设从来都是相辅相成的。法治建设是限制社会基本行为规范的主要力量和强制力量，而道德建设是构建社会更高行为规范的补充力量和软性力量。但是长期以来，我们对道德建设所提的要求实际上是远远高于法治建设的。

新中国成立以后，我国社会主义民主法制建设一度长足发展，但由于“左”的指导思想，使得民主法制建设的良好势头急转直下，最终酿成十年“文化大革命”的历史性悲剧。邓小平同志在总结“文化大革命”惨痛和深刻的教训时说：“我们这个国家有几千年封建社会的历史，缺乏社会主义的民主和社会主义的法制。现在我们要认真建立社会主义的民主和社会主义的法制。只有这样，才能解决问题。”① 1997 年党的十五

① 《答意大利记者奥琳埃娜·法拉奇问》，载《邓小平文选》（二），人民出版社 1994 年版，第 348 页。

大，江泽民同志明确提出依法治国的基本方略，将过去“建设社会主义法制国家”的提法，改变为“建设社会主义法治国家”，极其鲜明地突出了对“法治”的强调。到 2014 年 10 月 23 日，中共十八届四中全会通过《中共中央关于全面推进依法治国若干重大问题的决定》，明确提出了全面依法治国。可以说依法治国的道路得来不易，同时也是任重道远。

法治建设的滞后性使道德建设，特别是社会公共道德的建设处于一种踏空的状态。这种“踏空”表现在我们对道德建设抱持的期望太高，而实际上有很多问题是法律方面的问题。正如前面我们所论述过的，对于毒奶粉或者地沟油的谴责，人们往往归咎于制造者唯利是图，没有道德底线。但实际上，这些问题包含道德因素，但更大程度上却是触犯国家基本法律的问题。在“道德滑坡论”等论调背后，其潜在的症结在于国家法治建设在日益发展的社会问题面前的滞后。而道德本身没有实际制约违法行为的能力，却承担了违法犯罪的社会归因。

这就提示我们，在公共道德建设中，应当更加重视基本社会规范的建立，从而树立起以法治建设带动、引导和促进公共道德建设的全新理念。正如习近平同志在《关于〈中共中央关于全面推进依法治国若干重大问题的决定〉的说明》中所阐述的：“法律是治国之重器，法治是国家治理体系和治理能力的重要依托。全面推进依法治国，是解决党和国家事业发展面临的一系列重大问题，解放和增强社会活力、促进社会公平正义、维护社会和谐稳定、确保党和国家长治久安的根本要求。要推动我国经济社会持续健康发展，不断开拓中国特色社会主义事业更加广阔的发展前景，就必须全面推进社会主义法治国家建设，从法治上为解决这些问题提供制度化方案。”①

二是反省历史问题，树立以中华传统美德充实当代公共道德建设的理念导向。

公共道德建设立足于特定的社会公共舆论，社会公共舆论则是社会历史和现实的延续。当前我国公共道德建设中最为缺失的是对历史遗留问题的清理和对公共道德建设资源的前提反思。

---

① 习近平：关于《中共中央关于全面推进依法治国若干重大问题的决定》的说明，http：//news. xinhuanet. com/politics/2014 －101281c －1113015372. htm. 新华网 2014 年 10 月 28 日。

具体的表现就是，迄今为止，我们还没有认真反思过十年“文化大革命”对公民道德的个人体验和社会公共道德建设的严重影响。可以说这场历时十年的浩劫对整整几代人产生了触及灵魂的深刻影响。在整个社会秩序严重失控、陷入动乱的十年时间里，夫妻反目、父子成仇、朋友无义，所有以往既定的道德秩序都随之崩塌。对于个人而言，对整个社会和基本人性的不信任感并没有随着1979年的“文化大革命”结束而结束；作为一种长达十年的人生经验，这种不信任感没有积极的心理介入和社会疏导会伴随人的一生，而且会通过教养而遗传给下一代，甚至可以延续至更多代。对于社会公共道德而言，经过“文化大革命”，新中国成立初期作为行之有效的公共道德的共产主义道德理想，实际上已经被污名化；共产主义道德理想与政治上的阶级斗争为纲、经济上的计划经济体制、基本温饱无法解决的人生体验同质化了；最终成为一种至高无上，但没有任何实践力的“道德神话”，始终无法从道德神坛上走入个人日常的道德行动中去。

到了改革开放初期，由于当时我们社会的主要矛盾是公众基本物质生活需求无法得到满足，所以，急需由以阶级斗争为纲的理念转变为由经济建设为中心上来。虽然伴随着经济建设，精神文明建设的工作始终没有落下。但对“文化大革命”给公共道德带来的破坏未曾进行有效的前提反思；另外在公共道德建设上，没有给公众提供一个足以解释“文化大革命”，同时能够对抗西方自由思潮的社会主义公共道德。在以上两方面原因的共同作用下，我们的社会主义公共道德在“文化大革命”后很长一段时间内陷入一种“失语”的状态。如何建设我们的社会主义公共道德，可能正是要从补足公共道德理念上的这种“失语”开始。

而在这种“补足”当中，中华文明上下五千年的灿烂文化，正是我们充实当代公共道德建设资源的关键，也是接续当代公共道德建设理念的关键。正如2013年12月，习近平同志《在中共中央政治局第十二次集体学习时的讲话》中指出的那样：“要继承和弘扬我国人民在长期实践中培育和形成的传统美德，坚持马克思主义道德观、坚持社会主义道德观，在去粗取精、去伪存真的基础上，坚持古为今用、推陈出新，努力实现中华传统美德的创造性转化、创新性发展，引导人们向往和追求讲道德、尊道德、守道德的生活，让13亿人的每一分子都成为传播中华美德、中华文化的主体。”①

由此可见，“道德滑坡论”“道德失范论”“信仰缺失论”是对社会问题的错误归因；诉诸精神层面（道德、信仰）出现问题的文化焦虑，其背后所隐含的是人们最基本的生存焦虑。因而，道德最终是一个实践问题，而不是一个理论问题；道德建设最终的落脚点在于个人作为道德主体的实践力，即其最终实现了的道德行动。个人道德行动的最终实现，或者说个人践行公共道德的基础和出发点并不在于个人道德素养的高低，而在于个人对公共秩序的信任。时间维度上的历史传统和空间维度上的公共权力共同构成了多维的公共秩序，从而也就形成了公共道德建设的基本语境和理念资源。正是在这个意义上，树立以法治建设带动、引导和促进公共道德建设的全新理念，树立以中华传统美德充实公共道德建设的理念导向，终将确立行之有效的“中国式信仰”和极具实践力的当代公共道德。

（本文曾在2015年7月第12届宗教社会学年会上宣读，有部分删改。作者系云南省社会科学院哲学所助理研究员）

① 习近平：《“习近平谈核心价值观”——民族的根与魂》，《人民日报（海外版）》，2014年7月31日第05版。

后　　记

2017年伊始，中共中央办公厅、国务院办公厅印发了《关于实施中华优秀传统文化传承发展工程的意见》，“中华传统美德”作为其三大“主要内容”之一。《意见》指出：中华优秀传统文化蕴含着丰富的道德理念和规范，如天下兴亡、匹夫有责的担当意识，精忠报国、振兴中华的爱国情怀，崇德向善、见贤思齐的社会风尚，孝悌忠信、礼义廉耻的荣辱观念，体现着评判是非曲直的价值标准，潜移默化地影响着中国人的行为方式。传承发展中华优秀传统文化，就要大力弘扬自强不息、敬业乐群、扶危济困、见义勇为、孝老爱亲等中华传统美德。

家风家训作为中国传统文化的重要组成部分，一直在中国传统家庭伦理、社会风气、国家治理中发挥着不可取代的作用，伴随着悠久的中华文明延续了几千年时间。近年来，党中央高度重视家风文化建设。习近平总书记在2015年春节团拜会上的讲话中强调：“不论时代发生多大变化，不论生活格局发生多大变化，我们都要重视家庭建设，注重家庭、注重家教、注重家风。”2015年10月18日，中共中央印发《中国共产党廉洁自律准则》，首次以党内纪律规矩的方式，将“廉洁齐家，自觉带头树立良好家风”列为党员领导干部廉洁自律规范的重要内容之一。由此可见，重视家庭、注重家教、注重家风，尤其是强调领导干部的家风建设对于廉政建设的重要意义，正逐渐融入党中央治国理政的思路当中。

云南省社会科学院哲学所长期注重基础理论研究，近年来在伦理学领域取得了较为丰硕的研究成果，也形成了自己的特色。为了深入挖掘中国传统家风家训文化，我们决定以家风家训为主题，集体推出一部专题文集，除了哲学所全体科研人员和本院相关领域有专长的学者，我们还约请了中国社会科学院、天津市社会科学院、中国人民大学、湖南师范大学等科研机构和高校的多位知名学者撰稿。尤其令人感动的是，在约稿过程中，得到了学术界德高望重的方克立先生、夏伟东教授和肖群忠教授的大力支持，他们的赐稿无疑使得本文集大大增辉。

在此，衷心感谢本文集的所有作者和编辑，这部文集是我们学术合作的结晶，更是师生、同事、朋友之间情谊的见证。

谢青松

2017 年 4 月 12 日